JAPAN 1941

1941

決意なき開戦

現代日本の起源

堀田江理

Eri Hotta

人文書院

1921年5月、ロイド・ジョージ英首相(左から二人目)を訪問する裕仁皇太子

1941年、閲兵する天皇

木戸幸一内府

1938年1月に撮影された御前会議の様子

1937年12月、南京陥落を祝う歌舞伎座の役者たち

配給所の様子

原油不足で木炭車登場

1937年の春、ヒットラーに仮装する近衛文麿

1938年11月、中国との戦争を「東亜新秩序」構築のためと発表する近衛首相

1940年9月、ベルリンで日独伊三国同盟に調印する来栖三郎駐独大使(左)、チアノ伊外相(中央)と、ヒットラー

1940年10月、大政翼賛会の発会式で、万歳三唱の音頭をとる近衛首相

1941年初頭、日米交渉の重責を担い、野村吉三郎駐米大使が日本を出発。東京駅で、グルー駐日大使に見送られる

1941年早春、ベルリンで熱烈な歓迎を受ける訪欧中の松岡洋右外相。右はリッベントロップ外相

1941年4月13日、日ソ中立条約を調印後、モスクワの駅頭でのスターリンと松岡

1941年7月18日、松岡外相追い出しの結果発足した第三次近衛内閣。及川古志郎海相(二列目左端)、東條英機陸相(その隣)、鈴木貞一企画院総裁(三列目中央)などが見える

1941年8月初旬、日本軍は南部仏印進駐を開始

1941年8月、洋上会談をするルーズベルト米大統領とチャーチル英首相

1940年11月、真珠湾作戦立案に着手する直前の山本五十六

永野修身軍令部総長（上）と杉山元参謀総長（右）

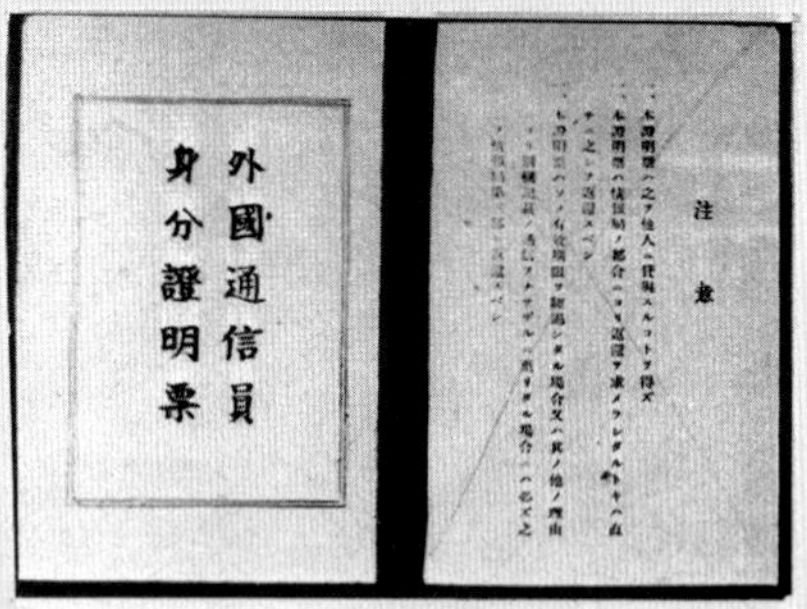

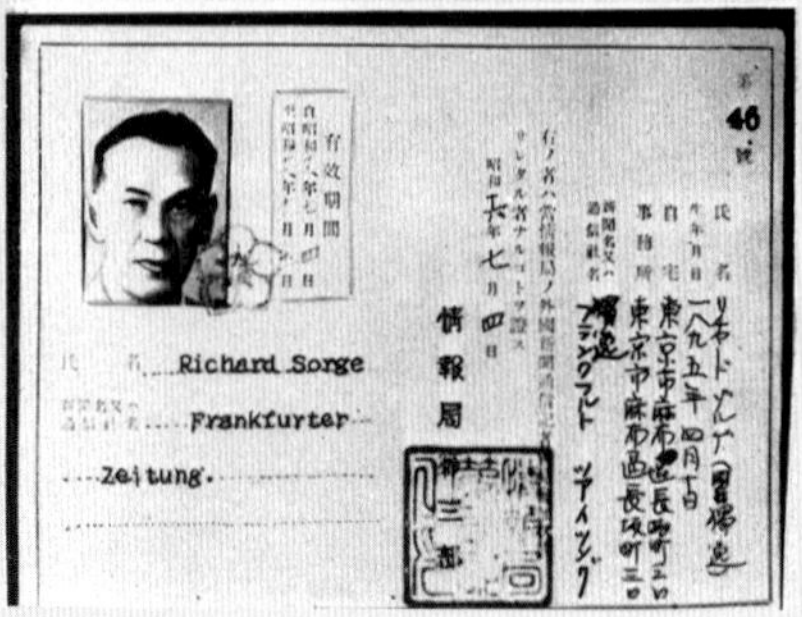

ソビエトスパイ、リヒャルト・ゾルゲの身分証明証

ゾルゲが最も信頼した尾崎秀実

近衛内閣の嘱託でもあり、尾崎とも親しかった西園寺公一

瀬戸際の日米外交交渉に挑む(左から)野村大使、ハル国務長官、来栖特使

1941年10月、東條首相に外交の舵取りを任された東郷茂徳外相

1941年12月7日、奇襲攻撃後の真珠湾

戦果発表に群がる人々

1945年9月5日、首相として第88回帝國議会で演説する東久邇宮稔彦王

1941　決意なき開戦——現代日本の起源

世の中なんにでも、潮時がある。
人生の航海、うまく満潮に乗れば成功するし、
タイミングを間違えれば、すべておじゃんだ。
浅瀬に乗り上げて、座礁してしまうのが落ちなんだよ。
我々は今、満潮の海に浮かんでいる。
はやく潮流に乗らなければならない。
乗り損ねたら、負けは必至だから。

ウィリアム・シェイクスピア『ジュリアス・シーザー』
（四幕、三場、ブルータス）

目次

凡例

・引用箇所のカタカナは、原文に濁点を補っている。

・引用箇所の漢字は旧字を新字に改めた。

プロローグ
たった一日。なんというその違い！

一九四一年一二月八日、凍てつくようなその朝、日本中が、驚くべきニュースに目覚めた。時計が七時をまわると、「帝国陸海軍は本八日未明、西太平洋においてアメリカ、イギリス軍と戦闘状態に入れり」との発表があった。具体的な情報こそ伏せられていたが、その時点ですでに、ハワイ・オアフ島真珠湾にある米海軍基地は、日本の奇襲攻撃に屈していた。海軍第一航空艦隊の第一次攻撃隊は、日本時間の午前一時三〇分に真珠湾に向けて発進し、五時半までには、すべての攻撃が完了していたのだった。午前一一時半、奇襲攻撃成功のニュースが発表されると、国民は衝撃を受けた。その後すぐに対米英宣戦布告の詔書の発布があり、さらには日本軍の英領マラヤ、および香港での作戦成功の発表が続いた（実際には、マレー半島での敵前上陸作戦は、真珠湾攻撃より、二時間ほど早く決行されていたのだが……）。その日、日本放送協会（ＮＨＫ）は、定時の六回のニュースに加えて、一二回の特別臨時ニュースを放送し、国民の多くはラジオに釘付けになっていた。

運命の一二月八日（時差のために、ハワイ時間では一二月七日）、日本帝国海軍の航空隊は、米軍船舶、航空機および軍事施設を爆撃の標的にし、多大なダメージを与えることに成功した。敵陣の約二四〇〇人が、攻撃中、または攻撃直後に犠牲となった。この奇襲作戦は、正式な形で米国との外交関係を終了せずに、また宣戦布告をしないままに行われたために、その後の日本は重い遺産を継承することとなった。ただそのような国際法上、戦術上の細かい話は、一九四一年一二月八日、日本の一般市民にとって二の次だった。少なくとも表立った反応に限って言えば、奇襲攻撃の成功は、国民から歓喜の声とともに迎えられた。

真珠湾に攻撃機を送り出すに至るまでの日本は、政治的にも、経済的にも、極度に不安定な状況が続いていた。国による統制が日に日に厳しくなるなか、人々の生活を無力感が支配していた。一九三七年半ばに始まった中国との戦争には、終わりが見えなかった。最初のうちこそ人々は、日本が迅速に決定的勝利を収められると、信じて疑わなかった。しかし明らかな日本の軍事的優勢にもかかわらず、中国国民党の指導者である蔣介石は、屈する気配がなかった。あたかもロシアに遠征するナポレオン軍のように、日本軍は大陸の奥へ奥へと引き入れられ、荒く未知の地形での苦しい戦いを余儀なくされていった。それでも日本の主たるマスメディアは、盲目的愛国主義に染まった報道を続けたが、時が経つほど人々の心の中で、なぜいまだ中国との戦いにけりが付けられないのか、疑念が沸き起こり始めていた。良い知らせが届くことはなく、戦争は泥沼化の様子を見せていた。

アメリカが、近年の日本の対外政策を良く思っていないことも明らかだった。日本は、一九四〇年秋より枢軸外交に着手し、ヒットラー率いるドイツや、ムッソリーニ率いるイタリアと同盟関係を結び、さらにはヨーロッパの混乱を逆手にとり、南方拡大に打って出ていた。まず北部、そして南部仏領インドシナ（仏印）に駐軍したが、それはアメリカやその同盟国の反発を買い、日本への経済的制裁処置へと発展した。もし外交的な和解がすぐに得られないのであれば、さらに日本の経済状況が悪化することは簡単に予想できた。

日常生活において、高級品は急速に姿を消し、代わりに食糧不足の問題が浮上した。特に主要都市における米不足は顕著だった。中国での戦争が長引けば長引くほど、問題は深刻になる一方だった。地方では働き盛りの男性たちが、戦闘要員、または戦闘関連の産業に従事させるために動員されていった。残された者たちは軍隊のために、より多くの食糧生産を強いられ、二重のプレッシャーを受けていた。一九四〇年の夏からは、東京の高級レストランでさえ、「ねずみの糞」と揶揄されるような粘り気のない輸入米をじゃがいもと混ぜて出すようになり、一九四一年四月以降、六大都市で米の配給制が実施された。つい最近まで近代文明の利便に溢れていた都会が、その有り様だった。そして一九四一年一二月までには、米の配給制度化が、ほぼ日本全国で実施されるようになった。食生活において、国産米が神聖といってもよい地位を占めていた近代国家日本にとって、これは恥ずべき困窮状態と言えた。

首都東京からは派手な色彩が消え、モノクロの景色が広がっていた。生活が「たそがれ時の墓場のような色沢になった感じがする」と表現する人もあった。[1] 以前ならば、洒落た洋服や着物に身を包み、映画館やダンスホールに通っていた人々が、今ではどうにか目立たないよう、地味に見せるよう努めていた。

ニューヨーク中華街の阿片窟、モンマルトルのカフェ、または東京の下町など、あらゆる都会に精通し、記録した小説家の永井荷風は、あまりにもあからさまな東京の変貌ぶりを嘆いた。長身痩軀の荷風が、ファッションにうるさかったというイメージはあまりないかもしれないが、坊ちゃん育ちの名残りか、実は服装に非常なこだわりを持っていた。それ故、特別に仕立てたスーツを本物のイギリス紳士がするように、気負わず、ラフにまとうよう気を遣っていたという。杓子定規な高級志向はなかったが、それでも最近の日本人の身だしなみには納得がいかなかった。一九四〇年の秋、六〇歳の荷風は、日記にこう記している。「日本橋辺街頭の光景も今はひつそりとして何の活気もなく半年前の景色は夢の如《ごと》くなり。六時前後群集の混雑は依然として変わりなけれど、男女の服装地味と云ふよりはぢゝむさくなりたり。女は化粧せず身じまひを怠り甚しく粗暴になりたり。空暗くなるも灯火少ければ街上は暗淡《ママ》として家路をいそぐ男女、また電車に争ひ乗らむとする群集の雑踏、何とはなく避難民の群を見るが如き思ひあらしむ[2]」。

魅惑的であるはずの都会生活が、そのような様相を見せ出したのには、一九四〇年の七月七日に施行された、贅沢品の製造販売を禁止する「奢侈品等製造販売制限規制」、俗にいう「七・七禁令」に因るところが大きかった。中国での戦争の行き詰まりが、市民に暗い影を落とし始めていた。東京だけでも、一五〇〇ヶ所に看板が設置され、「日本人ならぜいたくはできない筈だ!」「ぜいたくは敵だ」などのスローガンが掲げられた。もっとも一文字挿入して、「ぜいたくは素敵だ」と落書きされる場合もあり、そこらへんには、まだ反骨精神を示す余裕があったと言えるのかもしれない。[3]

この贅沢廃止運動で目立ったのは、愛国婦人会や国防婦人会など、愛国女性団体のメンバーの参加だった。正義感に満ち溢れた女性たちは警戒の目を光らせ、以前は自分たちも着ていたかもしれない、「派手」で「贅沢」な衣類をまとった人々を叱り、説教した。その後の報告会では、山の手方面と比べ、日比谷や銀座方面に、華美な服装の人が集う傾向があることが話題になった。そして「口紅を真赤にぬつた人、爪を染めた人、等々も大分あつたが、特に遺憾に思つたのは下層階級の婦人に、安物の指環をはめている人の多かったことである」といった、厳しい感想も述べられた。[4]

男性でも、指輪をしたり、金縁の眼鏡をかけた人は、贅沢で堕落しているとみなされ、取締りの対象、つまり「カード組」となった。この一種の魔女狩り行為に腹を立て、抵抗する人もいるにはいた。注意を受ける人の中には、「どうしてこんなカードを貰ふのかわからないと云つたやうな人が、たまたまあつた」と報告された。さらに若い男性が化粧をして、贅沢廃止運動家たちの前を気取って歩き、挑発することもあった。生活の中の、あらゆる自由を奪い行く大きな波に立ち向かう、小さなデモ行為だった。

かつては中産階級に「夢を売る場所」であった百貨店も、厳密な監視下に置かれた。贅沢品の販売を控え、ひとりの客につき一品限りの販売を指導された。一九三〇年代半ば、資生堂はカウンターで無料のメーキャップ・レッスンを開始し、それが功を奏したのか、化粧水の売り上げを大幅に伸ばしていた。しかし、日中戦争長期化の影響で「慰問袋」が化粧品に取って代わり、売り上げトップの座を占めるようになっていった（出征兵たちのもとへ、銃後からの応援の証として送られた慰問袋には、少量の乾パンなどのおやつ、ハンカチ、鉛筆、メモ帳などが入っていた）。

一九四〇年の秋には、社会秩序統制を名目に、ダンスホールとジャズ音楽が禁止されることとなった。一〇月三一日、禁止令発効の前夜、街中のダンスホールは、最後の踊りを楽しもうとする男女で埋め尽くされた。翌日の『東京朝日新聞』が伝えたところによると「各ホールは名残りのステップを求めて詰めかけた人達で何んと大入り満員、平日の三倍から五倍といふ人出が芋の子を揉むやう」だったという。すでに一九三八年の半ば以降、ダンスホールに入場を許された女性は、専門のダンサーだけだった。と同時に、複数の愛国女性団体の間で、メンバー獲得競争が激化したことも手伝い、女性プロダンサーの数は激減していた。更生の名の下に、タイピストや工場労働者といった、より慎み深い、しかし給料の低い職につくよう指導された結果だった。それでもその晩は、バンドが送別歌「蛍の光」を演奏し終えた後も、ダンスフロアーを去ろうとしない男女ばかりだった。あたかも日本が踏み出した、長い夜への旅路を拒むかのように。ただまたしても、それは小さな、いや小さすぎる抵抗だった。

一九四一年一二月八日の出来事が、これらすべての状況を一変させた。増す一方だった、袋小路から抜け出せないような閉塞感や憂鬱感が、真珠湾をはじめとする日本の軍事作戦のニュースとともに、一瞬にして吹き払われ、その成功に国民の多くが喝采の拍手を送り、万歳を唱えた。当時、国民学校二年生だった男性は、帰宅時、父親の営むラジオ店前に、長蛇の列ができていたことに驚いた。さらなる大本営の発表を待ち受ける人々が、ラジオを早く修理してもらおうと待っていたのだ。先にも後にも、それだけの繁盛ぶりはなかったという[5]。

　俗に言う日本人の慎み深さ、奥ゆかしさが、この日ばかりはあまり見られなかった。道行く知らぬ人同士で祝福の言葉を交わしたり、皇居前広場で地面にひれ伏して、天皇に畏敬の念を表したりなど、様々な形で、感極まる想いを表現しようとした。そんな中でも、冷めた目で観察することを止めなかった荷風は、こう記録している。「余が乗りたる電車乗客雑沓せるが中に黄いろい声を張り上げて演舌《ママ》をなすものあり」[6]。興奮を抑えきれずにいたのだ。ここ数年来、政府主導で、様々な日中戦線における進撃祝賀関連行事が組織されていた。しかしその日の人々の振る舞いは、作為的な祝賀ムードとは異なる、自発的な感情の発露だった。

　文化人、知識人とて、真珠湾奇襲攻撃成功を冷静に受け止められる訳ではなかった。当時五九歳だった斎藤茂吉は、日記にこう綴っている。「老生ノ紅血躍動！」「皇軍大捷、ハワイ攻撃!!」[7]。三六歳の伊藤整も感激していた。「我々は白人の第一級者と戦う外、世界一流人の自覚に立てない宿命を持っている。はじめて日本と日本人の姿の一つ一つの意味が現実感と限ないいとおしさで自分にわかって来た。今度の戦争の予想が色々あったが、ハワイをまさか襲うとは思われなかった。シンガポールあたりは防空壕などあり、準備していたらしいが、ハワイだけは我々も意外であり、米人も予想しなかったのであろう」と、日記に驚きを表している[8]。また「立派なり。日本のやり方日露戦と同様にてすばらしい」と絶賛した。確かに日露戦争も、正式な宣戦布告より二日前の一九〇四年二月八日、ポートアーサーで、日本軍がロシア帝国軍の船に仕掛けた奇襲攻撃で始まった。そして日本は、その戦争に勝ったのだ。

それまで日本のアジアにおける拡張主義に懐疑的だった者も、日本が西洋列強と戦争を始めたという事実に、興奮を抑えられなかった。世界の歴史が塗り替えられたと感じたのだ。なぜ日本は、アジアの盟友である中国に侵攻し、中国人と戦っているのか。そのように思っていた人々でさえ、少なくとも過去一〇年間、何らかの形によって日本政府が謳ってきた「西洋の帝国主義からアジアを解放する」という大義が、口先だけのものではなかった、と感じたのだった。日本の対中政策の大きな矛盾に苦しみ、批判してきた当時三一歳の中国学者竹内好は、間違っていたのは自分たちだったと、同人誌で宣言するに至った。

「歴史は作られた。世界は一夜にして変貌した。……率直に云へば、われらは支那事変に対して、にはかに同じがたい感情があった。疑惑がわれらを苦しめた。……わが日本は、東亜建設の美名に隠れて弱いものいぢめをするのではないかと今の今まで疑つてきたのである。わが日本は、強者を懼れたのではなかつた。すべては秋霜の行為の発露がこれを証かしてゐる。国民のひとりとして、この上の喜びがあらうか。今こそ一切が自日の下にあるのだ。われらの疑惑は霧消した。美言は人を誑かすも、行為は欺くを得ぬ。東亜に新しい秩序を布くといひ、民族を解放するといふことの真意義は、骨身に徹して今やわれらの決意である」。[9]

一二月八日には、圧倒的な祝賀ムードが日本を覆っていた。しかしよくよく注意してみると、荷風のように、冷静さを失わず、この新しい戦争の行く末に疑念や絶望感を抱く人々もいた。そして個人的な感情は、しばしば、集団的に表立って沸き起こるものとは、随分と違うこともあった。概ね人々は、長引く中国での戦争に疲れていたし、戦争で余儀なくされる生活の不自由さにも飽き飽きしていた。また、家族が出征し、命がけで戦わなければならないとなると、さらに不安は増幅するのだった。

東京から七〇キロほど北東に位置する、茨城県鳩崎村の米農家に生まれた九歳の少年は、学校から帰宅すると、真珠湾攻撃について知らされた。家の外で待っていた母親は、少年を見ると、「戦争が始まった」と泣き出した。[10]それは、喜びの涙とは程遠かった。少年には六人も兄がいたのだ。そして、中国との戦争のように、もしこの戦争も長引けば、少年や、さらにその弟さえ出征することになるだろう。母親はそう危惧したのだった。ラジオから流れてくる弾むような声と、村中から聞こえてくる悲嘆の嗚咽のギャップに対する違和感を、少年は忘れることができなかった。

　正式に敵となった西洋の国々について、少数ではあるが、正しい知識を持つ人たちもいて、彼らは開戦のニュースを、心から喜ぶことができなかった。国力の差、資源の差は明白で、結局のところ、日本は大敗を喫するだろうと予想できたからだ。三菱名古屋航空機製作所で働く若者は、ラジオの発表を職場で聞いた。「やった」という痛快な気持ちと、相反する不安が沸き上がり、複雑な高揚感を覚えた。[11]奇襲攻撃の成功は嬉しかったが、この先、長期戦となった場合、日本はいったいどうなるのか、という恐れがあった。案の定、零式戦闘機を製造していた職場は、数年後には米軍による空爆の格好の標的となり、多数の同僚が犠牲になったほか、自分自身も、かろうじて命拾いをすることになるのだった。

　しかし、頭をよぎるそのような疑念を声に出して言うことは、なかなかできなかった。歓喜と熱狂の渦中、そんなことをしたら、非国民としての告発は免れないだろうし、とりあえず、待ち受ける大きな困難については、考えずにいるほうが楽だった。

*

　太平洋の向こう側でも、日本の真珠湾奇襲攻撃が同じく大々的に、限りなく愛国心を刺激するニュースとして発表されていた。フランクリン・デラノ・ルーズベルト米大統領は、抑制しつつも断固とした声音で、合衆国議会合同会議を前にこう述べた。「昨日、一九四一年一二月七日、不名誉に汚された日として記憶されるこの日付に、アメリカ合衆国は、日本帝国の海、空軍により、突然、計画的に攻撃された」[12]。

コーデル・ハル国務長官率いるルーズベルトの閣僚は、もともと議会演説に向けて、日本がそれまで行った、国際法観点からみた違法行為の数々を、包括的に列挙するべきだと提言していた。しかし大統領は、より多くの人にわかりやすいよう、またより多くの人に訴えることができるよう、五〇〇単語ほどの簡潔なスピーチをすることをあえて選んだ。アメリカ国民に伝えるべきことは、明らかだった。それは日本の攻撃が、破廉恥な裏切り行為であるということ、そしてアメリカは、何としてでもこの卑怯で臆病な敵を倒さなければならない、ということだった。

ルーズベルトの、より広く、より深く国民感情に食い込もうとする話術は見事、功を奏した。それまでアメリカが、ヨーロッパ戦線に巻き込まれることに大反対をしてきた孤立主義者たちも、この非常時に、すっかりそのなりを潜め、対日宣戦の要請は、議会ですぐに承認される運びとなった（ただひとり、反対票を投じたのは、モンタナ州の共和党員、ジャネット・ランキン女史で、徹底した平和主義からの戦争反対だった）。そして文字通りのスローガン「レッツ・リメンバー、パールハーバー（真珠湾を忘れるな）」を唱える曲がヒットし、打倒日本の合言葉となった。開戦後、一〇日のうちに録音されたその歌詞は、この通りだった。

レッツ・リメンバー、パールハーバー
まさにこれから敵に立ち向かうとき
レッツ・リメンバー、パールハーバー
我々が、アラモの砦を、まもったときのように

レッツ・リメンバー、パールハーバー
そして勝利に邁進しよう

日本の奇襲攻撃以前、ハワイといえば、大多数のアメリカ人にとって、外国のような存在だったに違いない。皮肉なことに、日米開戦当時のハワイの人口は、日本人または日系アメリカ人がほぼ四〇%を占めていた。しかしその平和で風光明媚な太平洋に浮かぶ島々が、一瞬にして、永久に忘れられることのない、アメリカ愛国神話劇の大舞台となったのだ。

真珠湾攻撃は、すでに戦争をしていた国々の運命をも大きく変えることになった。蔣介石は、攻撃の一報を聞くと歓呼した。一説では、蓄音機で「アベ・マリア」を聞きながら、踊ったとされている（蔣は、メソジスト教徒だった）。イギリスにとっても、真珠湾は朗報だった。これで幾月もの孤独な戦いが、終わったのだ。ウィンストン・チャーチル英首相がルーズベルトから奇襲攻撃を知らせる電話を受けた時、奇しくもアメリカ大統領特使のアヴェレル・ハリマンならびに、駐英アメリカ大使のジョン・ギルバート・ウィナントと会食中だった。その晩チャーチルは、自身の言葉で、「救われた、感謝の気持ちで一杯の者だけが味わえる熟睡」を経験した[13]。その四日後のヒットラーによる対米宣戦布告は、チャーチルの安堵が決して間違っていなかったことを証明した。

*

日米開戦を受け、一〇月に公開されたばかりだった『スミス都へ行く』など、いまだ日本で人気の高かったハリウッド映画は、いっさい上映禁止の運びとなった。そして一二月八日、映画館や劇場では夜の上演が一時中止され、代わりに東條英機首相の演説が流された。その晩、観客が銀幕上に見たのは、

ジェームズ・ステュアートとは似ても似つかない、自国の指導者だった。

坊主頭に眼鏡の東條は、口ひげ以外、良くも悪くも、これと言った特徴のない風貌をしていた。西洋の風刺画にあるような、大げさな出っ歯をしていたわけでもなかった。それでもとにかく、とてつもなく壮大な戦争に国家を率いるカリスマ的な指導力を備え持つステーツマンという印象は、その見た目からは感じられなかった。録画された演説「大詔を拝し奉りて」が上映されたが、その声は力強さよりも、かえって意識過剰の抑揚が耳に残るものだった。首相は述べた。

「精鋭なる帝国陸海軍は、今や決死の戦いを行いつつあります。東亜全局の平和はこれを念願する帝国のあらゆる努力にもかかわらず、遂に決裂のやむなきに至ったのであります。過般来、政府はあらゆる手段を尽くし、対米国交調整の成立に努力してまいりましたが、彼（アメリカ）は従来の主張を一歩も譲らざるのみならず、かえって英蘭比と連合し、支那より我が陸海軍の無条件全面撤兵、南京政府の否認、日独伊三国条約の破棄を要求し、帝国の一方的譲歩を強要してまいりました。これに対し帝国は、あくまで平和的妥結の努力を続けてまいりましたが、米国はなんら反省の色を示さず、今日に至りました。もし帝国にして彼らの強要に屈従せんと、帝国の権威を失墜、支那事変の完遂を切り得たるのみならず、遂には帝国の存立をも危殆に陥らしむる結果となるのであります。事ここに至りましては、帝国は現下の時局を打開し、自存自衛を全うするため、断固として立ちあがるのやむなきに至ったのであります[14]」。

東條は、慎重に選ばれた言葉で真珠湾奇襲攻撃までに至る経緯を説明し、日本が仕掛けた戦争は、実際はあくまでも相手に仕掛けられた、「自衛」のための戦争であると主張した。それは、日本国民や国家が長い間感じてきた迫害意識、傷つけられた誇り、そして何よりも一等国として認められたいという欲求を、ある意味正確に反映する論旨だった。ただ事実を順序立てて述べた、というよりは、概ね感傷的なスピーチで、述べられたことよりも述べられなかったことのほうが、より多くを物語っていた。

そもそも日本の指導層に、開戦への、明確で、圧倒的な総意は存在しなかった。指導者の多くが、限りなく自信がなく、曖昧な気持ちのまま迷い続け、最終的な戦争決意を躊躇していた。もちろん東條は、「人間たまに清水の舞台から目をつぶって飛び降りることも必要だ」と語ったことで有名で、このことは、盲目的で無謀な冒険主義の表れとして解釈されたりする。[15]だが、しばしば日本を戦争に追いやったリーダーとして筆頭に挙げられる東條でさえ、特に真珠湾攻撃に先立つ二ヶ月間は、深く悩み、決意しかねていた。東條は客観的な事実から、日本が戦争に勝利することの可能性がいかに低いかを理解していた。表向きには勇ましいことを言いながら、政府と大本営による会議の席などで、即時開戦を主張する一部の強硬論者を懐柔しようと試みたりした。一九四一年一〇月一八日に首相に任命されると、最初に行ったのは、アメリカとの外交的緊張緩和への道を探り直すことだった。

指導者の中には、見当違いと根拠のない楽観主義から、戦争に希望を持つ者もいた。しかし誰ひとりとして、日本の最終的な勝利への確信は持っていなかった。東條の前任者、近衛文麿公爵は文民政治家で、真珠湾へ至るまでの四年間のうち、合計でほぼ三年にのぼる年月、首相の座についていた人物だった。近衛の全体主義寄りの政治はアメリカの対日不信感を募らせ、国内では政策決定プロセスにおける軍部の影響力を拡大させていた。しかし同時に近衛自身は、アメリカやイギリスとの戦争に反対だった。第二次近衛内閣の秘書官で、近衛の義理の息子でもあった細川護貞《もりさだ》によると、戦争突入のニュースを聞いた際、ショックを受けた近衛は、沈鬱な面持ちでこう述べたという。「えらいことになった。僕は悲惨な敗北を実感する。こんな有り様はせいぜい二、三ヶ月だろう」[16]。近衛のように、政策や戦略の情報に近い場所に居たわけではなかったが、伊藤整も、直感的に、戦果発表のきな臭さを感じ始めていた。まさに情報の欠如が、そう思わせたのだ。一二月二二日、前述の通り、興奮して真珠湾攻撃を日露戦争と比較してから二週間後、心中に芽生え始めた疑いをこう記している。
「開戦以来潜水艦九隻を撃沈した由。潜水艦の活動が大きくなって来ている。これは注意すべきだ。外に攻撃を加えたもの多数ありとのこと。そう言えば汽船の損害は、はじめマレーとフィリッピン上陸の時に一二隻やられたと発表しただけだが、その後はやられていないのかそれともやられていても発表しないことにしているのか。後者なら心配だ[17]」。

このような将来に向けた不安や恐れが、あることはあった。それでもほとんどの日本人は、今回の戦争が、日本だけでなくアジア全域の救済のために行われている、という公式説明を鵜呑みにしがちだった。そしてそれはある意味、自然なことでもあった。特に戦場に向かう兵士たちにとって、自分たちの死が無駄死にだと思って死んでいくのは、あまりにも酷なことだったからだ。

確かに日本政府の打ち出した、いわゆる「大東亜共栄圏」が、威勢よく始まったことは否めない。西洋の植民地が、一九四一年の暮れから一九四二年前半までに、次々と日本の前に屈していった。新帝国主義時代、「共栄圏」内の国々のほとんど——つまり、ビルマ（現在のミャンマー）、英領マラヤ（マレーシア、シンガポール）、蘭領東インド諸島（インドネシア）、仏領インドシナ（ベトナム、カンボジアおよびラオス）、そして将来の独立は約束されていたが、いまだ米自治領だったフィリピン——が、西欧植民地主義の餌食になっていた。そのため日本の占領者たちは、抑圧されてきたアジアの兄弟姉妹を解放し、文化的、経済的、政治的な地域社会の再編に貢献するためにやって来たのだというもっともらしい主張を、胸を張ってすることができた。しかしそうは言っても、「共栄圏」思想が実際には、日本の戦時経済や軍事帝国主義の派生物であることは明らかだった。文化的、理想主義的意味合いが皆無ではなかったとしても、占領で最優先されるのは、つまるところ、無茶な戦いを継続するために、東南アジアや東アジアの資源を入手することだった。そしてその差し迫るニーズは、戦いが長期化すればするほどに、さらに増大する性質のものであった。

破竹の勢いかのように見えた帝国海軍は、一九四二年六月、ミッドウェー海戦で大敗北を喫し、苦戦を強いられ始めた。ミッドウェーの戦略は、真珠湾攻撃を考案したのと同じメンバーによって行われていた。そこで日本は三〇〇〇を超す命、二八九機の航空機、そして四隻の航空母艦を失った。さらにミッドウェーの戦いは、日本軍が真珠湾でやり残した課題の重要性を明らかにした。

一九四一年一二月七日、南雲忠一中将指揮下の航空機動部隊は、確かに当面の目標であった、真珠湾内の米国戦艦標的をすべて攻撃するという使命を、成し遂げていた。攻撃を受けた八隻のうちの四隻は沈み、四隻は破損した。しかし機動部隊は、より決定的なターゲットを逃していた。原油タンクや弾薬庫は攻撃されず、修理設備もまた難を免れた。これは米軍が、破損した戦艦を速やかに修理したり、改善したりできることを意味していた。日本の攻撃を受けた米戦艦のうち、「アリゾナ」と「オクラホマ」だけが、救済不可能だった。奇襲中、米航空母艦が湾に停泊していなかったことも、後のミッドウェー海戦における、アメリカの勝利を可能にした。

その後の日本は、下り坂を転がるばかりだった。伊藤整は日記で、戦果に関する検閲を疑ったが、その直感は的を射ていた。ミッドウェーの大敗を、人々は長く知らされなかったものの、それでも数ヶ月、数年と時を経るにつれて、戦況が日本に非常に不利であることを身をもって感じることになった。空腹が、何よりもの証拠だった。物資自体が不足しているため、配給制度がうまく機能しないのも当然だった。新鮮な野菜や魚などは、ほとんど入手不可能になり、配給所の前には長蛇の列ができた。長年アメリカで暮らした経験のある四〇代の医者の妻、高橋愛子は、「敵機がやってきそうなけはいが、日増しにつよまってくる」一九四三年九月二日の日記に、配給制に対する苛立ちをぶちまけている。[18]「配給のものといっても、決してただでもらってくるのではない、お金を払って買ってくるのにかわりがありませんのに、まるで、おほどこしでもするような顔をしているのですから、不愉快な話なのです」。

　戦争開始から二、三年経った頃には食べ物不足が深刻化し、配給食糧から摂取できるカロリーは、一日約一四〇〇キロカロリーだった。これは体重六〇キロの成人男性が必要とする二二〇〇キロカロリーを、大きく下回っている。政府はそのような状況下で、国民に創意工夫を強要した。どういうことかというと、たとえば、闇市場の利用で不足を補ったり、自分で野菜を育てたり、はたまたパンを焼く際に、混ぜ物としておが屑や籾殻を混ぜることを期待したのである。

　一九四四年も後半になると、銃後の生活はさらに壮絶を極めていた。東京、大阪、神戸、仙台、名古屋、横浜を含む日本の主要都市は、アメリカの空襲に遭い、容赦なく焼かれていった。

　一九四五年三月一〇日の早朝、東京がB29爆撃機の壊滅的な空襲の餌食となった。隣人の叫び声によって目を覚ました永井荷風は、すばやく日記と原稿をまとめて書類鞄に放り込み、命からがら、現六本木一丁目の自宅から避難した。渦巻く煙の中を、通りすがりの人を助けたりしながら走り抜けていった。やがて霊南坂上の空き地に到着したが、今度は二六年間住み慣れた我が家の運命を目撃したいという、抑えがたい衝動が荷風を襲った。「偏奇館」と名づけたその家は、一九二三年の関東大震災に続いた火災を奇跡的に免れていた。奇跡は二度あるのでは、と思ったのかもしれない。家に向かって引き返す道すがら、木や電柱の陰に隠れ、避難指揮をする警察官の目を盗んだ。どうにか家の近所までたどり着くことができたが、もう少しというところで、吹き上がる黒煙に、足を止められた。「近づきて家屋の焼け倒るるを見定ること能《あた》はず。唯火焔の更に一段烈しく空に上るを見たるのみ。これ偏奇館楼上少なからぬ蔵書の一時に燃るがためと知られたり」[19]。他人に対して強い愛着はないと主張する荷風ではあった。「されど三十余年前欧米にて贖ひし詩集小説座右の書巻今や再びこれを手にすること能はざるを思へば愛惜の情如何《いかん》ともなしがたし」と、焼け出されたその日に、記している。

荷風と日記は生きながらえた。しかし多くの人は違った。一〇万人以上が、この夜の空襲で亡くなったと推定されている。ここまで来ると、真珠湾攻撃が解放などではなく、破滅の始まりだったことが、ほとんどの人にわかっていただろう。

＊

表面的にしか物事を捉えない人は、自国の触れたくない過去を説明することを、その内容に関係なく、一概に弁解行為だと決めつける嫌いがある。読み進んでいただければ、本書の何よりの目的が、感情的な弁解でも、糾弾でもなく、日本の真珠湾攻撃に至るまでの八ヶ月間を、わかりやすく述べることにあることが明らかになるはずだ。日本の振る舞いを、正当化するのとも違う。難攻不落の敵との勝ち得ぬ戦争が、日本の指導者たちによって、いったいどのように始められることになったかを理解したいのだ。もちろん、そのような無謀な選択がより強い意志と忍耐で、避けられるべきであったことは言わなければならないが、それはある一定の理解を得た後に来る、解釈の問題である。

なるほど、何年も前に生きていた人々を、道徳的優勢の立場を気取って告発するのは、いかにも簡単だ。しかしその危険性があるからといって、無責任な戦争が、何度もの会議を経て、どうやって自覚を持って始められたかという検討を止めるべきではない。むしろ難しいからこそ、うやむやにせずに問われなければならない問題なのだ。時間が経過したということは、情緒的な距離を分析者に与えるという点でかえって好都合なことでもある。近代史における最も重要で、様々な感情に訴えるこの時期の考察に、曇りのない視野は不可欠であるからだ。

ただ不幸なことに、明瞭な視界というものは、そう簡単には得られない。日本の運命を握っていた政策決定過程は、信じ難い煩雑さと矛盾とに溢れかえっている。ほとんどの指導者は、帰属組織への忠誠心や個人的な事情から、表立った衝突を避ける傾向にあったことは間違いない。そのため持論をはっきりと述べずに、遠回りの発言をすることが、常習的に行われていた。特に軍関係の指導者の多くは、当然のことながら、まわりから弱腰と思われるのを何としてでも避けたいと願っていた。そのため、心の内にいかなる疑問を抱いていたとしても、公の場で決定的に戦争回避を訴えることはしなかった。だから同じ人間が、時、場所、場合によって、開戦派にも避戦派にもなり得るのだった。こっそりとオフレコで開戦反対を唱えたかと思うと、その直後、大本営政府連絡会議などの公式の席で、戦争遂行を声高に主張するといったような矛盾が起こった。自分たちの代わりに、誰か他の者が反対すればよい、と願いながら、誰もその矛盾の裏に潜む危険を直視しようとしなかった。

もちろん政策関連会議の議事録などの歴史資料が、理解への大きな助けにはなる。特に陸軍参謀総長杉山元によって保存された覚書は、最高レベルで、何が議論されたかを知らせてくれる、貴重な資料だ。この「杉山メモ」と呼ばれる一連の記録は、戦争の末期、その歴史的価値を信じ破棄命令を無視し、自宅地下のスチールドラム缶に保存した陸軍少尉の勇気と創意のおかげで、たまたま後世に残された。しかし、もちろんそれだけでは十分ではない。「杉山メモ」に関して言えば、その記録方法からして一貫していなかった。それは会議中に記した覚書を頼りに、杉山の所見付きで参謀本部にされた口述報告に基づいている。言うまでもなく、すべての言葉が厳密に記録されたわけではなかった。そして、会議室の細かい様子や雰囲気などを知りたくても、「メモ」にはさして手がかりがない。言葉遣いひとつを取っても、その時によって随分と差があり、流れるように軽やかな口語体で記録されている部分もあれば、要点だけを、重々しい感じでまとめている部分もある。言葉の裏に隠されたニュアンスどころか、本来の発言の語調や意図がどんなものであったか知るのは、それほど簡単ではないということになる。

しかしながら、残存する記録から間違いなくわかるのは、日本の指導者たちが、いくつもの会議の末に、意識的に、戸惑いながらも協調して、対米英戦争開戦という大決定を下したという、揺るぎない事実だ。その決定は決して、虚空の中で、誰も気づかぬまま、自然発生的にでき上がったものではない。日本は歴史的状況の犠牲者であって侵略者ではない、と言い聞かせながら、指導者たちは、一見弱腰のようには見えるけれども、より現実的で勇敢な避戦という選択肢に、あえて目をつむったのだった。そして国家を、ためらいつつも大胆に、戦争への道へと駆り立てたのだ。東條首相の開戦時の演説にも明らかなのは、大いなる自己憐憫の念だ。日本は何も悪いことをしていないのに、外からの圧力によって戦いたくない戦争にまで追い込まれた、という主張が、それを物語っている。その頃の日本にとって外圧とは、たとえばアメリカによる経済制裁や、日本の平和的意図の故意の曲解、はたまた、より大まかに、曖昧に、西洋の日本に対する横柄さや偏見の数々を意味していた。

もちろん真珠湾攻撃の前に、日本の指導者たちが直面した巨大な圧力というものを過小評価するべきではない。彼らは無謀な戦争に出るか、あるいは戦争を避けるために、日本帝国が長年をかけて手にしてきたすべての利権を放棄するかの、厳しい二者択一を迫られていたのだから。ただ指導者たちには、そのような極端な選択肢が、自らの政策や行為に直接起因していることを、無視する傾向があった。ごく最近の外交上の過ちを認めず、さらに失策で失策の上塗りをして、こちらの思い通りにいかないのだったら、非現実的な戦争をも辞さないと仄めかし、己の選択肢の幅を着々と狭めていったのは、他でもない、日本の指導者たちだった。それは、あたかも円錐形の漏斗《じょうご》の狭いほうの先に、自ら進んで入っていってひっかかり、後戻りできないような状況だった。行き詰まった指導者たちにとって開戦は、その閉塞状態を最も確実に、速やかに打開する方法のように見えたのだった。だが戦争を始めた後で、何が起こるのか、何をするのかが冷静に議論されなかったことは、悲劇的な過失だった。

なぜそのようなことになったのだろう。その原因は主に日本の外よりも内側にあった、というのが、本書がこれから提起するところである。ただその前に、確かに一九四一年の日本と、それを取り囲む状況が、紛れもなく、一九二〇年代と一九三〇年代という、世界中が経験した騒然たる時代の産物であったことも、わかっておく必要がある。

＊

その時期、帝国主義的野心の衝突ともいえる第一次世界大戦の余波を受けて、二度と壊滅的な戦争が起きぬよう、新たなる国際秩序を形成しようという試みがなされた。たとえば国際連盟の設立、ワシントン会議の開催、不戦条約（ケロッグ＝ブリアン協定）の締結などだ。国家の大きさや豊かさに関係なく、世界中の国々がより平和な世界を目指して協力していこうということが、その大義だった。ただこの新しく発生した理想主義と民主主義を掲げる国際秩序を、大国の欺瞞だと感じる国々もあった。

敗北国ドイツは新秩序に不満を抱く最たる例だった。ドイツ帝国の領土拡大、軍事増強、そして征服による自給自足圏の達成への夢が、第一次世界大戦を引き起こしたが、その夢は破れ、ドイツは武装解除の憂き目に遭った。多くのドイツ人の目には、講和条約やそこから生まれた国際運動が、ドイツを弱体化させて、その再興を阻む勝利者の陰謀として映った。そういった不満は、やがてナチス・ドイツの国家社会主義の台頭を可能にした。一九三三年から一九三八年までの間、国際連盟脱退、再軍備着手、ライン地方再占領、オーストリア併合と、ヒットラーは如才なく、段階的に、ドイツを国際主義の主流から遠ざけていった。そして西側の自由主義勢力は、ヒットラーの脅威が自分たちにも襲いかかるかと感じると、中欧で唯一、確固とした民主主義を確立していたチェコスロバキアを犠牲にしたのである。ヒットラーがその程度の領土拡大では満足せず、さらなる要求をしてくることに気づいた時は、もう遅すぎた。西ヨーロッパの大部分は、一九四〇年の中ごろまでには、ナチスによる侵略の餌食となっていた。このような苦々しい経験は、西側諸国の日本を観る眼差しにも、大きく影響を及ぼすのだった。

日本は第一次世界大戦で、勝ち組とともに戦った。国際連盟は、領土や委任統治権を日本に託すという形でその貢献に報い、多くの日本人が国際協調主義の原理を、熱意をもって受け入れたかのように見えた。だが、不満要素も残ってはいた。新しい国際秩序に異議を唱える者は、特にイギリスやアメリカなど、現状維持に走る「持てる国」が、利己主義からか、はたまた人種差別主義からか、「持たざる国」である日本が強くなることを妨げている、と感じていた。やがて、一九二〇年代末から一九三〇年代初頭の日本社会が、深刻な経済不況から生じる様々な問題に直面すると、そのような意見が勢いを増し、賛同を得るようになっていった。

もちろん世界中の国々が、ある程度似たような社会、経済問題と向き合っていた。人々は極右から極左まで種々のイデオロギーに、現状打開と将来への希望を求めた。スペインやフランスのように、内部分裂が国家崩壊の危機をもたらすこともあった。日本で優勢になったのは超国家主義で、陸海軍の若い軍人たちは、特にこの攻撃的なナショナリズムの誘惑に弱かった。自分たちこそが、国家を担っているという意識に、高揚感を覚えたのも一因だろう。そこでは、社会悪の根源が日本の外にあるとされ、日本国家の神秘性、優越性が過度に強調された。現人神で、慈悲深く、家族国家の家長とも見なされた天皇を崇拝することは、この超国家主義において最も重要なことだった。そして、いまだ不幸にも不完全な国家が完全となるためには、天皇の名の下に、海の向こうで帝国を拡張し、国内では軍国化を徹底することが、日本の輝かしい将来を決定づけると主張するのだった。このように、世界レベルでは、もはや時代遅れとなり始めていた帝国主義的ゴールが、ナチス・ドイツしかり、日本の超国家主義者のアジェンダの中にも組み込まれていったのだった。

「持てる国々」は、世界恐慌以降、自国に有利なブロック経済政策を導入し、日本製品に高率関税を課して共謀している、という思いも強かった。さらに日本の裏庭で頭をもたげるソ連のボルシェヴィズム、中国のナショナリズム、そして、アメリカによる経済、軍事介入が、日本の地域支配を脅かしつつあることも、特に軍部では憂慮されていた。超国家主義者には、国内にもはっきりとした敵が存在していた。西欧民主主義や自由主義に同調する財閥系資本家、そして彼らに援助される政党政治家たちが、種々の困難の責任を負わされ、暗殺を含む暴力行為の標的となった。結果的に、超国家主義のテロリストが日本の権力中枢を支配することはなかった。しかし彼らの言動や行為が、不穏な雰囲気を社会に醸し出したことは確かだった。一九四一年、指導者たちが日本の選択肢を、なぜもっと真摯に、率直に語らなかったかという背景には、過激化した内なる超国家主義への恐れも潜んでいたのだ。

＊

しかし、真珠湾に至るまでの道程で、日本の指導者たちが直面した現実の、または想像上の束縛は、これよりさらに前の歴史にも根ざしていた。一九世紀後半の開国時、世界はより広く、しばしば日本に敵意を持っているように思われた。鎖国政策の終焉、大政奉還、そして近代国家の設立と続く日本の一大変換期は、また同時に世界の勢力図が大きく塗り替えられた時期でもあった。中国、スペイン、そしてオスマン帝国と、より古い帝国が崩壊する中、略奪的性向を持つ西洋帝国主義が日本に示した教訓は、「力」の重要さだった。国力を養うことで国が存続できるという信念が、日本近代国家に植えつけられた所以だった。時代の産物である新帝国主義、社会進化論、白人優越主義などは、さらに人種差別主義的世界観を日本にもたらした。優等生のように、近代日本は列強への道を突き進んだ。食糧を供給し、教育を広め、社会経済を近代化することで、西洋に追いつき、追い越すことをひたすら目指した。ただそんな日本人にもできなかったことがあった。それは肌の色を変えることだった。

開国後の日本は、単に産業化したり軍国化するということだけで、大国になれると考えたわけでは決してない。一人前の国家として国際的な信用や尊敬を勝ち取るためには、大勢順応を心がけ、既定のルールに従って、国家間のゲームに参加することが重要だということもよくわかっていた。日清戦争直後の一八九五年四月二二日、明治天皇は、「戦勝後臣民に下し給へる詔」の中で、勝利に自惚れての慢心に注意せよ、と警告している。「自から驕り」「他を侮り」「友邦に失ふが如きは朕が断じて」受け付けないとし、これからさらにすべての国民がひとつになって勤勉に忠義を尽くし、国家の発展のために邁進しなければならない、と戒めたのだった。[20]

しかし一九三〇年代までには、そのような謙虚な心がけが、失われつつあった。西洋によって、不等に扱われてきたことに対する長いルーツを持つ憤怒が、近代国民国家として成功したという自負と相まって、ある確信に拍車をかけた。それは、どんなに困難な国内外の危機でも、日本に強い意志さえあれば、どうにか乗り越えられるだろうという、狂信とも言える信念だった。そう信じることで、日本は満州を征服し、中国北部において一層その勢力範囲を拡張し、やがては日中戦争を泥沼化させた。アメリカへの経済依存を排除し、どうにか中国との戦争を継続させ、最終的には優位な立場で停戦に持ち込みたいという思いから、日本は東南アジアに資源を求めるに至ったのだが、それが結果的に太平洋戦争への最初の第一歩となった。

太平洋戦争前夜の日本で繰り広げられた、拡張主義思想に基づく自己弁明は、独善的色合いが強かった。あたかも幕末に開国を余儀なくされた際のように、日本が求めなかったにもかかわらず、西側諸国との戦争を外から強要されている、よかろう、その困難を受けて立とうといった公式見解に、それが見て取れる。近年の政策の誤りや、それより以前から日本が行ってきた中国、朝鮮半島、および台湾での積極的な帝国主義への反省は、より大局的で漠然としがちな西欧中心の世界観批判とすり替えられていた。そして豊富な天然資源を持たないことなど、ありとあらゆる不利な条件にもかかわらず、日本がいずれ偉大な国家として君臨する運命にある、という主張が前面に押し出され、指導者以下の国民意識や思考全体を牽引していた。なぜ捨てばちの戦争が一九四一年一二月に、勇断として日本国民によって歓迎されたかということも、これで部分的に説明がつく。しかし、封じ込められてきたネガティブな感情だけでは、日本の開戦理由は理解しきれない。特に政策決定者たちの多くが、日本の最終的な勝利に懐疑的だったのだから、なおさらだ。

　戦後日本の代表的な政治学者のひとり、丸山眞男は、『現代政治の思想と行動』でまさにこのパラドックスに言及し、開戦前の指導者たちをこう描いている。「彼等はみな、何者か見えざる力に駆り立てられ、失敗の恐ろしさにわななきながら目をつぶつて突き進んだのである。彼等は戦争を欲したかといえば然りであり、彼等は戦争を避けようとしたかといえばこれまた然りということになる。戦争を欲したにも拘わらず戦争を避けようとし、戦争を避けようとしたにも拘わらず戦争の道を敢えて選んだのが事の実相であつた。政治権力のあらゆる非計画性と非組織性にも拘わらずそれはまぎれもなく戦争へと方向づけられていた。いな、敢えて逆説的表現を用いるならば、まさにそうした非計画性こそが『共同謀議』を推進せしめて行つたのである。ここに日本の『態勢』の最も深い病理が存する」[21]。

　もともと責任の所在やその境界線が曖昧で、さらにその責任が、複数の人々や組織によって薄められたこのような場合、誰が一番悪かった、というような話はそう簡単ではない。議会政治は一九四〇年の秋までに消滅していたものの、ヨーロッパのファシスト同盟国とは異なり、日本は独裁主義国家ではなかった。その政策決定プロセスは長々続けられ、しばしば不可解なうえ、軍、政府省庁、そして皇居など、異なる組織にまたがる腹の探り合いは、複雑な構造と政治文化とも絡み合い、さらに政策決定をややこしいものとした。

何よりも、政策作成機関が正式に分割されていたことが問題だった。憲法の下で、軍は民事政府とは独立した形で、天皇に助言するということを認められていた。一般に「統帥権の独立」として知られるこの特権は、簡単に言ってしまえば、日本が、完全に矛盾している外交政策を同時に持つことができるということだった。そして二政府の内部にも、深い政治的、イデオロギー的分裂が存在していた。軍部ひとつをとっても、陸軍と海軍は絶えず対立していた。また陸軍と海軍、各々の中でも、世界観、政治的意見、派閥や戦略的視野の違いなどから分裂は起こっていて、日本の主要な敵国はどこなのか、という根本的な問題でも意見の一致を見なかった。そのような状況を考えると、日本の指導者が、一九四一年に勝ち目のない戦争に乗り出す方向で合意に至ったことが、さらに不思議に思えてくる。

安易な文化論は、はなはだ危険だ。だがある種の日本文化、またより正確には政治文化が、率直な議論を妨げた、ということは言えるだろう。指導者たちは、意見の相違を徹底的に話し合うよりは、どんなに表面的な性質のものでも合意に達することを好む傾向があった。一九四一年四月から一二月にかけての、国の将来を左右するいくつかのターニングポイントにおいてでさえも、実のある話し合いは見られなかった。日本語という言語にしても、複雑な社会関係を円滑に動かし、ニュアンスや面子を保たせたりすることにおいて素晴らしく優れているが、より突き詰めた議論の際には、その長所が短所になってしまう。

特殊な政策決定構造、日本文化、日本語などは、何が起こったのかを説明する手助けにはなるだろう。ただそのような説明のいずれもが、誤った政治的判断や責任放棄の弁解にはなり得ないことも、覚えておく必要がある。

日本の開戦決定は結局のところ、巨大な国家的ギャンブルとして理解されるのが、最もわかりやすい。右に挙げた社会的要因の数々が、この賭けに抗うのを困難にしたことは確かだ。しかしその一方で、最後の一手に打って出ることが、特定の指導者たちが自覚を持って行った選択であったことも否めないのだ。日本がそのタイミングで、一世一代の賭けに出た理由のひとつには、ヒットラーと戦火を交える中、西ヨーロッパ諸国の東南アジア植民地の守りが手薄になっている、という読みがあった。この好機を逃せば、日本はより少ない資源で将来の戦争を戦わねばならず、その間、アメリカには準備期間を与えてしまう。日米決戦がアジア・太平洋地域の覇権を賭けた地政学的に「避けられない」戦いであるという認識も、このような強迫観念に拍車をかけた。いずれは何らかの形で大衝突が起こる、という前提ありきで、どうせ起こらなければならない戦争ならば、こちらに最も有利になるよう、開戦のタイミングを決めよう、というのが、その考えの根底にあった。それは客観的に言えば、すでにやっている戦争を続けるために、さらに戦争領域を拡大することで資源補給をするという、自転車操業的発想だった。必ずしも日本の指導者のすべてが、太平洋での大衝突を歴史的必然と捉えていたわけではない。多くの人が、かなり遅い時期まで、アメリカとの外交合意に望みを繋いでいたことも確かだ。しかし、その誰ひとりとして、踏み込んで戦争回避を主張する者はいなかった。当時よく使われた「バスに乗り遅れるな」という標語は、この戦機を逃せば、もう二度と日本が大国として世界に君臨するチャンスは巡ってこないだろうという、切羽詰まった思いを簡潔に代弁している。

ギャンブルの法則でいえば、勝算が低い賭けのほうが、より勝利に酔える。近代日本の二大戦争（日清戦争と日露戦争）の成功の記憶にも励まされ、この無謀な戦争でさえもが、もしかするとうまくいくかもしれない、という思いが、指導者たちの脳裏をよぎったこともあるだろう。ただ、どのようにしたらうまくいくのか、という問題を熟考することはなかった。現実逃避の心理状態は、絶望の表れだったのかもしれない。ただその鼓動は、あたかも興奮の境地に達し、理性を失った博打打ちのように烈しく打たれていた。俗に言う、ギャンブラーズハイだ。特に戦いの短期的見通しだけに着目した場合、その興奮はさらに増した。ありそうもない日本の最終勝利は、複数の、日本にとって都合のよすぎる、他力本願のシナリオにかかっていた。たとえば、アメリカが緒戦に敗れた後、素早く講和を求めてくるとか、ナチス・ドイツがヨーロッパを圧倒征服するとか、である。外の勢力によって日本が戦争に追い込まれた、と主張するのと同様、指導者たちは外の力が、どうにか日本を和平に引き込んでくれるとでも考えたのだろうか。真珠湾奇襲攻撃前夜の日本は、プーシキンの『スペードの女王』に登場するアンチヒーロー、ゲルマンのような男たちによって導かれていたのだった。ゲルマンは、トランプの賭けで最大の勝利を思い描き、入念に準備をする。そしてやがて、正気を失う。

一か八かの開戦に傾く日本の戦略構想の中に、もうひとつ大きな歴史の皮肉があった。それは、その壮大で無謀なギャンブルは、そもそも開戦に反対していた連合艦隊司令長官、山本五十六の存在なくしては、あり得なかったということだ。一九四一年九月下旬、沈着な政治分析家としての山本は、「かかる成算小なる戦争は為すべきにあらず」と、海軍軍令部に警告していた。[22] しかしその反面、博打好きの戦略家としての山本は、もし開戦をするのならば強固に真珠湾戦略の採用をと主張したのだった。

カジノで有り金を使い果たし、破産するのは個人の勝手だろう。しかし、日本の国家による大きな未来を賭すギャンブルは、自国民の命はもちろんのこと、日本が攻撃し侵攻した国々の、多くの人々の命をも犠牲にし、危険にさらすことになった。そんな日本の開戦決断を、ただ単純に戦争が「避けられなかった」からだと言うのは、あまりにも不十分である。ではいったい誰が、そして何が、日本に真珠湾を攻撃するよう導いていったのだろう。

1　戦争の噂

身の丈高く、口ひげをたくわえた審美家で、オスカー・ワイルドの随筆「社会主義下における人間の魂」を翻訳したこともあるインテリ公爵宰相である近衛文麿は、憂鬱な気分だった。写真を撮られる時も、笑顔の安売りはせず、普段からしばしば沈思黙考する性質ではあった。しかし一九四一年の春、近衛の憂鬱を特にひどくする、もっともな理由がいくつもあった。

前年の秋以来、日米関係は、より緊張に満ちた新たな段階に来ていた。一九四〇年九月二三日、日本が北部仏領インドシナ（北部仏印）の占領を始めると、ルーズベルト政権は対日警戒を強めた。日本は日本でこの拡張ステップを、一九三八年の半ば以来実施されてきた、アメリカによる対日強硬策への対抗策として正当化していた。航空機の「道徳的禁輸」や「日米通商航海条約」の失効で、日本向けの工業材料輸出が厳格な規制にさらされていたのだ。一九四〇年五月、真珠湾が米太平洋艦隊の拠点となることが決定すると、日本の警戒心も倍増した。だが、そもそもアメリカ側は、中国大陸での戦争を皮切りに日本が行ってきた侵略行為が、すべての事の発端だと理解していた。

ナチス・ドイツのヨーロッパにおける優勢も、日本の拡張主義を勢いづけていた。一九四〇年六月にパリが陥落すると、日本の軍事戦略家の一部は好機が訪れたと喜んだ。アメリカによる禁輸政策のために欠いていた物資を、南進によって補うことができると踏んだからだ。北部仏印に進駐することで、イギリスとアメリカによる蔣介石への支援物資輸送路、いわゆる「援蔣ルート」のひとつを断ち切ることも可能になる。そうやって中国での戦争を、いくらか日本に優位に持っていき、終結に向かわせることを望んだのだ。

　しかし北部仏印政策は、見事に裏目に出た。進駐は、表向きには日本とフランス植民地政府との間で結ばれた防衛条約に準じて行われた（仏領インドシナ、また蘭領インドネシアの植民地政府は、ともに、本国のナチス侵略後も、存続していた）。だがアメリカはこの進駐を防衛手段とは見ず、日本による東南アジア支配への明確な野望の表れだとし、さらなる報復的経済処置に出た。直ちに輸出入銀行が蔣政権へ五〇〇〇万ドルの資金援助を施し、対日戦線を後押しした。また、すべての対日屑鉄輸出に禁輸措置が敷かれ、日本の金属生産は、窮地に立たされた。

　アメリカで対日屑鉄輸出禁止が決定された翌日の一九四〇年九月二七日に、日本はドイツ、イタリアと同盟を結んだ。ドイツはイギリス征服の見通しの悪さから、日本に近づくことに熱心だった。一九四〇年七月から一〇月の間、イギリス制空権を賭けて戦われたバトル・オブ・ブリテンで、ドイツ空軍は敗北を喫し、ナチスのイギリス諸島侵略計画は事実上頓挫していた。日本、イタリアの両国と同盟を結ぶことによってアメリカを牽制し、ヨーロッパ参戦を阻止したいという狙いがあった。日本も同様に、勢力均衡（バランス・オブ・パワー）の理念に基づき、ファシスト同盟を外交上の有効な梃子《てこ》として利用するつもりでいた。外務大臣の松岡洋右は、新同盟が日本の対米交渉上の立場を劇的に改善するであろうことを信じて疑わなかった。そのため、迅速な同盟締結をゴリ押ししたのだった。同盟締結には日本の駐独大使来栖《くるす》三郎が反対していた経緯があり、ナチス政権は東京に特使を派遣して、近衛政府と直接交渉をするほどの念の入れようだった。

　「仲良し三国」と題された日本のプロパガンダ絵はがきを見ると、ドイツ、日本、イタリアの歓喜する子どもたちが、それぞれの国旗を振っている様子が描かれている。はがきの上部には、首脳であるヒットラー、近衛、ムッソリーニの小さな肖像写真が配されている。中央にいる近衛は上品だが、いささか愚かしくも見える。帽子に付いた、白いボア飾りのせいかもしれない。そしてそれは前世紀からの、おそらく公式の西欧風宮廷服なのだろう。細い顎と、夢見心地の表情のせいで、さらに軟弱で浮き世離れして見える。

この絵はがきは、実際には「日独伊三国同盟」締結よりも前に刷られたものだった。一九三六年一一月に日本がドイツと防共協定を結ぶと、一年後、イタリアがそれに参加した（さらに後には、ハンガリーとスペインも加わった）。絵はがきはそのことを記念して作られたのだった。この防共協定の歴史もあったので、一九四〇年の新しい枢軸同盟は、以前からの連携の焼き直しに過ぎないと思われがちである。しかし、本当はそういう訳でもなかった。もとより防共協定は、ファシスト同盟として打ち出されたものではなかったのだ。日本の外務省は、ポーランドやイギリスを含む国々へ協定参加を持ちかけたが、説得に失敗していた。反面、一九三八年から一九三九年、そして一九四〇年暮れより再びドイツ駐在となる大島浩（当時は駐ドイツ大使館付武官）が独自のネットワークを駆使し、ナチスの協定参加を確保した（大島は、幼少期から磨いた得意のドイツ語力を駆使して、ナチスと極めて親密になっていた）。防共協定締結後も、枢軸国との軍事協定の話が持ち上がるたびに、日本の首脳部は、海軍省を筆頭に強く反対してきた。アメリカやイギリスとの衝突を避けたいがためだった。

一九三九年八月二三日、日本軍がソ連とノモンハンで戦っている最中に、「独ソ不可侵条約」が調印された。これは独ソ間でポーランドを分割し、バルト諸国地域におけるソ連優勢を認めるという了解を含んでいた。独ソの歩み寄りは、防共協定の基盤である、反ソ連、反共産主義の理念を見事に打ち砕くものだった。首相の平沼騏一郎は「欧洲の天地は複雑怪奇」と仰天し、総辞職した。

そんな「複雑怪奇」な事をやってのけるドイツとの絆を、さらに強化しようという動きが日本で再浮上したのは、一九四〇年春以来の、ヨーロッパにおけるドイツ軍の快進撃に因るところが大きい。それでも吉田善吾《ぜんご》海相は、三国同盟に反対し続けた。しかし一九四〇年の秋、心臓の病（自殺未遂の憶測もある）に倒れ、ドイツからの特使が東京に到着する直前に、辞任を余儀なくされた。これでとうとう海軍も、同盟を批准するという立場にシフトしたのだった。海軍の中にも、電撃戦の成功に少なからず影響され、ドイツを崇拝する者が増えているようだった。そして政府や陸軍の希望に準じた報酬として、海軍は予算増加を約束された。日本外交の新時代が始まったのだ。

一九四一年の初頭、戦争の噂が東京の外交界をかけ巡っていた。対日関係の悪化を懸念して、アメリカ大使館職員の家族が、本国へ呼び戻され始めた。東京中目黒のアメリカンスクールは二月、閉鎖を発表した。同じ頃、新潮社は、池崎忠孝著の『日米戦は〆——太平洋戦争の理論と實際』を出版している。日本の「難攻不落」を謳った内容の日米仮想戦記で、ひと月の発行部数は五万三〇〇〇に至った（池崎はペンネームを赤木桁平《こうへい》という夏目漱石門下出身の文人政治家で、第一次近衛内閣では文部参与も務めた人物だった）。

イギリスとの関係にも緊張が増してきた。従来、イギリスの対日外交は、プラグマティズムと和解を基軸にしていた。一九三九年七月には、外務大臣の有田八郎と駐日大使のロバート・クレーギーの間で、「有田＝クレーギー協定」が結ばれていた。これはイギリスが、日本の中国における行動に積極的に抵抗することもしなければ、合法的に認めることもしない、という不干渉の了解を含んでいた。その一年後の一九四〇年七月に、イギリスは日本の要求を受けて援蔣ビルマ・ロードの閉鎖に同意した。しかし、日本による北部仏印占領決行は、最終的にイギリスの対日宥和政策放棄を余儀なくさせ、一九四〇年一二月、イギリスは中国国民党に一〇〇〇万ポンドを貸与、またビルマ・ロードの閉鎖を解除するまでに至った。アジア大陸北部には、ソ連からのボルシェヴィズムの脅威がちらついていた。日本は、これまで想定し準備してきたよりもはるかに多くの敵と対峙しながら、一九四一年を迎えたのだった。

日本国民にとって、一九四一年は食糧と燃料が視界から消えていった年だった。エピキュリアンの荷風には、苦労がつきなかった。アメリカとフランスでの長期滞在中に、圧倒的肉食嗜好ができ上がっていた荷風は、良い食事のためならば、それなりの値を払う準備があった。しかし、金を出しても買えないものが多くなってきていた。五月二八日の日記から。「半年前に比すれば肉類野菜悉く粗悪となり価はかへつて一人前三円となれり」[1]。ただこれはまだ、ほんの始まりだった。二ヶ月足らずのうちに、荷風はまた書くのであった。七月一六日。「数日来市中に野菜果実なく、豆腐もまた品切れにて、市民難渋する由。銀座通千疋屋の店頭にはわづかに桃を並べしのみ」[2]。荷風が切望した肉など、論外だった。「牛肉既になしこの次は何がなくなるにや」。調理や暖房のための燃料には、木炭が主に使われていた。石油や石炭は軍事用に優先されたため、市民には回ってこなかったのだ。公共バスも木炭で走っていたが、その木炭でさえも、日に日に不足していった。

代替燃料で走らされる車のように、日本外交もエンストを起こしていた。駐日アメリカ大使ジョセフ・グルーは一九四〇年一二月一四日付けで、ルーズベルト大統領に手紙を送った。「親愛なるフランク」で始まる書中、グルーは絶望を隠せなかった。「私の送った電報のいくつかには、目を通しておられると察しています。日本人自身が、何を求めているのかさっぱりわからず、情報が錯綜している中で、できるかぎり正確に現状を報告したつもりです。いわゆる『新体制』運動は、滅茶苦茶なことになっていて、政府内の口論や論争は、信じ難いほどです。全体主義へ向かう新たなステップが、一つ、また一つと、もっともらしいスローガンに包み込まれて取られていきます。これはもはや、私たちが親しみ、愛してきた日本ではありません」[3]。

グルーは、アメリカがいずれ「日本の計画に、ストップをかけなければならない」だろうと認《したた》めた[4]。しかし問題は、いつ、どのようにということだった。

その一方で、アメリカによる欧州戦争参戦の可能性が、ますます色濃くなってきていた。一九四一年一月二九日から三月二九日までの間、英米の戦略家がワシントンに会し、将来の共同戦略について話し合った。これが俗に言う、「米英会話（American-British Conversation）」略して「ＡＢＣ」だった。また三月に調印された「レンドリース法（武器貸与法）」によって、アメリカから連合国への戦争物資供給が開始され、その非介入主義に事実上の終止符が打たれた。ルーズベルト大統領は、「中立法」の存在や孤立主義者たちの猛反対にもかかわらず、アメリカが「民主主義の兵器庫」として機能することを可能にしたのである。

アメリカの対連合国支援増強は、日米関係をさらに緊張させた。しかし近衛政権は、ヨーロッパで評判の悪い友人を得てアメリカとその同盟国を敵にまわし、さらには東南アジアに触手を伸ばしながらも、決して戦争を望んではいなかった。日本は、日中戦争からの脱却に苦しんでいた。その戦争が「支那事変」と婉曲的に呼ばれた理由には、正式な宣戦なくして戦われたということもあるが、誰もがその長期化を予想できなかったということが大きい。その戦争さえ終わらせられない日本は、とても新しい戦争を始められる状況にはなかった。そしてこの認識は、軍と民間の最高指導者たちの間で、共有されていた。結局のところ、予見可能な将来に日本がアメリカの国力を超えるというようなことは、あり得なかった（一例を挙げれば、一九四〇年、日本の石油の九割はアメリカが供給していた）。

一九四一年一月、近衛はベテラン外交官の芳澤謙吉をバタビア（ジャカルタ）に派遣した。芳澤の使命は、日本が武力に頼ることなく石油の代替供給源を確保できるよう、オランダ植民地当局と交渉を再開することだった。二月には、もうひとりのベテラン海軍大将野村吉三郎が、大使としてアメリカの首都ワシントンに派遣された。人懐こい笑顔が印象的な六三歳の野村が、この重大な任務を承諾するまでには、随分と説得が必要だった。野村は日英同盟の全盛期（一九〇二年から一九二三年）を知る世代の海軍人だということもあり、反戦、親英米派と目されていた。そのうえルーズベルトと旧知の仲ということもあり、白羽の矢が立ったのである。

近衛が直面している問題の根本に、蘭印でもなく、アメリカでもない、中国という大問題が横たわっていることは、皆、重々承知していた。一九三七年暮れに、かつての国民党の首都南京が陥落して以来、蔣介石は、重慶から粘り強い抵抗を続けていた。戦争物資に影響する国際制裁を回避するため、日本側も、中国側も、両国間の戦闘を正式に「戦争」と呼ぶことこそしなかったが、実際には凄まじい戦争だった。そしてその凄まじさは、一九三一年の満州侵攻後、日本が国際社会の中の「ならず者国家」となってからの悪評を、さらに決定的なものにした。一九四〇年七月に、首相の座に返り咲いた際、中国との戦争を終わらせることが、近衛の当面の政治目標だった。それは最初の首相任期中に停戦や和平のチャンスをみすみす逃してしまった経緯を考えれば、当然のことだった。

問題の第一次近衛内閣は一九三七年、いかにも軽やかな足どりでスタートした。近衛は民選されたわけではなかった（近代日本の首相は、一般的に元老の推薦により天皇によって任命されるシステムだった。その後、最後の元老西園寺公望は、重臣たちと協議のうえ、首相を推薦するようになっていた。近衛第一次内閣は、西園寺の推薦だった）。それにもかかわらず、いざ近衛に大命降下すると、国民全体が、あたかも救世主が現れたかのように歓迎したのだった。やんごとなき公家の血統や、四七歳と比較的若い年齢が、一般国民が近衛に抱いた好印象に影響を与えていたことは間違いない。一九世紀後半以来、天皇崇拝を国策として追求してきた日本で、近衛はきらびやかな存在だった。七世紀まで遡れる系譜は、かつて摂政として日本を支配した藤原家にルーツを持っていた。皇室を除いて、日本で一番高貴な血統を持っている、と思われていた。近衛が普通の政治家ではなかった所以である。

その一方で、気さくで一般大衆との接点を持っているとも言われたりした（たとえば、一九三七年六月三日の『報知新聞』のプロフィール記事には、鎌倉の別邸付近を、近所の子どもを肩車にかつぎながら「君恋し……」と、「それこそ調子はずれのドラ声で」流行歌を口ずさむ「微笑ましい光景」を目撃されたという逸話があったりする)。しかし、そのような光景が珍しがられるほど、周りからかしずかれることが当然という人生でもあった。首相に任命された際、マスメディアは近衛の食べ物の好き嫌いを、大いなる好奇心とともに報道した。特に公の生もの嫌いは有名で、豪華な会食で出される最も新鮮かつ、最も慎重に吟味された刺身でさえも、辞退することで知られていた（芸者が沸騰水でフォンデュさながら生魚に熱を通し、箸で子どものように食べさせるといった徹底ぶりが噂された）。

近衛が首相になる前夜の新聞は、そのような食に関するこだわりを面白半分に伝えた（近衛公は、生魚だけでなく、好物のイチゴも煮沸消毒したで水で洗浄させる、といったような類の話だ）。近衛自身も雑誌のインタビューで、食における弱点についてある程度認め、胃腸が弱いため生ものを避けていると説明している。時や国が違えば、なんとも軟弱な、指導者として限りなく頼りない人物だと思われたかもしれない（ルーズベルトが、小児麻痺による足の不自由を、徹底的に世間の目から隠したこととは対照的である）。しかし近衛の場合、一見変わった習癖や、こだわりや、軟弱さまでもが、国民の目に貴族的神秘性と、政治的カリスマを示すものとして映ったようだ。というより、半宗教的畏敬の念に打ちのめされていた国民の前で、近衛が何をしようと悪く捉えられることは、不可能に近かったのかもしれない。

近衛人気は明らかに、実際の政治力とは関係のない、あくまでも表面的な印象に基づいていた。ただ国民の近衛に対する現状打破への期待は、本物だった。一九三七年六月四日、近衛は文字通り、声援とともに、日本のトップ政治指導者の地位についた。不況、災害、不作、そして抜本的な改革の名の下に仄めかされる一部の軍人の反乱、威嚇など、苦境にあえぐ日本社会の救世主となるべく、過剰な期待を背負っての登場だった。しかし近衛の選んだ閣僚の顔ぶれは、抜け目ない人々を早くも失望させるに十分だった。『大阪朝日新聞』は、「近衛内閣の出来栄え」を懐疑的に受け止めている。近衛内閣が、前内閣の陸軍大臣、海軍大臣、法務大臣をそのまま引き継いだことを指摘し、国を挙げてファンファーレで歓迎した新首相就任は、実はそんなに喜べることではないかもしれない、と述べた。「新内閣への国民的希望の中には、閣僚人選における新鮮味が確に含まれていたと推察されるのである。ところが、現実は理想通りにゆきかねると見え」「国民にやや拍子抜けの感を与え望み多かるべき近衛内閣発程に当って多少の遺憾をとどめたことは否み難い」とした。

その年の春の総選挙は主要政党が大勝利を収め、それが内閣総辞職の引き金となっていた。にもかかわらず、近衛は政党政治家の入閣を拒んだ。二名の例外こそあったが、そのうちのひとりはそもそも陸軍に近く、全体主義思想を持つ新興政党の出身で、確かに近衛の人選には、議会政治を蘇生しようという思いがまったく感じられなかった。

首相就任からわずか一ヶ月後、近衛はその政治的立場をさらに強化する必要を感じることになる。中国との戦争が勃発したからである。この戦争の起源の詳細は、いまだ論争に決着を見ないが、直接の誘発原因は一九三七年七月七日の夜、日中間に起こった小競り合いだと言える。それは北京郊外の盧溝橋近くで始まった（この橋は、一三世紀のベネチア商人が旅行記でその美しさを称えたために、マルコ・ポーロ橋とも呼ばれた。そのため日本で言う「盧溝橋事件」は、欧米では「マルコ・ポーロ橋事件」として知られるようになった）。一般的に語られるところでは、こうである。日本の駐屯部隊が永定河のほとりで、空砲を使用した演習をしていた（日本の駐屯は、一九〇一年、欧米を含む連合軍が、排外運動の義和団の乱を鎮めた以後、国際協定で認められていた）。演習中、驚いたことに、日本の空砲におそらく中国軍が、実弾と思われる発射音で応じてきた。兵士が一名欠員していることが明らかになると、日本部隊の警戒は増した。駐屯地区区域以外を探索したいという日本側の要求は中国側によって撥ね返され、そこで衝突が起こった。

小用を足すために部隊から離れていたと思われる、行方不明とされた兵士が無事に戻ってきても、もう時すでに遅しだった。地元の中国軍と日本軍の間の小さな戦いはすぐに収拾不可能となり、深刻な戦闘状況が懸念された。

近衛は当初、この海外での新展開をあまり気にかけていないような印象さえ与えた。その頃の新首相の関心事は前年の二・二六事件で、内乱および反乱罪で処断された国粋主義将校たちの恩赦だった。近衛による極右軍部の派閥を懐柔しようとする努力は、明らかだった。常人以上の海外経験や知識を持っていたにもかかわらず、すぐ周りの環境を超えた世界には根本的に理解力を欠いていた。ある種の内向きの政治力には非常に長けていたものの、外交センスは持ち合わせていなかったのだ。だが、中国で起こりつつある戦争は、否応なしに、近衛の全神経の集中を要求する一大事へと発展していく。

一九三一年、関東軍による満州侵略の首謀者のひとりとしてカリスマ的存在だった石原莞爾は、一九三七年には、中国での軍事関与は避けるべきであると主張した。石原にとって、より大きな敵は北から日本を脅かすソビエト連邦だった。しかし東京にも、積極的に中国との戦いに打って出るべし、とする者もいた。ソ連はスターリンの大粛清によって国内が混乱しているため、日中間の戦闘にまで介入してくることは考えられない、という理由からだった。今こそが蔣介石に決定的な打撃を与え、日本の大陸勢力を拡大する好機だとしたのだ。だが結局は、中国で本格的な戦争を戦う準備が整っていない、という現実的意見のほうが優勢だった。そして七月一一日の夜には、現地で中国と停戦協定に達するまでに至った。前年にもあった類似の小競り合いと同じように、地区紛争レベルで、事変が封じ込められたかのように見えた瞬間だった。

大陸で休戦協定が結ばれたのと同じ日に、近衛は東京で、それとはまったく反対の外交意思表示をしていた。紛争地帯の在留邦人を保護するという名目で、中国北部に支援部隊を送る計画を発表したのだ。

戦争回避や融和政策に不満を残す国内の強硬派に、近衛内閣の指導力の強さをアピールする、政治パフォーマンスだった。しかしこの行動は中国側に、戦争のための動員だと認識されて当然のものだった。停戦合意にもかかわらず、日本は大陸から撤退する気などさらさらなく、今後の拡張を視野に置き、援軍を送り続けていると見られたのだ。

その七月一一日の晩、近衛は対中政策への協力と理解を求めるべく、議会、金融界、マスメディアの重鎮の面々を官邸に招いた。国家非常事態の名の下に、日本中が愛国心を持って動員を援助するよう、首相自ら呼びかけたのだ。翌日の主要新聞各紙は、国策サポートの立場から大々的に派兵を報じ、停戦合意があたかも存在しないかのように振る舞っていた。

近衛は蔣介石、政府内の同僚、軍部、および一般市民に対して、タフな指導者のイメージを植えつけることに躍起となっていた。愛国心を煽り、国家を結集させることで、指導力の基盤を固めようとした。近衛は自分の人気やブランド力が最大の武器であることも認識しており、しばしば公共の電波を使って、メッセージを発信した(近衛は前年に日本放送協会総裁に就任していただけでなく、一九四五年一二月に自殺するまで一貫してその地位に留まっていた)。近衛は中国との戦争が長期化することを望まなかっただろうし、予想もしなかったであろう。強気の姿勢と言葉を使えば、十分だと過信していたが故の行動だと思われる。しかし同時代人の中には、近衛の無責任な対外姿勢を疑問視する人もいた。『ニューヨーク・タイムズ』特派員のオットー・トリシュースは、八月三日の記事で、外務省を経て政界入りしていた芦田均と思しき人物の言葉を報告している。「最初の銃声が聞こえた時に、ルビコン川を渡るよう指示したのは、他でもない」近衛首相自身である、と。

蔣が公式承認を与えぬまま時間は経ち、七月二〇日までに現地停戦協定は空文化していた。日本軍は早期終結を銘打って、南京、上海、杭州などの主要都市の攻撃に打って出るが、戦火は拡大の一方だった。不測の展開を前に、近衛は現実を受け止められずにいた。戦闘激化に反対したことで、中国より東京に更迭された陸軍中佐の池田純久《すみひさ》にも、事変が満州事変同様、「軍の若い人の陰謀だ」と語ったという。しかし納得できない池田は、近衛に意見した。戦争を拡大させた「張本人は軍ではなくて、総理たるあなたですよ」[6]。そして一面から三面にかけて派兵を大々的に讃える七月一三日付けの新聞記事を取り出し、「公爵、政府は不拡大主義を唱えながら、この新聞の扱いは何ですか。これでは戦争にならないのが不思議ではありませんか」と述べ、首相を沈黙させた。

近衛には、自分に都合がよいことだけを記憶する傾向があった。そして、国内での政治的衝突を避けるためならば、根本的に両立不可能な政策を同時に打ち出すようなことも、平気でやってのけた。たとえば一九三八年一月、国民党の首都南京が陥落し、逃避パニック、殺戮、略奪、強姦などが起こった直後のことだ。日本側がさらに強気になるのと反比例して、一層頑なになる蔣介石にしびれを切らした近衛は、国民党を糾弾し、以下の声明を発表した。「帝国政府は南京攻略後尚ほ支那国民政府の反省に最後の機会を興ふるため今日に及べり、然るに国民政府は帝国の真意を解せず漫りに抗戦を策し内民人塗炭の苦みを察せず外東亜全局の和平を顧みる所なし仍《よつ》て帝国政府は爾後《じご》国民政府を対手《あいて》とせず帝国と真に提携するに足る新興支那政権の成立発展を期待し是と両国国交を調整して更生新支那の建設に協力せんとす」[7]。

これが第一次近衛声明、俗にいう「相手とせず」声明だった。その六日後には、今度はラジオ演説で、さらに説明した。強気な内容にしては、首相の声はかなり高音域で、女性的に聞こえるものだった。その声で改めて、今回の戦闘激化が国民党の責任で、東アジアの平和を攪乱している、と断固として主張した。

一九三七年八月以降に繰り広げられた、日本による中国各地での爆撃や、軍の規律から逸脱した行為は、非人道的というだけでなく、結果的に自己破壊行為だった。日本の強硬路線は、中国に講和を求めさせるどころか、その対日敵意を硬化させ、すでに下り坂だった世界の対日世論をも、さらに悪化させることになった。欧米では、その春に行われたドイツによるゲルニカ爆撃が、記憶に新しかった。日本の民間人爆撃行為もまた、その延長線上で語られた。

戦争の長期化は、まさに泥沼化という形容がふさわしかった。日本は圧倒的な軍事力で「点」(都市)と「線」(鉄道・輸送ルート)を征服したものの、より奥地へと国民党が後退していくと、日本軍がこれらの「点」や「線」を維持していくことが、より困難になっていった。人材は限られていたし、地形にも精通していなかった。蔣介石と一時的に同盟を結んだ中国共産党も、彼らの砦である北部から日本に戦いを仕掛けてきた。とは言っても、共産党の主戦略は戦力の温存にあった。まずは町や村から消え去って、日本軍に占拠させる。そして、次の占拠地を求めて日本軍が去るのと同時に、また姿を現す、といった方法だった(共産党のこの無駄な戦いを避ける戦法は、後々の国民党打倒へ繋がっていく)。

近衛政権は、戦争終結の術を見いだせず、非常に矛盾した対中政策を遂行し続けた。軍部からの要請が来る以前に大陸への増強派兵を承認し、軍事予算も増やし、銃後の動員も円滑に進むよう、法律の改正を強く支持した。そんな強気の戦時動員を徹底しながらも、裏では蔣介石との直接和平の道を模索していた。ただその可能性が浮上するたびに、近衛は強硬派への遠慮、時間の浪費または間違った外交判断など、その時々の様々な理由で、チャンスを逃すのだった。たとえば日中戦争初期の一九三七年一二月、中国のドイツ大使を通して、和平を探る可能性が浮上した。しかし、南京陥落後の日本の優勢を視野に、近衛はこの和平ルートを却下し、例の「相手とせず」声明の発表に打って出たのだった。

明らかに外交は、近衛の強みではなかった。近衛の類まれな才能は、厳かに、やんごとなき沈黙とともに相手の話を注意深く聞き、自尊心をくすぐる対人力にあった。この独特の「沈黙によるリップサービス」は、近衛が日本の近代政治上、最も激動に満ちた荒波を巧みに操舵し、様々な政治信条を持つ人々とも表面上はうまくやっていけた、大きな理由のひとつと考えられる。しかしこの才能には、明らかな欠点もあった。近衛自身が、政治評論家の山浦貫一にこう語っている。「自分には敵と云ふ敵もない代りに味方と云ふ味方もない。五人の敵があっても、五人の本当の味方があれば政治はやれるが、十人の味方は何時十人の敵となるか判らない」[8]。

近衛の孤独感は、大元をたどれば、その複雑な生い立ちに由来するものだったのだろう。母親は長男の文麿を出産後、わずか数週間で亡くなった。父親が再婚相手に選んだのは、その死んだ母の妹だった。結果、文麿の弟、妹たちとは母が異なってはいても、完全な異母兄弟よりは濃い血縁関係があった。父親が四一歳で亡くなると、一二歳の文麿が、近衛家の家督と、父親の政治活動から生じた巨大な借金を継ぐことになった。高貴でも貧しい家長は、若くして人の世の世知辛さを知ることとなり、憂鬱な性質に拍車がかかった。位は少々下だが、同じく藤原家に祖先を持つ侯爵（後に公爵）西園寺公望の陰なる配慮で、近衛家は金銭的苦境をしのいだのだった。

近衛が直接西園寺に会ったのは、大学生の時だった。ただ、すぐには親しみを持てなかったようだ。マルクス主義哲学に影響を受けていたその時期、若い公爵は元老西園寺が自分を上座に据えて「閣下々々」と連発したのに、気分を害したと言われている。だが実際には、二人には多くの共通点があった。表面上の印象だけをとっても、ともにいかにも貴族的な、ほっそりとした体つきをしていて、高価な洋服や着物がよく映えた。もっと重要なことに、両者ともその社会的に恵まれた生い立ちにもかかわらず野心家で、明晰な頭脳を持っていた。近衛が大学卒業後、次第に政治への道に関心を示し出すと、西園寺ともより近しい関係となっていった。西園寺にしてみれば、近衛のように優秀な政治的跡継ぎを持つことは、喜ばしいことだった。

西園寺は現実的な人間だった。天皇の神格化に反対してはいたものの、天皇制そのものは、近代日本の統一に重要な役割を持っていることを重々認識していた。特に西園寺は、階級制度の行き過ぎを警戒する反面、人々の心に根付く事大主義をよく理解し、それを利用することをも辞さなかった。要は、使いようによっては爵位も世に役立つと割り切っていたのだ。西園寺は、四〇も年少の近衛も自分同様、この危険な綱渡りをする才覚と思慮深さを持っていると、大いに期待したのだった。

残念ながら、結果として西園寺は、近衛に自分と同様の価値観を植えつけることはできなかった。一八四九年生まれの西園寺は、思想的には、一九世紀ヨーロッパの産物で、いわゆる古典的なリベラルだった。パリ・コミューン時代にフランス留学し、下宿先では後に政治家となるジョルジュ・クレマンソーの知己も得た。それよりも早く、西園寺の政治意識の目覚めは一〇代の頃、京都の宮廷に仕えていた頃に突然やってきた。朝廷を真っただ中に巻き込む日本社会の一大転換期は、一八六八年の明治維新で頂点に達する。その後の西園寺の人生は、いかに根本の信念を曲げずに、政治の荒波を乗り越えていくかという挑戦の連続だった。

長期にわたって日本の外に出たことがなく、経済的な苦難があったとはいえ、客観的に見て過保護な環境で育っていた近衛は、まったく異なった人生観、世界観を持っていた。政治哲学に多大なる興味を示し、その知的関心は、マルクス主義とファシズムの、左右両極を包み込んだ（しかし、リベラリズムには、まったく心惹かれないようだった）。何よりも近衛は、日本が一等国として世界にその偉大さを知らしめるべきだと信じていた。そのためにも、日本は国家間の政治的競争において、臆することなく強気で、堂々と振る舞わなければいけない、と考えていた。自分自身が日本社会における特権階級の権化のような存在だったが、同じように特別な地位を、日本が国際舞台でも占めることを望んでいたのだった。このような国家間の階級意識への固執は、近衛の初めての海外視察旅行でさらに強固なものとなった。一九一九年、二七歳のルーキー貴族院議員近衛は、パリ講和会議へと向かった。偉大な歴史的会合を目撃しようと、首席全権となった西園寺に無理を言って、随員を許されたのだった。

この海外視察は、近衛にとって個人的にも好都合なタイミングだった。愛人だった祇園芸者を、何年か前に東京へ連れてきていた。しかし愛人の妊娠を知ると、近衛の愛情は急速に冷めていった。そして家宝の一部を競売にかけて資金を調達し、颯爽とパリへと旅立ったのだった（愛人へは使いの者をやり、後日、京都へ送り返した）。

人生の煩雑さから逃避する思惑もあったとはいえ、近衛の講和会議視察への意気込みには並々ならぬものがあった。世界大戦停戦間近に、近衛は雑誌『日本及日本人』に寄稿している。「英米本位の平和を排す」と題されたその小論文は、必ずしも、ウッドロー・ウィルソンの描いた国際連盟構想に批判的ではなかった。ただそれに付随する、教訓的かつ野心に満ちた現状維持勢力の主張には、不信感を露わにした。イギリスやアメリカ主導でつくられる新しい国際秩序は、民主主義の拡大や平和の促進とは関係ないというのが、近衛の見方だった。むしろ既存の「持てる国」である列強は自分たちの国際的な立場をより高め、経済帝国主義を行使し続けることを目論んでいて、セツルメントはその私利的願望の具現化だと解釈したのだった。

この場合、二つのゴール、つまり現状維持と平和的共存が同時に達成可能か否かを問題提起するほうが、より洗練された論旨になったであろう。だが近衛は、日本人の多くがあまりにも感傷的で、いとも簡単に正義や人類平等などの美辞麗句に踊らされ、リベラルな国際主義に感化されてしまうことのほうを心配していた。そして白人主導の、不平等で不公平な国際社会の現実に目を覚ませ、と訴えた。小論文でも、アメリカ、オーストラリア、カナダでの黄色人種への人種的偏見を、その揺るぎない証拠として挙げた。それらの国々が「白人に対して門戸を開放しながら、日本人初め一般黄人を劣等視して之を排斥しつゝあるは今更事新しく喋々する迄もなく、我国民の夙に憤慨しつつある所なり。黄人と見れば凡ての職業に就くを妨害し、家屋耕地の貸付をなさざるのみならず、甚しきはホテルに一夜の宿を求むるにも白人の保証人を要する所ありと言ふに」と、黄色人種差別を糾弾し、これは「人道上由々しき問題にして」ぜひとも自分は「来るべき講和会議に於て英米人をして深く其前非を悔いて傲慢無礼の態度を改めしめ、黄人に対して設くる入国制限の撤廃は勿論、黄人に対する差別的待遇を規定せる一切の法令の改正を正義人道の上より主張」するつもりだと、強く述べている。[9]

近衛はこれを日本国内の読者を念頭に書いたはずだが、その余波は外の世界にも達した。英語に翻訳され、それが上海で発行されていた『ミラーズ・レビュー』(*Millard's Review of the Far East*)という雑誌で紹介されたため、近衛は一部の人々の間で、急進的で危険な人物だという評判を得ることとなった。記事は、西園寺の怒りも買った。軽率で、挑発的で、いかにも非外交的内容だと批判し、特に代表団に加わりパリ講和会議に出発しようとしている人物の書くことではない、と多大なる不快感を表明した。その一方で、近代中国ナショナリズムの父、孫文には、この記事のおかげでアジア主義の同志と認められたのか、上海での食事に招かれ、歓迎されるという展開もあった。

近衛はパリで、近代史上最も重要な国際会議を目撃した。少し離れた距離から、クレマンソーやウィルソンを注意深く観察する機会にも恵まれた。そして、会議参加者の中に見られる肌の色の違いや、その多様さに驚くのだった。ある日の会議で、公式代表団に与えられる許可証をもらえなかった近衛は、新聞記者になりすまし、傍聴席に座った。このことは十分な品位をもって行動していないとして、再び西園寺の逆鱗に触れることとなった。西園寺はまた、公園で何気なく花を摘む近衛を叱った。「世界に交わる大国民のたしなみがない」ということなのである。[10]その他にも、近衛の「たしなみ」の欠如が元老を困惑させたことがまだあった。近衛が談笑中、どうやって税関でのトラブルを避けられるか、冗談を言うのを耳にした時もそうだった。

貴族院の若手ホープだった近衛にとって、この旅はより大きな世界への入門を意味していた。自分でも、外交に関するより広い視点を得られたと満足していた。随行団に暇を告げると、近衛はさらに見聞を深めるため、旅行を続けた。イギリスでは庭園の美しさに魅了された。その後、アメリカも訪れた。ただ、この大冒険も近衛の根本的な世界観を変えるには至らなかった。第一次世界大戦のセツルメントは、現状維持を狙う大国が弱い国々に強要した「カルタゴの平和」だという信念は、ついに揺らぐことはなかった。特に、日本は大戦の勝利者側についていたにもかかわらず、敗者と同様の扱いを受けたとも感じていた。日本が提案した人種差別撤廃と宗教の自由を謳った条項が国際連盟規約に含まれなかったのは、白人による有色人種への偏見が原因だと信じていたのだ。

帰国後間もなく近衛は、西洋での見聞を記録する冊子を出版した。そこで多く述べられているのは、どうやったら日本が高い国際的地位を達成できるのか、という問題だった。一例として、アメリカでの移民増加による反日感情について、こう言っている。

「かかる排日の原因は種々あるべく、人種的偏見の如きもその一ならむ。総じて白人殊にアングロサキ《ママ》ソン人種が有色人種を嫌悪するの事実は、米国における黒人の待遇に就き見るも明白に看取し得らるるところにして、余等は巴里よりも倫敦において一種の人種的圧迫を感じ、更に紐育に来りてますますその意識を高めたり」[11]。

ここに、大いなる歴史の皮肉があった。英米の人種差別を常に憎んでいた近衛は、これを記した二〇年後、ヨーロッパの中で最も狂信的かつ排他的な人種差別国家、ナチス・ドイツを日本と同盟させることを良しとしたのだ。

さらに若かりし日の近衛は、アメリカにおける中国人の宣伝活動の巧みさを、尊敬の念を隠さずに記述している。自国をもっと知らしめようと努力を惜しまない中国人に比べると、日本人はあまりにも国家のための宣伝をしなさすぎると嘆いたのだ。留学生を比較してみても、中国人学生はアメリカ人相手に、中国に対する同情や理解を深めることに長けている。それにひきかえ、日本人学生はお粗末なものだ、と不満を述べている。ここで浮かびあがってくるのは、近衛の微妙な中国観だ。近衛は中国のことを、アングロ・サクソンによる黄色人種差別にともに立ち向かう同志としては見ていない。中国は、アジアの大国として西洋の敬意と賞賛を一身に受けるべき日本の、恐るべきライバルなのだった。そして、いずれ中国が日本を凌ぐ近代国家になる日を危惧し、それを避けるためにも、日本はより強く自己主張のできる国家にならなければならないと結論したのだ。結局のところ近衛には、アジア主義者であることよりも、日本の優越主義者であることが先だった。そして多くの優越主義者同様、自国の偉大さを称える裏側には、他者から拒絶されることへの多大なる不安や恐れがちらついていた。

したがって、近衛が長男の文隆をニュージャージー州のエリート寄宿校ローレンスヴィルに送り、その後プリンストン大学に入学させたことにも、納得がいく。西欧中心主義を非難する一方で、その牙城であるような教育機関に息子の教育を託したのは、国際的な政治や外交の世界で通用する人物に育ってほしいという、親としての強い願いがあったからであろう。近衛は右翼の知り合いに、なぜ息子をわざわざアメリカに送ったのか、聞かれることがあった。その際には、日本の大学は学生から真の日本精神を取り去る傾向にあり、反対に、海外だと日本を愛する気持ちが生まれ易い、だから本物の愛国心を育てるために外国にやっている、と説明したという。だが、より大きな理由は、そうすることこそが当時の日本の超エリート子女教育の王道だったからだ。近衛の側近や友人の多くは、英米のトップの教育機関で高等教育を受けていた。彼らに共通していたのは、語学のスキルだけでなく、社交でも世界の特権階級の一員としてやっていけるという自信と洗練された身のこなしだった。近衛は父親の早すぎる死のためか、周りが持っていたきらびやかな海外経験を欠いていた。そしてそのことについて、ある種の劣等感を持っていたと推測される。問題となった反英米的な考えにしても、この複雑な劣等感なくしては、その深層を理解できない。その延長で、中国に関しても、かなりの葛藤があったことは否めないだろう。近衛には中国の、古代文明をはじめとする文化的所産を惜しみなく敬う反面、その近代ナショナリズムを大いに警戒し、それに過剰反応する嫌いがあった。

行き着く先の主張は、日本が不本意にも略奪的な西洋帝国主義や、人種差別に苦しんできたというものだった。これは当時としては、決して珍しい考え方ではなかった。だが近衛は、そのような不満に満ちた感情を、多くの場合において反動的でもなく、危険分子と見られることもなく表現できた（前述の『ミラーズ・レビュー』の一件はその点、例外だった）。高い社会的な立場が、それを可能にした。国内でも、また海外でも、近衛の思想の根本を見極めることが難しく、それどころか西園寺との一見して密接な関係から、近衛をリベラルと間違えて捉える向きもあった。

晩年の西園寺は近衛に失望し、一定の距離を置くようになっていった。一九三七年の春、近衛が娘の結婚前夜の仮装パーティーの席でナチスの軍服をまとい、ヒットラーとして登場したことも、元老との関係を悪化させた。寛大な解釈をするならば、近衛の行動は貴族の気晴らしと言えるだろう。しかし西園寺は、この出来事を知ると激怒した。それ以降、近衛はナチズムを表立って称えるようなことはなかったが、それでも近衛政権の政策からは、ファシストイデオロギー、または、少なくともファシスト的要素への傾倒が明らかに感じ取れた。特に「新ヨーロッパ秩序」と銘打たれたムッソリーニとヒットラーのヨーロッパ制覇の理念には、多大な影響を受けていた。優れた国が一大文明復活の目標に向かって他国を導く運命にあるといった考えは、近衛の持つ、アジアにおける日本中心の世界観とよく嚙み合った。一九三八年末、広東、武漢が陥落した後も、泥沼化する日中戦争に何らかの思想的一貫性と目的を与えようとする動きがあった。その際、近衛政権が打ち出した苦肉の策は、「第二次近衛声明」に織り込まれた「東亜新秩序」思想だった。「惟《おも》ふに東亜に於ける新秩序の建設は、我が肇国の精神に淵源し、これを完成するは、現代日本国民に課せられたる光栄ある責務なり。帝国は必要なる国内諸般の改新を断行して、愈々《いよいよ》国家総力の拡充を図り、万難を排して斯業の達成に邁進せざるべからず」[12]。つまり日本が中国で戦っているのは、アジアにおけるアジアのための新秩序を日本主導で構築するためだ、という考えを打ち出したのだ。しかしそれは戦況が悪化してからの、後付けの戦争理由であり、思想的にはヨーロッパファシズムの焼き直しでもあった。

そもそも、そう簡単にそれまでの失策を帳消しにすることなど、できるはずがなかった。一九三八年一月に近衛が出した「相手とせず」声明は、蔣介石を交渉のテーブルから遠ざけ、それ以降の、日本による日中戦争外交決済の試みを、より困難なものとしていた。西園寺は、近衛の外交手腕への不満を内々に漏らしていた。「蔣介石を立派な交渉相手に育てるくらいなことが必要なのに、軍部の連中は毛嫌いするだけだ。日清戦争の和平交渉の相手だった李鴻章だって、日本での評判は悪かった。しかし、支那にはあの人物しかいなかった。誰が第一の人物か見極めて、その人物と交渉するしか方法はないじゃないか」と[13]。

蔣に対する近衛の苛立ちは、日本がすぐに中国を打ち倒すことができると信じて疑わなかった人々に、共通するものだった。その一方で、近衛政権下での市井の人々の生活は、戦争の長期化によって確実に締めつけられていった。効率的な銃後の動員を目指し、政府は一九三七年秋に国内の資源割り当てを担う企画院を設立した。これは翌年四月に発効する「国家総動員法」に道を開いた。この法律は国民の、ありとあらゆる経済、社会活動を国家が規制する試みだった。やがて総力戦を戦えるようにと、資源の市場への流れは大幅に減少し、日本は準戦争経済に切り替えられていった。

しかしミクロのレベルで見ると、「国家総動員法」は、効率化とはほど遠い結果を生み出すことがあった。一九四一年六月二一日の永井荷風の日記から。「下谷辺のある菓子屋にてその主人店の者に給金の外に慰労金を与へしこと露見し、総動員法違反の廉にて千円の罰金を取られし由。使用人に賞金を与へて罰せらるるとは不可思議の世の中なり」[14]。この一件は、どんなに小さなことにも、国家の監視の目が向けられる可能性があり、不合理な理由でも、処罰を逃れられないことがあることを、如実に物語っていた。

大陸での戦争泥沼化のために、日本の中央権力構造も速やかな変換を余儀なくされた。そのことは、後々の政策決定過程にも重大な影響を及ぼしていくことになる。一九三七年一一月に、近衛は政府と軍部との共同会議システムを制定した。政府・大本営連絡懇談会または後に連絡会議と呼ばれたこの会合は、民事と軍事のギャップを克服し、高まる国際危機に向けて政策を統一するという意味合いを持ち、第二次近衛内閣の間には、より頻繁に開かれるようになった。会場は一九四一年七月までは首相官邸だったが、第三次近衛内閣以降は皇居に場所を移すことになる。常時の出席者は首相、外相、陸相、海相、陸軍参謀長、海軍軍令部長などで、彼らはみな同等の発言権を持つと見なされた。しかし本来の意図と反して、会議は徹底的な議論や意見交換の場というより、戦略的な議題を政策に盛り込むための、形式的な役割を担うことが多かった。ぱっと見ただけでも、民事政権に属するはずの陸・海相を含めれば、主たる六名の会議出席者のうちの四名が軍事関係者だった。このことからも、戦略的な議題が先行する傾向は否めなかった。これは大戦前夜の日本の政策決定における、致命的構造欠陥だった。

近衛政権下、新たに親日の国民党政権を樹立させようとする、大胆な企画が持ち上がっていた。一時は孫文の後継者と見なされ、蔣介石の最大のライバルだった汪兆銘に、白羽の矢が立った。汪は現実的で冷ややかな蔣とは異なり、ナイーブでロマンチストの理想主義者で、中国への愛国心と個人的な野心に突き動かされていた。日本としては、ますます硬化する蔣よりも、柔軟な交渉相手を必要としていた。

第二次近衛声明に後押しされる形で、汪は一九三八年一二月、新しく移った国民党の首都重慶から脱出していた。しかし暗殺未遂を含め、数々の挫折や困難が重なったために、日本の後ろ盾を持つ新国民党政府樹立は、一九四〇年の春まで実現できなかった。そして一九四〇年一一月下旬、日本がドイツとイタリアとの三国同盟を締結した二ヶ月後、ついに第二次近衛内閣は、南京に据えられた汪の新政府を正式に承認した。近衛は新政権樹立の動きに当初から関わっていたため、汪に道義的義務を感じていたのかもしれない。しかし新政府承認のタイミングは最悪だった。もうその時点で、汪政権は中国国内での信用を失っていた（そもそも日本は、南京の汪政権に中国全体を治めさせるつもりなど、さらさらなかった。満州、台湾、中国北部、内モンゴルなどでは、進駐、植民地、従属政権などの形で日本の統治が行われていた。汪の新政府も、そのような日本の傀儡政権のひとつに過ぎないという中国国内の印象は、妥当なものだった）。またしても近衛は、日中戦争解決に向ける外交で、取り返しのつかない失策を犯してしまったのだ。

それでも公式には、日本軍がいかに中国で前進しているかばかりが報道されていた。現実の日本は、小津安二郎の原作を内田吐夢《とむ》が監督したブラックコメディー『限りなき前進』の、主人公そのものだった。この映画が公開されたのは、一九三七年一一月、日中戦争勃発からまだ間もないころだった。あらすじは、こうだ。五二歳の主人公徳丸は、サラリーマン人生の大半を過ごした会社から、解雇される。昇進をあてにして分不相応な家を新築していた彼は鬱になり、やがて正気を失ってしまう。徳丸に、もはや現実と妄想を区別することはできない。めでたく昇進できたと信じ込み、家族や元同僚の戸惑いなどおかまいなしに出社すると、あたかも重役のように振る舞い出す。徳丸は、妄想の中でのみ、「限りなき前進」を続けるのだった――

＊

一九四一年にもネックとなる中国問題には、近衛政権をはるかに超える根深い歴史があったことも、忘れてはならない。元をたどれば、日本が中国文明から（しばし朝鮮半島を介して）大きな影響を受け吸収し、文字、仏教、儒教思想などを自国文化へと作り上げていった経緯があった。その中国に対して、畏敬の念を持ちつつも、日本は、孤立した島国社会の特権で大国と一定の距離感を保持し続けていた。しかし一八四〇年代までには、それまでの栄光に満ちた中国のイメージは失墜の一途だった。西洋帝国主義の脅威にさらされても徹底的に無力で、退廃的で、阿片中毒に冒された清朝中国は、もはや日本の模範とはなり得なかった。

徳川幕府の下で、比較的平穏な静けさの中で送った二世紀半の後、日本は鎖国政策を廃し、外界と接触することを余儀なくされた。一九世紀半ばの中国の弱さは、言ってみれば日本を西欧列強の脅威にさらす、リスクファクターだった。日本は独りでその危険と対峙しなければならなかった。そして、海を越えてやってくる脅威とは別に、日本と中国のすぐ北には帝政ロシアが、すでに膨らみすぎた帝国をさらに拡大するべく、機をうかがっていた。

覇権を賭けた列強間のシビアなパワーゲームで、日本はまったくの初心者だったが、すぐに見様見真似でルールを学ばなければ生き残れなかった。それをやってのけたのには、近代日本の祖である、先見と活力に満ちた幕末の志士たちの功績が大きかった。二〇世紀初頭までには日本は、アジアの国としては異例な、列強エリートクラブでの地位を確立しつつあった。それでも決して居心地が良かったわけではなかった。セオドア・ルーズベルトが褒め言葉として日本人を「名誉白人」と形容したことが、その曖昧な立場を何よりも雄弁に物語っている。日本はしばしばコンプレックスと、猜疑心、または優越感と孤独感の狭間で、一匹狼であることの苦しさを抱え続けていた。

日本の敏感さが、過剰反応であるケースもあったであろう。それでも確かに、人種差別や白人優越主義による日本軽視や疎外は現実の問題だった。そもそも明治維新以降、近代日本外交の幕開けの数十年間は、西欧列強との不平等条約を覆す努力に費やされた。砲艦外交によって押し付けられたそれらの条約は、外国貿易、固定低関税、および外国人の治外法権など、日本の商業や法的主権をないがしろにするものだった。アメリカとの不平等条約がやっと失効したのは、一九一一年だった。

一八九四年から一八九五年に朝鮮半島の主導権を賭けて戦われた日清戦争では、日本が勝利したが、西欧諸国の介入によって、せっかくの勝ちを台無しにされたという思いがあった。戦争を終結させた「下関条約」で、清はフォルモサ（台湾）や遼東半島の主権を日本に割与することになった。大連やポートアーサーを配する半島は、中国東北部への入り口となり得る戦略的重要性から、日本とロシアの間で権力闘争の舞台となっていた。日清講和の内容が公になると、ロシア、フランス、ドイツが俄然、反対した。その間、イギリスとアメリカは目をつぶっていた。いわゆる三国干渉である。日本は列強の圧力に屈し、遼東半島を清に返還したが、三年後には、今度はロシアが、半島の借地権取得に成功してしまう。日本にとって、非常に苦い国際政治取引の教訓だった。

しかし日本は、列強への道を諦めなかった。より高い国際的地位、より広い領土、より強力な軍隊を持つため、絶え間ない努力を続けた。一九〇四年から一九〇五年にはロシア帝国との戦いに挑み、勝利し、イギリスやアメリカでも賞賛された。日露戦争が日本にもたらしたのは、南満州の鉄道や鉱業権、そして一九一〇年に併合することになる大韓帝国の保護権などであった。また因縁深い遼東半島の租借権や樺太（南サハリン）の譲与も勝ち取った。それでも、崩れ行く大国中国の将来については不安だけが残った。

その一方で、日清戦争での敗北を受け、改革志向の中国人たちは、日本の台頭から学べとばかりに、日本に留学するようになっていた。特に西洋科学と政治思想が重視された。日本が主権、独立を死守し近代化に成功できたのは、これらの学問や思想を素早く体得したためだと考えたからだ。中国国民党の祖、孫文を含め、多くの中国人は、日本の変わり身を賞賛した。そして日本人の中には、孫やその同志の目指す近代中国ナショナリズムの覚醒に協力し、応援しようとする者もあった。たとえば日活の前身を創業したひとり、梅屋庄吉は、財産の大半を孫の中国民族主義運動につぎ込んだのだった。

近衛文麿の父、近衛篤麿も中国との強い同盟関係を提唱していた。篤麿が一八九八年の設立に尽力した政治・文化組織の同文会（後に東亜同文会へと発展）は、日本と中国が同人種として、また同じ文字を使う兄弟として、互いを助け合う運命にあるとした。会の最も知られた功績は、上海の東亜同文書院設立だった。この高等教育機関の卒業生は、日本における政治、外交、ジャーナリズム、経済など、多岐の分野で活躍する中国専門家を輩出した。

あらゆる日中関係強化の試みにもかかわらず、国家としての日本は一貫して強硬で、帝国主義的な対中姿勢を崩さなかった。一九一二年の清朝崩壊は、広大な国土と、その無限大のように見える資源制覇への夢を刺激し、中国国内だけでなく、外国勢も加わった競争を激化させた。日本も様々な利権を、時には交渉で、また時には武力の脅威を仄めかすことで獲得していった。

一九一五年、日本は中国に向ける野心をより露わにした。政府は、袁世凱下の新生中華民国の内部亀裂とヨーロッパ大戦の混乱を逆手にとり、いわゆる「二一ヶ条要求」を突きつけたのだ。要求の中には、山東省におけるドイツ権益を日本が継承すること（まさにその地で、日本はドイツ軍を破ったばかりだった）、一九二三年で切れる南満州鉄道一帯の権益期限を二一世紀初頭まで延長すること、中国政府内に日本人顧問を配置すること、などの条件が含まれていた（さすがに中国を日本の傀儡政権と成さしめる日本人顧問の設置要求は、中国側の抵抗を受けて削除された）。これは、日本の国際広報における大失策であった。結局日本は、ほぼそれまでに所有していた権益以上のものは手に入れられなかったばかりか、中国における門戸開放政策の番犬を自称するアメリカの反感を買う羽目になった。これに対し一部の日本人は、アメリカが自国の唱えたモンロー主義を、日本が中国に対して適用することを否定するのはご都合主義だと反論した。平等貿易機会の名の下にアメリカが日本の裏庭に介入し、やがてアジアにおける地域主導権を奪い去ろうとしていると警戒を強めたのだった。

日本の要求が、中国を動揺させたことは言うまでもない。パリ講和会議でドイツの敵にまわって参戦したことへの見返りとして、日本に山東省の権益が与えられると、さらに中国ナショナリズムは刺激され、より強く広い抗日、反帝国主義運動である五・四運動が巻き起こった。結果、日本の中国における権益は、さらなる危険にさらされることになった（日本は一九二二年、アメリカの調停もあり、ワシントン会議にて、山東省の権益を返還することに同意したが、日本のナショナリストの目には、これこそ屈辱的な譲歩と映った）。しかし、何はともあれこのような摩擦は、その都度、概ね外交を通して解決されてきた。

それが大きく変わったのは、関東軍作戦主任参謀、石原莞爾によって立案された、満州事変以降だった。一九三一年九月一八日、南満州鉄道一帯における日本権益保護のために駐留していた関東軍の小隊が、鉄道を爆破した。小規模の爆発であったが、関東軍はこの自作の「事変」を抗日分子の仕業と主張し、本格的な軍事行動をとる口実として利用した。その後五ヶ月の間に、関東軍は、東北地帯を次々と占拠していった。

石原は、人を引きつける不思議な魅力を持つ陸軍中佐だった。満州事変の何年か前には、終末論を髣髴とさせる独自の戦争論の講話を出版していた。数年後に起こる日中戦争の激化には異を唱えたものの、石原の思想やそれを反映した満州事変が、その後の日本の対中政策や太平洋政策に及ぼした影響は、計り知れないものがある。石原は東西の大国、つまり日本とアメリカ、もしくは日本とソ連が戦争をする可能性が高いと見ていた。それが歴史的必然の大衝突だと。このような、軍事国家日本の英雄的運命を讃える言説は、陸海軍の多くの中間層の戦略参謀たちを感化していった。

満州事変以前から石原は、蔣介石が推し進める積極的な中国近代ナショナリズムが、日本の将来を大きく左右することを警戒して止まなかった。蔣は国内の実業家・富裕層の支援を受け、西側諸国からも中国の新しい指導者として認識されつつあった。一九二五年、孫文の死後に国民党の指導権を握ると、間もなく蔣は、北伐を開始した。中国共産党の力を借りて、軍閥で引き裂かれた地域を、国民党の権力下に置くのが狙いだった。遠征中に共産党との間に亀裂が起こると、一九二七年四月、上海で、共産党員の虐殺に打って出た。このことは、汪兆銘率いる国民党内の左派と、一時的に深い溝を作ることになった。しかし一連の挫折にもかかわらず、北伐は一九二八年、国民党軍が邦人保護のために駐留していた日本軍と初めて衝突するまで継続された。度重なる軍閥や共産党からの挑戦が続いたが、それでも一九三一年までに蔣は、統一中国の名目上の指導者としての地位を確立することに成功していたのだった。その一方で、蔣は西欧列強、それも主にアメリカとの協力関係を強めるとともに、日本から距離を置くようになっていた。

多くの日本人は、蔣が比較的短期間で西側諸国の認知を得ることができたことに、戸惑いを隠せなかった。それを西欧列強による裏切り行為として見る向きもあった。暗黙の了解のうちに中国を分裂させたまま、その弱さから利益を得るという、昔ながらの、しかし日本が必死に習得したばかりの帝国主義的ノウハウが通用しなくなることを、まだ受け入れられないでいた。同様に、一九二〇年代末の日本を不安に陥れたのは、ボルシェヴィズムの台頭だった。ソ連は経済強化のために、五ヶ年計画を進めると同時に、極東軍を増員していた。これらすべての要因が、石原や、石原の思想に心酔する者たちを、満州侵略という規定の軍務をはるかに通り越した大バクチへと駆り立てたのであった。

陸軍参謀支配層に支持者がいたと思われるものの、満州での無謀なイニシアチブは、日本政府全般にとって驚くべきニュースだった。とりわけ、満州事変開始時の首相、若槻禮次郎《れいじろう》と、外相の幣原喜重郎は、そのような敵対行為を早急に消し止める意向でいた。しかし日本の世論は、強硬論調のメディアに焚き付けられたこともあり、石原以下の行動を賞賛する方向に極端に傾いていった。新聞はこぞって戦地に特派員を派遣し、劇的な見出しの下に号外で戦況を報告することで発行部数を競い合い、売り上げ合戦がますます白熱した。

大手新聞はこの時点で、意識的に、政治的に、「自己検閲」という浅はかな道を選択したのである。その選択は、その後一〇年間かけて、日本のメディアを窮地に追い詰めていくことになる。軍部から正確な情報を得ていたであろうにもかかわらず、どの新聞も、満州事変の発端が実は関東軍が企てたもので、中国側に非がなかったという重大な事実をあえて報道しなかった。満州事変が偽の口実で、なし崩し的に決行されたということが、一般読者に知らされることはなかったのだ。それどころか新聞は、関東軍の主張を全面的に肯定する報道に終始し、爆破された線路の現場や、首謀の中国人兵の遺体の写真などを事変の確固たる証拠として、センセーショナルに掲載した。

つまり事変を讃える「世論」は、少なからず、日に日にエスカレートする報道合戦によって形成されたものだった。そして戸惑う若槻政権は、九月二四日に、当初の思いとは裏腹に、満州での軍事作戦を承認することを選んだ。軍事的侵略行為でも、事後ゴリ押しでどうにか認めさせるという危険な前例が、これででき上がったのだ。若槻は一二月に辞任し、野党立憲政友会の党首、犬養毅が首相となった。一九三二年二月までに関東軍は、遼寧省、黒龍江省、吉林省を、すべて制覇していた。

満州事変勃発以降の数ヶ月にわたる政府の不作為や、上層部からの明確な指示の欠落は、さらなる暴力行為を誘発することになる。軍人たちの中には、日本が直面する様々な社会的、経済的困難を支配層の責任とする者も多かった。極端な場合には、権力構造を抜本的に変えるため、過激な行動も辞さないとし、テロ行為も正当化した。武士ならばこれを「下剋上」と呼んだかもしれない。しかし近代軍事用語では、それは単なる「不服従」だった。にもかかわらず軍部指導層の中に、そのような風向きを、身を挺して否定し、止めようとする効果的な動きはなかった。

満州侵略は、日本の国際社会からの孤立の大きな第一歩でもあった。ただそのことをしっかりと認識していた日本人は非常に少数だった。関東軍が傀儡国家、満州国の設立を宣言したのが一九三二年三月一日。これには国際的な非難が殺到した。五月一五日には海軍将校と陸軍士官候補生の武装グループが首相官邸に乱入し、犬養を撃ち、その夜のうちに首相は絶命した。暗殺者たちは犬養が、対中軟化路線をとることを警戒し、満州国の支配まで手放すのではないかと危惧したのだ。それまでの日本は、国際連盟の設立以来、模範的な加盟国だったが、満州問題のために一九三三年三月、脱退の意向を表明した(正式脱退は、その二年後だった)。

とは言うものの、満州事変以降、日中関係が完全に崩壊した訳ではなかった。両国の実質的な利害が一致することも、まだあったのだ。一九三〇年代半ばまでを通じて、日本政府は、より慎重で友好的ともとれる中国政策と、軍事的圧力に裏打ちされた強硬アプローチの狭間で揺れていた。蔣にしてみても、満州を除く中国での足場を固めることに必死だった。特に一九三一年一一月より、独自の「ソビエト共和国」を大陸南部や中部の奥地で確立していた中国共産党と戦うことに、当面は頭がいっぱいだった。そのため「満州国」というやっかいな問題と向き合う余裕はなく、蔣が北部で日本との大きな衝突を避けようとしていることは明らかだった。チャンス到来とばかりに、関東軍は北部での拡張に繰り出した。一九三三年には、満州国の一部となった満州西に位置する熱河省、その後、河北省とチャハル(内モンゴル)の周辺地域にも勢力を拡大していった。一九三三年と一九三五年に結ばれた日中協定で、国民党は屈辱的な条件も呑んでいる。それには大陸北部での部分的な武装解除、満州国付近の国民党機関の撤退、そして河北省東部とチャハルにおける日本の勢力圏拡大などが含まれていた。

日本国内では、世界恐慌などに起因する景気低迷からの回復に精一杯の状況が続いていた。社会的な不安が倍増していた。心もとない雰囲気の中、一九三六年二月二六日に一大クーデター、二・二六事件が試みられ、失敗した。しかし降伏前に、若い陸軍将校たちは幾人かの政府主要メンバーの暗殺に成功していた。西園寺公望は、暗殺者たちの最大のターゲットだったにもかかわらず、東京を離れていて、難を逃れた。事後処理を期待され、近衛に首相就任の要請があったが、近衛はこれを体調不良を理由に辞退した（実際は、極右との関係を保つことを望んだ近衛の言い訳ではなかったかという見方もある。後に首相に就任すると、すぐに反乱将校を恩赦しようとしたことも、この見解の裏づけになっている）。結局三月九日に、広田弘毅内閣が組閣された。

国内の不満をそらすための一手段として、広田の政府は、強硬対外政策に打って出た。具体的には、中国、ソ連、西欧列強との戦争も視野に、軍備を増強し、東南アジア進出にも備えるといったものだった。この政策転換の影響は、特に中国大陸ですぐに感じられた。一九三六年内に在中日本軍は、事前協議なくして、それまでの三倍のほぼ六〇〇〇人に膨れ上がった。盧溝橋で運命の晩に漂っていた一触即発の空気は、この文脈なくしては理解できないだろう。

中国の国内状況も、それまでにかなり変わっていた。日本の拡張主義と蔣の中国統一への野望が、それほど長く共存できないことは明らかだった。それまでに許した日本への譲歩のために、蔣は、中国共産党プロパガンダの格好の標的となりつつあった。日本帝国主義の圧力に屈し、同胞を犠牲にした非国民として描かれたのだ。そんな蔣に一九三六年一二月、決定的な転機が訪れた。蔣が東北軍の張学良を首謀とするグループに拉致監禁された、西安事件だ。張は一九二八年に日本軍によって暗殺された満州軍閥の総統、張作霖の息子で、軍閥や共産党とも協力して、対日共同戦線を張るよう説得しようと、蔣の誘拐という大胆な手段に打って出たのだった。統一中国のリーダーとしての正当性を維持するためにも、蔣にもう後戻りはできなかった。対日融和政策をとり続けているように見えることは、リスキーだった。蔣と日本軍が最優先事項として共有していた共産主義打倒（それが、中国のものであっても、ソ連のものであっても）というゴールは、抗日闘争が避けられなくなった今、後回しにされることになったのだ。この中国大陸勢力図の再構成の展開を受けて、日本の強硬派は、さらなる中国北部での日本権益維持と拡大政策に躍起になっていった。

＊

前述したように、一九三七年、盧溝橋事件勃発の直前に首相となった近衛は、そのような意図を否定しながらも、日中戦線の激化に大きな役割を担った。相反する政策を積み重ね、そのいずれをも完遂させなかったために、近衛の中国政策はまとまりがつかず、惨憺たるものだった。

この戦争のために、三〇代後半を含むより多くの男性が、国内の労働力から引き抜かれ、戦地に送られることになった。一八七三年に発布された「徴兵令」は、一九二七年に、より広範で普遍的な「兵役法」に改正され、それが一九四五年まで続くことになる。改正された法の下で陸軍の兵役は二年とされ、予備兵義務は一五年続いた。海軍の場合は兵役が三年で、予備兵としての義務は九年間続いた。中国戦争の泥沼化に伴い、動員力を増大するために、軍はかなり緩やかな徴兵基準を採用するようになっていった（たとえば徴兵の合格基準である最低身長が、一五五センチ以上から一五〇センチ以上に引き下げられた）。兵役を逃れたいがために、必死で健康障害や病気を偽る者も出てきた。一時的な肝臓疾患または心不全の誘発を期待して、徴兵検査の前に一升瓶の醤油を飲んだり、減量のために下剤を大量摂取したりする者がいる、といったような話もあった。それでも兵士の大量生産に向けた国家の行進は続くのだった。現役徴兵率は一九三五年に二〇パーセントだったのが、一九三七年には二三パーセントとなり、一九三九年には四七パーセントへと上昇した[15]。

徴兵された者の中に、潮津吉次郎という男性がいた。その他数多の前線兵士の運命を代表する人物として、この京都の小売店主を、これから「兵士U」と呼ぶことにする。その兵士Uは、日中戦争勃発後間もない一九三七年八月に、帝国陸軍より召集令状を受け取った。配属された金沢師団第九連隊が揚子江河口付近で上陸すると、本物の銃声が聞こえてくる。その後、野営のための燃料確保に歩いていると、譬えようのない悪臭が鼻についた。臭いの原因と思われる草陰の「黒い塊」に近寄ると「ワーンと大きな音、蝿が敵戦死者の死骸に群り黒い塊に見えたのである[16]」。中国大陸上陸早々、「生まれて始《ママ》めての異様な光景に珍しいやら恐いやら、あちこちにこの様な死骸が見える」と後年、記した。三一歳の老兵には、いかにも強烈な初体験の連続だった。

蘇州入城後の晩秋、兵士Uは、人気のない街の中を懐中電灯で照らして巡察していた。防空壕や、見たところ空っぽの家にも、実は人が潜んでいるようだった。すると、ある一軒家に「可愛いい一二、三歳位の女子」を見つけた。Uを見ると「直にベットに寝る、女の子はこれが身の安全と思っての行為と思う」。このような状況を悪用する兵士もいただろう。だがUはこの展開に驚きと悲しみを覚えた。「この子供達が成長すると日本を恨み戦争を恨むであろう。奥へ入って出てくるなと手真似で教える」。このエピソードが想起させるのは、戦場での性の捌け口として後々設置された「慰安所」だ。それは、兵士たちの押さえつけられてきた圧倒的性衝動を何らかの形で統制し、制御する必要性によって生まれた、苦肉の策だとされる。その反面、危険な前線や劣悪環境で、報酬を望めない命がけの労働を余儀なくされた慰安婦たち（その多くは、朝鮮半島からの未婚女性を含んでいた）は、定義上の合意がないために否定する向きもあるが、多くの場合、実質上の性奴隷であった。

また別の日に、兵士Uは昆山で、悲惨な光景を目撃する。「戦禍に見舞われ宿るような家なく」破壊された家の入り口の敷居に立つと、「三〇歳前後の婦人が二、三歳位の子供の手を引き片手で臍の緒の付いたままの赤子をオムツでクルクルと包み抱きかかえて避難」していた。この親子は、出口到達間近、流れ弾に当たり、「親子共々悲惨な最期」にあった。「思わず合掌、戦友三、四人で麦畑に親子一緒に葬り冥福を祈る」。Uはその後も、日本兵が捕虜に残虐行為を働く現場を間近で目撃し、ショックを受けている。南京に向けて進撃中に、「クリーク（小運河）に捕虜四、五名投げ込み泳いでいる所を『鴨撃ちだ』と小銃で撃つ、見る見る内に血潮で水面が真っ赤になる。後頭部めがけて頭骸骨が上半分割れ脳味噌がダラダラと出る。前以《もっ》て掘ってある穴倉に掘り込み土を被せる。又捕虜を一〇人位一列縦隊に並べ後ろから胸部目がけて撃つ、バタバタと倒れる。戦争とは異常な精神状態で地球上から絶対なくさなければならない。自分等は後続部隊でこの様な場面を時折見たが頭に何時までも焼き付き四〇数年後の今日でもゾッとして忘れることが出来ない」と回顧した。

一九三七年一〇月下旬、復員を待ちかねていたUと隊員一同は、新たな作戦参加の命令を受け、南京での停戦談判がうまくいかなかったことを悟った（「一同がっかり、いよいよ長期戦かといやな予感が走る」）。国民党の首都、南京への危険で過酷な行軍の道中では、思いがけず五歳年長の兄に会った。「自分でさえも老兵と思って居たのにまさか召集とは知らず」驚くとともに、「留守家族のこと等聞く間もなく出発命令、元気で帰れよと心に念じつつ」別れたのだった。三六歳の兄が戦地に赴かなければならなかったとは、戦争が当初言われていたように、早期解決とは程遠く、泥沼に突っ込んでいることをさらに実感させられる出会いでもあった。

しかしUは、いまだ真の地獄絵図は見ていなかった。部隊は陥落後の極寒の南京に一二月二〇日、入城し、翌一九三八年一月中旬頃まで警備に従事した。その任務を終えて、今度は北上攻撃命令に従い、揚子江を渡ることになったが、乗船地に向かう挹江門《ゆうこう》が近づくにつれて、悪臭が鼻をつくようになった。両側一〇〇メートル余に死骸の山があり、地面が見えないほどで、歩行も困難だった。上海上陸以来、死骸にも臭いにも相当慣れたはずのUだったが、その強烈さに息が詰まった。「道路は人馬が通れるだけ開き戦車に轢き殺されたのかまるでスルメの様である。益々死骸多くなり地面が見えない程、先頭は死骸でノロノロ歩きらしい。その内二度吃驚、城壁の幅四、五間、高さ五、六間もあろう見上げる様な城門に、天井まで死骸が積まれ人馬が何とか通れる位空けてある。日本軍か支那軍か対岸浦口への渡河を阻止する為に積み上げたものか、とに角筆舌では表現できない。その積み上げた死骸を踏み越え踏み越え」「念仏を唱えながら揚子江岸に着くが河原にも死骸があった」。

想定外の戦争の激化によって、Uのようなにわか兵士が増え、軍隊は急激に膨れ上がった。これは同時に、プロのキャリア将校たちにとって、より迅速な昇進の機会が増えたことを意味した。上に立つ者は経験も乏しく、しばしば乗り気でもない新兵を監督しなければならなかったが、このことは、さらにプロ軍人の優越意識を揺るぎないものとし、戦時社会の軍事化、格差化も進んだ。愛国婦人団体の出現も、そのような世相を顕著に反映していた。婦人会の会員たちは、街頭で「千人針」のボランティアを請い、銃後の支援の証として戦場の兵士たちに送った。防弾効果はほとんど期待できず、腹巻きとなった布は南京虫の格好の巣となり、兵士を悩ますこともあったが、国を挙げての必勝祈願の一大象徴に変わりなかった。

中国との戦争で、日本は満州侵略以後、急降下していた国際的信用を回復する絶好の機会を逸した。一九三六年七月、盧溝橋事件のちょうど一年前に、東京は一九四〇年のオリンピック開催権を手に入れていた。非西洋国初のオリンピック主催ということで、国際的名誉を賭けた悲願の歴史的国家プロジェクトとして、期待が集まっていた。競技場の建設も迅速に計画されたが、一九三八年にもなると、日本の主催権放棄への圧力が国外で高まりを見せ始めた。アメリカを含むいくつかの国は、ボイコットも辞さないと示唆した。

一方、日中戦争収束の目処がつかない状況で、軍部は資源問題を危惧した。そしてオリンピック関連の建設には、木材と石材のみを使うよう求めた。東京オリンピック開催の、最大の応援団であるはずの大手新聞も静かになった。一九三八年六月下旬、近衛内閣は戦争以外の工業材料使用に上限を置いた。これで事実上、日本のオリンピックドリームに終止符が打たれた。東京は、そして日本は、オリンピック開催の栄光の瞬間を二〇年以上、先送りすることになったのだ。

皮肉なことに、対日国際世論の硬化は、日本が一大近代国家として軍事面以外の分野で自信をつけ、活躍しだした時期と前後していた。一九三七年のパリ万国博覧会では、ル・コルビュジエについて学んだ三六歳の建築家坂倉準三が、日本館のデザインでグランプリを受賞した。同年八月には東京で、四八ヶ国から三〇〇〇人の参加者が集う、アジア初の世界教育会議が開催された。そして何よりも日本人の愛国心を高揚させたのは、純国産の飛行機「神風号」の記録飛行だった[17]。一九三七年四月六日に、その二人乗り飛行機が立川飛行場を飛び去った時、ヨーロッパでは誰もこの壮大なチャレンジに気づいていないようだった。二四歳のパイロット飯沼正明と、三六歳の機関士塚越賢爾が乗組員だった。長距離航空レースは、それまでヨーロッパや北米のパイロットたちによって記録の塗り替え合戦が過熱していた。華やか、かつ非常に危険な分野における日本の航空力は、完全に未知数だった。「神風号」のフライトは、表向きは五月一二日に行われるイギリス国王ジョージ六世の戴冠式を記念し、ヨーロッパ諸国の首都へ親善訪問をするという企画だった。実際には『朝日新聞』が、ヨーロッパの新聞がよく行っていたように、独自のパイロットを採用して記録飛行を行い、宣伝効果を高めるために計画したものだった（そしてもちろん自社パイロットを使って、ニュースを収集するという実利目的もあった）。

だが「神風号」旋風は一企業の広報活動の域を通り越し、日本中を巻き込んだ。国民は二人の颯爽とした飛行家の偉業達成を、息を呑んで見守ることとなる。使用されるのは、偵察機として名古屋の三菱重工で試作され「純国産」を謳った機体で、それも国民の愛国心を煽る一因となっていた（実際に飛行機の原材料となる金属や、飛ばせるための原油がどこから来たかは関係なかった。それを言い出したら、塚越の母親がイギリス人であることも大いに問題になるはずだった）。「神風号」という名は、約五〇万の応募から選ばれた。四月一日の命名式では、皇族で良子皇后の叔父でもある東久邇宮稔彦王《なるひこおう》が臨席した。飛行記録の達成は国家の威信を懸けた一大事だという雰囲気が、この頃まではでき上がっていた。

当初は無関心だった欧米のメディアも、やがて極東の島国からやってくる「神風号」に、魅了されていった。飛行機がカラチを離れ、四月八日に地中海空域に入った頃には、ヨーロッパでも、その動向が報告されるようになった。四月九日、ついに「神風号」は南ロンドン、クロイドン付近の上空に現れた。航空機は、応援に駆けつけた四〇〇〇人あまりの観衆を喜ばせるかのように数回旋回した（観衆のうち、三百人ほどが、喜びと誇りに心膨らませた、在英邦人だった）。そして午前三時半、「神風号」は非の打ちどころのない着陸に成功。二人の飛行士は、ロンドン—東京間を五一時間一九分二三秒かけて、平均時速一八五・九マイル（二九九・二キロ）の速度で飛行し、長距離飛行の世界記録を樹立したのだった。『タイムズ』紙は伝えている。「飛行士たちが、『神風号』から、はい出て地上に降りてくると、『万歳』の歓声と花輪で迎えられた。その後二人を襲ったのは、握手と祝福の嵐という試練だった」。二人は諸訪問地で大歓迎を受け、パリではフランス政府のレジオン・ドヌールも受勲した。四月一六日に立ち寄ったブリュッセルでは、神童ともてはやされて、彼の地にコンサートヴァイオリニストとしての研鑽を積むべく留学していた一七歳の諏訪根自子や、駐ベルギー日本大使の来栖三郎とその家族によって、熱烈に迎えられた。

ヴァイオリニストの諏訪は、「神風号」の飛行士たちが背負っていた国家の期待の重圧を、自分のその短い人生経験からも想像できるはずだった。国際舞台で通用するヴァイオリン演奏をする美少女は、日本人の誇りだった。それでも、飛行士たちに会った際の諏訪は、憧れのスターと対面して無邪気に喜ぶ、普通のティーンエージャーだった。「二人ともとても素敵。殊に飯沼さんがとても綺麗。あんな人は一寸見たことがない。日本人は全部来た。ベルギー人も大勢、皆日本の旗を持って出迎えた。こんな嬉しいことはない。……飯沼氏はダンゼン素敵だったので、ジロジロ眺めるだけ眺めた。あゝ今日はホントに嬉しかった[18]」。

ブリュッセル飛行場でのごく短い出会いは、若々しさ、美しさ、溢れるばかりの活気を凝縮したかのような魅力的な一瞬だった。つかの間の蜃気楼のように消えていく、深田祐介が言うところの「美貌」なる昭和のスナップショットが、まさにそこにあった。そのまま美しくあり続けることもできたであろうか。

『朝日新聞』は、一九三七年四月一〇日の『タイムズ』紙に、英国民へのメッセージを載せた。それには、今回の記録飛行が「嵐と雷に脅かされる現下の国際関係の中で」「平和と真心の空気を醸成するだろう」とした。悲しいかな、日中戦争勃発後の近衛とその周辺のリーダーシップは、「神風号」の偉業に値するものではなかった。

近衛は失策を悔い、一九三八年の春には側近に、辞任したいと仄めかすようになった。しかし実際に辞めるまでには、翌年の一月までかかった。結局のところ、施政者としての粘り強さや行動力はないものの、いつも自分は正しい側にいるし、何とかなるのではないか、という甘い期待が、かえって任期を長引かせた。しかし相反する利害や義務の間で引き裂かれ、とうとう来るところまで来て身動きがとれないと感じると、やはり辞職した。国民は、いまだ日本が大陸で勝利の躍進を続けていると伝えられていた。その「勝ち戦」の最中に、近衛公が首相の座を去ったことは不可解だった。だが刻一刻と経過する時間の重みとともに、中国での戦況に対する疑問も湧いてくるようになるのだった。

第一次近衛内閣に続いた三つの短命内閣のいずれもが、日中戦争解決の糸口をつかめずに終わり、前述のように一九四〇年七月の近衛の復帰へ道を開いた。それまでに国際情勢も、さらに大きく変わっていた。一九三九年九月以来のドイツによる快進撃は、日本の戦略思考にも少なからず影響を与えていた。オランダとフランスの大部分をナチスが占領し、イギリスはダンケルクから撤退していた。今こそ列強の東インド諸島、インドシナ半島、そしてマレー半島の植民地資源を、日本が奪い取る好機だという考えが、のし上がってきたのだ。日本の戦略を練る一部の参謀は、南進こそが日中戦争を有利に終結させるための鍵になると信じるようになっていた。東南アジアで十分な資源を確保すれば、日本の国力と戦力を増強できるという考えからだった。外交的には、ナチス・ドイツがヨーロッパを制し、西側諸国が窮地に陥れば、後ろ盾を失った蔣介石政権は日本との和平に訴えなければならないという計算もあった。そのためにも、南へ打って出るのと同時に、ドイツとの友好関係を固めることは重要だという結論に至るのだった。

一九四〇年七月二二日、近衛は、枢軸同盟に反対を主張し続けた前任者、海軍大将米内光政の後任として、再び内閣総理大臣の座についた。老齢の元老西園寺は、今回の近衛の首相再就任を、支持しなかった（近衛と西園寺の複雑な関係は修復不可能になっており、その年の一一月の西園寺の死でとうとう終わりを告げることになる）。

近衛の世界観において「持たざる国」であるドイツは、いわば日本と歴史的運命を共有する同志だった。そしてナチス・ドイツの電撃戦成功は大いに近衛を刺激し、第二次近衛内閣は、日中戦争の終結と大規模な政治改革という二本の柱を掲げて威勢よくスタートした。政治改革に関していえば、議会政治に取って代わる中央権力集中型の政治制度を想定し、新体制運動を旗揚げし、右派、左派両方からの支持を募った。近衛が、果たしてどのようにイデオロギーの対立を避けることができると思ったのかは神のみぞ知る、である。近衛に直接助言できる立場におり、秘密裏の共産主義者だったジャーナリストの尾崎秀実は、中央政権をサポートする新しい地方団体や集会を結成しようと呼びかけた。しかし、というより案の定、権力基盤の崩壊を恐れた中央官僚はこのような革新的な案に反対し、結果、政府の既存構造はそのまま維持されることになった。

近衛の人選にも、一大政治改革遂行への思い切りの良さが感じられなかった。表立って敵を作らず、大勢を喜ばせようとする近衛の事なかれ主義を反映したために、特定の政治課題が見えてこなかった。結果、議会政治に取って代わったのは、「大政翼賛会」と呼ばれる妥協の産物だった。大政翼賛会の企画には、ファシズムからインスピレーションを受けたものも少なくなかった。その目的は、人間社会のあらゆる側面を中央が支配することで、生殖も例外ではなかった。

大政翼賛会が掲げたファシスト的プロジェクトのひとつに、「翼賛型美人」の定義提唱がある。翼賛会発足から間もなくの一九四一年一月には「新女性美制定第一回研究会」が開催され、医学、芸術、民俗学など、様々な分野からの意見が招集された。その結果、新しい女性美の基準とは頑丈で骨太の女性であるとの合意を得た。しなやかな柳腰タイプの美人は、過去においてこそ好ましかったが、新時代の美人は強く、多産でなければならない、という考えからなる決定だった。[19]

一九四〇年の秋には、その後長い年月にわたって日本人の日常生活を変えてしまうことになる組織の整備も行われた。隣組だ。この町内組織は、一〇世帯ほどからなる最も基本的で最も小規模な相互監視グループとして、内務省により定められた。国民総動員を潤滑に促すというゴールの下に、それぞれの組は、消防訓練（特に空爆の際に、身を守るという観点から）、配給物資の配布、愛国集会への参加など、様々な愛国的義務を果たすことを期待された。

隣組では、順番で代表を決め、配給品を買うために当番が長い列に並んだ。そして購入した品物は、慎重に、各世帯の人数に応じて分けなければならなかった。配給所からの通知は不規則で、いつ物資が運ばれるかはわからず、列に並ぶ者は、呼ばれれば、やっていることを投げ出して駆けつけなければならなかった。前出の医師の妻、高橋愛子の日記にはこうある。「配給ものがある、とおふれがきましたら、炊きかけのごはんも放りだし、燃料のないところを、やっと洗濯のため沸したお湯もそのままにして、走り出していかなければなりませんのです。それなのに配給所にいきますと長い行列に立って、配給所の人達がじろじろと行列を眺めながら、煙草をくゆらしているのを、いらだつ心を押しこらえて待っているのです」。当番にとって猜疑や嫉妬に満ちた隣人の目の光る中、均等に物資を分けるのも頭の痛い作業だった。「八百屋さんから配給されるお菜類のものには、全く閉口してしまいました。配給された時の量を、人数にわけますには、たばねた藁と黄色くなってしまった葉とを一様に分配しなければ、重量の計算がとれませんし、藁と枯れた葉を入れて配給すれば、自分のうちによいとこを取ってしまっているのだろう、という非難も受けそうな気もいたしますし、お互いにいらいらしていますので、とてもやりきれないつらさ」なのだ。[20]

場合によっては、隣人による密告を恐れることもあった。常時監視されていることからくる不安感は、隣組での関係を、その名前とは裏腹にぎくしゃくとした居心地の悪いものにしてしまうこともあった。相互監視は、あまりにも住民同士の不信に頼りすぎていた。イデオロギー犯罪を容赦なく迫害することで悪名高かった特別高等警察（特高）は、すべての隣組に密告者を持っていると考えられていた。一九一一年に設立された特高は、一九二〇年代にその勢力を拡大し、マルクス主義者、共産主義者、平和主義者、無政府主義者といった、皇国国体を脅かすと考えられた思想の持ち主を摘発していった。日中戦争の激化に伴い、特高はさらにそのターゲットを拡大し、恐怖心を抱かせることで、日常生活における人間関係の本質をも変えつつあった。

これらの深遠な社会組織変化とは対照的に、第二次近衛内閣の外交政策は、第一次内閣の時とたいして変わり映えしなかった。近衛の執政スタイルは、優柔不断と衝動が特徴だった。迅速な判断が必要とされる時にはだらだらと時間をかけ、注意深さが必要不可欠な場合には衝動的に行動するという嫌いがあった。また周囲の声に耳を傾けるまでは良いが、その中で一番やかましい声に媚びるという憂慮すべき傾向があった。アメリカからの輸入工業材料確保が難しくなってくると、第二次近衛内閣は、軍部の推してきた南進計画をすぐに承認した（軍の指針は、近衛の二度目の総理就任前に策定されていた）。これを機に東南アジアで、より強固な基盤を確保し、資源を確保しようという狙いだった。日米間の外交報復合戦を触発した一九四〇年九月二三日の北部仏印進駐は、この政策転換に直接起因していた。

九月二七日に締結された三国同盟は、日米間における既存の緊張をさらに高めた。近衛は外相の松岡を信じ、独伊に近づくことで、アメリカを牽制し、結果、より有利な外交交渉をできるようになると踏んでいた。外交界の重鎮で元駐米大使の石井菊次郎子爵や、天皇の重臣たちは、近衛新政権のファシスト同盟外交に端から懐疑的だった。同盟が調印される前日、枢密院会議で、石井は大いなる懸念を表明した。宰相ビスマルクの言葉を借り、「同盟ニハ常ニ騎馬武者ト驢馬トアリ」とし、ドイツはいつでも自国がロバではなく騎馬武者であることを望んでいるため、同盟国としてまったく信頼できないと、警告している。[21] さらにはイタリアも、信用できたものではない、と述べた。なぜならば、「如何伊太利ハ『マキアベリー』ヲ生ミタル」国であり、利己主義や策略においては、「独逸以上ノ強者」だからだ。しかし、石井が近衛を説得することはできなかった。同日、それより少し前に近衛はこう発言していた。「本条約ノ根本ノ考ヘ方ハ元ヨリ日米ノ衝突ヲ回避スルニ在然レ共下手ニ出レバ米国ヲツケ上ラセル丈ナルニ依リ毅然タル態度ヲ示ス必要アリト思考ス」[22]。そして「万一最悪ノ事態ヲ生ジタル場合ニハ政府ハ外交内政ヲ通ジテ非常ナル覚悟ヲ以テ施策セザルベカラズト考へ居レリ」という、強気の姿勢を崩さなかった。

近衛はより公式に、一〇月四日の記者会見で上記の趣旨を繰り返した。「私はアメリカが、日本の真意を理解し、積極的に世界の新秩序建設に協力した方が賢明ではないか、と考える。しかし、アメリカが日独伊の真意を故意に見誤り、三国に対して条約を敵対行為を表すものと考え、さらに挑発行為を続けるならば、我々にとって戦争以外の道は残されないであろう」[23]。

だが強弁の効果は、感じられなかった。その後の半年間、日米外交の突破口は切り開かれぬままだった。毅然を通り越した俄然強気の外交の思惑とは裏腹に、アメリカとの正面衝突という「最悪ノ事態」到来の可能性が、近衛内閣に接近しつつあるかのように見えた。

一九四一年春の近衛の憂鬱には、このような深遠なる理由があった。日本政府は、容赦ないアメリカの経済制裁に追い詰められていた。さらに中国における戦争では、勝利への見通しどころか、後年リチャード・ニクソン大統領がベトナム戦争について述べたところの「名誉ある撤退」には、悲観的にならざるを得なかった。近衛はファシスト国家との同盟で外交力をつけようとしたが、それは安易な判断だったと、すでに後悔し始めていた。それでもまだかすかな望みは持っていた。確かに超国粋主義者や、せっかちな軍人の一部には日米決戦を唱える者もいたが、近衛をはじめとする指導層の多くには、そのような戦争はまったく実現不可能だという共通認識が、確かにあったのだ。

軍部の指導者たちが直面した最大の問題は、いかに軍人としての面子や信用を失うことなく、戦争を回避するかということだった。帝国海軍と陸軍は、より多くの栄光とより多くの予算を求め、ライバル関係を築いていた。そのために、相手より弱く見えるような真似だけは、どうしても避けなければならなかった（前記のように、海軍の三国同盟締結合意は予算増加がネックになっていた）。また蔣介石やアメリ力に譲歩することに消極的だったのは、軍の内部で若手や中堅将校をなだめなければならなかったのも理由のひとつだった。

異なる思惑によって右往左往するのは、何も軍部に限ったことではなかった。外務省にも、親ドイツ派とか親英米派といったように、大きな派閥間の闘争があった。一九四〇年の夏、松岡新外相は、親英米派の外交官の多くを更迭していた。そして、元駐伊大使で枢軸外交に傾倒していた白鳥敏夫を外務省特別顧問として迎えた。このことは、外務省のリベラルな派閥を決定的に弱体化させることとなった。

天皇の憲法上の曖昧な立場も、事を複雑にした。天皇は二・二六事件以来、ますますその象徴的役割を増す一方で、帝国軍隊の最高司令官としての立場も保ち、その威光を借りる権力者たちは、皇室のさらなる神格化を進めた。神武天皇の即位から二六〇〇年に当たるとされた一九四〇年一一月一〇日、約五万人が、紀元二六〇〇年記念式典のために皇居前に集まった。式典の進行は、近衛首相に任された。そして、その模様はラジオでも放送され、同様の祝賀行事が全国各地で開催された。国家の非常時に旅行をすることは良しとされなかったが、この時ばかりは、神社巡礼が奨励されたために、人々は喜んでそれに従った。暗くなる一方の日常生活からの、束の間の逃避だったのだろう。いずれにせよ、華美な祝宴は許されず、時代はますます厳しくなっていることを感じさせた。

記念式典は天皇制をさらに神聖、不可侵なものとし、国民ひとりひとりが神国日本の一員であるという帰属意識を高めることに一役買った。しかし同時に、皇室の準宗教的な機関としての役割を強調したことで、天皇の世俗的役割を弱めることにもなった。首相の近衛にとり、これは政府の直面する様々な問題解決において、天皇からあからさまな助けを期待できないことを意味していた。高貴な生まれの者として、もし天皇と同等の立場で率直に政治問題について議論を交わせる人物がいたとすれば、それは近衛だった。しかし一九四〇年六月以来、内大臣を務めていた木戸幸一は、皇室の藩屏を自認し、天皇による政治への直接関与に人一倍神経を尖らせていた。近衛は膨大な忍耐と駆け引きの術を駆使し、政府を統率していかなければならなかった。

そんな八方塞がりの近衛を勇気づける吉報がようやく届いたのは、一九四一年四月一八日の早朝だった。二月中旬以来、ワシントンで日米交渉の道を探っていた野村大使から、外務省に電報が到着したのだ。それにはいわゆる「日米諒解案」と呼ばれる、日米外交交渉開始に向けての合意が要約してあった。これはあくまでも話し合いの出発点としての草案で、原則としては主権尊重や内政不干渉、通商均等、また細かい事例では、日中戦争終結、満州国の承認、蔣介石、汪兆銘両政府の合併などが含まれていた。とにかく「諒解案」は、疎遠になっていた日米政府を交渉のテーブルにつかせるための、明確な第一歩になるかもしれなかった。

ワシントンからのニュースは、外務次官の大橋忠一《ちゅういち》を大いに喜ばせた。電報を確認すると、「世界の運命を左右する様なものだ」と述べた[24]。天皇も興奮していた。四月二一日の木戸の日記によると、内府にこう語っている。「米国大統領があれ迄突込みたる話を為したるは寧ろ意外とも云ふべき（だ）が、こう云ふ風になって来たのも考へ様によれば我が国が独伊と同盟を結んだからとも云へる、総ては忍耐だね、我慢だね[25]」。それはもう、和平が確保されたかのような話しぶりだった。

その晩、主要リーダーの集う連絡会議でも、概ね、野村からの報告が歓迎されているようだった。東條陸相も喜んでいた。軍部にとって日米和解の可能性は、特に都合のいいニュースだったのである。なぜならその時期、前年秋に盛り上がった南進計画の続行が、結局は実現不可能だという合意が、陸海軍の間でなされたばかりだったからだ。四月一七日の「対南方施策要綱」が、その陸海軍同意を表すものだった。そこでは蘭印（インドネシア）の資源が、「外交的施策ニヨリ」「貫徹ヲ期スコトヲ本則」としていた[26]。つまり、これ以上の経済孤立のリスクを考えれば、やはり東南アジア地域への軍事侵攻は、当面は考えられないという、仕切り直しのための合意だった。

天皇をしてルーズベルトが「あれ迄突込みたる話を為したるは寧ろ意外とも云ふべき」と言わしめた「日米諒解案」だったが、実際には、それはワシントンの権力中枢によって提起されたものではなく、日米両国間の平和を願う民間人、いわば外交のアマチュアがまとめたものだった。ジェームズ・E・ウォルシュ司教とジェームズ・M・ドラウト神父は、ニューヨーク州北部に拠点を置くカトリック宣教団体、メリノール修道会所属の聖職者だった。彼らは一九四〇年一一月二五日にひと月の予定で来日すると、ウォール街の有力者からの紹介状を手に、日本の政治、経済、軍事における有力者たちに次々と面会を申し込んだ。その中には近衛の外相、松岡洋右も含まれていた。そして面会の席で司祭たちは、日米関係改善の重要性について力説した。米国政府との正確な関係について質問されると、明答を避けるので、謎は深まるばかりだった。

アメリカへ戻ると、司祭たちは郵政長官フランク・C・ウォーカーに連絡をとり、ホワイトハウス訪問を実現させた（ウォーカーは敬虔なカトリック信者だった）。訪問者たちは大統領に、日本の指導者たちがいかにアメリカとの関係改善を切望しているかを力説した。ルーズベルトは半信半疑だったが、とりあえず司祭ルートで、日本とのコンタクトを維持する方針を固めた。そして司祭たちは日本人有志の力を借りて、「日米諒解案」の作成を始めたのだった。

それを受け取った日本は、早速四月一八日の連絡会議で、外交交渉を開始したい旨、米政府と連絡をとる方向で意見がまとまりかけた。しかし大橋外務次官は、そのような決断は外務を司る松岡外相の帰りを待ってからにするべきだと意見した。松岡は数日のうちに、ヨーロッパから戻る予定だった。結局、大橋の意見が聞き入れられ、ワシントンとの連絡は外相の帰国後ということになった。そのすぐ先に、いかに激しい嵐が待ち受けているか、誰も予想できなかった。

2 ドン・キホーテの帰還

一九四一年、早春の晩、ロシア荒野の冷気には、まだ突き刺すような鋭さがあった。大日本帝国外務大臣松岡洋右は、シベリア鉄道列車の「赤い矢」号で移動中だった。恍惚としていた。応接間と風呂までついている貴賓車の豪勢な雰囲気の中で、松岡はその日の外交成果の余韻に浸っていた。四月一三日、日本とソ連の「中立条約」を電撃締結させたのだった。ヨシフ・スターリンの厚意で、テーブルにはウォッカとキャビアがたっぷりと置かれていた。松岡の顔は一杯、また一杯と飲むうちに、ますます赤みを増していった。

三月一二日に、松岡外相がヨーロッパへ向けて出発した際、政府内では批判の声も聞かれた。公式には、「日独伊三国同盟」の締結を祝うための訪問と説明されたが、実際には同盟が外交上の利益をまだもたらしていないのに、そこまでする意義があるのかという意見もあった。とてつもなく自我が強く、派手な立ち居振る舞いを好んだ外相には敵も多く、国のためというよりは自己宣伝のためのヨーロッパ外遊だという、穿った見方をする者もいた。日本の外務大臣というものは東京に留まり、世界中に駐在する外交官を指揮、指導するものだという考えもあり、松岡が長い間、日本を留守にするのは、不必要で迷惑なことだという意見にも一理あった（まさに現役外相の海外訪問は、日露戦争講和会議時の小村寿太郎以来のことだった）。

松岡がベルリンにヒットラーを訪問すると、チュートン騎士団よろしく、厳格で、統制された美しさのある儀式で迎えられた。日本の外務省随員、軍人、ジャーナリストなど、同行する一団も圧倒された。

ベルリンのすべての鉄道駅はスワスティカ（鉤十字）と日の丸の旗で飾られ、松岡の列車が到着するやいなや、ドラムロールの音と「ハイルヒットラー、ハイルマツオカ」のかけ声が聞こえた。やおら松岡は列車の窓を開けさせると、きっちりと制服に身をまとったヒットラーユーゲントたちと対峙した。右腕を挙げ、「両目をカッと見ひらいて」ナチス風の敬礼で応じたのだった。[1] 松岡のジェスチャーは、本能的に出たもののようだった。それはあたかも、素晴らしく不自然な演技動作を習得するよう、幼少時からみっちりと仕込まれた、歌舞伎役者さながらだった。ただ唯一、頬の赤らみが、実際はいかに興奮しているかを物語っていた。その後松岡はローマでもムッソリーニを表敬訪問し、歓迎されたが、ナチスのそれと比べれば、どうしても見劣りした。

しかし松岡を心底得意にしたのは同盟国訪問ではなく、旅路の最後、ぎりぎりで締結に漕ぎ着けた、スターリンとの中立協定だった。松岡は帰国直前に、最大の手土産を獲得したと自負していた。ソ連が加わることによって、もはや三国同盟は、ユーラシア大陸をまたぐ「四国協商」へと華麗なる変身を遂げ、やっと英米のリベラルキャンプと対等に外交できるようになった、というのだ。この提携は、ここしばらくの間、松岡が狙っていたシナリオどおりの展開だった。三国同盟締結後に外相秘書官となっていた加瀬俊一《としかず》には、こう豪語していた。「ドイツと握手するのは、ソ連と握手するための一時的方便だが、そのソ連との握手にしてからが、実は、アメリカと握手するための方便に過ぎんのだよ」[2]。傲慢な「持てる国」であるアメリカに太刀打ちするには、「持たざる国」で団結して、圧力をかけないことには有利な外交ができないという考えなのだった。アメリカの融和的態度を、心理的プレッシャーを課すことにより促し、日本は一発も銃弾を発射することなく、平和な世界を手に入れることができる。これこそが松岡の一大外交ビジョンだった。

松岡はセンセーショナルな話題づくりを好み、脚光を浴びることをこよなく愛した。近衛がメランコリックなハムレットだとすれば、松岡は、深刻な誇大妄想に侵されたドン・キホーテだった。また日本伝統芸能のメタファーを用いれば、近衛はごく限られた動きや無表情の仮面、沈黙によって演技を極める能役者で、反対に松岡は、誇張された一挙一動と派手なメークで観客を興奮させる、歌舞伎の千両役者だった。

もっとも松岡の容姿に際立って派手なところはなかった。だが軍人でも住職でもないのに、丸刈りの坊主頭をしているのは確かに珍しく、それがトレードマークだった。一癖も二癖もあるこの人物は、近代日本史上で、最も影響力を持つ外相のひとりとなった。膨大なエネルギーと、底なし沼のような自信を持ち、強い酒を飲みながら、得意げに自分の外交信条を解説するのが常だった。聞く相手を選ばず、とにかく黙って耳を傾ける観客さえいれば、何時間でもしゃべっていられた。ある種の無差別演説攻撃だった。ヒットラーの通訳官パウル・シュミットは、松岡の饒舌ぶりをこう評したという。「ヒットラー総統と五分五分にわたり合い、気魄に満ちた応酬をした人を私は今までに知らない[3]」。

一般に日本人の美徳とされる謙虚さは、松岡の辞書に存在しなかった。そしてその欠落を、隠そうともしなかった。一九四〇年の夏、第二次近衛内閣の外務大臣の座におさまったのも、自ら強い働きかけをしてのことだった。そんな松岡を、近衛は当初、高く評価していた。自力でたたき上げたこの男は自己宣伝の天才であり、そのような人物が外相になれば、日本のためにもなると信じていたのだ。近衛が切に望んでいた「国際社会で毅然として自己主張のできる日本」の時代が、松岡の稀なるスポークスマンシップで、いよいよ実現されることを期待していた。

政策に個々の指導者が責任を持つという観念に乏しく、意思決定は最小公分母を探り出す作業に終始しがちな日本の指導層において、松岡の強烈な個性は、確かに異彩を放っていた。それは、やると決めれば、物事を迅速に成し遂げることができることを意味していた。ただ、常に過剰に興奮しているような松岡の振る舞いは、周りの者を嵐のように巻き込み、混乱させもした。近衛も程なくして、そのことに気づかされることになる。異常な活発さから、松岡はアメリカ時代よりコカイン中毒だったと噂する者もあった。過保護な人生を送り、周りのお膳立てがあって総理にまでなった近衛と違い、松岡は幼少時から、あらゆる困難と自力で戦ってきた。近衛よりほぼひとまわり年長で、一八八〇年、山口県に生まれた松岡の実家は、以前は裕福な廻船問屋だったが、父親の投機投資の失敗や兄たちの放蕩によって生じた債務のために、苦しい生活を余儀なくされていた。状況に飽き足らない松岡少年は一念発起して、一三歳になると、親戚が商売をしていたアメリカ西海岸に向けて、立身出世の旅への第一歩を踏み出したのだった。

松岡の新世界での幾年月は、決して生易しいものではなかった。オレゴン州ポートランド、カリフォルニア州オークランドなどでアメリカ人家庭に住み込みながら、飲食店の皿払い、農場労働者、清掃員、鉄道労働者、さらには結婚式のための代替牧師などの職をこなし、学校に通った。野心に満ちた松岡は、「フランク」という名で通っていた。厳しい環境でどんなに苦労をしても、それでもアメリカは松岡にとって、家庭の貧困からの逃避と、将来への希望を与えてくれる夢の土地だった。そしてアメリカを愛するようになったが、露骨な人種差別や偏見が日常生活の否定できない一部であることも体感させられた。それによって形成された世界観は生涯を通して彼につきまとい、その頑なな信念が、やがて松岡外交の指針となった。アメリカ西海岸は、松岡をキリスト教徒にした土地でもあった（メソジスト派の洗礼を受けたが、死の数時間前にはカトリックに改宗し、「フランク」から「ジョゼフ」に変わっている）。苦学して通ったオレゴン大学ではクラス二番の成績で、法学の学位を取得した。ただ単なる本の虫ではなく、クラスメートにはポーカーの名手として知られていたという。その駆け引きやはったりの才は、後に外交の舞台でも大いに活用されることになる。

母親の病気のために一九〇二年、二二歳で帰国するまで、人間としての覚醒期、成長期である九年間を、松岡はアメリカで過ごしたのだった。外相として、対米強硬姿勢を崩さなかったにもかかわらず、アメリカは松岡の第二の故郷と言っても過言ではなかった。五〇代で思い出の地を再訪した際には、アメリカでの親代わりで、松岡をメソジスト信仰に導いたイザベル・ダンバー・ベヴァリッジの墓の傍に碑を立て、植樹した。碑には「アメリカの母へ」と刻まれていた。[4]

一九〇四年、松岡は好成績で外務省試験に合格した（それは、もともと選りすぐりの一三〇人の中から七人しか合格できない、難関だった）。青年外交官としてのキャリアをスタートさせたわけだが、このことで日露戦争への招集を免れた。中国大陸に長く過ごし、ロシア駐在は短かったが、後年、美しい女性に口説かれて大変だったと、自慢するのが好きだった。実際には松岡は女好きというよりは、よっぽどアルコールを好んでいるようだった。

松岡は物怖じせず、スピーチが得意で、印象深い話をする才覚を持っていたので、当時ますます頻繁に行われるようになっていた国際会議において、重宝されるようになっていった。近衛の知己を得たのも、日本の報道主任として一九一九年のパリ講和会議に派遣された時だった。講和会議で、世界の頂点を極めるステーツマンの面々と、その環境に触れたことで、松岡は一外務官僚以上のキャリアを求めるようになった。一九二一年に四一歳で外務省を辞めると、南満州鉄道（満鉄）の理事となった。満鉄は半官半民の特殊企業で、鉄道だけでなく、日本の中国東北部の開発の多岐にわたる事業を担っていた。このキャリア転向は功を奏し、一九二七年には副総裁になった。そして三年後に満鉄を退職すると、政友会から衆議院議員総選挙に出馬し、当選した。

一九三一年九月の柳条湖事件に端を発する満州事変は、日本の満州支配の基礎を築いたが、駆け出しの代議士松岡にとっても重要な事件となった。それ以前、松岡が日本の満州軍事占領を提唱したことはなかったが、事変後の展開は概ね歓迎した。ソ連からの進攻を恐れ、そのためにも日本の対中政策強化が必要だと警告し続けてきた松岡の声が、届いたかのようだった。満州の専門家を自負し、「満蒙は日本の生命線」という印象深いキャッチフレーズで満州政策を支持した松岡の政治生命も、これで一気に軌道に乗ったのだ。

＊

一九三三年二月二四日、満州事変から一年余、スイス、ジュネーブ湖の西側湖畔に建つ優美なパレ・ウィルソンで、日本の運命を左右する決議がされるところだった。金箔で覆われたアラベスク様式の天井からは、ボヘミアガラスのシャンデリアがぶら下がり、会場を照らしていた。以前は高級ホテルだったこの建物の講堂で、日本の首席全権である松岡は、観衆の注目を一身に集めていた。約四〇ヶ国の国際連盟加盟国代表は、松岡が用意された声明を厳粛に読み出すと、静かに耳を傾けた。声明は、国際連盟発足時の五列強のひとつである日本が、連盟から脱退する意図であることを述べていた。日本の国際社会からの孤立へ向けた、決定的第一歩だった。

連盟はリットン報告書の採択を、四二対一で可決したところだった。唯一の否決票は、日本からだった。一九三二年九月、連盟に提出された報告書は、イギリスのリットン卿率いる調査団が満州で何が起こったのかを客観的に調べ、対処法を提案したものだった。それは日本軍の満州からの撤退や、満州国を容認しないことなどを勧めていた。松岡は東京からの指示を受け、連盟総会での評決受け入れを拒否したのだった。

連盟に加盟する限り、連盟の規則によって制裁措置の犠牲になる（それはまさに、エチオピアに侵攻したイタリアの運命だった）。だからこの際、制裁を合法と考えない旨、意思表示するために連盟から抜けてしまえ、というのが政府内で持ち上がった意見だった。その近代史を通して、国際世論をいつも気にしていた日本にとって、それは大胆かつ浅はかで、衝動的な結論だった。松岡は、個人的には日本の連盟脱退を、不本意に思っていた。政府が土壇場になって脱退をも辞さないという姿勢に出たことに、懐疑的だった。そのような形で公的屈辱をはねのけるというのは、いかにも建設的でないことをわかっていたからだ。

だが松岡にできることは、総会の場で徹底的に日本の立場を説明して、脱退によるダメージを最小限に留めることだけだった。壇上の松岡は、しばらくすると原稿を放棄し、叫びだした。「あなたがたの歴史を読んでごらんなさい！　我々は、ロシアから、満州を得た。我々は、今日の満州を、作った。……日本は常に、極東の平和と秩序と発展の主力であり、それはこれからも変わらない[5]」。日本は、満州を国際管理下に置くことに反対だ、なぜなら「アメリカ人は、パナマ運河地帯の国際管理などに、首を縦に振りますか？　イギリス人は、どうでしょう。エジプトにおいて、同じようなことを許可しますか？」。興奮のうちに演説を終えると、松岡は日本代表団に腕を振って合図を送り、揃って退場した。

俗に言うこの「サヨナラ演説」は、間違いなく連盟の歴史上、最もドラマチックな瞬間だった。UP通信の特派員は、ジュネーブからこう報告している。「敏捷な松岡洋右氏が率いる代表団は」「厳しく、断固とした」表情だった。彼らが退場すると「野次と拍手の入り混じった音が、満員のギャラリーより沸き起こった[6]」。

リットン調査団の報告書は、日本の軍事行動を非難する反面、日本の既存の権益や、過去の満州発展への貢献を認めようとしていた。確かにすべての民族に主権や自決権が与えられ、平等で、平和で、国際理解に富んだ世界を作ろうという理想に、リップサービスを払ってはいた。だが結局のところ、列強の多くはまだかなりの植民地を持っているわけで、日本に厳し過ぎる懲罰を与えれば、やがて列強自身が自分たちの首を絞めることになることを考慮した内容とも言えた。総会では、その理想と現実のギャップを、日本たるもの理解するだろうという憶測があったのであろう。そのため、松岡に引き連れられた日本の代表団が劇的に会議場を去った時、観衆の中に純粋な驚きがあって、当然だった。

松岡が全権代表としてジュネーブの特別総会に送り込まれた理由のひとつには、その満州に関する見識の深さがあった。課せられた使命は、満州国が正当なものだということを世界に印象づけ、国際世論を日本に有利な方向に向けさせるということにあった。そのために、松岡指揮下の日本代表団は、軍事拡大主義の産物であるところの満州国が実際にはアジア人の調和を促進し、超近代都市計画を推し進め、フランスとドイツを合わせたほど広大な農業フロンティアを開拓する、今までにない実験国家だということを強く主張したのだった。

ジュネーブに到着してすぐの一九三二年一二月八日、松岡は印象深くも風変わりな演説を行った。それは原稿を読みながらのものではなく、得意とされる即興スピーチだった。「諸君、日本はまさに全世界から十字架にかけられようとしているのだ。しかし、我々は信ずる。堅く信ずる。もし、今日、日本が十字架にかけられたとしても、世界の世論はやがて我々にくみするであろう。早ければ、わずかに数年にして世界の世論は変るであろう」と日本の満州政策を庇護した。[7] そして、さらにドラマチックにこう続けた。「ナザレのイエスがついに世界に理解されたように、今日十字架にかけられつつある日本も、また、やがては世界から理解されるであろう」。この演説は驚いたことに、ほぼ九〇分間続いた。終了すると盛大な拍手を送られたが、それには内容ではなく、長ったらしい演説がやっと終わったことへの安堵の気持ちの拍手も含まれていたかもしれない。

皮肉なことに、日本は連盟が一九二〇年に発足して以来の重要な加盟国だった。有能な官僚を送り込み、財源に貢献したのも、まさに多国間協議や国際協力が二〇世紀の外交常識になりつつあると認識していたからに他ならなかった。そのような努力にもかかわらず、日本の代表がしばしば目立って寡黙であったために、ありがたくない渾名「サイレント・パートナー」で呼ばれることもあった。それに引き換え、松岡全権の多弁ぶりには目を見張るものがあり、日本はとうとう無声映画からトーキーへ切り替えたね、と冗談を言う者もあった。

リットン調査団報告書の可決投票は、松岡に大きな失望をもたらした。それまで二ヶ月間の精力的な広報活動の成果がまったく無駄だったことが、あまりにも明白に証明されたからだ。投票に備えて松岡と代表団の面々は、ジュネーブ湖のほとりのホテル、「メトロポール」に宿泊し、満州国宣伝ドキュメンタリー映画の試写会を上映するなど、昼夜を分かたず、あらゆるロビー活動に奔走してきた。当時の松岡を秘書官として助けた随員は、いかに上司としての松岡が、ストレスの多い審議を通じて思いやり深く、親切であったかを回想した。その反面、頑固で周りの注目を集めようと意固地になる、子どもじみた面も大いにあった。そしてそのためには何時間でもホテルの部屋に閉じこもり、「即興」のスピーチをリハーサルすることもあったという。[8]

運命の日、松岡は聴衆の前で、「(リットン調査団の)報告書草案が今この総会によって採択されたことは、日本代表部並に日本政府にとり深く遺憾とするところである」と述べた。[9]「日本政府は日支紛争に関し国際聯盟と協力せんとする、其の努力の限界に達した」というのが、連盟脱退の理由だった。それでも引き続き、日本は「極東に於《お》ける親善良好関係の維持並に強化のためには依然最善の努力を尽す」ことを保証し、「あくまで人類の福祉に貢献せんとする」所存であることは、言うまでもないとした。

これに続く、耳目を集める退場ぶりで、松岡は日本でも国民的な有名人となった。大手新聞は発行部数を押し上げるために、過剰なほどの愛国主義的立場を貫き、松岡を西洋とその一味の傲慢ないじめに立ち上がった勇気ある人物として褒め称えた。帰国後、国民の熱狂的な出迎えに本人が仰天するほどだった（当初の使命を果たせなかったことから、本人は、実は気が重い帰国だったのだ）。しかしすぐにそのような英雄扱いにも慣れ、松岡自身、新しい役回りを、心底楽しんでいるかのように見えた。松岡のポピュラーな国民的政治家としての立場は、これで、揺るぎないものとなったのだった。

一九三三年一二月、議員を辞職し政友会から離党すると、連盟脱退の件で勝ち得た名声をフル活用すべく、その後の約一年間、日本中を演説行脚した。政党を廃するための「政党解消連盟」を結成し、延べ一八四回、計七万人の前で遊説を行った。そしてその間、自身の愛国的忠誠を誇示するため、日の丸の旗を演説台の後ろに掲げたのだが、それはやがて軍国主義下の日本社会の慣行となっていった。そして満員の観衆の前で行った演説では、資本主義と共産主義双方の弊害について述べ、日本における議会制度の終焉を告知したのだった。

この時期になると、松岡の政治信条は、完全にファシズムに傾いていたことが見て取れる。しかし近衛同様、ファシズムへの心酔はあくまでも限定的で、表面的なものだった。ドイツにおける国家社会主義台頭に感銘を受けると同時に、ナチズムの大前提である人種主義をそのまま受け入れることはなかった。そのような思想は明らかに、有色人種のアジア人を低く評価しているからだった。ナチズムがやがてホロコーストに繋がることを予見できなかったことは、褒められたことではないだろう。それでも松岡は実際に、ナチスの人種政策に批判的な行動もとっていた。一九三五年八月から一九三九年二月まで、松岡は総裁として、南満州鉄道に復帰した。その際、ハルビンに駐留していた陸軍少将、樋口季一郎から、ある頼まれごとをした。

樋口は、ポーランド駐在やドイツ訪問中、ヨーロッパにおけるユダヤ人の窮状を目の当たりにし、シオニズムへの関心が高かった。一九三六年にドイツとの防共協定に署名した際、ユダヤ人がヨーロッパから追い出される前に、祖国を与えられるべきである、と述べたりしていた。一九三八年三月、ドイツのユダヤ人難民のグループが、ソ連の国境で満州国への入国を拒否されていることを聞きつけ、樋口が松岡に助けを求めた。松岡の協力で難民たちは無事国境を越え、満鉄の列車で満州国を経由して上海に出るなど、迫害を逃れたのだった。

カリスマ的リーダーが国民を魅了し、動員するというファシズム的な図式に、松岡が自らの指導力を重ね合わせ、憧れていたことも確かであろう。しかし政治思想面からすると、松岡の同盟外交の根底にあったものは、ファシズムそのものというよりは、勢力均衡《バランス・オブ・パワー》への信念だった。それは、対米交渉における相対的勢力の均衡は、日本が枢軸国に接近することによってのみ獲得できるという考えに繋がっていた。言い換えれば三国同盟とは、日本の指導者たちが、ファシズムの思想的胡散臭さを理解していなかったためにこそ起こりえたのだった。もし英米の、ファシズムならびにナチズムに対する嫌悪の根拠をわかっていたのならば、同盟締結が非常に軽率な判断だということを、理解できたはずだった。

*

「外交は力でござんすよ。枢軸外交は力を得るための方便です。三国同盟は戦のための同盟じゃございせん。英米陣営に対して、日本の立場を有利に展開させるための大道具ですよ。私だってそのくらいのことはちゃんと考えてますよ」[10]。一九四一年四月一三日、「赤い矢」号は、酔っ払った外相、松岡洋右を乗せて、轟音をたてながら、ロシアの荒野を突っ走っていた。今回のヨーロッパ訪問に同行していた、三〇代の外務省嘱託、西園寺公一《きんかず》は、同じような話をすでに何度も聞かされていた。至福の酩酊のうちに、松岡はさらに饒舌になった。

とにかく「外交は力なり」の一点張りだった。松岡が崇拝したのは、勢力均衡外交の名手として知られ、ナポレオン戦争を終結させたウィーン会議の立役者、メッテルニッヒだった。しかし、時代は変わっていた。ファシズム、リベラリズム、共産主義、そして、それらすべてから派生した変種の思想が、世界中でせめぎあっていた。西園寺は、松岡が政権間に存在する広大なイデオロギーの相違を、取るに足らないものとして軽視することを危なく思っていた。

　高等教育をイギリスで受けた西園寺は、古典的自由主義者である西園寺公望の孫で、その生い立ちと学問的バックグランドからも、西洋社会における政治思想のウェイトをよく理解していた。日本がソ連と中立条約を締結したところで、ルーズベルト大統領やハル国務長官が脅威を感じ、慌てて日本との取引に乗り出すとは到底考えられなかった。有無を言わさず付き合わされる、松岡の酔っ払い談義の席で、西園寺は、日本が枢軸国に近づき過ぎるのは良くないと提言することもあった。近衛がすでに三国同盟締結を後悔していることを知っていた西園寺としては、何とか外相にも枢軸外交の不利を悟ってもらおうと必死だった。「近衛さんは非常な決意を以て、対米問題に当たろうとしていると思います。どうぞ、松岡さん、あなたは近衛さんとしっかりスクラムを組んで、協力して上げて下さい」と西園寺が言う。[11] すると松岡は、「いやあ、公一さん、よう解っとりますよ。松岡は、たしかに近衛公をお援《たす》けする。この内閣の組閣の時にも、たとえ一秘書官としてでも、近衛公をお援けすると、志願して出た位です、ハッハッハ……しかしネ、公一さん、外交の技術を、ようござんすか、外交の技術をまだまだ御研究なさらねばいけますまい。餅は餅屋だ。近衛公に大過なからしめるために、松岡は、ちゃんと打つ手を考えておりますよ」と返してくるのが、落ちだった。

　荒野を突き抜けるシベリア鉄道の旅が続くうちに、松岡は、首相の座がもう手に届くところまで近づいたという思いを強固なものとしていた。アルコールが効いてきたせいもあるだろう。しかしほんの数時間前のスターリンとの記憶が、さらに松岡を酔わせた。松岡を乗せた列車が駅を出発しようとする時、モスクワの深い霧の中から、スターリンが、外相ヴャチェスラフ・モロトフを伴って現れたのだった。

猜疑心の強いスターリンは、外国から要人が訪ねて来ても、ほとんど公の場に姿を見せることはなかった。そのスターリンが、松岡を見送りにわざわざ駅頭までやって来たのだ。スターリンは言った。「わたしもアジア人だ。これからは一緒にやろう」[12]。さらに松岡はスターリンと「ロシア人のやるように熊が抱き合うように抱き合つた」という[13]。そしてこれは、後日、大橋外務次官が本人より聞き知ったところによると、「松岡の方から抱きついた」のだという。大橋の見解では、「このモスコー駅頭スターリンと抱き合つた時は聯盟を脱退して会議室を引き上げた瞬間とともに、スター的政治家松岡洋右の生活が最高潮に達した時であつた」。

スターリンは、日ソ中立条約調印の際、熟考を必要としなかった。松岡の一行がベルリンからモスクワに戻ったのと同時に、ナチス・ドイツはユーゴスラビアを攻撃していた。スターリンは、これを枢軸陣の威嚇行為と捉えて不安を感じ、ナチスと日本政府の繋がりを過大評価したと考えられる。反対に、日本と中立条約さえ結んでしまえば、少なくとも当分の間、西部戦線におけるドイツからのソ連攻撃もないと予想したのだった（そしてそもそも日本に領土の譲渡をせずに、東部戦線の安全を確保できるのは、ソ連にとっておいしい話であった）。

スターリンがどれだけ中立条約締結に乗り気だったかは、少なくともその場にいた者には、はっきりと感じ取れた。日ソ代表がクレムリンにあるモロトフの、広大かつ質素なオフィスに集まり、外交文書に交代で署名する間、チャコールグレーのスタンドカラースーツに身を包んだスターリンは、煙草を片手に、大股でゆっくりとしたペースで室内を行ったり来たりしていた。ナチスの軍服とは大違いで、スターリンのスーツには、金のメダルも、勲章もなかった。スターリンは、そのうち一方の壁に沿って配置してあったビュッフェテーブルに足を向けると、あたかも大邸宅の執事長然として、グラスやカトラリーを点検し始めた。スターリンの願いはかない、調印は無事完了した。

スターリンと松岡が駅で固い抱擁をして別れる頃には、双方ともとてつもなく陽気に酔っていた。そして酔いがさめた後も、松岡は無敵の思いだった。ギクシャクしてきた近衛首相との関係も、スターリンとの条約締結で、やや緩和されるかのように思われた。現に、鎌倉の別邸でモスクワからの一報を聞いた近衛は「これでやっと安心した。昨夜は心配で寝られなかつた。松岡という人はエーブルな人だ」と非常に喜んだという[14]。

日本世論はまたいつものように、ラジオと新聞報道に牽引される愛国論調で、日ソ条約の締結を讃えるのだった。条約は日本外交史上、画期的な出来事で「帝国外交一段と活発化」するだろうと歓迎された[15]。アメリカやイギリスが、今となっては日本を挑発することはできない。なぜならば、ソ連が西側同盟諸国の駒ではないという意思表示をしたからだ、という外相の主張が、そのまま素直に受け入れられた。人気の絶頂期には、松岡のブロマイドが映画スターの李香蘭を抜いて、売り上げトップの座を占めた（満州国プロパガンダの一翼を担った李香蘭は、実は中国生まれの日本人、山口淑子だったばかりか、密かに松岡の長男と交際しており、因縁深い存在だった）。

勝ち誇った松岡外相が帰国したのは、四月二二日のことだった。それはワシントンの野村大使から「諒解案」の要約が電信されてきた、四日後だった。移動中に「諒解案」の一件を耳にした時、松岡は驚いたものの、喜んでいた。スターリンと条約を結んだことで、松岡の真骨頂であるバランス・オブ・パワー外交が瞬時に実を結び、アメリカが突然下手に出てきたと、大いなる勘違いをしたからだった。

モスクワ訪問中、確かに松岡は、自分が創りあげた新しい国際状況を視野に、ルーズベルト政権が日本と対話を始められないか、駐ロシア米国大使、ローレンス・スタインハートに三度ほど接触、打診していた。松岡のグランドツアーに同行した同盟通信社編集次長の岡村二一によると、松岡には以下のように具体的な外交戦略構想があったという。「蔣介石に密使を送り、松岡の重慶乗り込みを申し込む。先方は応諾して迎えの飛行機を南京によこす。重慶で松岡・蔣会談をすますと、二人はその足で、チャイナ・クリッパー機に乗り、重慶からワシントンに飛ぶ。ルーズベルトに会う。ルーズ・蔣・松岡の三者会談によって話はまとまる。条件は、万里の長城以北を中立地帯として、日本は全大陸地域から撤兵する。その代償として、アメリカも中国も満州国を承認する。そして日米、日中不可侵条約――これが松岡の政界平和の青写真である」[16]。

「諒解案」の第一報が松岡に届いたのは、大連で帰国の飛行機を待っている時だった。近衛からの電話でそのことを知った松岡は、意気揚々として秘書官に漏らした。「さあ、次はアメリカへ飛ぶぞ」[17]。

松岡の誇大妄想は、止まるところを知らなかった。そして「諒解案」の真の起源について知った時、非常に不機嫌になった。カトリック司祭をはじめとする、日米双方のアマチュア外交官たちはもちろんのこと、野村大使にさえも、そのような外交イニシアチブを許可した覚えはなかった。そして「諒解案」が、「松岡とルーズベルト」ではなく、「近衛とルーズベルト」の和平会談をハワイで開催することを提案していることにも、激しい怒りを覚えた。タイミングもタイミングだった。松岡欧州電撃外交後の凱旋帰国と、ぴったり重なったからだ。権威を脅かされただけでなく、外交という自分の縄張りで、お株を奪われたと感じたのだった。

松岡が帰国した晩、政府と大本営の連絡会議で、いかにワシントンへの対応を調整するかが話し合われた。出席していたのは主要閣僚ならびに陸軍の参謀総長、海軍の軍令部総長と、「諒解案」の第一報を受けた、大橋外務次官だった。松岡は、気に食わない話題を徹底的に妨害する手に出た。ヨーロッパ訪問での外交業績を自画自賛する松岡の演説で、会議が始まった。しばらくして肝心の「諒解案」に議題が移りそうになると、松岡は興奮気味に、野村大使を批判し始めた。いかに日本は同盟国ドイツに忠実でなければならないか、野村はそれをわかっていない、よって「諒解案」の内容をドイツ側にも知らせる、と言い張った。そして「諒解案」そのものは、「米国の悪意七分善意三分と解する」とまくしたて、ワシントンへの返事はとりあえず保留するとし、長旅の疲れと病気を理由にさっさと退席してしまった。[18]

松岡が去った後、大橋外務次官が会議の出席者に説明した。空港からの車中、松岡は、アメリカにすぐに返答する気はさらさらないと明言したという。軍部も含む出席者たちは、アメリカとの対話の早期開始を望んでいた。この厄介な展開に、いつもの優柔不断と逃避願望が頭をもたげた近衛は、高熱があるとして別荘に引きこもってしまった。

東京からの指示を待ちあぐねたワシントンの日本大使館は、四月二九日に、松岡に電話をした。だが何の回答も得られなかった。野村は動揺し、失望した。松岡ならば、千載一遇のチャンスとばかりに、交渉のチャンスに飛びつくだろうと信じていたため、なおさらだった。何よりも「諒解案」が、松岡の第一の外交目標である、話し合いによっての和平を大前提としているのに、何がそこまで外相を頑なにするのか、理解し難かった。野村はカールトンホテルにあるハル国務長官の自宅を頻繁に訪れる毎に、「日本では政治的状況」があって、まだ先に進めないが、どうか「気短か」にならないでほしい、と繰り返すしかなかった。[19]

＊

ルーズベルトにしろ、ハルにしろ、「日本の指導者の大半が、戦争回避を望んでいる」という司祭からの情報を鵜呑みにしていたわけではなかった。それでも「諒解案」が、日本と正式な連絡を始められるきっかけになれば良いとは考えていた。しかし日本側は、「諒解案」が、ホワイトハウスの直接の発案ではないことを十分認識しておらず、ましてやそれが、外交のプロではなく、双方の国の有志によって発案されたものであることをまったくわかっていなかった。

ピースメーカーとなるべく、日本側で「諒解案」の実現に動いたグループの筆頭は、四八歳の井川忠雄だった。旧制一高で近衛の同級だった井川は、元大蔵官僚の産業組合中央金庫理事で、その数年前には近衛のブレーントラストとして構想された「昭和研究会」の立ち上げに加わっていた。アメリカ人女性との結婚歴もあり、一九二〇年代のほとんどを、ニューヨークの領事館で財務官として勤めた関係で、アメリカにおけるコンタクトも広く持っていた。一九四〇年の暮れに、司祭たちが日本を訪れた際、要人との面会をアレンジしたのも井川だった。そのような縁で、自分も日米和平のために一肌脱ぎたい、と思い始めたのだ。

井川はその世慣れた雰囲気からか、下手をすると軽薄で傲慢な印象を与えることもあった。松岡は井川をまったく信用せず、警戒していた。ただ外相同様、多大なるエネルギーと野心があることは、否めなかった。司祭から、ルーズベルトが外交交渉開始にむけて、青信号を出したことを知らされると、井川はアメリカ人の元妻との話し合いと称して、ニューヨークへと飛び立った。そして一九四一年二月二七日、彼の地に到着した。

外務省嘱託の肩書を得ていたとはいえ、井川に正式なポストが用意されたわけではなかった。そして、いざワシントンに赴いても、日本大使館員からは冷たくあしらわれた。それでも野村大使の信任を得たことで、行動範囲が広がった。新参者で部外者という立場は野村とて同じだったが、最初のうちは、松岡からの「井川を避けろ」という命もあり、距離を置いていた。しかし井川の口利きで、三月八日にハルの自宅での密会が実現されると、俄然、野村の信頼を得た。新しく着任した、日中問題の知識に長けた四二歳のエリート陸軍参謀、岩畔豪雄《いわくろひでお》大佐も加わり、これでアメリカ側が頑なに「非公式会話」と呼び続けた「日米外交交渉」のお膳立てが、一気に進むことが期待された。

もともとが司祭たちの手による草案は、野村や大使館付武官、条約専門家などと協議したうえで、岩畔により、かなり修正されてでき上がったものだった。日本側のメンバーは、業務終了後の大使館の地下室に集い、長文の文書をまとめた。その中でも重要なポイントを要約すると、こういうことになる。

(1) 日米両国は、太平洋の強力な近隣諸国であることを認識し、相互努力を通じて、地域平和と友好的理解を達成するよう励む。

(2) 日本の三国同盟締結の目的は、ヨーロッパ戦線拡大の防止にあることを確認する。同盟による日本の軍事的義務は、ドイツがまだ戦争に参加していない第三者の積極的攻撃にあった際のみに起こりえる。アメリカは、ヨーロッパにおける戦争への対応を、自国の安全と福利の観点よりのみ決定する。

(3) 米大統領、ならびに日本政府が、以下の条件に同意した場合、米大統領は、蔣介石政府を日本との和平に向けて促す。条件とは、(a)中国の独立、(b)日中間の条約に基づく、日本軍の中国からの撤退、(c)中国領土の保全、(d)賠償なしの事変終結、(e)中国における門戸開放政策の再開、(f)蔣介石政府と汪兆銘政府との合併、(g)日本からの、中国への大規模移民の自粛、(h)満州国の承認、である。

(4) 日米両国は、威嚇目的のための、海、空、軍事力を太平洋上に配置することを止める。

(5) 日米通商関係を復活させる。

(6) 日本は、武力に頼らず、平和的な方法によってのみ、南西太平洋（東南アジアを含む）で行動する。その見返りとして、米国は、日本の石油、ゴム、錫、ニッケルなどの資源調達を斡旋する。

(7) 太平洋地域の政治的安定のため、日米両国は、ヨーロッパ勢の太平洋進出を認めない。また両国は、フィリピンの独立を保証し、米国は、日本の米国移民がほかの移民グループと同等の扱いを受けることを約束する。

四月一六日、ハル国務長官は、日本政府がワシントンの日本人グループにより大幅に改定された「諒解案」に基づき、交渉を開始する意志があるのかどうかを野村に尋ねた。その際ハルは、「諒解案」の中には「米政府が、容易に同意できる条項も含まれている」と述べたが、同時に、「修正、拡大、または削除を必要」とする条項もあり、「いくつかの新しく、別の提案も、加わってくる」と明言した。[20]野村がこの会談後に東京に送った電報では、「諒解案」が米政府の公式提案でない点については、強調されていなかった。

ただ電信された邦文の「諒解案」中には、はっきりと、内容を米政府が修正する意向であることが、述べられていた。電報を受け取った際の興奮の中、大橋外務次官が、このアメリカ政府の大前提条件を軽視したことも考えられる。結果、日本の指導者は、ワシントンが現実よりもはるかに日本の要求に融通を利かせた提案をしてきたと、誤解した面もあったようだ。

さすがに松岡だけは、同僚たちがあまりにも早急にお祝いムードになっていることに、懸念を示していた。まずはとにかく、「諒解案」の英語原本を送れと要求した。そして、周囲にもこう漏らしている。「オレは欧州へ行ってヒットラーに会い、スターリンと話しているときでも、つねにアメリカに手を打つことを忘れてはいない。現にモスクワでもスタインハートを通じて支那問題に関し、日米会談の糸口を開くようにアメリカへ手を打ってある。今度のことも、その反響かと思ったほどだ。三国同盟の仕上げにわざわざ欧州へいったのも、日ソ中立条約を結んで来たのも、みなアメリカと交渉する土台をつくるためだ。……それをバカどもが、アメリカの坊主どもにのせられてメチャメチャにしよるのだ[21]」。

松岡の言うように、実際、現状はそう手放しで喜べるほど薔薇色ではなかった。ただ、「諒解案」をあくまでも一種のたたき台として捉え、日本が交渉する準備があるというシグナルをアメリカに送ることは、最低限でもできたはずだった。それなのに松岡は、少なからず個人的、感情的な理由と狭量から、「諒解案」に過剰反応したのである。

五月三日の連絡会議で、松岡はついに隠遁から復帰した（もっとも不在中、おとなしく療養していたわけではなく、公の場で近衛を批判する演説をしていた）。この席で、松岡は、「五月一二日案」と呼ばれることになる、ワシントンへの対案を発表した（文書が、その日付で、ハルに手交されたためである）。「諒解案」を練り上げたものであると主張するものの、その内容はまったく別物で、「松岡案」と呼ぶほうがより適当だった。顕著な違いは、欧州戦争に関する項だった。それには日米が「世界平和ノ招来ヲ共同ノ目標トシ相協力シテ欧州戦争ノ拡大ヲ防止スルノミナラズ其ノ速カナル平和克服ニ努力ス」とあった。[22]

世界レベルのステーツマンとしての「偉大さ」への願望と相まって、松岡は、欧州和平の一大仲介人になる夢を持っているのだった。本人としては、良かれと思っての提案だったであろう。しかし完全に、自分と自国の置かれる状況の判断を誤っていた。ルーズベルト政権が、ナチス政権との交渉に乗ってくるはずもなかった。そのうえ、中国との戦争を終わらせることのできない日本という国が、人助けをする立場にあるわけもなかった。しかも松岡の対案は、「諒解案」にあった中国との和平交渉条件のすべてを排除していた（おそらく、特定の交渉条件に拘束されたくなかったためだろう）。さらに松岡は、蔣介石が日本との和平交渉に同意しないならば、米国は蔣政権への援助を放棄すべきだと主張した。そこには壮大なダブルスタンダードがあった。中国問題は日本と中国の問題だから、アメリカは介入するなと強弁しながら、同時にアメリカの助けを当然のごとく求めているのだった。

また「諒解案」中にあった「日本ノ南太平洋方面ニ於ケル発展ハ武力ニ訴エルコトナク、平和的手段ニ依ル」という文章が、松岡の案からは消されていた。野村大使に説明したところでは「帝国トシテモ万ニ一ツ他ノ挑発アラバ、武力行使ヲ余儀ナクセラルルコトナキヲ保シ難」いからだった。[23] この削除は、結果としては日本が東南アジアでの武力行使に出る可能性を不必要に誇示するもので、ルーズベルト政権を警戒させるに十分なものだった。そして、アメリカの東南アジアでの拠点であるフィリピンに関しては「永久中立ヲ保持セシムルコト及同島ニ於《おい》テ日本国民ニ対シ差別待遇ヲ為サルルコトヲ条件トシテ其ノ独立ヲ共同ニ保証ス」としている。

この対案で強硬姿勢を打ち出した松岡は、すでに「諒解案」を原則的に認めた軍関係者の上を行き、日本の東南アジアでの武力行使権に固執したことになる。ここにも大前提として、松岡による「力」の外交――正確には、「見せ掛けの力」の外交――の有効性への過信があった。特に、こと対米外交になると、松岡の考え方は頑なだった。反骨精神と自己主張こそがアメリカと渡り合う際の唯一の通貨だと、信じきっていたのだ。

性格だけとってみれば、これほどかけ離れた二人もいないかと思われる松岡外相と近衛首相だったが、「タフな日本」、「Noと言える日本」を望んだ点で、実は両者は非常に似ていた。松岡が二二歳でアメリカから帰国して間もない頃、故郷の恩師に披露したとされるアメリカ観が、多くを物語っている。アメリカは広く、そして「アメリカ人は、体も大きく、頭もよく、精力的です」と認めたうえで、若かりし松岡はこう述べたという。[24]「今は日本がアメリカに学んでいます。しかし、いずれ、日本はアメリカに追いつくでしょう。その時、大切なことは、アメリカ人に馬鹿にされてはならない、ということです。アメリカ人は一本道で人と行きあったとき、相手がおじぎをして道を通してくれると、感謝する代りにこれを軽蔑します。そして、相手が、この野郎と、一撃を加えてきた時、初めて、これを対等の相手とみなすのです。これは、これからの日本の外交官が気をつけるべきことだと思います」。

「五月一二日案」別称「松岡案」は、ハル米国務長官の松岡に対する嫌悪をより絶対的なものとした。

そもそもハルは、松岡を嫌うあまり、野村とある種の連帯感を抱いていた。五月一一日、日本からの対案到着の前日、ハルはいかに松岡外相の「行動と豪語」が信用できないか、不満を述べていた。そしてハルが書き留めたところによると、野村大使は「私が言ったことを否定しなかったばかりか、私の言動に、まったく賛成してくれているように感じられた」としている。[25]「松岡案」が手交され、そこから、日本が東南アジアにおいて「武力ニ訴エルコトナク、平和的手段ニ依ル」の項目が抜けているのを認めると、ハルは日本政府の拡大主義的意図への懸念を口にした。

ワシントンは、「諒解案」が新たな日米対話を推進するための出発点に過ぎないと当初から主張していた。これに対し松岡は、ある程度アメリカが日本の要求を呑んだ後でなければ、日米対話はスタートできない、の一点張りだった。強気に出ることでワシントンの敬意を勝ち取っているのだと、独自の米国観で正当化したのだろうが、実際には、現実的歩み寄りのためのチャンスをみすみす無駄にしつつあった。

この時点のワシントンは、まだ日本にかなり譲歩する準備があったと考えられる。たとえばハルは、自分の提示する「四原則」を、日本側が受け入れた時にだけ日本と交渉できるとしていた。それは、①すべての国の領土保全と、主権の尊重、②内政不干渉原則、③商業機会を含む平等原則、④太平洋地域の現状維持（だが現状が、平和的な方法によって、変わることはある）、という内容のものだった。しかし野村との話し合いでは、四項目目の「現状維持」については、「満州国に影響しない」「あくまでも、原則採用の時点からのことを、示唆している」と、わざわざ補足説明を加えていた。[26]にもかかわらず、松岡の強気の回答は、日本の交渉者だけではなく、その後、軍部に譲ることのできない最低交渉ベースラインを設定してしまった。いざとなったら日本が武力に訴える用意があることを示唆し、その権利を声高に主張することで、松岡は、軍部自体が棚上げするつもりだった南進問題を、日米交渉の中に積極的に盛り込んでしまったのだ。前述のように、そもそもその時点で陸軍は、一九三九年の五月から九月にかけて戦われたノモンハンでの対ソ国境戦から立ち直っておらず、無謀な軍事冒険に乗り気でなかった。外交官になることで兵役を逃れた民間人松岡は、皮肉にも、アメリカに対してもっと強気の態度に出るよう、得意の強弁で軍人たちを追い込んだのだった。

近衛は、松岡がヨーロッパから帰国した際、空港まで出迎えに行っていた。なぜならば「諒解案」の背景を、できるだけ波風を立てない方法で外相に自ら伝えたかったからだ。「感情の人一倍繊細な外相には米国案を最初に見せる時が特に重要なりとし、余自ら帰路の自動車の中で之を説明する」つもりだったと、後日語っている。[27] 松岡が「諒解案」をめぐる裏工作から外されていたことに激怒することは、簡単に予想できたということだ。しかし結局、松岡には「宮城二重橋参拝の予定があつたので余の代りに大橋次官が外相と同乗、このデリケートな役を仰せつかつたのである」というのだ。近衛の考えでは、この一件で、自分と松岡の間の亀裂が決定的に深まったという（しかしこのよく知られた逸話については、その場にいた大橋次官自身が、大いなる疑問を呈している。「私の記憶では、近衛公が外相との同乗を希望した話を聞いたこともなければ、日米交渉の話を外相にするよう仰せつかつた覚えもない、二重橋参拝は自動車が進行を始めてから外相が命令したように思つている」とある）。[28]

さらに近衛の行動で不可解なことは、松岡への不満は募る一方だったのにもかかわらず、継続して、帰国後の松岡に、外交の舵取りを一任していたことだった。日米双方からプライドを大いに傷つけられたと感じている松岡が、ワシントンをさらに疎外する危険があることは明白だった。それでも近衛の最大の懸案は、外相との正面衝突をできるだけ避けることだった。松岡は松岡で、自分以外に外交のプロはおらず、海を越えた恐ろしくまた敵意に満ちた世界を理解している者はいない、と主張し続けた。日本の指導者の誰もが、これに反論できなかった。ある陸軍参謀が語ったところによると、

「松岡時代には松岡自ら案を突然連絡会議に出して、強引に押し付けるやり口であった。見上げたものであった」という状況だった。[29] 事前交渉が当たり前で、サプライズは歓迎されない政治文化において、松岡は異端児だった。やると決めたら怖い物知らずで「根回し」などまったく必要ない、かえって目的達成の邪魔になる、という考えだったからだ。

それとは反対に、近衛は、舞台裏で秘密裏の取引をすることを好んだ。表向きは再び外相に対米外交を委ねながらも、ゆっくりと、入念に、外相追い出し作戦に着手するつもりでいた。松岡は侮れない敵で、慎重に行動しなければならなかった。近衛は、宮廷政治に長けた先祖の能力がＤＮＡに刻まれているのか、こと狭い守備範囲内での政治的策略においては誰にも引けをとらなかった。ただそれには、ある程度の時間が必要なのだった。そして実際日本には、そのように悠長にしている暇はまったくなかったのである。

3 事の始まり

西暦一八八二年は近代日本の軍事史上、きわめて重要な年となった。それは黎明期の明治政府が発布した、ある文書のためだった。

一月四日、赤絨毯の敷かれた皇居の広間で、黒軍服に身を包む齢二九の睦仁天皇は、儀式用の白手袋をはめた両手にその文書を広げて持っていた。駆け出しの近代国家であるため、多くのものがその場しのぎだったが、その宮殿も例外ではなかった(数年前に焼失した本来の宮殿は、まだ工事中だった)。天皇は、よく鍛錬された体操選手よろしく、祭儀用に金糸のほどこされた布で覆われた台の後ろに直立していた。大半が西洋風のセッティングの中で、やんごとなき背部を暖めるために置かれた、昔ながらの火鉢が目に付いた。

当時の基準からすると、天皇の身長はかなり高いほうだった。圧倒的に豊かな髭と鋭いまなざし、そして厳格な表情が特徴だった。台の反対側に立っているのは、陸軍卿の大山巌《いわお》だった。天皇より一〇歳年長で、ずんぐりした体軀の大山は、睦仁と同様、洋食を好んだ。美食家で、特に高級フランスワインやビーフステーキに目がなかった。その体格や風貌から、親しみをこめて「ガマ」という渾名を付けられていた大山も、また、プロシア軍から模倣した軍服に身を包んでいるのだった。大山は天皇から文書を受け取る時が来ると、できる限りの厳かさをもって両腕を伸ばし、深く頭を下げた。これが、『陸海軍軍人に賜はりたる敕諭』(いわゆる『軍人勅諭』)がうやうやしく、天皇から国民に下賜された瞬間だった。式典には国内だけでなく、対外的なメッセージも込められていた。日本がいかに真剣に近代化の道を突き進んでいるか、そして、そのような国家はいつまでも西洋から強要された不平等条約に満足はしてはいない、という精一杯の意思表示だった。

このような、近代国家初期の必死の努力を目撃した西洋人の中には、日本を軽蔑する向きもあった。最も有名な例は、フランス海軍将校でもあった、小説家のピエール・ロティだ。ロティの作品『お菊さん』は、実体験に基づく、日本女性との短期間の便宜上の結婚生活を描いたもので、プッチーニのオペラ『蝶々夫人』にも一部、インスピレーションを与えた。そこまで知られてはいないが、芥川龍之介の短編「舞踏会」に題材を提供した「江戸の舞踏会」というエッセイも残している。これは賓客をもてなすため、一八八三年に落成した鹿鳴館での一夜を描く小品だった。その中で、ある晩ロティは鹿鳴館に招かれる。近代化を目指し、着慣れない洋装をする日本紳士の様子を目の当たりにして、ロティはこう記す。「ちと金ぴかでありすぎる、ちとあくどく飾りすぎている」「それにまた、燕尾服というものは、すでにわれわれにとってもあんなに醜悪であるのに、何と彼等は奇妙な格好にそれを着ていることだろう！もちろん、彼らはこの種のものに適した背中を持ってはいないのである」。極め付きは、「どうしてそうなのかはいえないけれど、わたしには彼らがみな、いつも、何だか猿によく似ているように思える」[1]。

異性に対しては、多少は寛大だった。「ああ！　それからこの女たち！……腰掛の上にひっついている若い娘たちにしろ、壁に沿うて掛布のように整列した母親たちにしろ、仔細に見ると、みんな多少とも驚くべき連中である。彼女たちには何かしくりとしないところがあるのだろうか？　探しても、それはうまく定義できない。箍骨《わがね》が多分余計だったり、あるいは不充分だったり、附け方が高すぎたり、低すぎたり、曲線をつけるべきコルセットが知られていなかったりするせいだろう。だが、顔附きはまんざらでもなく、野暮ったくもなく、手は非常に小さいし、パリから真っ直ぐに伝わってきた身繕いをしている……いや、しかし、そのつるし上った眼の微笑、その内側に曲った足、その平べったい鼻、なんとしても彼女たちは異様である。どう見ても本物らしいところがない[2]」。

『軍人勅諭』の公布後に、鹿鳴館で開かれるようになった、これ見よがしに豪華で、ロティの目には悪趣味と映った夜会は、あくまでも日本の近代化プロジェクトの一環だった。完全に西洋風でもなく、かと言って東洋風でもない二階建ての鹿鳴館は、若い英国人建築家ジョサイア・コンドルによって設計された。しかしその一種異様な雰囲気に戸惑ったのは、何も尊大ぶったロティだけではなく、日本人も同じだった。多くの女性は礼節を重んじたり、あるいは恥ずかしさから、踊ることに消極的だった。そこでダンスフロアーでは、男性の数が女性をはるかに上回っていた。それでも愛国心に満ちた日本人男性は文字通り、日本の近代化のために踊り続けるのだった。帝国ホテルや鹿鳴館の共同創始者で、変わり者の趣味人として知られた大倉喜八郎は、ある晩、一組の奇妙なカップルが踊る姿を目撃した。一九二七年の回顧に、こうある。「面白いのは、ある夜、私が例の如く見物していると、下のダンス場にひときわ目立つ一組のダンサアがいるのです。二人とも男だが、その一人は力士のような大男、これにひきかえ一方は、人一倍痩せ細ったヒョロ男、御本人達は手をとり合って一生懸命に踊っているが、その組合せが妙なので、見ている者は大騒ぎ、誰だろうというので、よくよく見るとこれはまた件の大男は、陸軍大臣の大山（巌）さん、かたほうの小男は時の東京府知事松田道之氏である」。さらに大山は軍服姿、松田は着物に袴という不似合いな出で立ちで、「あまり上手でないダンスを懸命にやっていた。あの寡黙な大山さんのダンスなのだからことに妙味が深かった[3]」。

俗に言う「鹿鳴館時代」は日本にとって、そのあり方の大転換を象徴していた。『軍人勅諭』はその初段階の重要なステップで、一八九〇年に発布される『教育勅語』とともに、日本の近代ナショナリズムや明治政府の性格を決める文書だった。それは単に軍事規範を定めるだけでなく、近代化の渦の中でも日本人としての美徳を維持せよという、精神的戒めでもあった。前文の、「朕は汝等軍人の大元帥なるぞ」とは、天皇が、プロの軍人だけでなく、一八七三年に定められた兵役義務を務めるすべての日本男子の頂点に立つ、軍最高司令官であることを強調している。[4] そして天皇の兵士たちは、忠節、礼儀、武勇、信義、質素という五つの美徳を持つよう、諭された。「されば朕は汝等を股肱と頼み、汝等は朕を頭首と仰ぎてぞ、其親《したしみ》は特に深かるべき。朕が国家を保護して、上天の恵に応じ祖宗の恩に報いまいらする事を得るも得ざるも、汝等軍人が其職を尽すと尽さざるとに由るぞかし」。それは世俗の政府ではなく、天皇への絶対的な忠誠と服従を意味していた。

軍部の政治介入を牽制する、「抑《そもそも》国家を保護し国権を維持するは兵力に在れば、兵力の消長は是国運の盛衰なることを弁《わきま》へ、世論に惑わず政治に拘らず」は、有名な一節、「只々《ただただ》一途に己が本分の忠節を守り、義は山獄よりも重く、死は鴻毛よりも軽しと覚悟せよ」へと続く。つまり、国を守る義務は山よりも重く、死は羽毛よりも軽いと言っているのだ。さらに「其操を破りて不覚を取り、汚名を受くるなかれ」と、念押ししている。確かに政治と軍事の関係性には言及しているのだが、詩的表現に終始する説明はあくまでも抽象的で、それを正確に定義するのは、時の経過と状況の変化とともに、さらに困難になっていく。

約八年後に施行された大日本帝国憲法も、軍隊が果たして政府に帰属するのかしないのか、その点を明確にしなかった。このことは、半世紀後に軍国主義が頭をもたげると、右翼政治家や超国家主義に心酔する将校たちにとって、主張の強みとなっていった。曖昧さを逆手にとり、軍隊には天皇を直接に輔翼する義務(というより権利)があるとして、政府による軍事、戦略政策決定への介入を阻止した。これこそが「統帥権の独立」という名の、法的落とし穴だった。一八八二年の勅令は、その不明瞭さから、最終的に真珠湾攻撃へと日本を導いた、潜在原因のひとつを提供したとも言えるのだ。

とはいえ発布当初、『勅諭』は駆け出しの帝国軍隊を統一し、強固なものにするという、とりあえずの目的にかなったものだった。「国軍の父」とされた山縣有朋をはじめ、起草に携わった主要な軍人や知識人の念頭には、日本社会のある部分でくすぶっていた不満を和らげる狙いがあった。一八八二年、いまだ多くの武士階級出身者は、幾代も続いた様々な社会的特権を奪い取った明治政権に反感を抱いていた。一八六八年以前の、徳川政府の支配する日本を思慕し、明治国家に対する恨みを募らせていたのだ。

そのような世俗的な恨みを超えたところにも、明治政府が直面する大きな問題があった。急進志向の人々、特に教育を受けた旧武士階級で、理想主義に燃える若者の中には、新政府の改革がはなはだ不十分であると感じる向きがあった。一八七〇年代、そのような感情が、近代日本初めての社会運動である自由民権運動を引き起こし、瞬く間にあらゆる社会層、経済層に広がっていった。ジョン・スチュアート・ミルや、ジャン＝ジャック・ルソーなどの、西洋自由主義哲学者の著作に触発され、民権運動家たちは新政権の寡頭政治化に警告を発し、憲法の制定、選挙による代議制の確立を唱えた。彼らはまた、一般社会福祉分野にも先駆的な努力を惜しまなかった。女性や被差別部落出身者たちを含む人権促進も、運動の視野に入っていた。

この動きは一八八〇年までには、強力で、時には破壊的な大衆運動に育っていた。新政府は、その権力基盤が固まっていない心細さから、当初は抑圧的措置という、ありふれた方法で対抗した。しかし強制弾圧が逆効果であることを認めると、驚くべき柔軟性をもって、民権運動との折り合いをつける方向に軌道修正したのだった。譲歩の筆頭は、準備期間を経た一〇年後の一八九〇年に、国会を開催する約束だった。

その約束から程なくして、天皇への無条件の忠誠と服従を要求する『軍人勅諭』が発布されたことになる。これを民権運動家たちは喜べなかった。だが心配するまでもなく、そのような文書の説得力は、当初は希薄なものだった。そもそも明治国家における天皇の権威自体が、いまだ確固たるものとは言えなかった。確かに日本の皇室は、世界最古の継続した君主家系とされるものの、何世紀もの間、世俗の権力を行使する立場にはなかった。維新の夜明けにおいては、徳川将軍のほうが、明らかに日本の支配者として認知されていた。

長い間、中央集権と政を司るという意味で、武士が重要な立場についていた。天皇はあくまでもそのような地上の権力を祝福し、正当化する役回りを担っていた。一六〇三年に徳川家康が天下統一を果たすと、その後の二世紀半以上、徳川幕府が日本を支配することになった。参勤交代を含む洗練されたヒエラルキーが、内乱を防ぐために設置された。キリスト教など、太平を脅かすと思われた外からの思想の流入を鎖国条例で防いだのも、京都の宮廷ではなく、江戸の幕府だった。

幕府が主役の時代が続いた訳だが、それでも天皇制には常に、時代の変化に応じて繰り返し適応していく根強さがあった。戦国時代には天皇は、神道や自然、先祖崇拝などのアニミズムが融合した、信心の保護者としての地位をかろうじて保った。そして徳川幕府下では、ある種の再生に成功した。日本を揺るぎなく支配する徳川家を信任することで、天皇はキングメーカーとしてのより崇高な地位を不動のものとしたのだった。この幕府と朝廷の共生関係は、神聖ローマ帝国以降のヨーロッパ諸国の君主とバチカンの関係に、少なからず通じるものがあった。

歴史は繰り返された。幕末の改革者たちが徳川政権を倒した時、彼らもまた天皇の祝福を得ることにより、権力基盤を固める道を選んだ。しかし大きく異なっていたのは、一五歳の少年天皇睦仁を新たなるナショナリズムの象徴として、公的に、徹底的に理想化させたことだった。維新の一年後までには、最後の徳川将軍が引き払ったばかりの江戸城へ、天皇の転居が完了していた。少年天皇の人生における最初の一五年間は、一般の視界から隠れることに費やされた。維新後はその真逆だった。今や天皇の肖像画が公共スペースや個人の家に飾られ、国民はそれを敬うことを強く促されるようになった。

しかし当初は、日本国民の天皇に対する態度は、冷ややかと言ってもよいものだった。お雇い外国人として、西洋医学を教えるために来日したドイツ人医師エルヴィン・フォン・ベルツは一八八〇年、天長節の日記に、「いかに国民が、彼らの支配者である天皇に興味を持たないことか」記している。人々は「警察に強要された時にだけ」門前に国旗を飾り、「それでなければ、最低限のみで済ませている」[5]。明治初期、天皇は「巡幸」とよばれる行脚の旅に出て、全国をまわった。天皇の存在さえ知らない国民と、確たる信頼関係を築くために必要なことで、最初の一〇年でその数は、二七一回にのぼった。

『軍人勅諭』発布の頃ともなると、睦仁の近代的天皇としての振る舞いも、板につき始めていた。古都にいた思春期の少年とは別人のようだった。豊かな髭をたくわえて、洋装をした天皇は、文明、近代性、そして開化の象徴として、国民の崇拝シンボルとなりつつあり、一般男性も敬意をもって、その出で立ちを真似することが許された。新し物好きの気質もあるのか、日本人は天皇お気に入りの肉食も受け入れ、「すき焼き」は、間もなく国民的料理のひとつとなった。

睦仁は開国後最初の天皇という役割に、うまく順応したと言えるだろう。だが天皇の立場というものは、非常に危険な矛盾をはらんでいた。天皇であることは古の神聖なる天皇制を体現する存在でありながら、同時に近代的であり、また西洋的な君主でもあることを意味した。ヨーロッパ列強の制度を研究した明治建国の父たちは、キリスト教が欧米諸国の精神的礎となっていると考え、日本では神道こそが、その目的を果たすことができると考えたのだった。そこで明治政府は、神道を準国教とも言うべき立場に位置づけ、天皇がその大司祭となった。維新の父らはまた、世俗的な政府が議会政治の成功の鍵だと考え、日本も政教分離を徹底すべきであるとした。その結果、天皇の立場は、さらに象徴的にならなければならなかった。近代化された軍隊の最高司令官であっても、その一方で天皇は、不可侵で、神聖で、政治とは直接触れ合わない「アンタッチャブル」な立場にあるということを強調したのだった。かなり矛盾していたが、とにかく天皇崇拝は、短期間で新進国家のアイデンティティを形成するのに非常に効率的で、効果的なことが証明された。一九三〇年代にもなると、日本社会は、天皇制の教えが身に染みついて育った人たちで構成されていた。しかし一八八二年には、明治国家と天皇の役割について、いまだ沢山のことが不透明だった。新政府には精神的にも、実際にも強固な基盤がなく、明治維新の様々な感情の傷は、半乾きのまま癒えずにいた。制度的欠陥も、まだまだ多かった。

そもそも明治維新は、薩摩藩と長州藩の軍事同盟の成功に起因するところが大きかった。伝統的に反徳川であったこれらの藩は、幕府に対する不満も強かった。一八六〇年代、徳川幕府による政治的失策が続くと、薩長の理想主義と野心に燃える志士たちはついに行動を起こした。薩摩は、イギリスから近代的戦略技術を取り入れ始めており（もっとも徳川幕府も、一八六七年以降、フランス的な近代軍隊づくりに着手していたが）、キングメーカーとしての天皇を後ろ盾に確保すると、討幕軍は北へ、北へとのぼり、徳川派を攻め込んでいった。一八六八年から一八六九年まで続いた戊辰戦争は、新政府の権力基盤を築くために戦われた、日本の南北戦争とも言うべき内戦だった。この戦いに勝つと、倒幕藩出身の、おもに低級藩士たちが、やがて明治政府の中枢を支配するようになった。中には勝利と権力に酔って堕落し、腐敗政治に手を染める者もいるにはいたが、その多くは類まれな才能に恵まれ、想像力に富んだ、行動力のある人々であったことも確かだった。

陸軍卿の大山巖は後者だった。薩摩藩出身の大山は戊辰戦争の英雄で、巨軀やその素朴な人柄で知られた西郷隆盛の従兄弟でもあった。一八六三年の薩英戦争（というよりは、小競り合い）において、イギリス艦隊の戦略技術に大きな感銘を受けた大山は、西洋火器を熱心に研究するようになっていた（薩摩藩も将来を見据え、薩英戦争後は積極的にイギリスとの接触を求めるようになっていったのだ）。

プロ軍人としての大山のキャリアは、帝国陸軍の発展と密接に絡み合っていた。内乱を制御し、維新に貢献すると、大山は、軍事技術の知識を深めるために渡欧した。そこでは普仏戦争を目の当たりにし、また戦略研究を一八七〇年代のジュネーブに学んだ。一八九四年から一八九五年にかけて戦われた日清戦争、一九〇四年から一九〇五年に戦われた日露戦争では、有能な司令官として名を馳せ、陸軍大臣、内大臣などの要職を、歴任していった。

*

アメリカは、明治時代の日本の戦争と、直接の関係は持たなかった。その時代に築かれた二国間の重要な繋がりの多くは個人的な性質のもので、そこに将来の日米対決を想起するものは、見当たらない。だが近代国家形成の過程で、日本に必要とされた開拓精神は、実はアメリカが多大なるインスピレーションを提供していた。

『軍人勅諭』が発布された一八八二年の夏、面長の美人が、ニューヨーク州ポキプシーの女子大学の講堂で、演説台に立っていた。その女性は、卒業論文に基づいて特別講演をすることを許された、有数の才媛だった。山川捨松は、ヴァッサー大学の同級生の中でも際立つ存在で、クラス委員長を務め、学内の名門サークルにも入会を許され、優等で卒業するところだった。立ち居振る舞いは完璧な西洋の女性であったが、そのエレガントな外見と、非の打ちどころのないマナーの下には、鋼の意志が隠れていた。彼女こそが、学士号を授与された最初の日本人女性だった。

捨松は、一一歳で渡米していた。明治政府が、アメリカの篤志家たちの援助を得て実現させた、いわば社会実験の一環だった。北海道開拓を担当した黒田清隆が、将来の日本女性も強くあるべきだと、政府の奨学金で女子を留学させる制度を編み出したのだ。西部の開拓地で、男性と並んで土を耕す強靭なアメリカ女性の姿に深い感銘を受けた黒田は、日本女性も妻として、母として、そして時には開拓者として国家の近代化に貢献するべきだという考えを持つに至った。捨松は開拓精神溢れるアメリカで直接学ぶために派遣された、五人の女子のうちのひとりだった。

捨松の生家、山川家は、会津藩主に仕える由緒ある武家だった。会津藩は維新の戦争で幕府側につき、東北のいくつかの藩と同様、朝敵となった。一八六八年八月に戦われた激しい戦闘で、当時八歳だった捨松は、新政府軍に包囲され、大人たちと命がけで戦った。捨松の役目は、布団で大砲の不発弾を覆い、爆発を防ぐことだった。皮肉にもその砲弾は、未来の夫、大山巌率いる薩摩大隊によって放たれたものだった。

日本版の「南北戦争」で勝利したのは、イギリスの戦闘技術に支えられた南部（正確には南西部）だった。東北の藩は太刀打ちできず、反乱者としての汚名を着せられる運命となった。会津藩の失墜は、山川家の失墜でもあった。新しい権力体系の中で、社会的な尊厳や地位を取り戻すためには、抜本的な方法に打って出るしかなかった。そのために、高い教育を身につけることは必要不可欠だった。新政府が海外留学生を募った当初、対象者は若い男性だった。呼びかけに応じた若者には、朝敵となった藩の上級層出身者も多かった。年少の女子を送り出す勇気のある家はほとんどなかったが、捨て身の覚悟の山川家は例外だった。

捨松はコネチカット州ニューヘーブンの奴隷解放運動家、レナード・ベーコン牧師宅に、家族の一員として迎え入れられ、一四人の子どもとともに、アメリカ時代を過ごした。ヴァッサー入学前には地元の学校に通い、ベーコン家の末娘、アリス・メイベルとは生涯の友となった（アリスは後に来日し、子女英語教育に貢献することになる）。女子留学生の中には、現地での同化が進むあまり、日本語の能力があやしくなる者もいたが、捨松は毎日、日本の家族宛てに手紙を書くなどして、意識的に日本語能力の維持に努めた。

一八八二年の初夏、捨松の忠誠心は多くのものに向けられていた。アメリカ留学を可能にした明治政府。反乱者の汚名返上に努めた家族。家族の一員として扱い、導いてくれたベーコン家。そして、独立した女性としての教育を与えてくれたヴァッサー大学。長く険しい準備期間を経て、いよいよ現実の世界で発動する時が迫っていた。

しかしその年末、一一年ぶりに帰国した捨松は、いささかがっかりさせられた。高学歴で、資格があり過ぎることは、明治の日本ではハンディキャップだった。だが捨松は程なくして、明治政府内でも最も影響力のある人物と結婚したことで、新しい道が開けてきた。大山巌は一八歳年長の男やもめだっただけでなく、前述のとおり、山川家と会津藩に攻め込んだ張本人でもあった。このような組み合わせの結婚は、ついこの間までの封建的武士社会では考えられなかったであろう。大山との結婚を通じて、捨松は上流夫人としての地位を確立させ、様々な慈善活動や教育活動に寄与するようになった。

大山とヴァッサー大学卒の才媛の結婚は、ある意味、明治の開化精神を象徴する物語だった。改革志向、勤勉、野心、想像力などが、いかに歴史の傷を克服できるかを証明した。そしてそのような根強さ、力強さは、日本の将来の敵、アメリカが最大のモデルだった。日米両国とも大国への道を進む新興国家で、より大きい世界と向き合いながら、そこでの居場所を模索していた。ある歴史家に言わせれば、それは「帝国により支配され、軍事力で維持される世界」であると同時に、また、「国際化する世界、年を追うごとに、『一つ』だということを自覚する、世界」だった。[6]まだ「グローバリゼーション」という用語こそなかったが、経済相互依存、平和運動、マスメディアが、世界の繋がりをより急速に強くしていた。競合するアジェンダや未来への不確実性でひしめく、より広い世界を目の当たりにした日本が、アメリカのあり方に心から共鳴し、参考にしたのも不思議ではなかった。西洋に「追いつき、追い越せ」という明治日本のマントラが指した「西洋」は、古いヨーロッパではなく、開拓精神に富み、飛躍するアメリカだった。

その後の大山は、『軍人勅諭』を真摯に受け止め、政治の中枢に据えられることを警戒し、軍人としてキャリアを全うすることを好んで生きた。公私ともに、努力で成功を勝ち得た大山夫妻ではあったが、しかし、れっきとした明治エスタブリッシュメントの一員であることも、間違いなかった。息子のひとりは近衛文麿の妹と結婚し、公家との姻戚関係もできた。やがて革新的な明治精神も、新しいバージョンの「古い秩序」に吸い込まれていくのだった。

明治は一九一二年に終わった。天皇は四五年もの間、つまりイギリスのエリザベス一世よりも一年長く、新生日本の象徴として君臨した。極東に孤立する、封建的な島国からのスタートを切った日本は強力な産業国家となり、広範な高等教育、効率的な鉄道、優れた郵政機関を確立していた。しかし、何と言っても明治日本の最大の誇りは、清朝中国と帝政ロシアを連破した、近代的な陸海軍だった。明治の終焉期に向かって、日本はますます、古いヨーロッパの帝国のひとつ、あるいは少なくとも、その優れた模倣のように見えるのだった。明治の改革者たちに深い感銘を与えたアメリカは、今となっては、アジア・太平洋の盟主としての栄光ある軍事国家、大日本帝国の未来にとって、発想の源泉ではなく脅威となり得たのである。

嘉仁天皇の下で始まった日本の新時代は、概ね楽観的で、創造的なエネルギーに溢れていた。完全ではなくとも活気ある議会制度が台頭し、海外においては新興強国としての地位が、ますます認められつつあった。「大正デモクラシー」として知られる希望に満ちた時代は、一九一二年から一九二六年まで続いた。

この時代を特徴づけたのは、民主主義や議会制度などのにぎやかしだけではなかった。日本人の生活が多くの意味で、自由で豊かになった。特に大都市では、より多くの人々が大枚をはたかずに、ダンスホールやカフェ、デパート、劇場、映画館などで、余暇を楽しむことができるようになっていた。文明の証とは、誰もが毎朝、一杯のコーヒーを楽しみ、新聞を買う余裕があることだと言った詩人がいるが、その意味で日本の都市生活には、文明が見え隠れしていた。

悲しいかな嘉仁は、天皇という大役に、絶望的に不向きだった。カリスマ性がなく、肉体虚弱で、恐るべき父、明治天皇の目にも、皇位継承するには不満足な人材だった。しかし兄たちは生存しておらず、消去法で天皇に即位した。子どもの頃に患った髄膜炎のためか、体が弱かっただけでなく、精神面にも問題が生じ、一九二一年頃から、天皇としての役割はますます受動的なものにならざるを得なかった。このようなことから長男の裕仁に、できるだけ早く跡継ぎとしての責任を移行させる方向で、元老たちは同意したのだった。

帝王教育の一環として、そして遠くない将来に大役を担うことを見越し、一九二一年三月から九月にかけて、裕仁皇太子は欧州グランドツアーに出た。訪問先はイギリス、フランス、ベルギー、イタリアなどだった。御召艦「香取」で西洋式のテーブルマナーを学び、洋上でデッキゴルフも楽しんだ。眼鏡をかけた近眼の皇太子はこの頃、控えめではあるものの、紛れもなく好奇心に満ち、人生初の大冒険を楽しんでいた。特に印象深かったのは、イギリスだった。一九〇二年に、対等国として結んだ「日英同盟」もあり、裕仁はそこで熱狂的な歓迎を受けていた。日本では、いかに君主のジョージ五世が父親のような優しさと気配りで裕仁に接したかが、誇らしく報道された。

イギリスでのハイライトのひとつは、アソール公爵より、パースシャーのブレア城に招かれたことだった。裕仁皇太子は、素朴と倹約の精神に満ちたスコットランド貴族の生活ぶりに感動した。歓迎の舞踏会が終わりに近づくと、公爵は「我々スコットランド人が、どうやって踊るのか、お見せしましょう」と言い、夫人とともに雇い人の農夫たちと一緒になって踊りだした。裕仁の驚きはやがて、ある認識へと変わっていた。貴族も富裕階級も、シンプルな生活を送る限り、階級闘争の心配はないだろうと結論づけたのだ。毎朝、伝統的なイングリッシュブレックファストを摂るといったような生活習慣に加え、英国君主制を表す「君臨すれども統治せず」という格言にも、心を打たれたようだった。イギリス王室のあり方は、裕仁が天皇という役割と向き合ううえで、その後の人生でも大きく影響した。この旅行中に成人した皇太子は、圧倒的なイギリスびいきになって帰国した。

日本に戻って間もなく、裕仁皇太子は、急速に悪化する父親の健康状態のため摂政になった。それは事実上、天皇と同等の役割を担うことを意味した。『軍人勅諭』発布の四〇年後、裕仁は、帝国陸海軍の最高指揮官である大元帥となったのだ。

裕仁は軍事に関して、ある一定の意見を持っていたようだ。それはヨーロッパで、戦争の恐ろしさを実感したからに他ならないだろう。スコットランドのハイランドで鮭釣りに興じた後に、皇太子一行が向かったのは、フランダースの悪名高い戦場、イープルだった。大戦からまだ三年しか経たない、荒涼とした原野には、そこで命を落とした数十万の若い兵士たちの置き土産が沢山あった。破裂弾や弾丸が、風景の一部さながらに散らばっていた。一九二〇年代後半、東京帝国大学で教鞭を執るために来日する英詩人ローレンス・ビニョンは、大戦の最中、死んでいく兵士たちに向けて、「墜ち行くもの」と題した詩を詠んでいる。「彼らは老いることを知らない。われわれ残されたものだけが、老いていく。年齢によって、古びることも知らず、よれよれになることもない」[7]。フランダースの荒れ野で、日本の若い皇太子が感じたのは「死」だけでなく、それに続く、残された者たちの、終わることのない嘆きだった。ガイドを務めたベルギーの陸軍将校は、何かを裕仁に説明する途中、言葉に詰まった。彼の息子も、その地で果てたことを知らされた皇太子の目には、涙がこみ上げたと言われている。

ヨーロッパで体得した裕仁の君主哲学や戦争への嫌悪感は、程なくして試されることになる。一九二三年には、アナーキストの若者に命を狙われた（その後一九三二年にも、朝鮮ナショナリストによる暗殺未遂がある）。素朴さを保ち、一般大衆と付き合うことによって信頼を勝ち得ることができるという、青年の理想に満ちた自信も揺らいでいった。そして神秘的な力を兼ね備えながらも、軍の最高司令官を務める、という逆説的な立場にいる天皇は、さらに「君臨」はするけれども「統治」はしないという君主スタイルを理想として掲げることで、ますます皇室や天皇の権限を、複雑かつ曖昧なものにした。後述するように、必要とあらば稀に世俗の力を行使することを辞さなかったが、それは非常に珍しかった。

しかし大戦に続く短い静けさの中、裕仁は、基本的に孤独で、心労の尽きない立場にある人物としては、比較的安らいでいるように見えた。慎重な準備期間を経て、崇拝する祖父の時代から達成してきた、日本という古くて新しい国を守る覚悟ができていた。一九二六年一二月に、父親が四七歳で亡くなると、裕仁は正式に天皇に即位したのだった。

4 軍人のジレンマ

裕仁皇太子がヨーロッパ外遊から帰国して間もなく、一九二一年一〇月、日本陸軍の内なる改革が、静かに口火を切った。その改革は場違い感を否めない、ドイツはシュヴァルツヴァルトの温泉保養地、バーデン＝バーデンで始まった。そこには永田鉄山、小畑敏四郎《としろう》、岡村寧次《やすじ》という陸軍士官学校一六期生が、秘密裏に会していた。三〇代後半のエリートキャリア将校たちで、いずれもヨーロッパに赴任中か、または出張中だった。細い体軀と度の強そうな眼鏡など、激しい屋外でのスポーツや戦闘よりも、屋内で本と向き合っているほうが似合う印象の顔ぶれだった。皆、確かに成績優秀で、大きな官僚組織となりつつある陸軍の中でもバランス感覚に長けていた。「陸軍三羽烏」と呼ばれたこのエリート仲間三人に加えて、一期下で、ドイツに駐在中の東條英機が翌日、遅れて合流した。

日本から遠く離れた異国の湯治リゾートで、猜疑の目を向けられることもなく、四人は帝国陸軍の内部改革に関するある誓いを立てた。長州閥打倒、人事および軍事の根本的な再編成と近代化、国家総動員体制の導入などが、その密約に含まれていた。それぞれ方法にこそ異論があったが、より強く、より統一された陸軍を切望し、結果、より強い日本を作ろうとしている点では、概ね合意していた。その後の一〇年にわたり、大規模な陸軍改革は、四人が出世街道を進むのと並行して、段階的に誓い通りに実現していくようだった。

内戦と急ピッチの近代化が残した傷跡は、軍を含む多くの場所で、まだ完全には癒やされていなかった。陸軍の権力構造が問題視されたのは、明治維新に端を発する藩閥政治が、その要因だった。一九二一年、

「国軍の父」山縣有朋は、八〇歳を過ぎてもなお影響力を持ち続けていた。山縣が存命の限り、陸軍の排他的なエリート層には、長州出身者以外入り込むことができないと信じられていた。実際には、この派閥支配の伝説は年毎に崩壊しつつあり、長州派閥に属さなくても出世の道が開けてきていた。ただバーデン＝バーデンの誓いを立てた者は皆、長州以外の出身であり、そのことが陸軍内での将来を考えるうえで、大きな懸念だったことは間違いない。

東條の父、英教は、初期帝国陸軍の派閥体質の犠牲者と考えられていた。東條家は、長州・薩摩同盟と戦火を交えた、盛岡藩に仕えた家柄だった。英教は陸大を首席で卒業したものの、思うように出世できなかった。息子もそのような父の職業上の失望に敏感で、親にひどい処遇をした組織の中で成功することによって、見返してやろうという思いを持っていた。

バーデン＝バーデンの極秘ランデヴーからわずか数ヶ月後の一九二二年二月、山縣が死去した。そのためもあり、長州閥の問題は程なく解決したが、代わりに陸軍の空気が、より杓子定規で想像力に欠けるものとなっていった。能力主義の名の下に、学業成績偏重主義が高まった。まさに密約を立てた四人の将校たちが、得意とする分野だった。中でも永田鉄山の秀才ぶりは際立っていた。そして紆余曲折はあったものの、時間が経つにつれ、そう遠くはない将来、永田が陸軍を率いる運命にあることも明白になってきた。

だが小畑は旧友の台頭を、心からは歓迎できなかった。陸軍改革の必要性においてこそ合意していたものの、その改革がどのように行われるべきかという方法論において、二人は激しく対立していたからだ。小畑は、国粋主義者の荒木貞夫や真崎甚三郎の率いる「皇道派」といわれる陸軍の一派を支持していた。このグループに属したり傾倒したりしていた、現状に不満を抱く若い将校たちは急進的で、テロの手段に訴えることも多かった。彼らが理想化した「神国日本」では、天皇がトップに立つものの、実質的に国を導く役目は、軍部に一任されていた。そしてそのような新しい日本が、政治の腐敗や財閥の影響力などの諸悪を克服できると主張し、一九二〇年代以降の日本社会の窮状を、既存の政権やエリート層の責任として糾弾した。

これに対する勢力として「統制派」を率いたのが、永田だった。とは言うものの、「統制派」という派閥が公式に存在したわけではなく、思想や手段的に「皇道派」とは相いれない人々が、広い意味で、そう呼ばれていたに過ぎなかった。実際には、永田は不毛な派閥闘争を好まず、徒党を組むよりも、日本を高効率、高守備の総力戦を戦える国民国家として改造することを優先していた。様々な分野に携わる高級官僚の中にも、永田のように効率重視の改革を進めて、日本を再編しようという動きがあった。そのような、いわゆる「新官僚」の多くは、やがて近衛文麿が重要な役割を担った新体制運動を支持することになる。

それとは対照的に、「皇道派」は感傷的で、衝動的な傾向があった。国粋主義的な価値観や、日本の武道精神の守護者としての陸軍を自認し、日本社会はあまりにも退廃しているために救いようがなく、いったん全部壊してから、建て直すべきだという考えもあった。それでも、いずれの派とも、日本の政治を軍事主導にする必要があるという主張において、似たり寄ったりだった。つまり、「皇道」「統帥」どちらのグループも、一八八二年の『勅諭』の精神に反して、政治に口を挟むことが自然の成り行きだし、それが日本のためだと信じたのだ。

バーデン＝バーデンの同志、岡村と東條は、小畑ではなく永田をバックアップした。そしてついに永田は、一九三四年に陸軍省軍務局長に就任すると、人事をはじめとする重要な分野で、その影響力を、本格的に増大させた。しかし改革への夢の終わりは、突然やって来た。一九三五年八月一二日の朝、暗殺者が陸軍省の軍務局長室に乱入し、軍刀で無防備の永田に襲いかかった。額を一度、背中を二度、そして喉を刺され、倒れた永田は、血だまりの中に、息絶えた。

殺人者の相沢三郎は、四〇代の陸軍中佐だった。永田の陰謀だと喧伝された「皇道派」トップに対する人事決定への不服が、相沢を暗殺へと駆り立てたのだ。永田は五一歳で、キャリア全盛期を迎えたところだった。皮肉なことに、相沢が乱入してきた際、永田は、いかに急進的な将校たちの無秩序な振舞いを制御するかを議論中だった。相沢は裁判で有罪となり処刑されたが、それでもかなりの大衆の支持と共感を受けたことは、驚くべきことだった。

テロリスト的な暴力行為は続き、一九三六年、前述の二・二六事件をもって、クライマックスを迎えた。「皇道派」の直属ではないとするものの、同種の超国家主義思想に影響を受けた若い将校たちが扇動したクーデターだった。雪で覆われた東京で、およそ一五〇〇人の兵士が動員され、高橋是清蔵相や斎藤實内大臣が暗殺された。動員された下士官兵たちの大部分は、特に政治的関心が高かったわけではないし、計画の意図するところを知らない者も多く、上官命令に服従しただけだった。しかし現状への不満から、抜本的な改革に賛同しやすい土壌ができ上がっていたのも確かだった。駆り立てられた者の多くは極貧の農村出身で、世界恐慌以前より苦しい生活を余儀なくされていた。若い女性や子どもたちが仲買人に売られ、都会の売春宿に連れていかれるといった話が、あまりにも頻繁に聞かれていた。革命的な暴力は、社会を良い方向に変えるための許されるべき行為であるという主張を、受け入れやすくした理由のひとつである。

クーデターを企てた反乱将校たちは、政治権力を手に入れるためではなく、あくまでも私利、私欲なしの愛国心に突き動かされ、天皇制を民主主義と資本主義の腐敗から守るために行動したのだと主張した。また反乱者の間では、裕仁天皇の弟、秩父宮雍仁《やすひと》親王が、新しい日本のリーダーになるべきだとする声があった。陸軍大学校出身の秩父宮は、「皇道派」の将校たちにも同情的で、人気があったのだ。

しかし天皇は事件が起こるとすぐに、普段は見せない厳しさで、寝込みの七〇代、八〇代の老人たちを襲った、卑怯な反乱を非難した。奇妙なことに、天皇の珍しい公的な感情表明は、すぐに殺人者たちへの世間の同情を生んだ。永田を暗殺した相沢の場合と同じく、反乱将校たちは、ただ純粋な目的のために事を起こした、と見る向きがあった。そして、手段の荒さや卑怯さとは関係なく、すべては天皇と日本を誤った道から救うためだったとし、首謀者たちが処刑されると、あたかも殉教したかのように扱う者もいた。このような、問答無用で批判を受け付けない愛国心を謳う「皇道派」的思想は、その若さとロマンチシズムゆえか、一般受けしたのかもしれない。その後、大規模なクーデターの試みはなかったものの、動機さえ純粋ならば、殺人さえよしとする危険な思想は、生き抜いた。

これが何を意味していたのか。それは、沢山の血が流されたにもかかわらず、陸軍内の派閥闘争において、明白な勝者が出なかったということだった。結果、陸軍は、爆弾を抱えた組織になっていた。そして上に立つものは常に、その爆弾が爆発して、自分たちも吹き飛ばされるかもしれない、という不安とともに、組織を率いる必要があった。「統制派」のリーダーとして永田を継いだ東條は、若い将校たちの、暴力的で性急な行動を飼いならすことに、苦心することになる。さらにややこしいことに、東條は、「皇道派」の誰にも負けないくらい、心底から天皇を崇拝し、天皇制のために生きていた。軍人一家で育ち、少年時代以来、天皇の兵士として生活してきた、まさに『軍人勅諭』の極端な産物だった。そのため思想上、ライバル派閥に共鳴するところは大いにあったのだ。

そして東條は、忠義とともに、道義にも重きをおいた。平等を心がけ、また縁故主義を軽蔑していたため、食堂でも下級軍人が与えられるものと同じ食事をするなど、神経質ともいえる潔癖な部分を持っていた。メモ魔で、三種類の異なる紙にメモを保管するシステムを自分で作り、秘書などの助けもなしに、書き留めたことをきちんと整理する作業を毎日行ったという。

東條は邪悪でも、堕落しているわけでもなかったが、些細なことを気にするタイプではあった。自分に向けられた批判には特に敏感で、怒らせると復讐が待ち受けていた。メモのおかげもあってか、人並みはずれた記憶力で、他人が忘れたこともよく覚えていた。人間的魅力は少なかったかもしれないが、官僚的な有能さでは認められていた。家庭では、息子たちに厳しく、娘たちを溺愛する甘い父親だった。喫煙もしなければ、女遊びの噂もなく、飲酒もまれにしかしなかった。自制と天皇への献身が人生の目的で、そのような自分に酔っているようでもあった。

一九四〇年七月、東條は、俊才の永田が生きていれば埋めていたであろう第二次近衛内閣の陸軍大臣ポストについた。天皇の忠実な僕《しもべ》は、その高位置から陸軍人に訓令を発表した。『軍人勅諭』から、ほぼ六〇年を経て出された戦時規範集、『戦陣訓』だった。自律や自制の気風を、陸軍内に浸透させるのが目的で、それは、悪名高き「生きて虜囚の辱を受けず」という一節を含んでいた。[1] 捕虜となる危険が差し迫れば、迷わずに死を選ぶべしと明言しているのだ。これは手帳サイズに印刷され、厳しい紙不足にもかかわらず、全軍に配布された。また東條の朗読がレコードになり、一般市民への普及も促された。

東條が訓戒を発表したわずか二日前に、ルーズベルト大統領も、歴史に残る一般教書演説を行っていた。「四つの自由」として知られるそのスピーチは、後に、ノーマン・ロックウェルが、『サタデー・イブニング・ポスト』誌でイラストとして描いたために、さらに広く知られるようになった。[2] そこでルーズベルトが訴えたのは、世界中の人々の言論と表現の自由、礼拝の自由、貧困からの自由、そして恐怖からの自由からなる、四種類の自由だった。世界人権宣言を先取りしたこの演説は、ルーズベルト政権の基本的価値観を明確にした。国家は国民を危険にさらすのではなく、その安全を確保するためにこそ存在し、また人間の自由は、アメリカの国境を越えて、様々な脅威から保護されなければならないと、提起したのである。

しかし一九四一年の日本では、このように個人の権利や自由を軸にした考えは、利己的で、非国民的であるとして、糾弾されるのが落ちだった。バンカラ校風で知られ、優れた人材を輩出していた盛岡中学校でも同じだった。当時一二歳の少年の回想によると、三月に、三日間かけて行われた入学試験では、「教育勅語はいつ御発布になりましたか」「お勅語の中に億兆心を一にして、とありますがその意味は」といったような口頭質問を受けたという。[3]これらの質問が、非常時下で許される、創造的思考の限界を如実に示していた。

試験官の質問がより具体的になってくると、経済包囲や西洋との戦争の恐怖が、頭をもたげてきた。「支那事変が始まって今年で何年目ですか」「名誉の戦死者をおまつりしてあるお宮はどこですか」「日本の新東亜建設をさまたげる国はどこですか」「日本の仲の良いヨーロッパの国を二つ言いなさい」「いま日本が蘭印から買いたいと思っているものを二つ言いなさい」といった感じである。

その他にも、非常時を反映してか、次のような質問が続いた。「なぜ節約をしなければならないのでしょう」「あなたは何をどのようにして節約をしていますか」「電灯に笠をかけるのとかけないのと、どう違いますか」「日本の貯蓄目標は」……。

この少年は見事、試験に合格した。しかし、せっかくエリート校へ入学しても、憧れの制服ではなく、カーキ色で陸軍の軍服スタイルの制服が全国化されたために、他校生との区別がつきにくくなっていった。戦時下の教育の極端な画一化の表れだった。入学して二年経つ頃には、教員の出征により欠員がでて、以前のカリキュラムが成り立たなくなっていった。また生徒たちも、野外教練や、開墾作業などに参加させられるようになり、やがて天皇の軍隊で戦うのを待つ身となった。

＊

帝国陸軍は、明治維新の立役者としての起源から、常に自信に溢れた組織だった。それに比べると、太平洋戦略を主導することになる海軍の目覚めは、ゆったりとしていた。一八七六年に海軍兵学校が設立された時、日本には戦艦がなかった。陸軍がエリート養成機関である陸軍大学校を設立した六年後の一八八八年、海軍大学校が作られた。学生数は少なかったが、一九〇二年にイギリスと同盟を結ぶと、やっと陸軍のレベルに近づいてきた。イギリスから戦艦や造船の知識を獲得するようになり、戦略的知識も豊富になっていった。

一九〇五年五月二八日、日露戦争の決戦のひとつである日本海海戦が対馬沖で戦われ、日本が圧勝した。日本はロシアを相手に、中国東北部及び朝鮮半島の勢力圏拡大のために争ってきたが、この海戦をもって、有利な講和に持ち込むことができた。また対馬での勝利は大日本帝国海軍にとって、長く待ちわびた栄光の瞬間だった（上海日本領事館勤めの外交官が、バルチック艦隊の不穏な動きを察知し、臨機応変に警告を発したことも、日本の勝利に貢献したと考えられている。それは二五歳の、松岡洋右だった）。ロシア艦隊は、五〇〇〇ほどの犠牲者を含む、壊滅的な損害を被った。

一九〇五年九月五日、セオドア・ルーズベルト米大統領の仲介を受け、ポーツマス近郊、メイン州キタリーにおいて、「日露講和条約」が調印された。ルーズベルトはこの善行により、ノーベル平和賞を授与された。巨大な負債を抱えこんだ日本に、戦争の長期化は望ましくなく、講和を必要としていた。ただ国内では、条約に対する不満がくすぶっていた。特にロシアに対する賠償請求権を破棄したことに、国民の怒りは収まらなかった。財政的にも、軍事的にも、いかに政府が疲弊していたかは公表されなかったため、多くの人々がポーツマス条約を日本外交の失敗だと感じ、デモなどで抗議した。何十年も経た後に、爽快で強気な外交スタイルを押し出して人気を博した松岡は、日本人が歴史的に感じてきた弱腰外交への失望を逆手にとったとも言えるだろう。また、日本のアメリカに対する非現実的で過剰な期待も、ポーツマスに端を発していると言えるかもしれない。日本が近隣国と問題を起こした際に、アメリカは第三者として和平仲介人になるべきだという虫のよい考えが、日中戦争解決の糸口を探る際にも見え隠れしており、一九四一年の日米外交危機の渦中でも、その期待は一貫して変わらなかった。

ポーツマス講和条約への不満は残ったものの、日露戦争の勝利が、国民の自信を倍増させたことも確かである。淵田美津雄は、真珠湾攻撃空襲部隊の総指揮官として第一次攻撃隊を指揮し、「トラトラトラ（奇襲ニ成功セリ）」のメッセージを打電したことで知られている。その淵田は一九〇五年に、三歳足らずだった。まさに日露戦争での海軍の活躍ぶりに魅了され、海軍の軍服を着ることを夢見ながら育っていった世代だった。世界規模で見ても、日露戦争は深遠な影響を及ぼした。有色人種が白人種に初めて勝った近代戦は、白人が先天的に優れているとする神話を崩壊させ、反植民地主義運動にも、大きな希望を与えたのだ。インド初代首相のジャワハルラル・ネルーは、少年時代の政治的な目覚めを回想し、こう綴った。「日本の緒戦での勝利は、私の熱意を攪拌し、毎日新たなニュースを得るために、新聞を心待ちにしていた」[4]。そしてネルー少年は「日本関連の多数の書籍を買い求め、そのうちのいくつかを読もうとしたりした。ナショナリズム的な考えが、私の心を満たした。インドの自由と、ヨーロッパの束縛からのアジアの解放を夢見ていた」。

日本の勝利は物質的、文明的進歩の強みを証明した。帝国海軍は麦食を主食としたため、脚気の広がりを抑えたとされる一方、多くのロシア人船員が、ビタミンBの欠乏からくるその疾患に苦しんだ（白米を食べさせていた陸軍よりも、海軍の戦績が良かったのは、麦食のためだとする声もあった）。また日本は日露戦争の頃までに、七五パーセントという、西欧諸国と比べても驚異的な識字率を達成していた（ロシア兵の半分以上は、非識字者であると推測された）。これは兵士が複雑な武器の取り扱いを学ぶ際、効率的にマニュアルを使用することができることを意味していた。一八九九年の「ハーグ条約」の精神に基づき、この戦争で日本の捕虜となった約七万のロシア兵たちは、比較的良好な環境で収容生活を送った。このことも、日本がこの時期、国際社会に好印象を持たれる一因となった。

日露戦争を機に、帝国海軍の近代化と拡大に拍車がかかった。結果、海軍と陸軍のライバル関係も、より緊張したものとなった。より多くの予算、より多くの栄光のための競争だった。陸軍は一九〇五年以降、ロシアの報復を最も恐れ、最大の脅威は日本の北に位置するという見解だった。海軍は一八九八年の米西戦争の結果として、グアム、フィリピンまで勢力を伸ばしていたアメリカに、最も危機感を募らせていた。このような戦略世界観の違いはあったものの、日露戦争は天皇の二つの軍隊を、ほぼ対等の競争相手に作り上げた。

*

日本海海戦での大勝利は装甲巡洋艦「日進」に乗り組んだ、ある二一歳の少尉候補生に大きな犠牲を強いた。巡洋艦の船首で前線任務に当たっていたその候補生の下半身は、炸裂した砲弾で火が付き、右腿の肉を大きくえぐりとられる重傷を負ったほか、左手の人差し指と中指を吹き飛ばされた。その後、五ヶ月以上、長崎の海軍病院で療養した。感染がひどくなると、医師は左腕の切断を提案したが、「自分は海軍の軍人になろうと志をたてて入隊し、従軍したのだ。切断しないために腕が化膿して死するか、なおって軍人としてとどまりうるか、ふたつにひとつに運命をかけよう」と決意し、切断を拒んだ。[5] 結局、その賭けに勝ち、左腕を失うことなく回復した。これがこの男の人生最大のギャンブルかと思えば、決してそうではなかった。その候補生は、やがて日本の真珠湾攻撃を計画する山本五十六、その人だったからだ。

山本の人生を通して、日本海海戦での戦傷は名誉の勲章だった。しかしまた、それが日常生活に課すハンディキャップも常に意識していた。特別な助けを受けないよう、後れをとらないよう、懸命に努力していた。幼い息子とキャッチボールを始めるころになると、三本指の手はボールを落とし続けた。しかし静かな粘り強さで、すぐにどの角度からもボールをキャッチするまでに自分を訓練した。肉体的にも若々しく、しなやかで、軍艦の階段などは、リズミカルに軽く上ることができた。

多くの人が帝国海軍の歴史の中で最大の戦略家のひとりと評する山本は、経歴だけ見れば、典型的なエリートキャリアを辿っていった。そしてこの点においては、陸軍の東條英機に非常に似ていた。一八八四年生まれの同い年で、両者とも一握りのエリート候補しか受けられない士官教育を受けた。またともに、明治維新に「朝敵」とされた旧藩（山本は長岡藩）の出身で、失われた名誉の回復と、新国家の価値ある一員としての地位の獲得という使命を、生まれながらにして背負っていた。

二人は勤勉を認められ、その報酬としてエリート配属をされた。東條はドイツ、山本はアメリカで一時期を過ごした。西洋社会との直接の関わり合いは、二人のその後の軍事近代化に対する方向性に影響を与えた。山本は一九二〇年代からは、海軍の航空力の重要性を意識するようになっていた。パイロットとしての経験こそなかったが、海軍の航空部門の発展に大きな役割を果たし、それが後の太平洋戦略立案の基礎となった。

しかし性格は、まったくもって対照的だった。山本は五〇代になっても、世界はまだ新しい発見に満ちているかのように、好奇心旺盛な少年のように振る舞った。眼鏡もかけなかったし、髭も生やしていなかった。その若々しさは、さらに鋭い目の光と、厚い唇によって強調されていた。わずかに加齢を感じさせるのは、深くなっていく額の皺と、短く切りそろえた頭髪が、白くなっていくことくらいだった。静かな自信に溢れていて、それを多くの人が魅力的に感じた。背丈は一六〇センチ足らずでも、均整のとれた体格と、無理なく堂々とした態度が、それを感じさせなかった。頑なで、これ見よがしに生真面目な東條とは異なり、山本はギャンブルをこよなく愛した。戦艦に乗っていても、ポーカーやブリッジをすることで知られていた（外務大臣松岡もまたポーカーの名手だったことは、前述した通りである）。海軍引退後はモナコに移り住んで、ルーレットに興じたいと戯言したとされ、実際にモンテカルロを訪れた際は、あまりにも勝つので、カジノに出入りを禁止されたという伝説も生まれた。優れたギャンブラーの常で、はったりの才能に長け、肉体のハンディキャップを隠すのと同様、最大の弱点を巧みに隠すことを得意とした。リスクに直面した瞬間、思い切って賭けに出る大胆さも持っていた。まさに賭け事とは男らしさの証拠で、博打をしない男は、ろくな男ではないと述べたとも言われている。

つまるところ山本は、人生を単純に、生と死という二つの選択肢の狭間にあるものと見なしていた。より十分に生きるために、いつでも死ぬ準備ができていた。そして後輩にも、常に死を覚悟するよう教育した。若い頃に負った戦傷に大きく影響されたのか、特に戦線にいる兵士は、なるべくこの世に個人的な執着を持つべきでないと信じていた。晩婚を勧めたのも、そのような思いからだった（山本自身も三四歳で結婚し、最初の子どもが生まれたのは四〇歳の時だった）。だからと言って、決して死を軽く思っていたと言うことではない。いつも携帯していた黒革のポケット手帳には、自分の指揮下で亡くなった者の名前や家族の記録が記されていた。そして、残された家族を訪ねて、位牌の前で号泣するということも、多々あったという。

アメリカでの日常体験も、山本の人格形成に寄与したと考えられる。一九一九年から一九二一年の間、ハーバード大学に籍を置き、一九二六年から一九二八年までは、ワシントンの日本大使館に海軍武官として勤めた。その在米経験で、アメリカ人気質に、自分のものに似た沸き起こるエネルギーを認め、それを高く評価した。家族への報告では、アメリカ人の生活ぶりを詳細に記し、広く旅をしながら、風景やそこに暮らす人々を親密な目線で写真に残した。若い日本人に、どのようにすれば英語力を向上させられるか聞かれると、いつでも、カール・サンドバーグ著『リンカーン伝』を読めとアドバイスした。弱者の身から、高い志を持って大成したリンカーンを非常に尊敬し、親しみを感じていたのだ（山本もまた、非常に貧しい、明治維新の負け組の出身であったからだ）。このことから、おそらく強い意志で身体的障害を克服し、大統領になったフランクリン・デラノ・ルーズベルトにも共感を覚えたと思われる。

刺激的なアメリカでの日々は、ちょうど二大大戦戦間期の、リベラル国際主義全盛期とも重なっていた。第一次大戦後、多くの人々が、どのようにして国と国が平和に共存する国際社会を作れるか、ということを切実に問い、考えていた。ウィルソン米大統領の提唱した国際連盟を皮切りに、数々の国際運動が生まれた。戦争のない世界を作るという理想と、戦争をするか、または少なくとも戦争のために万全の準備を整える、という軍人の義務は、まったく相反するもののようにも思えた。山本はしばしば国際軍縮会議で、海軍を代表する立場に置かれた。軍人の深刻なジレンマにかかわらず、日本政府は平和を推進し、軍縮を進める方向に向かっていた。

＊

山本が随員として参加したロンドン海軍軍縮会議は、一九三〇年一月二一日から四月二二日まで開催された。この場で日本の国際協調主義へのコミットメントが、厳しく試されることとなった。当時の日本の首相は、立憲民政党の濱口雄幸だった。濱口はその厳かな立ち居振る舞いと、たてがみのように豊かな毛髪から「ライオン宰相」と渾名され、人気を得ていた。多くの政府が大恐慌後、どんどん内向きになるにもかかわらず、濱口主導の日本は協調主義を尊重し、金本位制への復帰を決行するなど、国際社会のモデルメンバーであり続けることを、何よりも願った。「ロンドン海軍軍縮条約」では、交戦規定や保有艦規制が定められた。主力艦以外の補助艦の保有率が、アメリカ、イギリス、日本で一〇対一〇対七に調整されることが提案されたが、これは一九二二年締結の「ワシントン海軍軍縮条約」で決められた五対五対三よりも大きい比率だった。

割り当てが増加したこともあり、海軍省は新条約批准を支持した。ところが、濱口の強力なリーダーシップが軍部の権威を脅かしているという理由で、海軍軍令部が、批准反対の一大キャンペーンを繰り広げたのだった。任命された政府の閣僚ではなく、軍人の言い出したことであった。当初の比率達成目標よりも、約〇・四％下まわる割り当てであると主張し、右翼や、野党の政友会、そして最終的には枢密院内の保守派の賛同を得て、新条約を潰しにかかった（この時点で、山本五十六はまだ軍縮政策を受け入れておらず、軍令部の主張を支持している）。それでも濱口は断固とした態度で、批准の姿勢を崩さなかった。軍の最高司令官でもある天皇が、内閣の味方であることも認識していた。九月一九日、枢密院がようやく譲歩すると、一〇月二七日、正式な条約批准が、日英首相と米大統領によってラジオで同時発表された。この国際広報は前例のないことで、辛い時代にも協調の精神が存在することを世に知らしめた。

しかし議会政治の勝利は、大きな代償を伴っていた。政友会は右翼や保守派とタッグを組み、海軍軍令部の主張を声高に繰り返し、濱口内閣の政策が、「統帥権の干犯」に値すると告発した（もちろん、前述のように、統帥が独立を保つべきだという考えは、そもそも軍部が政治に介入すべきではないという考えに由来するものだったのだが）。最も打撃的な批判は、政友会所属の鳩山一郎議員によってなされた（鳩山は戦後、自民党の設立を助け、一九五四年から一九五六年まで首相を務めた）。一九三〇年の春、鳩山は軍縮問題は政府ではなく、軍の管轄下に置かれるべき事項であると強く主張したが、それはライバル政党に対する優位を獲得するための、あまりにも安易で軽率な批判だった。軍部を抑制するどころか、その権限を拡大し、結果的に、二大政党のひとつとして政友会自身が一翼を担う議会の弱体化を招くことになった。

この一件で、政党政治の失墜が加速した。条約と「統帥権の干犯」に絡む批判を払拭できぬまま、一九三〇年の暮れ、濱口は東京駅駅頭で、「ロンドン条約」批准に不満を持っていた国粋主義者の狙撃により、重傷を負った。状況の新展開を利用し、鳩山をはじめとする政友会議員は、首相に第五九議会出席を強要した。濱口が出席できないとわかると、今度は臨時首相代理が槍玉に挙げられ、与野党間の議場での殴り合いなどにも発展した。民政党を蹴落とそうとする政友会の継続的な試みは、議会の存在理由そのものを危険にさらしたのだった。一九三一年三月、濱口は、内閣が推していた社会改革法案の通過を視野に、医師の助言に背き登院した。法案は、労働組合、農地租借、減税、公平な再配布などを含むだけでなく、投票年齢を二五歳から二〇歳に引き下げ、地方選挙の女性参加を認めるという、世界的に見ても画期的なものだった。

革靴を履くと、その圧力から苦痛があまりにもひどかったため、普通の靴に見せかけたフェルトのスリッパを履き、濱口は登壇した。以前の頑丈な体軀からは想像もつかないほど痩せ細り、質問に答えるためによろめきながら演壇に辿りつくと、かろうじて聞こえる衰弱しきった声を発したが、野党勢はそれに心ない野次で応酬した。四月、病の悪化から濱口は辞任し、その四ヶ月後、負った傷は癒えぬまま死去した。そして日本の壮大な改革努力も、ライオン宰相とともに葬られた。

民主主義の試験期間が無残な失敗に終わり、残された空白を埋めるかのように、将来への不確実性や暴力に対する恐れが、一九三〇年代の日本社会に浸透していった。一九三一年に関東軍が中国東北部を占領した際も、関東軍の指揮官たちは、自分たちの軍事不正行為が無私で神聖な動機に根付いていると主張した。鳩山やその同志が国会で多用した「統帥権の独立」という観念が、すべての批判をかわす「菊の御紋の印籠」となっていた。盲目的な軍国主義に対抗する中道派や、リベラルと目される人物が、容赦なく暗殺されていった。一九三五年夏の永田鉄山のように、軍人とても、暗殺の標的になることを免れなかった。

前記の通り、濱口内閣に続いた若槻禮次郎内閣は、満州での緊急時に、不十分な対応しかできなかった。奉天の日本総領事だった林久治郎は、その当時の不満を後年、こうまとめている。「九月、満州事変勃発に依り、政府は事実上その存在を失うこととなった」[6]。何よりも指導者たちがリーダーシップを発揮せず、「優柔不断、事態の刻々悪化するを知りながら、之に処するの途を講じ得ず、権力に未練を抱き、殆ど三ヶ月に亘って国家未曾有の難局を荏苒《じんぜん》いよいよ拡大せしめ、醜陋《しゅうろう》なる内紛の為、遂に倒るるに至った」。もしも事変が勃発してから素早く、内閣総辞職などで関東軍の横暴を、断固とした批判の精神をもって処理できていれば、「数度の内閣の変局の中に、政府の威信を回復し、国際関係を常道に復し、財政経済の危局を救い、立憲政治も亦、事実上の倒潰を見ずして止み得たろうと思う」と悔やんでいる。

一九三六年、海軍省の最高位ポストである海相の座には永野修身《おさみ》がおり、山本五十六が次官だった。永野は、威圧的な眼差しを持つ男だった。海軍軍人憧れのエリートコースを邁進したという意味で、山本の先輩でもあった。ハーバードに留学し、様々な国際会議に派遣された。印象深い外見で、ギャングの親分然としていたため、頼りにする者も多かったが、それでも山本はあまり永野を評価していなかった。永野は執務室で平気で昼寝することを揶揄されて、「居眠り大将」などと呼ばれた。口の悪い記者たちに、若い四番目の妻（三人の前妻は、他界していた）がいるので、昼間の休息が必要なのではと、噂されるような人物だった。

永野の後続、海軍大将の米内光政は、山本にとって真に魅力ある上司だった。一九三七年四月から一九三九年八月まで海軍大臣を務めた米内は、その後、一九四〇年の初めに首相に任命された。その際、米『タイム』誌は、米内をこう紹介している。「ニックネームの白象は、畏敬の念を起こさせる。……それは、立派な体格や、非常に白く、貴族的な肌色と、その白さを強調する、レコード盤のように黒く光沢のある毛髪、そして強さと知恵を兼ね備えた外見を指している」。このアメリカ主流メディアの意見は、日本の陸軍関係者による米内評よりもはるかに好意的だった。たしかに見栄えは立派だが、政府の要職には不適切だという意味合いから、「金魚大臣」と渾名されたのだ。

だが陸軍は、米内の政治能力をいささか過小評価したようだった。米内は、三つの内閣に海相として起用され、その任期中、誤断をすることもあった。その筆頭は、第一次近衛内閣で、対蔣強硬策を支持したことだった。しかし、こと枢軸同盟反対に関しては一貫性があった。それは政府のムードが、圧倒的にドイツに傾いた時でも何ら変わりなかった。一九三九年八月の主要閣僚会議では、もし日本がファシスト国家と同盟を結んだ場合、イギリス、フランス、ソ連、アメリカを敵にまわすことになるが、どう思うかと蔵相から質問を受けた。そのような戦争は海軍力を必要とすることが明白だったため、海相の意見は極めて重要だった。米内は、日本海軍が英米という大国と戦って、勝つ可能性はまったくない、と言葉を濁さずに返答した（後に首相となっても毅然とした態度を崩さず、三国同盟の締結を防いだことは、天皇をして「海軍がよくやってくれたおかげで、日本の国は救われた」と言わしめた）。[7] 米内は、同盟反対が自らの生命を危険にさらしていることを十分承知していた。そしてそのような身を挺する勇気や端的な物言いは、一九四一年、当事者意識の極端に薄い日本の指導層で、決定的に欠如していたものだった。

米内のように、海軍内で三国同盟に反対した者がいたことは確かではあったが、海軍組織が一丸となって、日本のファシスト国家への歩み寄りを食い止めた訳ではなかった。米内や、その強力な支持者だった山本五十六ならびに井上成美《しげよし》軍務局長などは、実際は少数派になりつつあった。米内の右腕で、「ラジカルなリベラル」を自認した井上は、非常に早くからナチス・ドイツのイデオロギーの浅はかさと危険性を把握していた。ドイツ語で『我が闘争』の原本を読んだ井上は、たとえば日本語訳では省略されていた日本への中傷を含むくだりなどを的確に認識していた。しかし多勢に無勢で、ドイツ電撃戦の成功を受けて増大する海軍内の枢軸同盟推進派に対抗するのは、ますます難しくなっていた。

海軍組織内の闘争を具体的に見てみると、たとえば一九四〇年一〇月に海軍省軍務局長となった岡敬純《たかずみ》少将は、海軍きっての主戦派石川信吾を、軍務局第二課長に任命していた。岡は、イギリスを威嚇することで日中戦争終結に持ち込めるという計算から、枢軸同盟を推していた人物だった。追い込まれたイギリスが、日中和平の橋渡しをすることを余儀なくされるだろうと、短絡的に予想したのだ。米内、山本、井上などは、そのような虫のいい話を、いっさい受け付けなかった。そして枢軸同盟は、イギリスだけでなく、アメリカとの戦争をも避けられなくするだろうと警告した。それでも岡は、「伝統的に孤立主義に固まっているアメリカが、強力な日独伊に対抗し、いまや落ち目のイギリスと組む危険はない」と述べ、聞く耳を持たなかった。[8]

枢軸同盟をめぐる議論が激化する中で、米内は、山本の暗殺を心配するようになっていった。すでに一九三九年八月の時点で、米内は海軍省に残りたいという本人の希望を聞き入れず、山本次官を連合艦隊司令長官に任命したのだった。皮肉なことに、米内が山本の命を守ろうとしたがための人事決定は、山本が政治的な発言をする場を失うことを意味していた。政策決定の部外者となったことは、山本が後々、中央の政策判断を批判する際に大きなハンディキャップとなり、結果的に、戦略家として、反対しているはずの開戦を可能にする、一世一代の真珠湾奇襲攻撃を起案することに繋がったのだった。井上もまた、山本同様、政治中枢から離れた場所に異動となった。それでも米内自身は、天皇の期待もあり、一九四〇年一月から、今度は首相として枢軸同盟阻止の戦いを継続したのだった。しかし米内政権は、短命だった。ナチスのヨーロッパ大陸での快進撃に触発されるタイミングで、枢軸同盟を強く望む者たちが、一九四〇年六月、米内の追い出し作戦に打って出た。畑俊六陸相が米内内閣から単独辞職すると、陸軍は軍部大臣現役武官制を逆手にとり、後任陸相の選出を拒否した。陸軍による組織ぐるみの妨害は、内閣総辞職を意味した。これが七月に、近衛が松岡洋右を従えて、首相として返り咲いた背景だった。

それでもしばらくの間、吉田善吾海相は、米内の意向を引き継ぐ形で、枢軸同盟に反対の姿勢をとり続けた。しかし前述のように、一九四〇年九月、病気での辞職を余儀なくされ、海相は及川古志郎に代わった。及川は人当たりの良い柔和な顔立ちで、ごま塩頭と口ひげが特徴だったが、ビーズのように輝く大きい瞳には、トップ軍人であるのに、気の弱さや自信のなさが潜んでいるようでもあった。心情的には、米内や山本の親英米アプローチに共感しながらも、いざ意見を求められると、貝のように口を閉ざすのが常であった。北国出身者特有の口数の少なさと言ってしまえばそれでお終いだが、それにしても何も意見を持っていないのかと疑われるほどに言葉少なだった。海軍軍人たるもの、政治に介入するべきでない、という昔ながらの信念も、及川の無口をさらに徹底的なものにした。しかしそれは、多分に言い訳を含んでいたであろう。対人面では衝突を避けようとする傾向が強く、米内のように、反枢軸同盟の姿勢を貫くことは到底無理だった。一九四〇年の秋、近衛や松岡はもちろんのこと、海軍内にも増える同盟賛成派に真っ向から対抗する勇気など、最初から備えていなかったのだ。

一九四一年四月、伏見宮博恭王《ひろやすおう》の引退にあたり、海軍が次期軍令部総長を推薦することになった。これは、英米との衝突回避を願うグループが海軍内で発言権を取り戻す、絶好のチャンスだった。伏見宮は、ドイツで訓練を受け、日露戦争でも戦ったベテランで、長きにわたり海軍軍務に多大な権限を行使してきた恐るべき人物だった。昔気質の海軍軍人で、国家の力と威信は、戦艦の所有数と直接比例すると信じるタイプであった(よって一九三〇年、「ロンドン条約」を濱口内閣が批准しようとした際、軍令部が猛反対したのだった)。伏見宮とその支持者たちが、伝統的な考え方から「艦隊派」と呼ばれ、米内、山本、井上など国際協調や軍縮に重きを置く「条約派」と一線を画した所以だった(もちろん「条約派」とは言っても、実際はそれほど単純な話ではなく、空軍力開発など新しい分野で戦闘力を増す必要性は主張していたのだが)。

アメリカやその同盟国との関係改善を願う人々は、米内の軍令部総長就任を切望した。しかし及川海相が選んだのは、永野修身だった。これは去り行く伏見宮の意向を考慮しての選択だった。山本は海軍省時代の直属の上司が、新軍令部総長に任命されたと知ると、「天才でもないのに、自分を戦略戦術の天才と思っている男が総長になったのでは、もう戦争ははじまったと同然だ」と嘆いたという。[9]

永野に向けられた山本の手厳しい評価はまた、部分的ではあるが、山本自身が対英米戦争の可能性を受け入れつつあったことを示しているとも言える。公には戦争に反対し、その態度は終始変わらなかったものの、その一方でその戦争を計画することを、強く望んでいたのかもしれない。確かに山本の冷静沈着で批判的な目は、日本が対英米戦のような無謀な戦争に勝つことは、不可能であると見抜いていた。ただ、どうせ戦うのであれば、自分以外の人間が戦略を練ることは考えられなかった。最高の準備をすることで、無茶だと思われる戦略の成功の可能性を最大化することは、自分にしかできないという気負いがあった。それは、限りなく望みの薄いギャンブルだった。やがて山本は、短期の緒戦に賭けることになる。初めに圧倒的な優位に立ち、アメリカを和平交渉の場に誘い出すことにしか、日本にチャンスはないと考えた故だった。

一九四一年一月二七日、「戦争の噂」が聞こえてくる東京から、グルー駐日大使は、ハル国務長官に報告している。米大使館員が複数の方面から、日本軍が「真珠湾奇襲攻撃を計画している」と耳にしたのだ。[10]だがグルーは、「そんな計画は、幻想としか思えない」とも付け加えた。そしてその見解は、少なくともその時点では的を射ていたのである。

しかし同時に山本の心中では、幻想を現実に変えてみせるという覚悟が、すでに決まっていた。猛反対していた三国同盟の締結をきっかけに、一九四〇年の終盤より、山本は太平洋戦略の起案に躍起になっていた。まず言えることは、普通の戦略では不十分だということだった。非凡な計画を練るために、非凡な才能を集結することが必要だった。

＊

第一航空艦隊航空甲参謀の源田實《みのる》中佐は、鹿児島県の志布志湾に停泊中の空母「加賀」に乗り組んでいた。機敏な三六歳は、海軍のスター・パイロットだった。過去には、日本全国で行われたアクロバット飛行演習で、「源田サーカス」と呼ばれる精鋭パイロットグループを率いてまわり、海軍航空隊の人気促進に一役買っていた。一九四一年二月初旬のある日、源田は、第十一航空艦隊参謀長の大西瀧治郎少将に召喚され、陸上攻撃機の中枢基地である鹿屋へ赴いた。執務室に通されると、ソファーに座るよう促され、大西もまた腰掛けた。大西は胸のポケットから封筒を取り出し、源田に手渡した。源田が封筒の裏に目をやると、そこには紛れもなく、よく知られた達筆で、「山本五十六」と記してあった。源田の記憶によると、手紙の内容は大まかに、このようなものであった「国際情勢の推移如何によっては、あるいは日米開戦の已《や》むなきに至るかもしれない。日米が干戈《かんか》をとって相戦う場合、わが方としては、何か余程思い切った戦法をとらなければ、勝ちを制することはできない。それには、開戦劈頭《へきとう》、ハワイ方面にある米国艦隊の主力に対し、わが第一、第二航空戦隊飛行機隊の全力をもって、痛撃を与え、当分の間、米国艦隊の西太平洋進攻を不可能ならしむるを要す。目標は米国戦艦群であり、攻撃は雷撃隊による片道攻撃とする。本作戦は容易ならざることとなるも、本職自らこの空襲部隊の指揮官を拝命し、作戦遂行に全力を挙げる決意である。ついては、この作戦を如何なる方法によって実施すれば良いか研究してもらいたい[11]」。

一九〇八年、ハワイ・オアフ島の真珠湾に米海軍基地が設置されて以来、日本海軍が、アメリカからの攻撃の可能性を考慮していたことは、すでに述べたところである。一九四〇年五月、真珠湾が米太平洋艦隊の主要拠点として指定されると、その脅威はより実質的なものとなった。日本海軍内におけるコンセンサスは、日米戦争が起こればアメリカ側に一方的に有利な戦いになり、日本の戦略計画は、防衛的な色合いが濃くなるということだった。できることと言えば、米艦隊の潜水艦攻撃や、空爆から自国の沿岸を守り追い払う邀撃作戦だと、考えられていた。山本は明らかに、その既成概念を壊しにかかる心積もりだったのである。

山本の手紙を読み終えた源田に、言葉はなかった。「うーん、偉いことを考えたものだ。一本とられた」と感じていた。[12] 大西に「そこでやね、君ひとつこの作戦を研究してみてくれんか。できるかできないか、どうすればやれるか、そんなところが知りたいんだ」と頼まれると、源田は驚きとともに、また非常に興味をそそられたのだった。[13]

この作戦計画の極めて根本的な問題は、敵船に魚雷攻撃を仕掛けることが、そもそも可能なのかという点だった。日本の最先端の航空魚雷は、投下された後、いったん九八フィート（三〇メートル）近くまで深く沈みながら、調停深度に到達する仕組みになっていた。平均水深三九フィート（一二メートル）という真珠湾の浅瀬を考えると、雷撃は海底に穴を開けるだけで、効力を発揮できないのが明らかだった。そしてそれ以前に、日本の空母群が攻撃可能領域に到達するまで、誰にも目撃されずに移動することができるか、疑問だった。生半可な作戦ではなかった。

それでも四月上旬、源田が山本の手紙を読まされた二ヶ月後、大西は攻撃計画を提出した。山本の期待には、はるかに及ばない内容だった。その時点の計画では、航空魚雷攻撃が排除され、代わりに急降下爆撃と水平爆撃（それは、海面と平行飛行する航空機からの爆撃で、目標範囲を定めるために、複雑な計算を必要とし、正確性が低い攻撃方法だった）が用いられていた。しかし山本は魚雷にこだわり、既存の物が駄目ならば、魚雷とパイロットの能力自体を改善して、うまく行くようにしろ、という指令を返した。何が何でも「雷撃は可能である」、でなければ「可能にしろ」と譲らないのだった。

5 厄介払い

松岡外相の電撃外交による日本、ドイツ、イタリア、ソ連の新たな提携関係は、迅速かつ平和的な日中戦争終結や日米外交改善を含め、国内外のすべての問題に、一気に解決をもたらすはずであった。少なくとも外相はそう豪語していた。だが実際は、そうは問屋が卸さなかった。待てど暮らせど、一九四一年五月一二日にアメリカに渡った「松岡案」に対するワシントンの回答はなく、日米外交はすっかり停滞していた。その一方で、ヨーロッパでは止め処なく、戦争の嵐が荒れ狂っていた。

ユーゴスラビアがナチス・ドイツに屈してから間もなくの四月二七日、アテネもドイツ軍の侵攻に遭った。ギリシャ政府と国王ゲオルギオス二世は、イギリス連合王国軍に助けられ、クレタ島に逃げた。しかしそこでもまた、ドイツ軍の猛攻撃にあい、敗北を喫した(もっともドイツ軍も、大損失を被ったが)。五月の終わりまでに、ギリシャの指導者グループはエジプトに避難していたが、そこもいつまでもつか、わからなかった。二月以降、「砂漠の狐」エルヴィン・ロンメル指揮下の新鋭「ドイツ・アフリカ軍団」が、イタリア援護目的の北アフリカ遠征で、リビアに到着し始めていたのだ。

その間、ドイツによるイギリス空爆も続けられ、ベルファスト、ハルが標的となっていた。さらにリバプールが、五月上旬に七夜連続で攻撃された。だが実際には、イギリス空襲の終末は近づいていた。ヒットラーの目線が東に向いたためである。

＊

一九四一年六月二二日、日曜日の東京はすでに暑かった。その日、松岡外務大臣は歌舞伎座で、訪日中の南京政府指導者、汪兆銘をもてなしていた。歌舞伎座は、前世紀にその名を馳せた、西洋かぶれの鹿鳴館に対抗するかのように、伝統的な日本文化を強調する建物だった。一九二五年に落成した、この比較的新しい劇場は、屋根が古城のようでもあるがコンクリート製で、二七〇〇の客席数を誇り、あたかも日本の近代化を誇示するかのような、最先端の仕上がりだった。

しかし近代国家であるはずの日本は、その頃までには、すでに深刻な物資不足に悩んでいた。四月には鉄鋼業界が、「鉄鋼統制会」という名の下に国家統制されていた。そして他の主要産業でも、実質上の合併が促され、国策が、資源配分と価格決定に、より大きい影響を与えるようになっていた。その結果、市民による金属使用は、特に制限されるようになっていた。学校制服の金ボタンも回収され、陶製になった。端午の節句のお祝いで最も子ども達が望んだプレゼントは、時代を反映して、おもちゃの飛行機や戦車、ヘルメットだったが、それらの玩具もまた、木や竹、セルロイドなどで作られ始めていた。

それでも「修善寺物語」のマチネー公演には、首都の特権階級が集い、華やかな着物に身をまとった婦人たちも見られるのだった。観劇中、松岡の秘書官加瀬俊一は、落ち着かなかった。実は開演前に耳にしていた報告の真否を確認したくて、そわそわしていたのだ。加瀬は何度も席から抜け出して、地下のクロークから、外務省の当直電信官に電話をかけた。そしてついに第一幕の終わり、割れんばかりの拍手が鳴り止まぬ中、松岡にメモを渡すことに成功した。そこには「午前四時、リッペントロップ外相は本使を招致しソ側の挑発益々激化するに鑑み、ドイツ軍は本早朝ソ連に対し開戦し目下進撃中なる旨を通報せり」というベルリンからの電文が記されていた。[1]

松岡は、ドイツがいつの日かソ連を攻撃することを予想しており、それを口にすることもあった。そして大島浩駐独大使からも、ドイツ攻勢の報告を受けていた。それでも松岡は、そのようなことがある暁には、ドイツから自分のところに直々に事前連絡があるだろうと信じ切っていた。そのためさすがの松岡も、事態の進展にかなり面食らっていた。

コードネーム「バルバロッサ作戦」で呼ばれたナチスのソ連侵攻は、ヒットラーを預言者に仕立て上げた。作戦実行前、総統は、攻撃が始まれば「世界は、息を呑み、言葉を失うだろう」と豪語していた。確かに運命の日、松岡だけでなく世界の大部分は、そのニュースに言葉を失っていた。特にスターリンは、一九三九年八月の独ソ不可侵条約の有効性を信じ、ドイツがソ連に対して動員しているという内部からの警告を幾度も無視していた。ヒットラーは、あまりにもイギリス征服にかかりきりで、東西二面戦争に打って出ることはとりあえずないだろうと楽観していた。クレムリン宮殿の歴史記述の信憑性が薄いという性質上、実際にはっきりしたことはわからないが、いろいろある話のひとつでは、独ソ戦勃発の際、スターリンはソチの別荘にいたことになっている。その暖かい日曜日、独り黒海で釣りを楽しむスターリンのボートに攻撃のニュースが達すると、書記長は静かに釣り竿を持ち上げ、ただ一言、「いまやるとは思わなんだ！」と言ったとか。[2]これはおそらくドラマ効果を狙った作り話で、実際に攻撃のあった日、スターリンは、モスクワ、またはその近郊にいたと考えられている。それでも確かなことは、数日間にわたり、完全に鳴りを潜めていたことだ。そのことから、スターリンが不意を突かれ、対応に戸惑っていたことが憶測されている。

「バルバロッサ作戦」が決行されると、それまで日独連帯が強固なものだと疑わなかった東條陸相をはじめとする日本の指導者たちは、ある難しい問題に直面した。三国同盟の未来である。近衛首相は、東條の反応を探るため、鈴木貞一を使いに出した。陸軍中将（この時点では予備役）でもあった鈴木は、一九三七年、資源総動員を念頭に設立された企画院の総裁を務めていた。企画院の国策における重要性は、日中戦争が激化するのに比例して、増していた。野心家で政治力に長けていた鈴木は、後々、日米大戦実現の可能性を探る上で、決定的な役割を果たすことになる。鈴木は、陸軍の先輩でもある東條の執務室を訪れ、近衛首相が、今回の独ソ開戦は日本が三国同盟を破棄する絶好のチャンスだと考えている旨伝えた。世界の多くを敵にまわして外交路線を踏み間違えれば、大変なことになる、ということだった。しかしこれを聞いた東條は、「そんな仁義に反することが、できると思うのかッ」と怒鳴ったという。[3] だがナチス・ドイツは、一九三九年にスターリンと結んだ不可侵条約を無視してソ連に侵攻した時点で、東條をはじめとする日本の軍人たちが最も重要だと教えられてきた忠義に、はっきりと違反していた。しかしドイツの忠誠心がどうであろうと、東條の見解は変わることがないようだった。

　プロイセン出身でピューリッツァー賞受賞歴のある『ニューヨーク・タイムズ』の記者、オットー・トリシュースは、一九四〇年三月、ナチス・ドイツから追放され、その頃には東京で特派員をしていた。六月二二日の記事には、こう書いている。「独ソ開戦は、日本を、氷のような沈黙で凍らせた。唯一の公式コメントは、『ノーコメント』ということだけだった」。

*

「バルバロッサ作戦」が、松岡の特異な外交構想を見事にひっくり返す以前から、政府内における外相の影響力は急降下していた。「諒解案」によって決定的となった近衛首相との溝が、より深まるのと比例して、松岡の次期首相の座への野望も膨れ上がり、公然と自分自身も主要メンバーである近衛内閣の批判を行うようになっていった。松岡は、我こそが天皇の信任を得ているという幻想を抱いており、それがさらに逸脱した行動に拍車をかけた。実際のところ、天皇は松岡のことをまったく信用していなかった。戦後にまとめられた『昭和天皇独白録』には、外相がヨーロッパから帰国した直後の様子が、こう述懐されている。四月に外遊から戻った松岡は、「別人の様に非常な独逸びいきになつた、恐らくは『ヒトラー』に買収でもされたのではないかと思はれる」[4]。そして臆面もなく、「初めて王侯のような歓待を受けましたと云つて」得意になっていたという。天皇はさらに松岡の性格を分析し、「彼は他人の立てた計畫には反対する、又条約などは破棄しても別段苦にしない、特別な性格」の持ち主だったと切り捨てている。

訪独中、松岡は、ヘルマン・ゲーリングの別荘「カリンハル」で、盛大なもてなしを受けた。その際、ゲーリングが松岡に、日本がシンガポールでイギリス軍を攻撃し、ドイツの戦線を助けられないかと問うた。さすがの松岡も、そのような約束はできなかったが、日本に戻るとすぐ、シンガポールを攻めよと声高に主張するようになった。五月三日の連絡会議は、松岡の帰国後も先延ばしになっていた、対米外交の出方を話し合う、重要な会議となるはずだった。その席で松岡は、「シンガポール即攻撃」論を展開した。「諒解案」にどう反応するかという懸案は、外相には二の次に見えた。杉山参謀総長は、仰天した。陸軍はドイツの目論見を察し、シンガポール攻撃など問題外であると、外相がヨーロッパに発つ前から、はっきりと伝えて、牽制済みだったのだ。そこでまた、しっかりと陸軍の立場を外相に示した。ドイツとイタリアが、「英本土上陸の為北仏ニアレ程ニ基地ヲ造ツテモ」なお、イギリス攻略に成功しておらず、それを考えればマレー半島に打って出ることは、「ナカナカノ事デハナイ」と主張した[5]。しかしこれに対し松岡は、ドイツはソ連を二ヶ月ほどで打破できると言ってきている、だから「『シンガポール』ナド大シタコトデハアルマイ」と返した。

松岡はこのように、軍部から全面的にシンガポール攻撃の持論が却下されても、まったく動じる気配がなかった。次に開かれた五月八日の連絡会議でも、同様の主張を繰り返し、何が何としても急がなければならない、米の欧州参戦前に、迅速にシンガポールに打って出ることが最重要だと強調した。「『ルーズベルト』ハ戦争ヲヤル気ニナッテ居ル、何シロ彼ハ大バクチ打チダカラ」[6]。少々入り組んだ論理だが、アメリカが参戦決意をする前に、シンガポールでイギリスを倒してしまえば、アメリカも日本との交戦に慎重にならざるを得ないというのが、松岡の考えだった。「米ガ（欧州戦）参戦ノ一時間前ニ英ガ（シンガポールで日本に）降伏スルナラバ（米ハ）参戦セヌト思フ　又参戦後一時間ニシテ英ガ降伏シタ場合ハ続イテ戦争ヲ続行スルト思フ」と、アメリカの出方を予測した。そのタイミングを誤って、もしや日英戦にアメリカが介入してくるようなことがあれば、戦争の長期化は免れなくなり「世界文明ハ破壊」されると不穏な警告もした。「此ノ時日本ハ如何ナル態度ヲ取ルガ宜シイト考ヘルカ」と、出席者に向けて質問した。

これには誰も何も答えなかった。前年夏の外相就任以来いつもそうしてきたように、松岡は、この沈黙をして、自分の掲げる政策をゴリ押しできるチャンスだと見てとった。同日、松岡は皇居で天皇に謁見し、シンガポール一撃論を繰り広げた。元来、松岡は武器に頼ることなく、断固とした外交のみによって、平和を追求できると主張していた。ところが、突然あからさまな軍事関与を示唆したことに、天皇は警戒心を強め、近衛を呼んだ。松岡の考えは政府の考えでないことを、確認するためだった。

多感な成長期の、個人的体験によって形成された、米国民性に対する大きな思い込みが、致命的に松岡の外交視野を狭めていた。頑なに反抗することのみで、アメリカの尊敬を得られるという考えは、どう考えても歪んでいた。松岡外交は、あまりにも瀬戸際政策とはったりに依存している、それこそ「大バクチ」だった。さらに近衛を筆頭に、指導層の誰もが面と向かって松岡を抑制しようとしなかったことが、日米外交の膠着状態を悪化させていた。

上述の通り、五月一二日にハルに渡された日本の対案には、一ヶ月以上もの間、何の返答もなかった。これにはもっともな理由があった。対案手交に先立つ五月三日、松岡はワシントンに宛てて、日本が三国同盟を離脱するつもりはないという趣旨の「オーラルステートメント」（口頭陳述された外交文書）を送っていた。さらに松岡は野村に対し、日米間の中立条約締結をハルに提案するよう命令していた。ハルは、両国が直面している問題を考えれば、そのような提案は非現実的かつ的外れであると、即座に却下した（「私はそれを速やかに拒絶することを、躊躇しなかった」と述べている）[7]。

松岡はナイーブにも、ソ連に対しても、アメリカに対しても、中立条約締結にこだわり、それさえ結べば、煩わしいいっさいの諸問題が同時に解決できると信じ込んでいるようだった。それは大きな見当違いだった。四月一六日の時点で、米政府が「諒解案」をたたき台に、日本政府にアプローチをした際、ハルは野村に、その数日前に結ばれた日ソ中立条約について、「あまり気にしていない」と語っていた[8]。なぜかといえば、「もうしばらくの間、ソ連の方針は、攻撃されないかぎり、他国との戦争を避けることだと理解していたからだ。そして、日本がソ連を攻撃するとは、まず考えられなかった。条約は、すでに両政府間にあった既存の関係と政策を、文書化したのみであるというのが、私の見解であった」と説明している。

そのようなこともあり、ワシントン側には、東京と中立条約をすぐに結びたいという考えは、まったくなかった。そもそもルーズベルト政権の方針は、「一九四一年初頭、ドイツはロシア《ママ》を攻撃することを決めた」という機密情報を前提としており、「このことは、（駐米）ソヴィエト大使にも、内密に連絡済み」であった[9]。松岡外交が当面の間、想定外としていた独ソ開戦が、日米関係をも含む国際情勢全般に大きな影響を及ぼすことは必至だった。

ルーズベルト政権が松岡への返答を遅らせていた裏には、独ソ開戦の予想が背景にあったのだ。そうなれば日本の対外政策にも、軌道修正があるのではないかという期待もあったはずだ。六月二二日、「バルバロッサ作戦」開始とほぼ時を同じくして、「五月一二日案」に対するアメリカの返答があった。松岡のけんか腰と張り合うような、厳しい語調だった。日本の指導者たちを喜ばせた四月の「諒解案」にある満州国承認の件などは、どこにも見当たらなかった。ワシントンの最大関心事は、太平洋の平和維持であり、日米双方とも領土的野心を持つべきでないと述べられていた。これは松岡が断固として主張した、日本の東南アジア圏における「強制的手段に講じる権利」を、真っ向から否定するものだった。

　このアメリカからの返答は主に、自由貿易と機会均等の原則によって支配されるアジア・太平洋地域を描いたものであり、ハルの基本的な世界観を反映するものだった。一九三三年以来、ルーズベルトの国務長官を務めていたテネシー州出身のハルは、苦学して弁護士になった、政治的にはリベラルな人物で、保護貿易主義や大恐慌後に出現したブロック経済圏の、最大の批判者だった。ただ今回のアメリカ案は、実際には米政府の起草ではなかったとは言うものの、譲歩的な姿勢が目立った四月の「諒解案」の後に続いただけに、これを受け取った日本の指導者たちは、少なからずショックを受けた。そして付属する「オーラルステートメント」では、名指しこそしないが、松岡外相を個人的に批判していた。それは、野村大使やその周囲による平和的取り組みを称えながら、はっきりと日本の外交に不満を述べている。「多大な影響力を持つ日本の指導者のなかには、明らかにナチス・ドイツの援護に執着する者がいる。そして日米間の諒解は、アメリカが自衛目的で、ヨーロッパ戦線に巻き込まれた際にも、日本がヒットラーの側に付く可能性を認めなければ、実現できないと言い張っている。……そのような指導者たちが、公式に態度を改めず、日本の世論を牽引する限り、現在提案されているような案をもとに、（外交的）成果を上げようとするのは、到底無理な話ではないのか」[10]。

　これは、どのようなことがあろうと、三国同盟義務を全うすると言い放った、五月三日の松岡によるオーラルステートメントへの、断固とした応酬だった。ハルは続けた。「今までに提示されたよりもさらに明確に、日本政府全体が、平和への道を追求する意思表示をすることを、我が政府は、いまだ待っている」。これは実質的に、日本に外相を変えて、外交路線を一新しろ、と言っているに等しかった。

一九三三年、ジュネーブの国際連盟総会からの帰途、ワシントンに立ち寄った松岡は、ルーズベルトとハルに面会していた。ルーズベルトは、松岡を一目見て、いけ好かない人間だと思ったという。ただナルシストの常で、松岡はおそらく、他人の自分に対する評価を正しく把握できなかったに違いない。確かに機転がきいて、とっさに印象深い言葉やジェスチャーを使うことには長けていたが、他人の本心を読み取れないことや、あまりにも突飛な行動をとることは、松岡が根本的に、外相というポストに不向きだったことを示唆している。忍耐、思慮深さ、器用さと無縁だったどころか、その言動は、一歩間違えれば大問題を起こしかねなかった。一九四一年四月、バチカンでローマ教皇ピウス七世に謁見した後、西園寺公一に、会談の感想をこう語っている。「世界広しといえども、ローマ法王に、キリスト教論を吹っかけたのは、この松岡一人でしょうが。そして、今日の私の話は、すぐに英米仏その他へ伝わるからみていらっしゃい」[11]。さらにモスクワでは、スターリンを相手に共産主義の講釈をして、得意になっていた。

ほんの一時期、松岡が政府内で持っていた圧倒的な影響力は、「バルバロッサ」以降、急速に消えつつあった。そして、そのことに気づくと必死にもがいた。政府内に支持者がいないことを認めると、皇居に出向き、即スターリンを攻撃すべきだと上奏した。当然天皇は驚いた。つい最近まで、松岡はシンガポールをすぐに攻撃せよと主張していたのだから(「英雄ハ頭ヲ転向スル、我輩ハ先般南進論ヲ述ベタルモ今度ハ北方ニ転向スル次第ナリ」というのが、さらなる紆余曲折を経た後、「英雄」松岡が挙げた、とってつけたような前言撤回の理由だった)[12]。三国同盟において、日本がドイツのために参戦しなければならない条約上の拘束はなかった。しかし松岡は、あたかも参戦が不問の義務のように振る舞うのだった。明らかに動揺し、青ざめる駐日ソ連大使コンスタンティン・スメターニンと会談した際も、日本にとっては、日ソ中立条約より三国同盟のほうが重要だ、つまり日本がソ連を攻撃することもあり得る、と豪語してはばからなかった。

松岡がまたもや天皇に「直訴」したことを知った近衛は、当惑した。翌日皇居に赴き、外相の行動を説明しなければならなかった。北伐構想は、あくまでも松岡の空想上のシナリオだと言うことを、天皇に強調した。松岡は一段と、政府内で疎外される存在になっていた。

*

永井荷風は独ソ開戦のころ、日本の権力中枢が抱えていた問題の具体的な詳細を、知る由もなかった。しかし、国が間違った方向に進んでいることは、わかっていた。創造的自由が日毎に失われていくことが、何よりの証拠だった。「パリ陥落」を嘆き、一周年にあたる日には、日記に赤インクで記した。その翌日、一九四一年六月一五日、風邪で床に伏せながら、読書をした。思いがけず、『翁草』で知られる江戸中期の随筆家、其蜩庵《きちょうあん》（神沢杜口《とこう》）について、喜多村筠庭《いんてい》が述べた一節に出くわした。社会批判などを含む見聞を、どうやったらそんなに大胆に書く勇気があるのかと、若い作家に聞かれると、翁は深刻な面持ちで、こう語ったという。「足下は未だ壮年なればなほこの後著書も多かるべし。平生の事は随分柔和にて遠慮がちなるよし。但筆をとりては聊も遠慮の心を起すべからず。遠慮して世間に憚りて事実を失ふこと多し」[13]。自分は毎回、罪に問われたら大変だから、そんなことは書かないほうがよいと心配してくれる親類朋友の助言も断り、「天子将軍の御事にてもいささか遠慮することなく実事のままに直筆に記し」てきたという。

荷風は、日記にこのくだりを写した。そして、自分自身のそれまでの行動を省み、「心中大に慚《はず》るところあり」と悔やんだ。実はその年の二月ごろに発表した作品から、長いこと荷風が日記をつけていることを知る人が出てきた。そして「余が時局について如何なる意見を抱けるや、日々如何なる事を記録しつつあるやを窺知らむとするものなきにあらざるべし」という状況で、「万一の場合」を恐れるようになった。そこで「一夜深更に起きて日誌中不平憤慨の文字を切去り」さらに周到に「外出の際には日誌を下駄箱の中にかくした」のだった。だがこの日に読んだ翁の言葉に深い感銘を受けた荷風は、自己検閲という臆病な行為を痛烈に恥じた。そして「今日以後余の思ふところは寸毫も憚《はばか》り恐るる事なくこれを筆にして後世史家の資料に供すべし未来の歴史家はそのことを心して読むべし」と宣言し、以下の見解に続けた。

「日支今回の戦争は日本軍の張作霖暗殺及び満州侵略に始まる。日本軍は暴支膺懲と称して支那の領土を侵略し始めしが、長期戦争に窮し果て俄に名目変じて聖戦と称する無意味の語を用ひ出したり。欧洲戦乱以後英軍振はざるに乗じ、日本政府は独伊の旗下に随従し南洋進出を企図するに至れるなり。然れどもこれは無智の軍人ら及び猛悪なる壮士らの企るところにして一般人民のよろこぶところに非らず」。

ただ荷風は、市井の人々が「政府の命令に服従して南京米を喰ひて不平を言はざるは」二・二六事件以来の「恐怖の結果なり」と考える一方で、そのような恐れだけが、この一〇年間、日本に起こったすべてのことを説明できるとも思っていなかった。恥ずべきことに、世の中には「忠孝を看板にし新政府の気に入るやうにして一稼なさむと焦慮する」者もおり、また「元来日本人には理想なく強きものに従ひその日その日を気楽に送ることを第一とする」傾向があるのが、日本の窮状に寄与していると考えた。一般市民の時局に対する無関心を嘆き、そのような人々には、現下の政権も明治維新も大差ないのであろう、というのが荷風の手厳しい見方だった。しかし荷風自身は、表現の自由の欠如が、物を読んだり書いたりするという行為に、いかに悪影響を及ぼしているかを、刻一刻と、切実に感じるのだった。

作家としてのカタルシスを経験した五日後の六月二〇日、つまりバルバロッサ作戦の二日前の日記に、荷風は、「忠孝を看板にし」「一稼なさむと焦慮する」具体的な例を挙げている。「伊太利亜の友と称する文士の一団より機関雑誌押売の手紙来る。時局に便乗して私利を営むなり」[14]。さらには「本郷の大学新聞社速達郵便にて突然寄稿を請求し来る。現代学生の無智傲慢驚くの外なし」と、帝大生の無礼に驚き、こう結んだ。「現代人の心理は到底窺知るべからず。余はかくの如き傲慢無礼なる民族が武力を以て鄰国に寇することを痛嘆して措かざるなり。米国よ。速かに起つてこの狂暴なる民族に改悛の機会を与へしめよ」。

＊

日本の外交見通しの危うさとは関係なく、世界では国家間における同盟の再編が、迅速に進んでいた。連合国、特にイギリスは、ソ連の運命が自国のそれと密接に絡み合ったことを感じていた。六月二二日の夕刻、英首相ウィンストン・チャーチルは、「我らは断じて降伏しない（"Fourth Climacteric"）」というタイトルで知られることになるラジオ演説を行い、それはアメリカでも放送された。チャーチルは独ソ開戦を、欧州戦における四つ目の大きなターニングポイントとして受け止めていた。過去には、フランス陥落、バトル・オブ・ブリテン、そして、アメリカによる連合国向けの「レンドリース法（武器貸与法）」の開始があった。イギリス空襲が停止されたのも一時的なものであり、連合国が一丸となってソ連を支援しなければ、ヒットラーとの戦いは勝てないのだとして、国民の、さらなる勇気と決意を求めた。ただアメリカと比べて、イギリスができることというのは、実際には僅かだった。

チャーチルはルーズベルトが、アメリカ国内の孤立主義者や反共産主義者などの説得に苦心していることを承知していた。なので「私が、米国の行動について、あれこれ言う立場にはないが」と前置きしながらも、「ロシアの危機は、我々の危機、そして我々の危機は、アメリカの危機。まさにロシア人が、自分の家庭を守るために戦っているのと同様、世界中の自由の民が戦う理由は、同じである」と強調した。[15]

ルーズベルトはチャーチルと同じく、ソ連の支援に動きたい思いでいた。この頃までには、アメリカのヨーロッパ参戦は避けられないという結論に達していた。だがその反面、まだ時期尚早であるという確信もあった。現時点で欧州参戦に向けて米議会の承認を求めれば、政権を放棄するに等しい、まさに自殺行為だった。それでも大統領周囲の軍事関係者は即刻、ドイツに対して、戦略的対応策をとるべきだと勧めていた。ヘンリー・スティムソン陸軍長官やフランク・ノックス海軍長官は、アメリカが大西洋を航海する連合国の船舶を護衛することを提唱した。このような進言は、アメリカが何もしなければ、ドイツが数ヶ月以内に、ソ連を圧倒するだろうという、松岡外相も信じたドイツ寄りの戦況予測に基づいていた。しかし焦燥感から来る戦略アドバイスには流されず、ルーズベルトは、とりあえず参戦ぎりぎりのところで留まり、様子を見ることを選んだ。それが政治的得策との冷静な判断からだった。

米政権のとった、ソ連援助のための小さなステップのひとつに、アメリカにおけるソ連資産四〇〇〇万ドルの凍結解除があった。これは六月二四日に行われた。ソ連からの、約五〇〇〇万ドル相当の軍備関連受注に対処するために、特別チームも編成された（ただルーズベルトは、連合国にするような租借供与でなく、あくまでもソ連が武器を買い付けることを要求した）。あまりにも大規模な注文を扱うため、米政府内では関連機関の連携が滞り、実際に一九四一年の夏にスターリンが受けたアメリカからの援助は、微々たるものだった。スターリンは、支援が本格化するまでの数ヶ月の間、孤軍奮闘で持ちこたえなければならなかった。

このように微妙な新欧州情勢は、ルーズベルト政権が太平洋での戦争回避を望む気持ちを、より強固なものとした。松岡によるバランス・オブ・パワー頼りの平和構想が粉々になって崩れ落ちると、ワシントンは、東京がそれまでの挑発的な態度をトーンダウンし、現実に根ざした外交交渉を開始することを期待していた。ドイツがソ連に攻勢を仕掛けた日、ハルは野村を呼んだ。それは「ドイツの対ソ宣戦布告が、日本政府にとって」ファシスト同盟から脱出するのに「より容易な状況を作り出したのではないか」、確かめるためだった。[16]

実際、もはや日本に法的障害は存在しなかった。国際公法上、予測できない劇的な変化が起こった場合、契約上の拘束力はなくなる。「バルバロッサ作戦」は、言うまでもなく国際情勢に、劇的な状況の変化をもたらしていた。枢軸同盟から離脱すれば、それは日本が、いかに日米交渉に本気で取り組んでいるかの証明になり、ドイツが日本の背後で、拡張主義を煽っているという印象を、払拭するチャンスでもあった。この時点での三国同盟放棄は、非常に理にかなうものだった。鈴木企画院総裁を、東條まで使いにやったことからもわかるように、近衛首相もその点を認識していたのだった。それまでの松岡主導の対米政策でもうすでに犯してしまった失敗を、取り繕いたいという思いが少なからずあったのだ。

後に近衛は、まさにその同盟離脱問題を論議するために閣僚会議を開いたと語ったが、その記録は存在しない。そして、より確かなのは、同盟放棄を徹底的に議論するための連絡会議は招集されなかったということだ。

主要閣僚の中で、松岡と東條が、日本の三国同盟離脱に大反対だったことは間違いなく、また、木戸内府も同意見だった。だがそれぞれの反対理由は、まったく違っていた。木戸は天皇に、日本がドイツと友好的関係を保つことは、国際条約を重視する国柄のアメリカにとっても、好印象であるはずだという、見当はずれの分析を講じた。それは、すでに三国同盟が日米関係を険悪なものにしているという認識を欠いた、ナンセンスだった。実際に木戸が心配したのは、天皇と皇室が、同盟離脱という重要な政策転換に、無駄に関与したり政治的嗜好を明らかにしたりすることだった。政争に巻き込まれることを、防ぐ狙いがあったと思われる。

最大の問題は、肝心の近衛が、このような内なる障害と向き合うことを嫌い、とりあえず何もしないことを選んだことだった。前年秋には三国同盟を強く推した近衛が、それをすぐに放棄すれば、すべての政治的信用を失うことを危惧したとも考えられる。いずれにせよ、正面衝突を極力避け、目先の利害を優先させるという、内政重視の判断に変わりなかった。そしてそれは、何があっても変わることのない近衛スタイルの特徴だった。

6 南北問題

一九四一年六月二三日、独ソ開戦の翌日、モスクワから、ある諜報命令が出された。それは東京に拠点を置くドイツ人ジャーナリスト、リヒャルト・ゾルゲに向けられたもので、「ドイツの対ソビエト戦争に関して、日本政府の立場についての情報を報告せよ」とあった。[1] ゾルゲは四〇代半ばの、気取らない魅力の持ち主だった。一八九五年、ロシア人の母とドイツ人の父の間に生まれ、主にベルリンで育った。第一次世界大戦では早くに志願して入隊したが、この戦争体験に幻滅し、やがて共産主義者になった（戦傷のため、片足を引きずるようにもなっていた）。先の諜報命令を受けた数日後、ソ連政府から、さらにゾルゲに対する指示が出された。「ソビエトとドイツの戦争に関して、わが国について日本政府がどんな決定をとったか報告せよ。わが国境への軍隊（の）移動について伝えよ」。[2] スパイ・ゾルゲにとって、何とも皮肉な展開だった。以前ゾルゲが、差し迫るドイツ軍の攻撃について、具体的な警告を発した際には、信憑性がないとクレムリンに無視され続けた経緯があったのだ。

ゾルゲが来日したのは、一九三三年の秋だった。ゾルゲ自身の言葉によると、その使命は次の通りだった。「満州事変以降における日本の対ソ政策の詳細を観察し、日本がソ連攻撃を計劃《けいかく》しているかどうかの問題につき綿密な研究を行うべきこと。これは、私と私のグループに与えられた任務中でも、長年にわたって最も重要な任務であって、これこそ私が日本に派遣された目的のすべてだと言って大して間違ってはいないと思う」[3]。

ゾルゲは、日本での生活を楽しんでいるように見えた。麻布永坂町のシンプルな二階建ての居宅は、歴史関連の書物や、旅先からの思い出の品で埋まっていた。レザージャケットを羽織り、オートバイで移動するのが常だった。気さくで、他人ともすぐに打ち解け、東京のドイツ駐在員の間でも人気者だった。特に駐日ドイツ大使館武官（一九三八年からは大使）のオイゲン・オットの知己を得たことは重要で、ゾルゲが「バルバロッサ作戦」の攻撃日まで正確に把握していたのは、オットからの情報があったためだと思われる。

オットのゾルゲに対する信頼は絶大で、大使館内にオフィスをあてがい、館内日報を編集させるほどだった（そしてオット夫人もゾルゲと親しく、愛人関係があった）。しかしその陰で、ゾルゲは後に「ゾルゲ・スパイグループ」として知られるようになる仲間を勧誘していた。グループは、少なくとも一三人の男性と三人の女性で形成されていたが、実際にゾルゲとコンタクトがあったのは、その中でも非常に少数だった。プロイセン出身の無線通信技師で、モスクワで教育を受けたマックス・クラウゼン、クロアチア育ちのユダヤ系セルビア人で、フランスとユーゴスラビアの雑誌記者だったブランコ・デ・ヴーケリッチ、沖縄出身で、後にカリフォルニアに移住し画学校に進んだ宮城与徳《よとく》、そして近衛に近く、近代中国における専門知識で名高かったジャーナリストの尾崎秀実などだった。

ゾルゲのグループの中で、間違いなく、もっとも重要な情報源は、尾崎だった。会う人すべてをすぐに安心させて、和ませてしまう優しい眼差しと、ムーンフェースが印象的な男だった。一九〇一年に東京に生まれたが、新聞記者だった父親の仕事の関係で、日本植民統治下の台湾で育った。高等教育を受けるために東京に戻り、最終的に『朝日新聞』の記者となった。一九二八年から一九三二年には特派員として、上海に住んだ。

台北での少年時代、そして若い記者として過ごした上海時代は、尾崎のイデオロギー形成に、多大な影響を与えた。台湾で見た、現地住民と日本人の「被支配者・支配者」という植民帝国主義下の力関係は、「日常生活のうえで具体的な形で直接に感得された」と、後に回想している。[4] これは「いやな思ひでなど殆どない幸福な」少年期の中で、「ただ一つ一般の人たちと異なった経験」で、「此の点は私の従来の民族問題に対する異常なる関心を呼び起こす原因となり、また支那問題に対する理解の契機となった」と自己分析した。たとえば普段は「温厚の君子」然としていた父親でさえ、台湾人に対して、優位に振る舞えることがショックだった。中学生の頃、人力車力に法外な賃金を求められたため「黙つてステッキを振つて追い払つた」父に、憤りを感じた。さらに上海での数年は、民族主義運動、特に中国解放のための運動の必要性を、強く感じる時期となった。尾崎にとり共産主義は、アジア諸国が西洋や日本の帝国主義から解放されるためだけでなく、日本と中国が、平和的に対等なパートナーとして共存できる道を提供している、と信じたのだ。

インド独立運動で知られたアメリカ人作家のアグネス・スメドレー（彼女もまた、ゾルゲの愛人だった）の紹介で、尾崎は一九三〇年初頭、上海でゾルゲと出会った。その頃ゾルゲはモスクワから、中国共産主義の現状と未来についての諜報を命じられていた。中国における日本の動向を理解するためにも、尾崎は、貴重な人材だった。ゾルゲは後に、尾崎について述べている。「われわれの間に結ばれた関係は、事務的にも私的にも全く申分ないものであった。彼のもたらす情報はきわめて的確で、日本筋から得られたものの中で一番よかったので、私はすぐさま彼と親しい友人関係を結んだ」[5]。一九三二年、上海駐在を終えて尾崎が東京に帰ると、それはゾルゲの活動に「大変な損失であった」。一方で尾崎も、ゾルゲに大幅の信頼を置いていた。「深く顧みれば、私がアグネス・スメドレー女史や、リヒヤルト・ゾルゲに会つたことは私にとつてまさに宿命的であつたと云ひ得られます。これらの人々はいづれも主義に忠実で信念に厚くかつ仕事には熱心で有能でありました。もしもこれ等の人々が少しでも私心によつて動き、或《あるい》は我々を利用しようとするが如き態度があつたならば、少なくとも私は反撥して袂を分つに至つただらうと思いますが、彼等ことにゾルゲは親切な友情に厚い同志として最後まで変ることなく、私も彼に全幅の信頼を傾けて協力することが出来たのでありました」と記している。[6]

ゾルゲが再び尾崎に近づいたのは一九三四年、日本だった。互いを尊敬する間柄であったので、尾崎は金銭的報酬をいっさい受けないことを条件に、ゾルゲの諜報活動に協力するとした。似た者同士だった。高い分析能力、学究心（ゾルゲは政治学の博士号を持っていた）、そして情熱的で社交的な性格は、二人をジャーナリストとして成功させたが、それらは諜報員としても非常に役立つ資質だった。

日本でゾルゲはナチ党メンバーの隠れ蓑をまとい、正体を隠していた。ただ時折、つまずきそうになることもあった。一九三九年九月四日、イギリスとフランスが、ドイツに宣戦布告した翌日、ゾルゲの偽の仮面が、吹き飛ばされかかった。フランスの通信社アバスの東京支局にいたロベール・ギランが、同じビルにあったドイツ国営通信社DNBの事務所から出てきたゾルゲと鉢合わせした。ギランは、この「ナチス」のレポーターを見ると、思わずこう罵った。「私の祖父はドイツと戦争をした。一八七〇年の戦争でフランスが負けた。父もまた、一九一四年にドイツと戦争をした。ドイツがフランスに先に攻撃をしかけたからだ。この二回の独仏戦争にお前たちは懲りていない。いいだろう、三回目の戦争をしてやろう。三回目でお前たちを押しつぶしてやる。ヒトラーをやっつけて、お前たちを爆弾で皆殺しにしてやる。みてろ、ドイツには廃墟のほか何も残らなくなるだろう」[7]。しかしゾルゲは、この年下のフランス人の剣幕に動じず、丁重にランチに招待した。その席で、自分も今回の戦争はあなたと同じくらい嫌だと思っている、ヒットラーが現れた時には、ヨーロッパに平和が来ると信じていた、だがそれは間違っていた。自分はあくまでも平和主義者なのだ、と一瞬ためらいながら説明したという。

いくらスパイとしての素質を備えていたとて、尾崎なしでゾルゲが日本で活動することは、まったくもって不可能だった。閉鎖的な日本社会の中で、効果的に情報収集をするような語学力には欠けていた

(ゾルゲの日本語能力は、努力の甲斐なく、初歩の域を出なかった。また母親はロシア人であったが、ロシア語もあまり話せず、主にモスクワとのコミュニケーションには、英語とドイツ語が使われた)。尾崎は時事問題、それも特に日中関係を解説することに長けていた。『朝日』の記者として、そしてさらには満鉄の研究所員として、その専門知識を磨いていたうえ、日中戦争の激化で注目が集まったことで、尾崎は著名知識人の仲間入りを果たしていた。軍や警察関係者をも含む様々な職業の人々が、尾崎の意見に熱心に耳を傾け、近衛の政策形成を助けるという名目で設立されたブレーントラスト「昭和研究会」のメンバーにもなった。これだけでも、かなりの程度の情報源を確保できていたわけだが、尾崎の諜報員としての真の強みは、「朝飯会」に出入りしていたことだった。

この敷居の高い集まりは、月に二回ほど有志が集まり、情報交換や時事問題に関する意見交換をする場だった。メンバーは、日本のエリート中のエリートと見なされている人々だった。近衛が定期的に出席していたわけではなかったが、参加者は皆、近衛の側近だという自負を持っていた。そのほとんどが特権階級出身の三〇代から四〇代前半の人々で、近衛よりもはるかにリベラリズムや国際協調主義の洗礼を受けていた。内閣秘書官の牛場友彦をはじめ、元老西園寺の孫で松岡の欧州ツアーに同行した西園寺公一、内閣官房長官の風見章《あきら》、日本初の国際ジャーナリストとされる松本重治《しげはる》、犬養毅の三男で白樺派の小説家でもあった犬養健《たける》、元老松方正義の子息、松方三郎など、そうそうたるメンバーからなるグループだった。

彼らは高い教育や社会的バックグランドも手伝い、近衛の前で萎縮したり、遠慮することなく、意見することができる人々だった。そして近衛も、そのような比較的気軽に付き合いができる「朝飯会」のメンバーを頼りにしていた。尾崎がこの会に出入りするようになったのは、ひとえに中国の専門知識と、西園寺との友情のためだった。二人は一九三六年、ヨセミテの国際会議に出席する際に同船し、急速に親しくなった。だが西園寺が、尾崎の思想がいかに急進的だったかを、最後まで理解することはなかった。実際、尾崎は大事にしていた恋女房にさえも、自身の共産主義信奉を打ち明けなかったのだ。

アメリカから帰国した尾崎と西園寺は、ほとんど毎日会うような仲になっていた。それゆえ、一緒に時間を過ごせば、政治論議に花が咲くことも、ごく自然の成り行きだった。両者とも日本の行く末を心配し、日中戦争が始まってからは、その終結が国の必須課題であると信じる点でも意気投合していた。尾崎は後に、自分が情報源として利用した人々に対し、「少なくとも私の主観的な気持ちに於ては決して単にこれらのよき意図の第三者を利用したのではなかつた」また「彼らが誠心誠意国家の前途を憂へ全力を挙げて国策の一端に協力しつつあつたことはいふまでもありませんが、その際私の彼らに対する態度も決して情報を得るために接近して親しくするといふことが主たる目的ではなくして、同じく遠い目的は懸絶してゐるがともに民族の現下の危機を憂へる政治的関心者として矛盾した態度は」とらなかった、としている。[8]

＊

「バルバロッサ作戦」の後、ゾルゲに課せられた使命は、日本がソ連を攻撃する意図があるのかを探ることだった。前述したように、松岡は攻撃すべきだと考え、ドイツ側にもあたかも日本の参戦が差し迫っているかのように伝えていた。そして松岡は、親ナチスの大島駐独大使の偏った報告を鵜呑みにするようになり、ドイツの圧倒的勝利を疑わなくなっていた。日本がソ連を攻撃すれば、ドイツに誠意を示すことができるばかりか、領土獲得も夢ではないだろう。一九四〇年六月、ムッソリーニは、あくまでもドイツの勝利が確約された後に、フランスを攻撃した。まさに松岡は、その頃の日本の状況を、当時のイタリアに重ね合わせて見ていた。ただこの比較には、根本的な問題があった。まず日本軍は、松岡が主張するような「北進」の、具体的な戦略プランを有していなかった。そもそも日本の指導者の中に、対ソ開戦を望んでいた者はいなかったのである。

もちろん日本の陸軍は歴史的に北を警戒し、ロシアそしてソ連を主要な敵と見なしてきた。それでも今回の松岡の北進論には、容易に同調できない、然るべき理由があった。重戦車大隊を持たない日本陸軍が、モンゴルやシベリアでソ連軍と戦うのには無理があり、そのことは、一九三九年のノモンハンでの国境紛争でも証明されていた。また中国とソ連の両方と同時に戦うための、十分な兵力も持たなかった。それらの状況を考慮すると、一九四一年六月、陸軍には、松岡の「北進」案よりも海軍が推していた南部仏印進駐、つまり「南進」案をサポートするほうが、組織力の面からも理にかなっていた。

軍部は、フランス植民地当局からの領土の獲得は、外交的プレッシャーを課すことのみで平和裏に達成できると強調していた。確かに日本は、過去一〇ヶ月の間に北部仏印を占領し、タイと仏印の領土紛争を（タイ側に有利に）解決することに成功していた。インドシナ半島全域を占領することになれば、日本にとって、英領マラヤや蘭領東インド諸島が戦略圏内に入るばかりか、より多くの米、錫、ゴムの入手を確保できるようになることが期待できた。さらに蘭印からの石油入手も楽になるかもしれない、ということだった。南進プログラム推進者の最終的なゴールは、日本の自給自足経済圏構築だった。それは中国との戦争に負けないため、そして将来的に、より長期的な観点から、さらに大きな戦争に備えるために必要不可欠だと主張された。そしてとりあえず、この度の南部仏印進駐では、武力が行使されるわけではないので、それ自体が危険な軍事冒険ではないという見方が、ことさら強調されたのだった。

松岡はこの計画に猛反対だった。確かに外相は、ドイツがソ連を迅速に負かすという確信においては間違っていた（ただイギリスやアメリカでも、そのような意見は多数あった）。だが日本がインドシナ半島で、さらに勢力拡大しようとすれば、間違いなく英米の報復があるだろうという予測において、まったく誤りはなかった。進駐は不用意に日本の野望を宣伝することになり、ワシントンを警戒させることに繋がるからだった。北に進むか南に打って出るか、という白熱した議論が、一九四一年六月下旬の東京で行われたのには、このような対外戦略意見の食い違いが背景にあった。そしてさらにそのような対立を悪化させた制度や、組織内での勢力メカニズムが存在した。このことは、その後に続く日本外交政策決定過程にも多大な影響を及ぼすことになり、ここで多少の説明を要する。

広く言って日本の戦略概要は、陸軍参謀本部と海軍軍令部の最高機関である大本営によって、定められた。だが内閣に帰属する陸軍省と海軍省も、戦略構想のイニシアチブを握ることがあった。そして両省では大臣、次官の下に、あらゆる局や課（軍務、人事、法務など）が置かれ、巨大なる組織のヒエラルキーを形成していた。参謀本部と軍令部にも、似たような指揮命令系統が存在していた。共通するのは、戦略提案はほとんどの場合、トップダウンでは行われず、ミッドレベルから、上へ押し上げられたという点だった。それぞれのグループが、独自の専門分野（作戦、情報、軍備など）から見た最善の提案の採用を望むため、コンセンサス形成の過程は入り組んでいた。

たとえば、陸軍参謀本部の、ある部、または課が、新作戦を提案したとしよう。そのイニシアチブは、まず組織内のほかの部や班から承認されなければならない。そしてその間に、案そのものに、変更が必要になってくる。その根回しが済んだうえで、政府とは独立した参謀本部と、政府の一部である陸軍省の合同会議が開かれ、その席で、また新提案の是非が議論されることになる。そのような会議に、通常は、参謀総長、参謀次長、大臣、次官が出席する。と同時に、異なるレベルでも、陸軍省の局長や課長が、参謀本部の案に、目を通すことになる。もしも合意に至った場合には、参謀本部、陸軍省がともに一丸となって、今度はライバルである海軍（軍令部だけでなく、海軍省をも含む）や、外務省の、これまた異なるレベルでの説得にとりかかることになる。最終的に首相にアプローチする際には、参謀総長ならびに軍令部総長からの共同提案という形で、政府・大本営連絡会議の議題に上ることが、一般的だった。

この種の骨の折れる組織的なコンセンサス形成は、連絡会議に出席するトップではなく、「幕僚」と呼ぶにふさわしい中堅軍人たちによって行われていた。彼らは文字通り、幕の後ろで暗躍する参謀を想起させる存在だった。歴史的に、「幕」という語は、権力の集中を表す両義的な用語である。ひとつは政治的な意味合いで、「幕府」という名からも連想できる、政府としての「幕」。もうひとつは、前線の野営地で、戦略本部を示すための、しのぎの「幕」だった。その幕の後ろでは、密かに選ばれた少数の者だけが作戦を議論し、戦の行方や、数多の兵士の運命を左右する作戦を練った。太平洋戦争直前の日本では、「幕僚」たちが、まさに政治的な役割と戦略立案の両方を担うようになっていた。複数の権力の源と交渉し、連携するのと同時に、軍事の実務にあたる、戦略計画を練る使命も担っていたのだ。一九四一年七月以降の日本の政策決定において、この幕僚たちの役割はますます強大になっていく。そして一部には、上の者への助言という名の下に、自分たちの思い通りに開戦に繋がるシナリオを描き、それを実現することに躍起になっている者もいた。

一九四一年の初夏、日本には、大きな影響力を持つ幕僚が少なくとも三人いた。一人目は、陸軍参謀本部作戦部長の田中新一、二人目は陸軍省軍務局長の武藤章《あきら》、そして三人目は前述した海軍省軍務局長の岡敬純という面々だった。特に、武藤や岡は関係部署間の合意形成に重要な役割を担っていた。田中は独自の世界観を持っており、陸軍参謀本部の中でもとりわけ好戦的な人物だった。

田中は一貫して、対中強硬姿勢を崩さなかった。中途半端な和平などは必要ないとし、完全な勝利だけが、唯一の選択肢だと主張していた。したがって、日本の指導者が見せていた外交交渉への意欲は、不名誉ほかならないという考えだった。戦争回避は臆病者の証拠で、戦い尽きた後にすべてを失うよりも恥ずべきことだという、極論を持つ人物だった。強烈な個性と信念の固さから、組織内の地位以上に、陸軍参謀本部の政策決定に、影響力を持つようになっていた。

田中から見れば、武藤軍務局長などは合意を尊重するあまり、戦略上の妥協を許しすぎる傾向があった。武藤の下にいる軍務課長で、東條陸相に近かった佐藤賢了《けんりょう》のような人物のほうを買っていた（佐藤も、民主主義的プロセスというものが、肌に合っていなかった。一九三八年三月に、国会で「国家総動員法」に関する討論が行われた際、陸軍省を代表して説明に立った佐藤だったが、野次に動揺し、「黙れ！」と怒鳴って退場した経緯があった。俗に言う「黙れ事件」の主役である）。

中堅の超タカ派は、海軍にも存在した。最たる例は、佐藤と同年代の海軍省軍務二課長、石川信吾だった。一九三一年、満州事変の頃に、石川はペンネームで『日本之危機』という本を出版し、物議を醸した（軍の許可なしの出版物だったので、本来ならば、解雇の対象となる行為だった）。その中で石川は、アメリカが前世紀の半ばからアジアをコントロールする野心を持ち続けていると警告し、日本はその存続をかけて、立ち上がらなければならない、と主張していた。ワシントンやロンドンの海軍軍縮会議は、日本の台頭を妨げようとするリベラル西洋社会の陰謀だと信じ切っていた。満州事変の立役者、石原莞爾と同じく、石川の東西対立を軸とする世界観は、次世代の若い軍人に影響を与えるものだった。これは、伝統的に親英色の強かった海軍でも、やがて全体主義が受け入れられることに繋がり、結果、ナチス・ドイツの人気が増大することにもなった。石川の狂信的な性格や求心力は、海軍内のトップから危険視されており、渾名は「不規弾」だった。そのため、大きなポストには長い間無縁だったものの、一九四〇年の秋に、三国同盟推進を声高に叫んでいた岡軍務局長の抜擢があり、軍務局第二課長に任命されたのだ。

石川は太平洋戦争の前夜、同志を集め、「海事国防政策委員会第一委員会」と呼ばれる、対米強硬、開戦推進派のグループを結成した。彼らも陸軍の田中と同じように、アメリカとの戦争を回避しようとするのではなく、英雄然として、真っ向から戦いに挑むべきだと信じていた。この考え方からすると、南部仏印占領は、戦争の可能性に備えてとる行動ではなく、まさしく、対英米戦争突入のための確信犯的ステップだった。実際、石川が日本に望んでいたのは、一九四一年の終わりまでにインドシナ国境を越えて、英領マラヤを征服することだった。

見方によれば幕僚たちは、ただ単に戦争準備をしながら、帝国の戦略的利益や領土拡大を考え、プロの戦略家としての役割を全うしようとしていただけだとも言えるだろう。ただ一九四一年半ばの日本の問題は、包括的、政治的、外交的な国策の指針がないまま、幕僚参謀による戦争準備だけが、唯一の、国家を前進させるエンジンとなってしまったことだった。上に立つ者は下の者を抑制することをせずに、無批判に、軍事行動の必要性ばかりを主張する戦略を、国策として吸い上げることが多かった。永野軍令部総長が公然と口にしたことが、そのような下に任せきりの態度を如実に物語っていた。「何といっても課長級がいちばん勉強しているから、その意見を採用するのがいい[9]」。

多くの戦略提案の起草に携わった陸軍省の石井秋穂は、かつて自分たち幕僚が、真珠湾に至るまでの重要な数ヶ月間、日本の行く末に行使した影響力を振り返り、半世紀後、ドキュメンタリー番組のインタビューでこう回想した。「わしらはね、こんなばか者だけどね、わしらは真っ先に第一弾をやればそれは大切な国策になるんですな。そして大分修正を食うこともありますけど、まあそのくらい重要なものでした。……罪は深いですよ[10]」。そして石井は、当時の戦略思考の問題点として、日本が、近隣地域の、そして後々は世界の指導者として、やがて君臨する運命にあるということを決して疑わなかったことを指摘した。そうなると、戦略案にも必ず、世界的な影響力や領土の拡大という帝国主義的野心が、セットになって付いてきた。たとえ拡大戦略の一提案が却下されたとしても、また別の拡大ターゲットを選んで、違う提案を出すようにしか頭が回らなかったという。石井の回想は続く。「正直に申せばね……侵略思想があったんですね。ええ。それで限りなくね、あっちこっち、これが済んだら今度はこれというふうに、侵略思想があったんですよね、そういうことになりましょうね……」[11]。

ただ一九四一年六月に、田中や石川のような、最も好戦的かつ狂信的な対米強硬派の幕僚が抱いていた戦略構想の真意、つまり日米開戦を、しっかりと理解していた者は、内部でも少数だった。軍事指導者だけでなく、戦略起案に携わる幕僚たちの間でも、南部仏印に出向くことは時を得た、いわば「ローリスク、ハイリターン」の投機だと信じる傾向が強く、その根拠のない楽観があればこそ、インドシナ半島の占領をたやすく支持したのだった。根底には、欧州の混乱が続いている間に、日本は東南アジアの空白を最大限に利用しなければならないと焦る思いが強くあり、このようなチャンスは長くは続かない、即、行動に出るべきだという主張に繋がった。対する松岡は、独ソ戦がドイツの勝利で終結する前に、日本が北で参戦しなければ、領土拡大の好機を逃してしまう、と唱えた。性急な行動を求める「南・北進」両論は、結論がどちらに転んでも、日本の国際的立場に大きな波紋を及ぼすことに、間違いはなかった。

陸海軍の間では、六月二四日、すでに南部仏印に進駐する方向で、合意に達していた。そのうえで後日、日本にとって有利な展開（たとえばソ連極東軍が、西部戦線に大規模移動するなど）があった場合には、ソ連攻撃も再検討するということになっていた。そして近衛首相がこの新しい軍部のコンセンサスを素早くバックアップした大きな理由は、ここしばらくの懸案であった松岡追放に好都合だったからだ。そう遠くない過去、近衛政権の外交政策は、松岡の強引なスタイルに、頼りきっていた。松岡に幻滅した近衛が次に頼ったのが、軍部だった。少し前には松岡を介して制御しようとした人々の手を、今度は松岡下ろしのために借りるのだった。だがこの新戦略提案が政策として取り上げられるのには、連絡会議で承認される必要があった。

もともと連絡会議は、政府と軍部の指導者が、形式を越えて、公然と納得するまで政策を話し合い、連携するために設けられた場所だった。少なくとも、それが当初の目的だった。ということは、もちろん松岡にも、まだその場で正当に南進政策を拒否し、論破する権利があった。松岡からの攻撃を視野に、陸軍参謀本部と海軍軍令部は、入念な準備をし、連絡会議の席に、援軍として次長を列席させることにした。提案の細部については、それを熟知している者に説明させたい、というのが軍部の主張だった（記録には、「両統帥部次長特ニ出席ス」とある）[12]。とにかくどうしても、松岡に立ち向かわなければならなかった。近衛は六月二五日に、「南方施策促進ニ関スル件」ならびに「情勢ノ推移ニ伴フ国策要綱」を議題とする連絡会議を招集した。

会議が始まると、当初の予想に反して、松岡外相は驚くほど柔軟な姿勢を示した。肩透かしのように、あまり反論もせず、南部仏印進駐に同意したのだ。「本件ハ急イダ方ガ宜シ、決定シタ以上今直グガ宜シイ」と述べ、その日のうちの臨時閣議の開催や、参謀総長ならびに軍令部長による上奏まで勧めた[13]（連絡会議の決定は、形式的になっていたとはいえ、やはり本来の政策決定機関であるべき閣議で承認される必要があったのだ）。

しかし対ソ攻撃に話題が移ると、松岡は、やはり強硬に、北方での戦闘開始を主張したのだった。驚いた杉山参謀総長は、以下のように応答した。「外相ハ積極論ヲ唱フルモ、陸軍ノ軍備充実未ダ完全ニ出来居ラズ、支、北、南三方面ノ条件ニヨツテ始メテヤレルノデアル。例ヘバ極東ニ動乱勃発、極東兵力ノ西送、『ソ』聯《れん》政権ノ崩壊等ノ情勢ニナツタラヤリ得ルノデアル、『ソ』ト過早ニ戦ヘバ米ガ之ニ加ハルコトトアルヲ以テ気ヲツケネバナラヌ」。

杉山は、ソ連攻撃をもっともらしく却下する一方で、南部仏印侵攻が、アメリカ介入のリスクを伴わないと、信じきっている口ぶりだった。松岡は「独ガ勝チ、『ソ』ヲ処分スルトキ、何モセズニ取ルト云フ事ハ不可、血ヲ流スカ、外交ヲヤラネバナラヌ、而シテ血ヲ流スノガ一番宜シ」と断言し、「牽制位ヤラネバナラヌデハナイカ」と返した。結局、松岡が南進の最大の障害物になるだろうという大方の予想に、誤りはなかったのだ。出席者は渋々、この問題についてさらに話し合わねばならぬことを認め、連絡会議は仕切り直しとなった。

翌六月二六日の会議で、松岡は軍人たるもの、同盟国ドイツに忠誠心を持って接するべきだと訴え、今一度、北でのソ連攻撃を主張した。これに対し塚田攻参謀次長は、日本の参戦や武力行使を、対独外交ありきで定めようとするのは迷惑だと外相に食いついた。「政略上ノ事ハ知ラヌガ、統帥ニ関シテハ独ハ何等相談スルコトナク勝手ニヤッテ居ルデハナイカ（ドイツに）相談ノ必要ナド更ニナシ」[14]。東條陸相も、概ね塚田と同意見ではあったが、南部仏印進駐は、必ずしも容易な決断ではなかった。六月二三日、東條は、陸軍省の燃料課長ならびにその部下と、面談した。その際、日本が石油を調達できる唯一の方法は、南進して、やがて蘭印を占領することだという報告を受けた。これを聞いた東條は、「泥棒せい、というわけだな」と言って説明を遮ると、「バカ者ッ、自分たちのやるべきこともやらずにおいて、のこのこと人に泥棒をすすめにくる。おまえたちがいつもちょうちんをもってきた人造石油があるだろ。こういう事態を予想してなけなしの資材を優先的に供給してきたのではなかったのかね」と、怒号を放ったという[15]。そして「とにかく、ダメだというのでは困る。もっと研究してこい。私としては陛下に泥棒いたすしかございません、とは申し上げられんのだよ」と述べたのだ。

信条や心情上の問題はあっても、東條には南進が、英米諸国との関係に及ぼすであろう政治的影響まで考慮する了見の広さはなかった。そして結局、数日のうちに、あまりにも簡単に道徳的な異議を放棄し、南部仏印進駐の支持にまわったのだった。

六月二六日の連絡会議も、再び物別れに終わった。しかし一方で、孤軍奮闘の松岡に疲れの色が出てきたのも確かだった。会議が終わるころまでには外相の弁明が、かなり不明瞭になっていた。同盟国（この場合、主にドイツ）に引きずられての参戦は免れたいという軍部の主張に対して、松岡は「陸海軍案ニ対シテハ根本的ニ意見アルガ」「大体ニ於テ同意デアル」という矛盾する発言をし、それならば書面で何に関して「根本的」に反対であるのか示してくれと、武藤軍務局長に求められると、「書イテハ出サヌ」とはねのけ、次回、口頭で説明すると約束した。[16]

再々度の仕切り直しとなる六月二七日の会議で、松岡は、初日の衝動的ともとれる南進支持を、撤回しようと努めた。南進論の背景にある、大きな戦略的ロジックは理解できるが、そのような軍事行動が、連合国を刺激することは避けられず、政治的には根本的に間違っているのだと指摘した。連合国は日本の挑発行為に、報復行為をも辞さないだろうと予言した。南部仏印に出ることは、ナチスの欧州優勢が完全に確立された場合にだけ実現可能なのだった。そして、その日は、もう少しの辛抱でやってくるのだから、ちょっと待て、というのが、松岡の主張だった。関連して外相は、杉山参謀総長などが危惧していた、アメリカがソ連とくっつく可能性は、まずないと読んでいた。「『ソ』ヲ迅速ニヤレバ米ハ参加セザルベシ　米ハ『ソ』ヲ助ケルコトハ事実上出来ヌ、元来米ハ『ソ』ガ嫌ダ、米ハ大体ニ於テ参戦ハセヌ」というのが、その理由だった。[17]

確かに、ソ連は主流の国際社会の人気者とは、到底言い難い存在だった。ヒットラーがヨーロッパで繰り広げている戦争も、そもそもそれに対抗する、ポーランド、黒海地域、バルト諸国などへ向けたスターリンの領土的野心なくしては、語ることができなかった。西洋の民主主義国家は、一九一九年の暮れ、フィンランドが領土を割譲することを拒否したために、ソ連に攻撃された際、フィンランドに同情を寄せた。このことが原因で、ソ連は国際連盟から追放された唯一の加盟国になった。しかし、連絡会議で誰も言及しなかったのは、アメリカがイギリスと同様、ソ連以上にナチス・ドイツのことを憎んでいたら、どう打って出るのか、というシナリオだった。

「先ヅ北ヲヤリ」その後で「南ニ出ヨ」とする、ドイツとの友誼、連携重視の松岡の主張は崩れないまま、六月二八日、三〇日、そして七月一日と、続けて会議が開かれた。[18] ある時点で松岡は、こう強弁した。「我輩ハ数年先ノ予言ヲシテ的中セヌコトハナイ　南ニ手ヲツケレバ大事ニナルト我輩ハ予言スル」[19]。話が前進しないことの焦燥感からか、松岡は、敵陣の懐柔作戦に出ることもあった。「南ニ火ヲツケルノヲ止メテハ如何　北ニ出ル為ニハ南仏進駐ハ中止シテハ如何　約六月延期シテハ如何」と歩み寄り、さらに「然シナガラ統帥部総理ニ於テ飽迄実行スル決心ナラバ、既ニ一度賛成セル自分故不同意ハナシ」とまで付け加えた。[20]

これを受けて出席者の中には、即時南進への決意が揺らぐ向きもあった。及川海相は杉山参謀総長に、半年だったら、延長しても良いのではと意見した。また軍令部の近藤次長も塚田参謀次長に、延期を考慮してはどうかとささやいた。しかし塚田は折れる様子はなく、断固として、予定通り南部仏印進駐を決行すべきだと杉山に進言した。そして、統帥部として原案通りの軍事行動をとる決意が定められると、滅多に発言しない近衛も、「統帥部ガヤラレルナラバヤル」と、賛成票を投じ、延期案があっけなく潰された。[21] 大蔵大臣や商工大臣といった、より現実的、物質的観点から政策を考慮できる指導者が会議に加わったのは、六月三〇日以降だった。それは、いかにも遅すぎる参加だった。

＊

日本が南部仏印に進駐すること（または、東條の前言を借りれば、「泥棒」となるための準備をすること）が、正式に御前会議で承認されたのは、七月二日だった。歴史的に見て、御前会議の開催は稀だった。もともと、戦争の始まりや終結を決定するために開かれるものだったからだ。出席者は主要閣僚、官房長官、企画院総裁、枢密院議長、参謀総長、参謀次長、軍令部総長、次長、海軍軍務局長といった面々だった（陸軍軍務局長は、七月二日の会議は、病欠だった）。皆が軍服または燕尾服を着用する、仰々しい舞台だった。

「所謂御前会議といふものは、おかしなものである」。天皇は戦後、こう語った。「枢密院議長を除く外の出席者は全部既に閣議又は連絡会議等に於て、意見一致の上、出席してゐるので、議案に対し反対意見を開陳し得る立場の者は枢密院議長只一人であつて、多勢に無勢、如何ともなし難い。全く形式的なもので、天皇には会議の空気を支配する決定権は、ない」[22]。

天皇はただ静かに議案の背景に耳を傾け、枢密院議長が天皇の代わりに出席者に質問をするのだった。そしてこの場での承認は、あくまでも形式上で、憲法的には拘束力のないものだった。つまりこれは、提案の精査や再考を促す場ではなかった。にもかかわらず、逆説的だが、天皇の許しを得た政策というものは、無類の重要性を示すものであり、覆された前例はなかった。御前で承認されると、決議は突然、神聖なものと成り代わり、もはや政治的意味合いが薄れ、指導者たちを、政策決定責任から解放するのだった。つまり俗世の政策を神がかりなものに変質させる、宗教儀式のようなものであった。

七月二日は、日本がアメリカを攻撃するまでに、四度開催されることになる御前会議の皮切りだった。議場となったのは、一八八八年に落成した明治宮殿内の、東一の間だった。シャンデリアや、精密で色鮮やかな西陣織の装飾織物で彩られたホールは、和洋折衷の美意識の結晶する小劇場と化した。据えられた長い会議用のテーブルが、絹地で覆われ、重厚な華やかさを醸し出していた。

会議は午前一〇時から正午まで続いた。南部仏印進駐計画に関する質問は、枢密院議長の原嘉道《よしみち》によってなされた。それに答える形で、指導者たちは、いかに自分たちが慎重に議案を検討したか、ということを披露するのだった。この日の原の最大の関心事は、議題である「情勢ノ推移ニ伴フ帝国国策要綱」の中で、「英米戦準備ヲ整へ」「仏印及泰ニ対スル諸方策ヲ完遂シ以テ南方進出ノ態勢ヲ強化」し、「目的達成ノ為対英米戦ヲ辞セズ」と、恐ろしいほどさりげなく記されたくだりだった。[23]この一節が最初に登場したのは、六月上旬、幕僚たちによって議案が作成されている最中で、その後も削除されたり、再挿入されたりが繰り返された、いわくつきの文章だった。そもそも、統帥部がこのように強気なことを言い出したのは、松岡の手強い南進論反対に対抗するためだった。松岡は五月二二日の連絡会議で、南に出るには、「英米ニ対スル決心ヲ必要トス、此ノ決心ナシニ交渉ハ出来ヌ、決心ガ出来タラヤル」と言い放っていた。外相の言葉をそのまま返すような形で、軍部には対英米戦にもひるまない「決心」がある、と主張した結果が、この一文だった。[24]

したがって「対英米戦ヲ辞セズ」は、長期戦略を徹底チェックし、審議した上になされた決意とは、到底言い難かった。陸軍の田中や海軍の石川のような超タカ派の幕僚は、もちろん松岡の強弁をそのまま再利用し、戦略提案として形式化することに、異議をとなえなかった。しかし、実は軍部でもほとんどの者は、対英米戦など本当に始まったら、とんでもないことになることはわかっていた。海軍次官の沢本頼雄は、戦後秘密裏に開かれた、開戦時の海軍首脳による反省会で、こう述懐している。「私も驚いて（「対英米戦ヲ辞セズ」とは何事かと）及川大臣にお尋ねしたところ、自分の考えは避戦であるが、陸軍が北にも南にも進出することを主張し、あのくらいにしておかないと、とてもおさえ切れぬと答えられた（海軍大将の）豊田商工大臣にも、その間の事情をお尋ねしたが『及川さんはそんな（戦争をする）気はないから大丈夫』といわれた[25]」。

となると、海軍首脳が御前会議の決議となる文書に、「対英米戦ヲ辞セズ」の挿入を許したことは、松岡外相に対抗するためだけではなかったことになる。ライバル陸軍に対しての、はったりでもあったのだ。そして、海戦がネックになる対英米大戦争のために準備が必要だとすれば、海軍の軍事予算が、より大きくなるであろうことも示唆していた。

軍部指導者が軽率に使う好戦的レトリックの裏を察した原枢密院議長は、「対英米戦ヲ辞セズ」に関する質問を矢継ぎ早に放った。銀縁の眼鏡に口ひげをたくわえた、厳格な面持ちの原は、当時七〇代だったが、法律家出身の鋭さをまだ十分備えていた。保守派の反共産主義者として知られ、思想面からは、松岡の討ソ姿勢には同情的かと思われたが、この日の会議では、イデオロギーではなく常識が、質疑を貫いていた。原は言った。

「武力行使ハ重大ナリ……外相ハ武力行使ヲ避ケタシト云フ　武力ヲ背景トシテ仏印ヲ聴従セシメルハ可ナルモ直接武力行使ヲ有無ヲ言ハセズヤッテ侵略呼バハリヲサレル事ハヨクナイト思フ……仏印施策実行ニ当リ英米戦ヲ辞セズト云ヒッツ仏印ニ於テ対英米戦ヲ準備スル為ニ近クヤル基地設定ハ之レガ為ノ準備ダト云フテヰル……仏印ヲヤレバ英米戦ハ起ルト思フガ如何……ハッキリ伺ヒタイノハ日本ガ仏印ニ手ヲ出セバ米ガ参戦スルヤ否ヤノ見透シノ問題デアル[26]」。

杉山参謀総長は、それは重要な問題だと認め、東條も「武力ト外交トノ切換ハ非常ニムヅカ敷イ」「此ノ点統帥部ト協力シ遺憾ナキヲ期シタイ」と答えたが、精密な議論が続くわけでもなかった。むろん松岡外相は、このような軍部による弁明をまったく信じておらず、原にも、米の参戦の可能性について「絶対ニナイトハ云ヘヌ」と答えている。しかし、さすがの松岡にでさえ、御前会議の場の空気を変えることはできなかった。上座にいる天皇は、静かにこれらのやりとりに、耳を傾けるだけだった。

平和的で武力行使を伴わないという点は、今回の南進政策を正当化するうえで、最も強調されてきたポイントだった。前年の秋に行われた北部仏印進駐に際しても、事前に政府や統帥部は、いかにそれが無理なく、外交によって完遂できるかを強調していた。が、実際はうまくいかなかった経緯があった。進駐を開始した日本軍と、それに反対するフランス植民地軍との間で、数日間にわたる衝突が起こり、両軍の間に数百人の死傷者を出したのだ。この一件は、日本の対外イメージに、さらなるダメージを与えていた。原枢密院議長の質問の背景には、南部仏印も、またその二の舞になるのではないか、という懸念が当然あったのだ。

ただ原が、いくら対英米戦争のリスクに関する質問を繰り返したところで、答えは一様に漠然としたものだった。そもそも、御前会議でその問題を深く議論することは求められておらず、指導者たちの間に、この期に及んで審議を深めなければならないという危機感や責任感があった様子もない。杉山参謀総長が大方の考えをまとめた。「仏印進駐ニヨリ英米ヲ刺激スルハ明ラカナルモ」「今考ヘテヰル施策ヲ断行セネバナラヌ　英米ノ策謀ヲ封殺スルニハ是非必要デアル」。そして、欧州戦線の見通しについては、ドイツのソ連制圧に楽観的で、その場合「米国モ参戦スルマイ」としている。独ソ戦が長期戦となった場合はそうもいかないだろうが、とりあえず「現在ハ独ノ戦況有利ナル故日本ガ仏印ニ出テモ米ハ参戦セヌト思フ」と主張するのだった。そして進駐は「勿論平和的ニヤリタイ」「仏印ニ兵ヲ出スニ当リテハ慎重ニヤリタイト思フ」と強調した。

原はこれを受けて、「分ツタ自分ノ考ヘト全然同ジデアル」とし、「英米トノ衝突ハ出来ル丈ケ避ケル」という政府と統帥部の意見の一致の下に、「情勢ノ推移ニ伴フ帝国国策要綱」を御前会議決議とした。

原が代弁した質問内容からも明らかなように、天皇は南部仏印占領に、何か引っかかるものを感じていた。六月二五日、松岡が連絡会議で衝動的に南進政策を受け入れた日、統帥部から上奏を受けた天皇は「国際信義上どうかと思うが、まあよろしい」と述べたと伝えられる。[27] 繰り返される「大丈夫だ」という言葉と、まったく信用していなかった松岡の北進論を牽制する思いに導かれ、天皇も南進を承認し

人文書院
刊行案内

2025.7　紅緋色

映画が恋したフロイト

岡田温司著

精神分析と映画の屈折した運命

精神分析とほぼ同時に産声をあげた映画は、精神分析の影響を常に受けていた。ドッペルゲンガー、パラノイア、シェルショック……。映画のなかに登場する精神分析的なモチーフやテーマに注目し、それらが分かち合ってきたパラレルな運命に照準をあわせその多彩な局面を考察する。

購入はこちら

四六判上製２４６頁　定価２８６０円

ネオリベラル・フェミニズムの誕生

キャサリン・ロッテンバーグ著
河野真太郎訳

女性たちの選択肢と隘路

すべてが女性の肩にのしかかる「自己責任化」を促す、新自由主義的なフェミニズムの出現とは？果たしてそれはフェミニズムと呼べるのか？アメリカ・フェミニズムのいまを映し出す待望の邦訳。

購入はこちら

四六判並製２７０頁　定価３０８０円

人文書院ホームページで直接ご注文が可能です。スマートフォンで各QRコードを読み込んでください。注文方法は右記QRコードでご確認ください。決済可能方法：クレジットカード／PayPay／楽天ペイ／代金引換

〒612-8447 京都市伏見区竹田西内畑町９　TEL 075-603-1344
http://www.jimbunshoin.co.jp/　【X】@jimbunshoin（価格は10％税込

新刊一覧

ブロッホ、グラムシ、ライヒ
敗北後の思想
植村邦彦 著

社会の問題と格闘した、20世紀のマルクス主義の思想家ブロッホ、グラムシ、ライヒを振り返りつつ、エリボンやグレーバーを手がかりとして新しい時代を考える。

¥2640

戦争はいつでも同じ
スラヴェンカ・ドラクリッチ著
栃井裕美 訳

知識人の戦争協力、戦後の裁判、性暴力—普通の人びとの日常はどのように侵食され、隣人を憎むにいたるのか。鋭く戦争の核心に迫ったエッセイ。

¥3080

優生保護法のグローバル史
豊田真穂 編

基本的人権を永久に保障すると謳うGHQの占領下で、この法律はなぜ成立したか？　その背景を、世界的な優生政策・人口政策・純血政策の潮流のなかに探る。

¥3960

増補新装版
思想としてのミュージアム
村田麻里子 著

日本における新しいミュゼオロジーの展開を告げた旧版から十年、植民地主義の批判にさらされる現代のミュージアムについて、欧

茨木山間部の信仰と遺物を追って
関西の隠れキリシタン発見
マルタン・ノゲラ・ラモス／平岡隆二 編

宣教師たちの活動や「山のキリシタン」の子孫たちの生活とはどのようなものであったのか？　九州だけではない関西茨木キリシタンの全体像を明らかにする。

¥2860

美学入門
ベンス・ナナイ著
武田宙也 訳

従来の美的判断ではなく、人間の「注意」と「経験」に着目し、異文化における美的経験の理解も視野に入れた、平易かつ大胆、斬新な、美学へのいざない。

¥2860

ヴァレリーとのひと夏
レジス・ドゥブレ著
恒川邦夫 訳

かつてヨーロッパの知性を代表する詩人・思想家として崇められたポール・ヴァレリー。メディオロジーの提唱者である思想家ドゥブレが、IT時代の現代に生き生きと蘇らせる！

¥3080

スキゾ分析の再生
フェリックス・ガタリの哲学
山森裕毅 著

最も謎めく「スキゾ分析」の解明を主眼にしつつ、独自の概念や言葉が意味するものを体系づけ、開かれたものにしてゆ

新刊一覧

移民都市

有元健／挽地康彦／栢木清吾 訳

排外主義が渦巻くこの時代、ロンドンの移民青年たち30人と継続的に対話を重ね、その苦悩や格闘の軌跡をつぶさに辿《たど》る。

¥5280

ある北魏宮女とその時代

果てしない余生

羅新 著
田中一輝 訳

南北朝の戦争によって北方に拉致され、宮女となった慈慶。その激動の生涯と北魏の政治史を、正史と墓誌を縦横に駆使し、鮮やかに描く斬新な一冊。

¥5500

神道・天皇・大嘗祭《だいじょうさい》

斎藤英喜 著

神々と天皇、国家と宗教が絡み合う異形の姿。大嘗祭の起源から現代までと、それを巡る論争と思想を描き出し、空前のスケールで歴史の深みへと導く渾身の大作。

¥7150

日本における結核管理

病原菌と人間の近代史

塩野麻子 著

結核の全人口的な感染が予期された近代日本社会において、感染後の身体はいかに統御されるのか。「結核の潜在性」をめぐる、新たな視座を提示する。

¥7150

2世紀の自然哲学へ

近藤和敬／檜垣立哉 編

地球が沸騰するいま、哲学は何を思考し、どう変わりえるのか。多様な理論を手掛かりにした気鋭たちによる熱気みなぎる挑戦。

¥5500

全共闘以後の「革命」のゆくえ

一九六八年と宗教

栗田英彦 編

「一九六八年の革命」と「宗教的なもの」は、いかに関係を取り結んだか。既存の枠組みでは捉えきれない六八年の運動の秘められた可能性を問う画期的共同研究。

¥5500

世論・革命・デモクラシー

クライストと公共圏の時代

西尾宇広 著

フランス革命とナポレオン戦争の衝撃に劇震する世紀転換期に、クライストが描くデモクラシーの両義性と知られざる革命的文脈を掘り起こす。

¥7480

歴史家が聞き取ったソ連将兵の証言

史録 スターリングラード

ヨッヘン・ヘルベック 著
半谷史郎／小野寺拓也 訳

独ソ戦最中に聞き取られ、公文書館にながらく封印されていた貴重な速記録、待望の邦訳！　ソ連側の視点から見た独ソ戦。

¥8250

今回のイチオシ本

アーレントと黒人問題

黒人問題はアーレント思想の急所である

キャスリン・T・ガインズ 著
百木漠／大形綾／橋爪大輝 訳
¥4950

ユダヤ人としてナチ政権下で命の危機に晒された経験を持つアーレントが、アメリカでの黒人問題については差別的な発言・記述を繰り返したのは何故だったのか。アーレント思想に潜む「人種問題」を剔抉する。

2刷

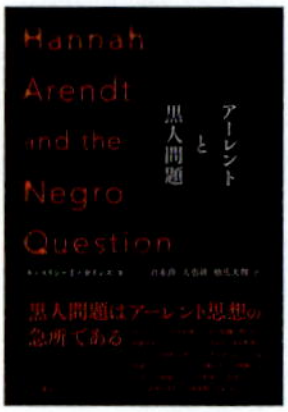

重版

言葉

作家はいかにして自らを創造したか？

ジャン・ポール・サルトル 著
澤田直 訳
¥3300

自らの誕生の半世紀も前からの家系から筆を起こし、幼年時代をつぶさに語りながら、20世紀を代表する、この作家・哲学者が語ろうとしたものは何か。きわめて困難な「言葉」との闘いの跡を示す、「文学的」自伝の傑作を新訳・詳細注・

メディア論集成

『電子メディア論』増補決定版

大澤真幸 著
¥4180

メディアによって身体と社会はいかに変容するのか。その問いを、機械的技術のみならず、文字や声にまでさかのぼり原理的に思考した、大澤社会学の根幹をなす代表作。関連文書を大幅増補した決定版。

韓国ドラマの想像力

社会学と文化研究からのアプローチ

森類臣／山中千恵／平田由紀江 著
¥2420

韓国ドラマには何が託されているのか、社会のリアルと新たなつながりの想像。2010年代以降にヒットした韓国ドラマを、経済格差、教育、国家権力、軍事、フェミニズムなど、多様な視点から社会学的に読み解く。ドラマ案内、韓国

たのだった。近衛首相も黙っていた。天皇とは違い政治的リーダーシップを発揮して当然という立場にいたにもかかわらず、その声は滅多に聞かれないのだった。

＊

七月二日の御前会議決定は、リヒャルト・ゾルゲにとって、大きなターニングポイントだった。それに続く松岡外相の言動から、ドイツ大使館は、日本がすぐにでも独ソ戦に参戦するものと思っていた。しかし、ゾルゲは懐疑的だった。後に述べたところでは「御前会議前に於ける尾崎の時局観測は、近衛首相と其の周囲の軍人以外の閣僚達は、ソ聯との戦争を欲して居ない、又海軍部内でも此の戦争を望んで居ない。唯陸軍部内には、此の戦争に参加しようとする強い傾向が看取されるが、其の大勢は形勢観望に傾いて居り、文官閣僚中独り松岡外相丈が自ら締結した日ソ中立条約を破棄しても良いと考へて居る唯一の人物であるとのこと」だった。[28]

松岡は、駐日ドイツ大使オットに直接、御前会議での決定を報告し、その内容はゾルゲの聞き知ることとなった。「松岡外相がオット大使に話した内容は二つの重要な決議事項で」「第一は日本は北方に対しては軍備を拡充して近隣からボルシェヴヰズムを放逐する為凡ゆる準備をなすこと。第二は日本は南方に対しては積極的進出を継続すること」であったと、ゾルゲはまとめている。[29] そしてオットは、この決議の第一点に重きを置いたため、日本が軍事動員を、対ソ戦の開始に備えて実施する意を固めたと、解釈したのだった。

一方で、尾崎はむしろ第二点に重点を置いた解釈をしていた。つまり日本は、ソ連には向かわず、仏印方面だけで行動をとるだろうということだった。ゾルゲは、どちらの見解が正しいのか、わかっていた。そしてモスクワには、「御前会議にて対サイゴン（インドシナ）の軍事行動計画は変更しないことが決定された。これと同時に赤軍壊滅の場合には、対ソビエトの軍事行動を準備することも決定された」と七月一〇日、報告した。[30]

「バルバロッサ作戦」決行直前とは違い、ソ連参謀本部は、ゾルゲの今回の報告を真剣に受け止めたようだった。しかし日本が心変わりをする可能性があるとも警戒していた。日本がドイツとの同盟に固執していることを考えれば、その懸念は当然だった。そしてそのことは、ソ連をますますアメリカに引き寄せる一因となった。

御前会議の数日後、大日本帝国海軍各鎮守府、各艦隊の司令長官が東京の海相官邸に招集された。及川海相と永野軍令部総長から決議を聞かされると、一様に驚きを隠せなかった。例の「英米戦ヲ辞セズ」というフレーズについても、触れられた。「航空準備はできているのか」というのが、山本五十六連合艦隊司令長官の反応だった。しかしその答えは、誰よりも山本自身がよく知っているはずだった。[31]第二艦隊司令長官の古賀峯一中将は、怒りを隠せなかった。「かような重大事を艦隊長官の考えも聞かず、簡単に決め、万一いくさになって、さあやれといわれても、勝てぬ。いったい、こんどの事に対する軍令部の考えはどうなのか」と質した。

すると今回の南進計画を積極的に推した永野軍令部総長は、まるで他人事とでも言うように、古賀にこう返したのだった。

「政府がそう決めたのだから、仕方ないだろう」

7　七月、静かなる危機

南部仏印進駐が、楽観的にスピード承認されたのは、それがすぐに国際危機をもたらす行動だという認識が、希薄だったからだ。「南進」決定について国民には、富田健治書記官長から記者会見で、「現下の情勢に対処すべき重要国策の決定をみたり」とだけ知らされた。一方、ワシントンの日本大使館に向けた進駐計画報告はアメリカ側に暗号解読され、一週間足らずのうちに、米政府に筒抜けとなっていた。ルーズベルトは日本のソ連攻撃がないことを知りひとまず安心したが、それと同時に、日本が英米との戦争のリスクを承知のうえで、それでも南進するというのはどういうことか、と警戒心を強めた。七月一日、ハロルド・イッキーズ内務長官にこう述べている。「太平洋の平和を維持することは、大西洋の制御のために、ひどく重要だ」「とにかく海軍力が足りない。太平洋地域におこる小さな出来事は、大西洋に船が回らなくなることを意味するのだ[1]」。

日本の指導者たちは、英米との戦争をも辞さないと虚勢を張りながら、あたかもアメリカとの外交問題が二の次であるかのように振る舞っていた。「松岡案」への返答が米政府によって出され、ほぼ三週間が経過した七月一〇日、近衛首相はやっと対米政策を議論するための連絡会議を招集した。そこでは、アメリカからの返答の内容や語気がいささか強すぎるのではないか、という不平不満が会場の空気を支配していた。『諒解案』ならびに米接触の経緯や、ルーズベルト政権の本来の意図とは別のところで、アメリカの対日要求が威圧的と受け止められ、有色人種国家としての根深い歴史や劣等感を克服できていない人々の神経を逆なでしていた。松岡外相が先陣を切って、ワシントンがいかに挑発的で、かつ人種差別的であるかを声高に糾弾した。

松岡の激昂は、ハルが打診してきた「松岡おろし」要請への不満と相まって、まったく抑制不可能な状態になっていた。「第一『ハル』ノ『ステートメント』ハ乱暴千万デ帝国ガ対等ナル外交ヲ行フ様ニナッテ以来未ダ嘗テナイコトデアル」とし、やがて、その怒りの矛先は、自国の大使へと向けられた。「野村ハ自分ト親シイ間柄デアルガコンナ無礼千万ナル『ステートメント』ヲ取継グガ如キハコレ亦不届千万デアル　内閣改造ノ如キヲ世界的ニ強大ナル日本ニ対シテ要求シタノヲ黙ツテ聞イテヰルトハ実ニ驚キ入ツタ次第デアル」[2]。

このように松岡は、日米外交交渉が自分の知らないところで始められたことへの憤りを隠そうともせず、まずは批判を、ハル長官や野村大使に向けた。しかし他にもこの件に関与したすべての人間を許していなかった。同じ部屋に発言らしい発言もせずに座っている近衛首相も、もちろんそのひとりだった。

二日後の連絡会議でも、松岡は声高な反論を続けた。「前回云ウタ事デ尽キテ居ルガ」と切り出しつつ、その怒りの勢いは、止まるところを知らなかった。「『ハル』長官ノ『オーラルステートメント』ハ読ンダ時ニ実際ハ直ニ返スベキモノデアル　実ニ言語道断ナリ」と述べ、「米国ガ恰モ日本ヲ保護国乃至ハ属領ト同一視シ居ルモノニシテ、帝国ガ之ヲ甘ンゼザル限リ受理スベキニアラズ」と、問題の文書を、野村大使が受け取ってしまったことを再度悔やみ、非難した。[3] そして、「我輩ガ外相タル以上受理出来ヌ」と言い切った。

さらには「米人ハ弱者ニハ横暴ノ性質アリ、此ノ『ステートメント』ハ帝国ヲ弱国属国扱ヒニシテ居ル」と十八番のアメリカ文化論を繰り広げた。そして「日本人ノ中ニハ我輩ニ反対」する者もいる、と近衛への不満にも、回りくどくではあるが、いよいよ言及し始めた。「総理迄モ我輩ニ反対ナリナドト云フ者ガアル　此ノ様ナ事デ、米国ハ日本ガ疲レ切ツテ居ルト考ヘテ居ルカラ、此ノ如キ『ステートメント』ヲヨコスノダ」。そしてとうとう「我輩ハ『ステートメント』ヲ拒否スルコトト対米交渉ハ之レ以上継続出来ヌコトヲ茲ニ提議スル」と、対米交渉打ち切りまで示唆した。

松岡のこの唐突な提案は、出席者たちを当惑させた。たとえ反米的な思いがあったとしても、それに振り回されて、この時点で外交交渉を投げ出すのは、いくら何でも無謀だとわかっていたからだった。

しばらくの間、沈黙が続いた。そして杉山参謀総長の発言があった。「外相ノ意見ニハ自分モ同感ナリ」とするも、「軍部トシテハ南方ニハ近ク仏印ノ進駐アリ、北ニハ関東軍ノ戦備増強ト云フ重大ナル事態ヲ直後ニ控ヘテ居ル[4]」。すなわち一時の感情にまかせて「米ニ断絶ノ様ナ口吻ヲ漏ラスノハ適当デハナイ、交渉ノ余地ヲ残スヲ妥当トス」という正論だった。

平沼騏一郎内相が、杉山に続いて発言した。七三歳で、面長の丸めがねが印象的な、口ひげをたくわえた平沼は、見ようによっては学究的で、静かな自信に裏づけされる雰囲気があり、第二八代アメリカ大統領のウッドロー・ウィルソンを想起させた。ウィルソンが、アメリカ主導の国際協調自由主義を信奉したように、平沼にも高き所に信ずるものがあった。平沼は、日本がより公平で、より良い世界へと、アジアを導く宣教師的使命があると信じていたのだ。その点で、日本優越主義者でありながら、アジア主義者でもあり、近衛の世界観と一部通じるものを持っていた。一九三九年、第一次近衛内閣の後継として首相を務めたこともあった。ただ近衛と大きく違ったのは、国家社会主義や、その他の形態のファシズムに懐疑的なことだった。それらの全体主義は、実は限りなく共産主義に近い政治体制だ、と平沼は見ていたからだった。そのため、一九四〇年の大政翼賛会の創設には賛同しなかった。

まず平沼は、「此ノ際帝国ハ何ントシテモ米ヲ参戦セシメヌコトガ大事ナノデアル」と述べ、続けた。

「本来ナレバ日米共同シ今日ノ戦争ヲ打切ルコトガ宜シイト思フ　然ルニ此ノ儘ドンドン進ンデ行ケバ五十年百年モ戦争ハ続クカモ知レヌ　外相ノ常ニ云フ日本ノ大精神八紘一宇カラ云フナレバ戦争ハセヌ

ガ宜シイ　日本ハ全体主義ニモアラズ、自由主義ニモアラズ、理想カラ云ヘバ今ノ戦争ヲ世界カラ除クコトガ皇道主義デアルト思フ　米ニハ分カラヌカモ知レヌガ、戦争ヲ止メルコトガ日本ノ真ニ取ルベキ事デアツテ、米ヲシテ其ノ様ニ仕向ケルコトガ日本ノ取ルべキ態度デハナイカ　此ノ精神ノ下ニ米ヲ説イテハイカガ」。この日、平沼がこのように多弁だったのは、松岡の言動が示唆するアメリカとの衝突に、かなりの危機感を持っていたからに他ならなかった。

ルーズベルトに牽引されて、アメリカが戦争に突入するかもしれないという見解もわかるが「米人中ニハ戦争反対ノモノモ居ル　日本ノ皇道精神ノ様ニ持ツテ行キ度イ」とし「交渉ニ就テハ望ミ薄カモ知レヌガ右ノ考ノ下ニ努力シテモライ度イ」と、松岡の交渉打ち切り主張に、さらに大きな疑問を呈したのだった。

平沼のほだすような口調に、頭に血が上っていた松岡も、多少は落ち着きを取り戻したようだった。そして米政府が、「オーラルステートメント」によるハルの松岡批判を撤回するのであれば、交渉の継続も考えられると、譲歩の色を見せた。東條陸相は「望ガナクテモ最後迄ヤリ度イ、難シイ事ハ知ツテ居ルガ大東亜共栄圏建設、支那事変処理之ガ出来ナケレバ駄目デアツテ、三国同盟ノ関係カラモ米ノ参戦ノ表看板ヲ表ニ掲ゲサセヌコトダケデモ出来ヌカ」と、あくまでもアメリカとの直接対決は避けたい旨を明らかにした。そして平沼に続いて「日本人トシテ正シイト思フ事ヲ真ニ伝ヘレバ精神的ニ気持ガ移ルノデハナイカ」という、抽象的な精神論で結んだ。極端に意見を控えがちの及川海相でさえも、今回は違った。海軍内の情報によれば、ハル長官を筆頭に、アメリカは「太平洋ノ戦争ニハ持ツテ行クマイト云フ考ガアルラシイ」と、間接的だが、戦争回避に最大の努力を払うことに賛成票を投じ、二国間の利害が一致するのだから、交渉の「余地ガアリハセヌカ」と、これも当たり障りなく述べた。

皮肉なことに、交渉中断も辞さないと息巻いている松岡の説得にかかったのは、つい最近、「目的達成ノ為対英米戦ヲ辞セズ」という勇ましい言葉を御前会議で承認させたのと同じ人々だった。つまり作文上の戦争決意とは、その程度のものだったということだ。そしてそれは、松岡の強がり言説とて同じなのだった。松岡は対米交渉決裂を示唆し、強気で毅然としたところを見せて周りを威嚇し、政府の主導権を取り戻すことを期待したと思われる。しかしそれは誤算だった。小説的に語られる逸話では、ここらへんで松岡が、「軍部がそんな弱腰でどうなるか！」と怒鳴ったことになっている。「それでなくてもアメリカになめられておるのに、そんな弱腰をみせれば、アメリカはますます図に乗って難題をふっかけて来るに決っている。それが君らにはわからんのか。君たちは馬鹿者だ。大馬鹿三太郎だ」。そして「どだい軍人が外交問題に容喙するのからして間違っているのだ。君たちのような頭の固い人間には、生きた外交というものは分かりゃせん。軍人は軍人らしく戦争のことだけを考えておればいいのだ」という勇ましい台詞で挑発したという。その結果、東條陸相はこう切り返す。「一体どこがどういう風に馬鹿なのか、後学のために説明を承ろう」。正確なやりとりは知る由もないが、確かなのは、この会議の席で、松岡が完全に越えてはいけない一線を越えて、後戻りできなくなったことだった。軍部指導層を本気で怒らせ、真っ向から敵にまわしたのだ。

そこには幾多の皮肉が蔓延していた。誰も、南部仏印進駐が、アメリカとの外交決裂に繋がることを予想していなかった。例外として松岡だけが、そのリスクを直視していた。だがその誰よりも知米派で、外交のプロを自任する松岡が、今度はアメリカとの交渉破棄を仄めかしていた。そこで平沼や東條など、指導層の中でも保守的な見識で知られる人々が、衝動的になるなと松岡を諭す始末だった。

これまで見てきたように、確かに松岡は、日本が南で武力行使する主権的権利があると強調し、前回の対米回答でも、その点をしっかりとワシントンに伝えてはいた。またヨーロッパ外遊から戻ると間もなく、ドイツの援軍として、シンガポールを攻撃するべきだと主張していた。これら一連の矛盾するような行動は、他の指導者たちには、まったく理解不能だったかもしれない。しかし松岡の頭の中では、以前自分が主張していたことと、軍参謀クラスが主導する南進計画には大きな違いがあった。シンガポール攻撃は、松岡の世界観に於いて、標的をごく小さく絞った牽制目的の威嚇ジェスチャーに過ぎなかった。ところが今回の南部仏印進駐計画は、より大きい戦いを戦えるように、より入念な準備をし、そのことを世界中にアピールする結果になるという、つまり大戦争のリスクを増大させる、本末転倒の構図の上に成り立っていたのだ。

そこを見抜いていた点で、松岡の孤独な抵抗は、必ずしも常識的判断から逸脱したものではなかった。続く話し合いの中で、出席者たちは、まさに松岡を苛立たせた表面的な外交理解をさらけ出すことになった。もうすでに遅れているワシントンへの返答に関しては、内容そのものでなく、伝達のタイミングばかりを気にする意見が目立った。杉山参謀総長は、南部仏印進駐が完了するまでは、アメリカへの返事を遅らせるべきだとした。なぜかといえば、フランスのヴィシー政権との交渉が、二日後の七月一四日には開始される予定であり、その最中にアメリカが日本の南進について聞き知ることになれば、話し合いに干渉して「米ガ仏印ヲ抱キ込ム」ことになるかもしれない、と憂慮したからだった。進駐が滞りなく、しかも戦闘を伴わずに平和的に完了してからであれば、いくら気に入らないところであっても、アメリカが事後、干渉行動をとるはずはあるまい、というのがその主張の根底にあった。言うまでもなく杉山は、ワシントンがすでに日本の南進計画を知っているなど、考えてもいなかった。

リーダーたちの近視眼的、希望的観測は、日本精神の優位性や、日本に託された、西洋植民地主義からアジア世界を解放する歴史的使命への信念、そして、外交や経済の膠着状態が平和的に解決されることへの切なる望みなどの、あくまでも主観的な理由によって正当化されていた。そして現実的外交戦略を伴わない壮大な理想は、日本のリーダーシップに、ある種のイデオロギー的一貫性が存在するかのような錯覚を起こさせていた。

その日の会議の最後に、永野軍令部総長は、松岡に向けて提案した。「松岡君、日本ガ何ヲ言フテモ態度ヲ変ヘヌト云フナレバ、外務大臣ノ云フ通リヤッテモ宜シイデハナイカ」。ハルの「オーラルステートメント」を拒絶し、交渉も打ち切ることに賛成という意味なのか、それとも、南部仏印進駐の完了を待たずに、アメリカに返答すべきだと言っているのか。多分、後者であったと思われるが、永野の言わんとするところは大いに不明瞭だった。いずれにせよ、永野のこの松岡援護のコメントには、周りも唖然とし、交渉打ち切りに議論を戻すつもりかと驚いた岡海軍省軍務局長が反駁した。「何ボカデモ努力ヲスルト云フナラバ宜シイガ、総長閣下ノ様ニブッツリト止メルト云ハレテハ、下ノ者ハ仕事ヲヤル熱ガナクナルデハアリマセンカ」。すると「ソレモソウダ」と、永野もすぐに納得したという。軍令部総長ともあろう人物が、またしても、会議中居眠りをしていたのではないかと感じさせるほど不十分な状況理解と、相変わらずの当事者意識の欠如を、大いに暴露したのであった。

このように、発言者の真意さえつかめない、不安を掻き立てられる曖昧なやり取りの余韻の中に、七月一二日の連絡会議は終了した。何とか合意に辿りついた事案と言えば、杉山の楽観的提言どおり、アメリカへの返事は、日本の南部仏印進駐が完了するまで待つべきだということだった。近衛は相変わらず、静かに座っていた。

＊

七月一四日、松岡は体調が優れない中、ワシントンにむけて二度目の返答を起草した。その内容は、五月一二日にハルにすでに渡されている最初の返答と大差なかった。新たに加えられたのは、独ソ開戦後、世界情勢が変化したとはいえ、日本が三国同盟を放棄する気はないという意思表示だった。そして米政府には再度、日本が和平交渉に入れるよう、蔣介石に促してほしいと要請し、実際に交渉に入れた暁には、日中間の話し合いにアメリカが干渉しないことを、当然のごとく求めたのだった。

松岡は別途、ハルの行動批判も含む「オーラルステートメント」に対する拒絶回答を送ったうえで、その数日後、新たにこの交渉に関する対案を、提出するつもりでいた。しかし近衛以下は、ハルの「オーラルステートメント」にそこまでの外交努力を集中することは、相手に挑発行為と受け止められかねない、さらには日米間の「会話」そのものを決裂に至らせるのではないか、と危惧した。そこで「オーラルステートメント」を拒否するのと同時に、新対案を伝達することを希望した。それでも松岡は、あくまでもプライドの問題として「オーラルステートメント」の拒否に固執し、野村大使には、まずはハルが「ステートメント」を撤回するよう、要求する旨伝えた（少しは自制力を発揮し、長々としたハル批判をすることは控えた）。そして七月一五日、松岡は、まだアメリカに渡っていない対案草案をドイツ側に示し、その了解を求めた。外相が、日米交渉にドイツを巻き込もうとしていることを知った近衛はさすがに驚き、ついにいまだかつてない迅速な行動に出た。この期に及んで、やっと松岡のワンマンショーを強制終了させることを決意したのだった。

七月一六日、近衛が松岡新外相を伴い、颯爽と首相の座に返り咲いてからほぼ一年が経過したその日、第二次近衛内閣は総辞職した。松岡の政治的敗北は、七月二日の御前会議に至る経緯でも、すでに明白になっていたはずだった。しかし松岡は、いくら待ったところで、近衛が期待したように、自主的に外相の座から退くことはなかった。明治憲法下では、首相の近衛が閣僚の松岡を解職することはできない。そのため、このような回り道で、終止符を打つ運びとなったのだ。松岡は総辞職を決める緊急閣僚会議を病気を理由に欠席し、内閣の方針が決まったことを伝えられた後に、自宅で辞表に署名した。さすがの松岡も、ついに諦めたのだった。そして近衛はすぐに新内閣の組閣にとりかかり、七月一八日に、第三次近衛内閣が正式に発足した。主要メンバーの中で変わったのは、外相だけだった。
実質上の解雇後、松岡は引き払いを名目に、外務省の執務室に出向いた。陸軍省参謀の石井秋穂は、その時の様子をこう記している。「松岡退陣するに際し、彼は外務省の高等官はもちろん、給仕、タイピストに至るまで駆り集めて多いにブッた。当時の外務省は不世出の英雄を送るの観を呈した」[6]。それは松岡劇場の、いかにも象徴的な幕引きだった。一世を風靡したその国民的「英雄」を見送るために、人々が沿道に集まっていた。記者から心境を聞かれると、松岡は、刈り上げた自分の頭を揶揄し、一句詠んだ。パイプをふかし、合間に咳こみながら。

坊主めが　行倒れたり　梅雨の旅

国民は、松岡更迭の裏側に潜む真実を知る由もなく、説明し難い喪失感を味わった。国際連盟脱退以来、自信に満ち溢れ、単刀直入な物言いと派手で痛快な立ち回りで電撃外交を行う松岡外相を、国民は誇らしく、心強く思っていた。とっさの場合でも、何を言って、どのように振る舞うかを本能的に察知しているかのようで、その意味において、広報の天才だった。そしてその才能は、多くの日本人に、好意的に受け入れられていた。一部の人々は、近衛が松岡を追い出したのは、いよいよソ連との戦争が近づいたからではないかと、まったく見当違いの推測をした。作家の野上弥生子《やえこ》は、七月一八日の日記に書いている。「内閣が辞職した事を知る。どうも松岡外相を引っこませるためらしい。大命は同じく近衛さんに下ったとの事だから。さうすればロシアとはじめると思はなければならない。ほんの一と月まへあれほどスターリンと仲のよいところを見せた松岡氏では、流石に内外情勢の重大化に伴ひ、国家本位に行動すると云ったところで、すぐ打ちあひも出来ないだらうから。こんなものさわがしい記事を新聞でよむと、フィレンツェの絵画や建築について書いてゐるのがもどかしくなる。しかしこれも一つの生活である[7]」。

荷風はといえば、いつもながらの、より鋭く、穿った洞察力で、この新たな展開を解釈していた。今回の総辞職は、ソ連攻撃や三国同盟離脱などの外交政策の根本的な方向変換を意味するのではなく、政府内の内輪もめ的な権力闘争のなりの果てであると読んでいた。七月一八日、日記に記した。「初より計画したる八百長なるが如し[8]」。

その日は、七月中旬にもかかわらず、季節外れの寒さで、風の強い日だった。荷風は、落ち葉が掻き集められて、畑で焼かれる様子を眺めながら、「暮れ行く秋の如き心地」を覚えた。そして、仏人小説家レオン・ブロワの戦時日記を読み、第一次世界大戦に思いを馳せた。つくづく、しみじみと、戦争にとられる近しい家族や友人のいない自分の独り身を幸運だと感じた。「米は悪しく砂糖は少なけれど罪なくして配所の月を見ると思へばあきらめはつくべし。世には冤罪に陥り投獄せられしもの尠なからず」。日記をつけるという行為は、荷風に残された、ますます奪われつつある自由そのものだった。その僅かに残された自由だけは、決死の思いで守る覚悟でいた。

失脚直後の松岡を、西園寺公一が訪ねている。かつて自信満々だった前外相は、文字通り、小さくなってしまっていた。若い頃に患った結核を再発させ、ヨーロッパからの帰国後、急激に体重を落としていた。かつては侯爵の別荘だった松岡邸は、少し前まで、権力に惹かれてやってくる者や、へつらう連中で混雑しているのが常だった。それが一変、家はすっかり空っぽになっていた。ほぼ二時間にわたり、西園寺はウイスキーを飲みながら、誰にも邪魔されることなく松岡を慰めた。日本の対米危機を、自分の舵取りで見事に避けてみせると豪語し、外相のポストについたのは、たった一二ヶ月前の事だった。しかしトレードマークの瀬戸際外交は結局のところ、短期間のうちに、日本を危機の深みへと陥れる結果に終わった。松岡よりもはるかに少ない知識や、経験しか持たない者が外相であったとしたら、これほどまでに日本の国際的信用にダメージを与えることは、なかったであろう。

＊

破天荒な唯一無二の外相は去り、新しくその座についたのは、海軍大将の豊田貞次郎《ていじろう》だった。イギリス留学経験のある豊田は、それでも、外相として適材とは言えなかった。自信には事欠かなかったが、外交経験は浅かった。ただ大きな内政的強みはあった。海軍出身ということで、軍部や野村大使とのスムースな連携が期待され、また第二次近衛内閣では商工相を務めたこともあり、日本が直面する物質的危機もよく理解し、戦争回避のために説得力ある議論ができるはずだった。しかし日本の政治や将来よりは、己や海軍組織の地位の安定のほうに興味があるようにも見受けられた。一九四〇年秋、豊田は及川古志郎海相の次官として、及川自身が尻ごみしていた三国同盟締結を、海軍の予算や組織力増強の観点から、積極的に唱えた人物だった。

海を隔てたワシントンの野村大使は、希望を持って、政変を受け止めていた。今回のことで、近衛の決心を過大評価し、松岡更迭が日本の外交政策の刷新を意味するものと考えたのだ。具体的には、枢軸同盟の放棄、南部仏印進駐の中止など、日米交渉のために好材料となるような仕切り直しを期待していた。それはアメリカ側とて同じだった。独ソ戦勃発の日、『ニューヨーク・タイムズ』はこう評している。「戦争も、独ソ戦の段階に突入し、ワシントン政界では、これを機会に日本が新たな政策を打ち出すことを期待している。それはつまり、日本がただ単に、近い将来、枢軸国との絆を断つだけでなく、戦争でドイツに立ち向かうということだ」。だがこのように希望に満ちた観測は、長く続かなかった。七月一八日までに、ワシントンは、日本の外交政策に大きな変化を望めないことを察知した。それは的を射ていた。豊田新外相は、すぐに南進計画遂行に着手し、ヴィシー政府に、南部仏印の引き渡しを求めていた。断られると、それならば日本は武力行使も辞さない、と示唆した。最終的には七月二二日、「平和的」に、日本の進駐が決まった。日本軍はこれで、新たに八空軍基地と二軍港へのアクセスを手に入れた。近衛政権は、松岡という問題人物を取り除きさえすれば、アメリカの信頼を回復するのに十分だ、と甘く見ていたのだった。

一方、ルーズベルト側は、日仏間の合意を、諜報活動によって再度、迅速に把握していた。ハルが病気だったため、七月二三日、国務長官代行のサムナー・ウェルズが、野村に日米間の会話の終結を通告し、その二日後、政権はアメリカにおける日本資産を凍結した。蘭印、イギリス、カナダ、ニュージーランド、フィリピンも、ワシントンの方針に追従した。さらには、フィリピンの保守を視野に、ダグラス・マッカーサーを司令官とする極東陸軍が設置された。対日石油禁輸の話も出ていた。イギリスも、シンガポールの危うい立場を、非常に懸念していた。日本の進駐計画が正式に発表される前に、豊田外相を訪問した駐日イギリス大使のロバート・クレイギーは、極めて興奮した様子で、計画の決行に猛反対した。イギリスが日本のことを、ビルマやら、マレー半島やら、中国やらで包囲しているというが、それはまったく事実と反している。そしてこの占領を行うのなら「俺ノ所モ考ヘル」と、イギリスによる報復措置も警告している。[9]

日本政府は、英米諸国の厳しい反応に虚を突かれた形になったが、それでも現実から目を背けようとする意固地な自己欺瞞は、さらに続くのだった。七月二四日からの連絡会議はおそらく、より固い秘密厳守のため、従来の首相官邸ではなく、皇居で行われるようになった。その席で、豊田は「石油ハ懸念セラルル所ナルモ米ガ全面的ニ石油禁輸ヲヤルカドウカ問題ダ」と述べた[10](「この豊田の発言について、陸軍参謀本部戦争指導班の『機密戦争日誌』は、「野村大使ヨリノ」「ヒステリック」な報告によって触発されたもので、杞憂に過ぎないと軽くあしらっている。[11]そしてその翌日の日誌でも、ルーズベルトが対日全面禁輸も止むを得ないと演説したことを受け、「当班仏印進駐ニ止マル限リ、禁輸ナシト確信ス」と、その根拠は説明せずに断言している)。

海軍省軍務局の高田利種第一課長は、超タカ派の同僚、石川信吾とともに、南進計画の起案に携わった幕僚だった。その高田が戦後、何十年も経て、録画インタビューでこう述懐している。「南部仏印に手をつけるとアメリカがあんなに怒るという読みがなかったんです。そして私も南部仏印まではいいと思っていたんです。よかろうと思っていたんです。根拠のない確信でした。私はだれからも外務省の意見も聞いたわけではない。何となくみんなそう思っていたんじゃないですか。南部仏印ぐらいまではよかろうと。これは申しわけないです。申しわけなかったですよ[12]」。

南部仏印に「手をつける」ことで予想された米国の反応を、日本政府に警告してきた野村大使には、今度は進駐によってもたらされたダメージを、最小限に止める役が回ってきた。七月二四日、資産凍結の日、ルーズベルトは野村を大統領執務室に迎えた。午後五時だった。ハロルド・スターク海軍作戦部長とサムナー・ウェルズ国務次官も、同席していた。ウェルズが会議の記録を残している。落ち着かない様子の大使に、ルーズベルトは米政府としての見解を述べた。それは、日本の政策の背後に、ヒットラーが見え隠れしている、ということだった。この話が持ち上がるのは、何も今回が初めてではなく、野村はそれを断固として否定した。しかし大統領は、日本に対するさらなる制裁を科する準備もあること、そして、もしも日本が蘭印を武力で抑えて、原油を入手するようなことがあれば、戦争の可能性さえあることを、示唆してはばからなかった。

野村は、インドシナにおける日本の最近の行動は、個人的には憂慮しているところである、と伝えた。そこでルーズベルトは、海軍出身の豊田外相が野村と旧知の仲だと聞いて、喜んでいると返した。あわよくば、日本の南進計画を打ち切りにもっていけるかもしれないという、ルーズベルトのほのかな希望がうかがえる発言だった。そしてウェルズによると、大統領はその後、次のような大胆な構想の提案をした。

「もしも日本政府が、軍力、および海軍力で、インドシナを占領しないのであれば（もしくは、もう占領が開始されている場合、軍を撤退するのであれば）、大統領は、出来得る限り、中国、イギリス、オランダ、そしてもちろん自国の政府に働きかけることを保証する。日本を含め、これらの政府が、厳粛で、効力のある宣言に同意するようにしたいが、そのゴールは、インドシナを、いわばスイスのように、中立地域化することである[13]」。

これは、ワシントンから出された提案の中で、最も画期的かつ融和的なものだった。仏印はアメリカにとっても、錫、ゴム、その他原材料資源を提供する地域であり、戦略的に重要だった。ただそれ以上に、ルーズベルトは、できる限りの方法で、日本をヒットラー政権から完全に引き剝がし、大西洋と太平洋での二面戦争を避けることを望んでいた。現時点でのルーズベルトの外交優先事項は、イギリス、そして今となってはソ連の援助に、最善を尽くすことなのだった。そのためにも、やはり太平洋上の平和を確保する必要があった。それには創造力が必要だった。ここで注目すべきは、ルーズベルトが、日中戦争の解決という、より長く慢性化している問題と、ごく最近の日本の仏印進駐政策を、あえて関連付けなかったところにあった。それは仏印中立化案を、より日本に受け止めやすくしようとする、ルーズベルトの交渉意欲の証だった。

野村は大統領のこの壮大な申し出に、感銘を受けた様子だったが、ウェルズの印象としては、あまり脈があるように感じられなかった。というのも、大使が「偉大な政治家のみがインドシナ政策を逆転することができるだろう」といった意味の発言をしたからだった。これにはルーズベルトが、日本がナチス政権の圧力下にあることは、アメリカ人にも明らかであると返し、日本政府がなぜヒットラーの世界征服の企てを見て取れないのか、不思議だとも付け加えた。野村がいくらドイツの影響力を否定したところで、耳を傾けてもらえそうになかった。とにかく野村は、本国政府に大統領の提案を伝える旨、約束した。

東京で野村のカウンターパートだったジョセフ・グルーは、六〇歳を超えても颯爽としていた。一九三二年に駐日大使となる前は、デンマーク、スイス、トルコなどで大使を務めていた。グルー夫人は、徳川幕府に鎖国政策を廃止させ、開国を迫ったマシュー・ペリー提督の大姪という家柄で、日本への着任は、グルー夫妻にとっても因縁深いものだった。八年という長い在任期間中に、夫妻は日本に非常に愛着を持つようになり、東京の社交界では欠かせない存在になっていた。

グルーはボストンの上流知識層出身で、社会的なコネクションもある、非の打ちどころのないエリートだった。ルーズベルトとウェルズの間には、姻戚関係があったが、この二人と同様、グルーもマサチューセッツの有名私立校グロートンを卒業し、これまた同じくハーバード大学に進んだ。言うなれば皆、同言語を話す、同種の人間だった。グルーは、ルーズベルトが野村に示した「インドシナ中立化案」の第一報に触れると、すぐにその提案の意味するところを察知した。グルーは興奮していた。この提案こそが、日米外交の画期的な打開策に繋がるのではないかと感じたからである。

グルーが野村・ルーズベルト会談の報告を受けたのは、事後、二日が経過してからだった。そして直ちに、「大統領の提案が受け入れられるよう、すべてできることはやるつもりで」取る物も取り敢えず、豊田外相に会いに行った。[14] 七月二七日の朝だった。これはワシントンからの訓令を待つ時間も惜しいと、すべてグルー自身の判断で行われたことだった。それほど急を要する大案件だという理解が、グルーにはあったのだ。結局はアメリカも日本も、戦争を望んでいないという強い信念があり、大統領の新提案の性質を考えれば、日本の指導者も安堵のため息をついているに違いない、とグルーは考えたのだ。それは大いなる誤解だった。

豊田外相は、グルーが何を話しにきたのか皆目見当のつかない様子だった。このことは、米大使を少なからず困惑させた。野村大使から、何か重要な報告があったか部下に確認するために、豊田はいったん席を外す始末だった。そして、やはり大統領提案に関する報告は、何も来ていないということだった。果たして外務省内で、枢軸派による情報のサボタージュがあったのか、もしくは何らかの伝達ミスがあったのか、定かではない。だが野村大使は会談後すぐに、大統領からの仏印中立化の提案があったことを、はっきりと電信していた（そして、この七月二四日の報告を補充する形で、七月二七日に、再度報告があった）。

予想外の展開に戸惑いつつ、グルーは大統領の提案を、豊田外相に説明しなければならなかった。そして説明が終わると、豊田からは、気のない反応しかなかった。大統領からの提案は遅すぎた、日本の世論はすでに、ワシントンの資産凍結の結果、反米的になっている、日本政府はいまさら南部仏印進駐を止めるわけにはいかないだろう、といった趣旨のものだった。

豊田がグルーに説明したことが、まったくの嘘ではなかったとしても、それが正しいとは、言い難かった。確かにその頃の日本のマスコミは、「ABCD包囲」（AはAmerican、BはBritish、CはChinese、DはDutchを意味する、日本の最大の敵とされる国の頭文字）という、センセーショナルなキャッチフレーズをさかんに使い、日本の経済的孤立や、危機感を煽り立てる論調に拍車がかかっていた。だが非民主的社会において、権力に迎合し、警戒主義を助長するような報道は決して珍しいものではなく、明らかに国策をサポートする形で形成された「世論」のために、政府の選択肢が狭まっていると主張するのは、どう考えてもおかしな話だった。やはり驚くべきは、豊田がなぜもっと積極的に、ルーズベルトの申し出に対応しなかったかという点だ。とりあえず豊田は、中立化案に正式な回答をする前に、政府内で話し合う必要があるとして、グルーには少し待ってほしいと言った。

しかし、グルーは踏ん張った。ルーズベルト提案に含まれた譲歩は、アメリカ側からすれば、かなり限界に近いものだということを重々承知していたのだった。そのため必死で、豊田の説得に努めた。今の苦しい政策転換が、より良い日本の未来を約束するだろうと力説し、非公式に、厳密にオフレコの話だとしながらも、もしも日本側が大統領の提案に好意的に応ずるのであれば、日本の資産凍結解除も可能だろうと示唆した。「『面子を保つ』ことの重要性も、十分考慮しなければならない」、そのこともアメリカ側は「しっかりと承知している」とまで言った。[15] そして豊田外相は、様々な思惑を超えた、より高所から、偉大なるステーツマンシップ、つまり最高の政治的手腕を発揮するチャンスに直面しているのだと諭した。ここで勇気ある決断をすれば、日本が悲惨な状況から解放されるだけでなく、外相が稀有の政治家として歴史に残ることになるだろう、と付け加えた。

グルーは、豊田外相の人となりを、かなり誤読していた。このような、虚栄心をくすぐるタイプの最大級のお世辞は、松岡にとってはたまらなく魅力的だっただろう。だが豊田は、危険で大きな賭けに出るよりも、自分の知っている世界の境界線内で、熟知したルールを頼りに、安全プレーで高得点を上げることを好んだ。現存する記録では、ルーズベルトによるインドシナ中立化提案が、連絡会議で綿密に議論された形跡はない。非常にデリケートな内容だと判断した近衛以下政府首脳は、大統領提案を、トップレベルでの話し合いのみで処理したと考えられる。

後に近衛は、ルーズベルト提案を事実上黙殺したことについて、その発案、伝達の悪しきタイミングを主たる理由とし、自己弁解している。そして特に、野村大使からの報告が遅かったことを非難した。だが、もし野村に足りないところがあったとすれば、それは報告が遅かったことではなく、最大限に大統領提案の重要性を強調しなかったところにあった。歴史家たちが野村を、交渉力には長けるが、伝達力に欠ける、と評してきた所以である。確かに、そうだったのかもしれない。しかし、主に電報という手段に頼っていた当時の太平洋外交を考えると、迅速で、十分な伝達を行うというのは、至難の業であったであろうことも忘れてはならないだろう。

戦後の近衛の主張によれば、大統領提案に関する報告が到着すると、自分はそれを受け入れる方向で、最大の努力をした、ということであった（「右翼方面にも手を打つ等百方努力した」としている）[16]。ただ具体的な話し合いの詳細は残されていない。豊田外相、及川海相、東條陸相とは面会している。とりあえず東條は、南部仏印進駐計画の中止を、原則として認めなかったと考えられる。少し前には、東南アジアでの「泥棒」行為に、道義上反対したはずの陸相だったが、何と言っても「南進計画」は、すでに御前会議でのゴーサインが出た、後戻りのできない聖断だった。

大統領提案のタイミングは、日本の内政的都合からすれば、遅かったことは否めないだろう（それならば、提案がいつ来れば間に合ったのかという話になるが、これは最初から都合が悪いわけで、結局のところとってつけたような理由である）。だがより大きな問題は、近衛が果たして内閣総理大臣として、積極的に千載一遇の機会をものにしようと奔走したのかという点だ。近衛の指導力やスタイルからしても、これにははなはだ疑問が残る。また近衛だけでなく、その周囲の誰ひとりとして、面子や権力抗争のリスクをかなぐり捨ててまで、仏印政策を逆回ししようとしなかったのも問題であった。

日本の指導者たちは、「静観」という名の下に、外交危機をそのまま悪化させる道を選んだのだった。一方で市民は、何らかの危機が日本に迫りつつあることを感じながらも、その問題の本質には無知なままだった。軍資金調達の一環として、簡易生命保険の加入運動が全国で盛んに繰り広げられていた。そして七月半ばまでには、加入件数が五〇〇〇万件まで達し、契約高、一〇〇億円の新記録が鳴り物入りで発表された。この金額は、人口七三〇〇万人ほどの国の、国民総生産四〇パーセントほどを意味していた。そしてその積立金は、国債の購入に充てがわれたのだった。体を張って国に報い、保険をかけたところで、国が国民を守ってくれるという保証はなく、総力戦の果てに、やがて自分たちの生命が果てしなく安く、あるいはただ同然に扱われるようになることを、人々は予見できなかった。

七月二八日、日本による南部仏印占領が正式に始まった。これでシンガポールが、戦略圏内に加わったのだ。インドシナ半島から先の地域への進攻は、とりあえずは行われないとされていた。にもかかわらず、あっけないほどスムーズに目的が達成されると、強気になった幕僚たちは、次のステップを計画することに余念がなかった。七月最後の日、統帥部の最新戦略案を携えた永野軍令部総長が、天皇に謁見した。永野は、何としても対米戦争は避けなければない、また日米和平を妨げる三国同盟には反対していると述べた。ただそのような平和を望む言葉とは裏腹に、持ってきた新案の内容は、積極的かつ攻撃的だった。そこでは、「油の供給源を失ふこととなれば、此儘《このまま》にては二年の貯蔵量を有するのみ、戦争となれば一年半にて消費し尽くすこととなるを以て、寧ろ此際打って出るの外なし」という、一か八かの戦争が、提起されていたのだ。

驚いた天皇は、これに対し、もしそんなことになったら、日露戦争における日本海海戦のような大勝を期待できるのかと問いただすと、永野は、そのような「大勝は勿論、勝ち得るや否やも覚束なし」という、なんとも心もとない返事だった[17]。会談後、天皇の率直な感想が、木戸内府を恐縮させた。

「斯くてはつまり捨てばちの戦をするとのことにて、誠に危険なり」

8 「ジュノーで会いましょう」

石井花子は、光をたたえる猫のような目をした、丸顔の女性だった。出会って五年の月日が経っていたが、このようにすっかり打ちのめされたリヒャルト・ゾルゲを見るのは初めてだった。心地よい書斎の窓には、あたかもその境界線を死守するかのように、床まで垂れ下がるえんじ色のビロード地カーテンがかけられ、外界を遮断していた。六月も終わりに近いその夜、花子は、ゾルゲの目に涙が溜まっているのを認め、驚いた。ゾルゲは花子の膝に頭を埋めて、こらえきれずに泣きだした。抱きしめたり、腕や背中をなでたりしながら「なぜ淋しいの？　どうぞ話してください」と促したものの、あまりに珍しい出来事に、どうすればよいのか、花子は正直、戸惑っていた。[1]

花子、またはドイツ語の渾名でアグネスは小柄な女性で、二九という実際の年齢よりも、若く見えた。絶世の美女というわけではないが、少女のようなかわいらしさがあった。そして濃いアイメークや、付けすぎの口紅が、背伸びをしているように映り、かえってその幼さが強調された。長身のゾルゲの顔には、年毎に深い皺が刻まれ、疲れた顔になっていた。花子より一五歳年長だったが、見た目はそれよりも、もっと年の離れたカップルに見えた。ゾルゲが泣いたのは、独ソ開戦の頃だった。

二人が出会ったのは、銀座のビヤホール「ラインゴールド」に、花子が勤めていた時だった。二人は同棲することこそなかったが、一九三六年の夏から、愛人関係だった。花子にも、ゾルゲが疲労困憊していることは、十分わかっていた。そしてその疲労が、普通の種類のものではないことも、何となくだが、察知していた。ゾルゲが泣いた晩のことは、特に印象深く記憶に残った。

究極の二重生活に、疲れ果てていたのだった。ドイツ人であるゾルゲの、ソ連諜報界における立場は、ますます危ういものになっていた。かつて、国家間の些細な違いなど超越できるものと信じ、共産主義を受け入れたはずだった。しかし、クレムリンのスパイとしての活動が長くなればなるほど、いかに自分が、国家に縛られているか、わかってきた。スターリンの下にソビエト化され、ロシア化された政権では、コミンテルンやユートピア・マルクス主義に近いゾルゲの共産思想は、危険視されるようになっていた。ゾルゲと交際があり、より高い理想を掲げたレーニン・グループの人々は、ここ数年の間に、スターリンによる「大粛清」の餌食となっていた。東京のスパイ仲間ブランコ・ド・ヴーケリッチに語ったところによると、ゾルゲは、もしも自分がモスクワに召還されれば殺されると確信していたという。

ゾルゲの酒量は、多くなっていった。花子はよく、書斎で本を読みながら、酔っ払った恋人が帰宅するのを、辛抱強く待つのだった。独ソ開戦の当日には、ドイツ大使館員が、帝国ホテルのバーで泥酔するゾルゲの姿を目撃した。ゾルゲは、フランス人、イギリス人、アメリカ人などの客に絡もうとするのだが、誰にも相手にされなかった。スターリンとの不可侵条約を踏みにじったヒットラーは、ろくでなしだ、と英語で叫んだりもした。そのドイツ大使館員は親切に、ホテルに部屋をとり、金も貸してやり、ゾルゲがそれ以上、醜態をさらすのを食い止めた。はっきりとヒットラーを汚しながらも、ドイツへの忠誠心を疑われなかったのは、いかにも幸運だった。

ナチスのソ連侵攻直後、ゾルゲと尾崎が推測した通り、日本は北進計画を無期限に保留し、南進主眼の国策を進めていた。しかし、日本が絶対に北進しないという確証はなく、疑念の余地は残っていた。いかにも、御前会議の決定は条件付きだった。「密カニ対『ソ』武力的準備ヲ整ヘ」「独『ソ』戦争ノ推移帝国ノ為ニ進展セバ武力ヲ行使シテ北方問題ヲ解決シ北辺ノ安定ヲ確保ス」となっている。[2] この言い回しは主に、陸軍の体裁を保つための配慮だった。海軍が、英米との戦争をも辞さないと豪語する手前、陸軍もソ連との戦いを辞さない心積もりであることを、誇示する必要が大いにあったのだ。

それでも実際に海軍に後れをとらないように、そして好機が訪れればいつでも戦えるようにと、七月七日から、陸軍による、中国大陸への大動員が始まった。八五万の兵士、ならびに大量の兵器の輸送が、八月中旬までの完了を目処に行われた。先に述べたように、日本陸軍のドリーム・シナリオは、ソ連が極東軍をヨーロッパ戦線に移動させ、日本に対する防衛が手薄になることだった。この動員は「関東軍特別演習（関特演）」と呼ばれこそしたが、その規模を考えると、事実上の戦争準備ともとれ、そのことがさすがの尾崎をも混乱させた。後の述懐によると、やはり日本はソ連とすぐに戦うのではという考えが、頭をよぎったという。そうなれば、まさにドイツの希望通りなのだった。スターリンは、ヨーロッパとアジアの両方で行われる二面戦争を恐れ続けていた。ドイツ軍はモスクワに接近しつつあり、クレムリンは日本の動向についての詳細を得るのに必死だった。結果、この時期のゾルゲと尾崎は、多忙極まりなかった。

陸軍の新大動員計画は、我らが前線兵士の代表、Uにも影響を及ぼした。Uは、一九三八年三月に、中国から帰還してから三年、もう三五歳になっていた。しかし一九四一年七月中旬に、二度目の招集を受けたのだった。呼び出しは、あくまでも暫定的なものだということだった。Uの前回の招集時、つまり一九三七年の夏、日中戦争の初期には、盛大な壮行会が催された。四年後、そのような見送りは、いっさいなかった。もう一度家族を残して出征することに絶望を感じたが、命令は命令と、店を閉じ、皆に別れを告げた。唯一の望みは、身体検査で撥ねられることだった。しかし期待ははずれ、見事に合格し、任務も知らされないまま、満州での新しい兵役につくための準備にとりかかるのだった。

＊

日本政府は、いまだルーズベルト大統領のインドシナ半島中立化案に、反応していなかった。そしていよいよワシントンは、八月一日、対日石油禁輸の施行を開始した。それは正確に言えば、米議会で議論されていた、「全面」禁輸措置ではなかった。石油取引が、非常に厳格な許可手続きの下に置かれることになったが、航空機用には適さない低品位石油を日本が購入することは、実はまだ許されていた。だがタカ派の経済担当国務次官補ディーン・アチソンや、財務長官のヘンリー・モーゲンソーJrは、許可制度の官僚的煩雑さをフル活用して、いかなる日本との石油取引をもサボタージュすることに、躍起となっていた。国務省、財務省、司法省などが連携して、石油取引に必要な資金のアクセスをブロックしたのだった（七月下旬に資産凍結が行われた際に、病気療養中だったハル長官が、そのような石油禁輸の実態を把握したのは、もうすでに、九月の初旬だった）。

日米関係の緊張が一気に高まるなか、近衛のトップ・リーダーとしての資質の疑わしさや、性格的弱点が、さらに顕著になっていった。追い詰められたと感じると、それらしい理由をつけては、自分の無策無為を肯定した。有田八郎に厳しく問いただされた時も、そうだった。外交のベテラン有田は、第一次近衛内閣で外相を務めた人物だった。八月一日に近衛に宛てた手紙で、総理は南部仏印進駐を、アメリカとの交渉中に許すべきではなかったと咎める内容だった。必ずしも親英米派とは言えない有田からの非難には、ことさら重いものがあった。

近衛の返信は、石油禁輸が始動した後の八月三日付けだった。「仏印進駐は松岡前外相すら極力反対したる所、しかも刀折れ矢尽きて前内閣当時の御前会議にて決定を見、新内閣成立の時は已に海南島に集結をいたし居り、矢は弦を離れたる形にて、もはや如何ともする能はず、但し日米国交調整の見地よりすれば、蘭印なればとも角、仏印なれば大して故障なかるべしとの見透しが、陸海軍共一致したる見解にて、此見透しが誤り居り、今回の如き結果となりし事、遺憾至極に存居候」。[3] その文脈には徹底的に自らを責任圏外に置く意図があった。「前内閣」にしろ、「新内閣」にしろ、自分自身が総理を努めているという事実には、目を背けた内容だった。そして極め付きは、今の自分にできることと言えば、「只天佑と神助を頼むのみ」だという。

しかし、本当に近衛が言うように、南進撤退は時すでに遅し、だったのだろうか。概論だが、負け戦から撤退しようとする際に、国家が直面する最大の問題は、どのようにしてすでに流されてしまった血と、費やした費用を正当化するかに終結する。たとえば二〇〇六年六月、米上院はイラクからの撤退について、大きく二つに割れた。民主党は、戦争のために、あまりにも多くの命と費用が無駄になったと主張した。しかし共和党政権は、どのような撤退も敗北を認めることに等しいとし、「われわれの信念の勇気」が、このような非常時こそ重要で「二五〇〇〇人以上の兵士の死が、無駄死にならぬよう」さらに戦い続けなければならない、と愛国感情に強く訴えた。[4] 一九三〇年代後半以降の日本でも、中国撤退案が持ちあがる度に、これに似通った強硬主張がなされていた。

しかし一九四一年八月の初め、インドシナから撤退することは、比較的容易なはずだった。直前に行われた南部仏印進駐では、日本兵の血は流されなかった。そして、前年の北部仏印進駐の際のような、現地軍からの抵抗もなかった。そもそも日本が表向きに掲げていたインドシナ進駐の目的は、地域の平和と秩序の回復だった。インドシナ半島を中立化して、フランスを含む、いかなる国もが統治権を主張できなくなれば、日本政府は本来の進駐目的を果たしたとして、堂々と撤退できたはずだった。さらに日本政府は世界に先駆けて、「脱植民地化」に貢献したとして、政治的勝利をも主張できたのではないか（そしてそれは、インドネシア半島のその後の、まったく違う歴史を意味していただろう）。しかし近衛には、何としてでも中立化を実現させようとするような気概はなかった。

米政府による八月一日の対日石油輸出禁止は、日米関係のターニングポイントになった。だが、より厳密に言えば、アメリカが行った禁輸自体がターニングポイントだったのではなく、日本政府がアメリカから提示された打開策を完全に無視したまま南進したことこそが、重大な岐路だった。あくまでも「平和的」に行われた進駐に、なぜこのように不当に厳しい処置をとるのかと驚きつつ、戦略参謀たちは、それまで抽象的にとらえていたアメリカとの戦争が、自ら引き起こした行動によって、実際に起こりえるということを、実感させられることとなった。陸軍省軍務局の石井秋穂は後に、「元来、七月二日」ノ政策は、『『カミツキ』政策』であり、「多クノ人々ガ作文的ニノミ認メテイタ」ところであったと述べた。[5]またそこにある『『戦争』の字句は景気づけの匂いが濃かったのであるが」禁輸を機に、「今度は現実の問題」となり、「黒白を明らかにせざるを得ない隅に追い詰められた感じ」になってきたという。[6]そして「景気づけ」が一ヶ月のうちに、「現実の問題」となってしまったのは、否定し得ない、日本自身による戦略上の選択があったのだ。

アメリカによる禁輸措置のニュースは、一般市民にも、二国間の関係が急速に悪化していることを、感づかせるに十分だった。マスメディアは相変わらず「ABCD包囲」という表現を多用し、特にアメリカは、その中でもいじめっ子大将のような立場で登場していた。八月半ば、『読売新聞』は、東南アジア諸国を読者に紹介する記事を、まさに「ABCD包囲陣」と題し、六日間にわたり連載した。大まかな流れは、「大東亜共栄圏の構築」という日本の対外政策の大義を正当化するもので、個々の国は主に植民地史の観点から語られた。

八月二一日の記事では、「いわゆるABCD陣営の対日包囲線は最近来ますます露骨な攻勢をみせている」と警告が発せられ、「あるいは経済圧迫にあるいは恫喝にデマ撒布に太平洋の波はまたしても掻き濁されようとする」と、日本はあくまでも、受動的な立場にあることが強調された。「これら執拗な牽制は、わが大東亜共栄圏への毅然たる歩みをいささかも阻み得ないばかりでなく」、西洋の「貪欲をむき出しに」

する行為で、「ビルマ、シンガポール、蘭印比島から豪洲、サモア、ハワイ、グアム等へ馬蹄型にのびる一連の軍事基地――本来東亜民族の勢力圏であるべきこれらの地が、いかにして白人のためにふみにじられ、ついには『みづからの東亜』に向って歯を剝くにいたったか、われわれは過去五世紀にわたる白人侵略の歴史と、屈従と忍辱に挫《ひし》がれた現実の姿態とに眼を向けなければならない」と主張した。西洋植民地主義の歴史を顧みれば、いかに現在の日本国家の外交的立場が、歴史的にも心情的にも正しいかが論点だった。

この手の大雑把な論調は、その後の地域別分析にも続いた。それには偏見と、思い込みも多分に含まれていた。マレー人とインドネシア人は、「勤勉できれい好き、情愛の深い点などで日本人に酷似する、従って日本人と親しみ易いことも南洋随一である」とされた。しかし「経済観念に乏しく政治的関心も薄くて、経済的には華僑勢力に完全に抑えられ政治的にはいつまでも英国、オランダの桎梏から脱しえない」ところは憂慮されるとした。フィリピン人は、かなり手厳しく描かれている。「比島人口の八分の七を占めるフィリッピン人は元来が土着民とスペイン人、またはアメリカ人との混血人種で基督教を奉じている、アメリカかぶれの見栄坊が多く、ダンスに浮れジャズ音楽に親しんでいる、白人の血が混っていることを誇りのように思って、日本人よりも自分たちの方が優越だと信じこんでいる」と批判し、さらには「自分自身の文化はなにも持たず一切がアメリカからの借着である」と繋げた。

しかし、アメリカの不正義を告発しつつ、日本自身の帝国主義の歴史を正当化するのは、至難の業だった。近代国家としての日本は、その歴史は浅いものの、近隣諸国に対し、西洋植民地主義観から派生する独自の優越感や人種観を育み、威圧的な帝国として振る舞ってきた。もちろんそのことに違和感を持ったり、贖罪の意識を持ったりする一般市民が、いなかったわけではない。特に、中国との戦争で何が起こっているのかということには、情報量が少ないながらも、国内で問題意識を持つ人がいたようだ。荷風はある日、中国戦線から戻った若い男の戦闘経験に関する噂を耳にした。日記に「町の噂」と題して、こう記録している。

「芝口辺米屋の男三、四年前招集せられ戦地にありし時、漢口にて数人の兵士とともに或医師の家に乱入したり。この家には美しき娘二人あり。医師夫婦は壺に入れたる金銀貨を日本兵に与へ、娘二人を助けてくれと嘆願せしが、兵卒は無慈悲にもその親の面前にて娘二人を裸体となし思ふ存分に輪姦せし後親子を縛つて井戸に投込みたり。かくの如き暴行をなせし兵卒の一人やがて帰還し留守中母と嫁とを預け置きし埼玉県の某市に到りて見しに、二人の様子出征前とは異なり何となく怪しきところあり。いろいろ様子をさぐりしがその訳分明ならず、三月半年ほど過ぎし或日の事、嫁の外出中を幸その母突然帰還兵士に向ひ、初めは遠廻しに嫁の不幸なることを語り出し、遂に留守中一夜強盗のために母も嫁もともども縛られて強姦せられしことを語り災難と思ひ二人の言甲斐なかりしこと許せよと泣き悲しむところへ、嫁帰り来てこれも涙ながらにその罪を詫びたり。かの兵士は漢口にて支那の良民を凌辱せし後井戸に投込みしその場の事を回想せしにや、ほどなく精神に異常を来し、戦地にてなせし事ども衆人の前にても憚るところなく語りつづくるやうになりしかば、一時憲兵屯所に引き行かれ、やがて市川の陸軍精神病院に送らるるに至りしといふ。市川の病院には目下三、四万人の狂人収容せられゐる由《よし》」[7]。

*

ルーズベルト大統領は、果たして日本政府が本気で平和的解決を望んでいるのか、大いなる疑念を持ち始めていた。七月二六日に、大統領は腹心のハリー・ホプキンスに、こう書いている（ホプキンスは、アメリカから同盟国への援助を後押しする「レンドリース法（武器貸与法）」の実現に尽力し、この時も、モスクワでスターリンと直接会談をする道中、ロンドンに滞在していた）。ルーズベルトは自分のインドシナ中立化案に関し、日本からまだ返答はないが、「おそらく否定的であろう」と悲観的な推測をした。[8]だが「少なくとも今一度、日本の南太平洋進出を阻止するための努力をした」ことに、悔いはないとした。

そんな中、中国で、深刻な外交問題に発展し得る事件が起こった。七月三〇日、日本軍が揚子江上の米砲艦「ツツイラ」号を誤爆し、危うく沈没させるところだったのだ。「ツツイラ」はアメリカ船の護衛に当たる船だったが、日本が蔣介石の臨時首都、重慶を爆撃中、身動きがとれなくなっていた。幸い船外機の損傷だけで済み、死傷者は出なかった。そしていまだにインドシナ中立化案に対する日本の返答を待っていた大統領の意向もあり、ワシントンはこの事態に、冷静沈着に対処した。日本政府の謝罪が直ちに野村大使より伝えられたことで、この一件は収束したが、それでも肝心の中立化案への返事は、まだなかった。

そしてさらに時は過ぎ、前記したようにその間、アメリカは石油禁輸に乗り出した。インドシナ中立化に関する日本の返事は、八月六日にやっと届いた。それは、日中戦争解決の前に、日本がインドシナから撤兵するつもりはない、しかしそれ以上の拡張はしないことを保証する、という内容のものだった。いくら日本がインドシナ半島以降に領土的野望を持たないと強調したところで、それは、ルーズベルトの耳に、空約束としか聞こえなかっただろう。ミュンヘン会談での、西側によるヒットラー政権の宥和政策失敗は、まだ記憶に新しいことだった。そして春以降、米国に提示してきた他の対案と同様、日本政府はアメリカに、中国との和平の道を探る手助けを要求した。それも日本の特別な、地域的な立場が損なわれないことを前提に、という条件つきだった。つまり日本政府は、遅ればせながらルーズベルトの中立化案を正式却下したばかりでなく、日中戦争解決という慢性的な大問題と、インドシナ半島からの撤兵という目下の課題を、自らの手によって直接関連付けたのだった。これはルーズベルトが、日本の面子を配慮し、とりあえずの緊張緩和の糸口を探る手立てとして、故意に避けていたことだった。

この中立化案却下の二日後、近衛首相は、ルーズベルト大統領との首脳会談を要請した。会談のアイディアは以前からあったものの、今回の申し込みは、「朝飯会」のメンバーである西園寺公一、松本重治、牛場友彦などを含む近衛の側近たちが集結し、具体化したものだった。ワシントンとの外交的和解を強く望む側近達は、国際会議という、心理的にも物理的にも東京からかけ離れた場所で、両国首脳が向き合うことが得策だと信じていた。近衛が国内の強硬論者からの余計なプレッシャーを感じることもなく、交渉だけに専念できるからだった。と同時に国際会議は、皮肉にも軍部の面子を立てる苦肉の策でもあった。首脳レベルでの和平の決断に、他者が入り込む余地はないとなれば、日本にいて不可抗力の軍部トップが、その弱腰を非難されることも避けられるのだった。国内ではどうにも面倒くさく手に負えない問題を、いったん外に出すことで解決させてしまおう、という考えだった。そして近衛にとって首脳会談は、それまでのすべての失策を一気に拭い払う、最大のチャンスだった。

このような思い切ったアプローチは、過去に成功した例があった。先述の通り一九三〇年、濱口内閣は、内政のあらゆるプレッシャーにかかわらず、国際会議の威信と天皇の信任を背に、「ロンドン海軍軍縮条約」を批准した。濱口と比べ、近衛には一貫性もなく、勇敢でもなかった。それでも、首脳会談のような一挙巻き返し作戦に出なければ、現状の打開は到底無理だということを、認めざるを得なかった。そして、その悪化する一方の状況に、ある程度の責任も感じていた。今ならまだ遅くない、という気持ちが、少し前に有田元外相に放った、諦めと責任放棄の混ざる言葉とは裏腹に、近衛の中に沸き上がってきていたのだろう。

しかし首脳会談開催をアメリカに申し入れたタイミングやそのやり方は、どうにもいただけなかった。八月四日、日本政府がルーズベルトの中立化提案を正式拒否する二日前に、近衛は、日米首脳会談を申し込む意向を陸海軍の両大臣に知らせていた。虚勢を張り続けてきたとはいえ、この頃までには、南進が外交的に重大な誤りであったことが、軍部内でも認識され始めていた。さすがにその間違いを表立って認める者はいなかったものの、後戻りできるのだったらしたほうが良い、それも外交的に処理できるのだったら、軍部に責任がいっさい降りかからない形でやってもらいたいという、ある種の譲歩を望む気配が感じられた。特に太平洋での大戦を避けたい海軍は、近衛の提案をすぐに受け入れた。

東條陸相の反応は、より慎重だった。私利的で選択的な嫌いがあるがあることは前記したが、近衛の回想によると、東條は、署名入りの文書で「総理自ら挺身して難局打開を試みんとする決意に對しては眞に敬意を表する」とし、「断乎対米一戦の決意を以て之に臨まれるに於ては」必ずしも日米首脳会談に反対はしない、と賛成した。[9] しかし首脳会談でルーズベルトと合意に達せなかった場合、近衛には「不成功の理由を以て辞職せられざること」を要求し、対米戦開戦へ向けて、むしろ「陣頭に立つの決意」をすべきだと意見した。

東條の真意は、重大な局面で責任回避にまわる近衛の性格を見抜いたうえで、それを牽制することにあったと見られる。そして、日本の状況がここまで行き詰まっていることには、近衛にも、首相として少なからず責任があることを、自覚させる意図もあったであろう。しかし東條の脅迫じみた語調を、近衛は不当と感じ、記録に残したのだと考えられる。とにかく結果的に陸海軍は、近衛の首脳会談に関するイニシアチブに同意した。そこまで首脳会談にかける条件が揃っていたのであれば、もうすでに大幅に遅れている中立案への正式回答を、さらに待ってもよかったのではないか。ルーズベルト提案をいったん拒否し、そのすぐ後に、首脳会談を求めるのは、いささか理解困難な行動だった。ワシントンからすれば、もう議論すべきことはなかった。なぜなら、それまでで最重要かつ最大の譲歩と信じていた、大統領起案の中立化提案を、日本が受け入れられないと、はっきりと回答したばかりだからである。日本にそれ以上のことを望まれて交渉するのは、無駄であり、危険だと思われて当然だった。

八月八日、ハル長官は、近衛の首脳会談要請に対する返事を野村大使に託した。それはまさに、最新の中立化案に対する返答が、首脳会談開催の不必要性を明らかにしている、という趣旨だった。つまりルーズベルト政権は、日本の南部仏印進駐強行ならびに継続を、拡張主義的意図の明確な表れだと受け止めているのだった。さらに占領が決行された時期は、まさにワシントンが、ルーズベルト提案への返事を待っている最中の出来事で、そのことは外交信義に欠く行為だと解釈され、日本に対するハルの猜疑心を倍増させる結果になった。

ハルの回答を受けて、豊田外相は、インドシナ占領は実はそれほど杓子定規なものではなく、詳細には触れられないが、近衛首相の意向は、腹を割って世界平和の観点から大統領と話し合うことだと釈明し、その旨を野村大使がホワイトハウスによくよく伝えるよう指示した。とはいえ、野村が大統領に会えるまでには、しばらく時間が必要だった。その頃ルーズベルトは不在だった。ニューファンドランド沖で、チャーチルと歴史的会談の最中にあったからだ。

＊

その夏、カナダを舞台にした劇場映画『潜水艦轟沈す』（原題 *49th Parallel*）が、完成間近だった。ローレンス・オリヴィエやレスリー・ハワードなどの豪華キャストを散りばめた、プロパガンダ映画の秀作は、座礁したUボートの乗組員が、カナダに上陸するところから始まる。アメリカとカナダを隔てる北緯四九度線は、遭難したドイツ人乗組員たちにとって、単なる国境線ではなく、交戦国と非交戦国を分かつ、象徴的運命線だった。ドイツ兵たちは、捕虜となることを逃れるために、いまだ中立のアメリカへ越境を試みる。絶望的な逃亡生活の道すがら、盗みを働いたり、人殺しをしたりして、カナダ中を恐怖に陥れる。

この映画の共同製作者は、イギリス人のマイケル・パウエルと、ヒットラーの迫害を逃れるため、ベルリンからイギリスに渡りついたユダヤ系ハンガリー人、エメリック・プレスバーガーだった。二人は、アメリカが好むと好まざるとにかかわらず、欧州戦争が、いとも簡単に、北大西洋からアメリカの地に上陸してくる可能性があることを訴え、一日も早いアメリカの参戦を、映画を通して呼びかけたのだ。チャーチルもルーズベルトとの会談で、まさしく同じことをしようとしていた。

八月九日から一二日の間、米巡洋艦「オーガスタ」号と、英戦艦「プリンス・オブ・ウェールズ」号が、プラセンシア湾に、並んで碇を下ろしていた。これが歴史に残る、英米洋上首脳会談の会場だった。その時点でルーズベルトは、アメリカの参戦を具体的に約束する準備はできていなかった。しかし同時に、ヨーロッパの情勢が、これまで以上にアメリカの参戦を必要としていることも痛感していた。その頃、首都ワシントンの議会では、法改正にまつわる議論が白熱していた。一九四〇年八月に通過した「選抜訓練徴兵法」は、年間九〇万人の男性を、一年間徴兵できると定めていた。新法案が通れば、その上限は外され、徴兵期間も国家の非常事態の間となり、さらに西半球を越える戦地に兵士を送り出すことが、可能になるはずだった。上院は八月七日に改正法案を可決したが、続く下院議会では大きな抵抗が予想された。

ルーズベルトは基本的に、ヨーロッパの帝国主義を嫌悪していた。にもかかわらず、首脳会談開催中、チャーチルとは、個人的で親密な関係を築き、広く「大西洋憲章」として知られるようになる共同宣言をするまでに至った。連合国の戦争目的と、戦後世界の再興のあり方の中でも、特に両首脳は、ソ連の崩壊を防ぐこと、そのためにもスターリンを支援することにおいて、同意見だった。これは、ルーズベルトの特使として、モスクワでスターリンに会い、チャーチルとともに大西洋を航海して会議に出席した、ハリー・ホプキンスの前向きな報告に起因していた。西側による、より一層のソビエト支援の決意は、まさに、連合国の対ヒットラー戦における、一大岐路となった。ワシントンの戦略分析家は、独ソ戦開戦当時、ドイツが圧勝すると予想していたが、数週間が経過すると、大規模な軍事的挫折の中での、ソ連軍の粘り強さが明らかになり始めていた。米メディアでもソ連の戦いぶりが、より頻繁に、より好意的に報道されるようになっていった。当初ルーズベルトは、「レンドリース法」の特権を、共産主義国家であるソ連に与えることに消極的だったが、一九四一年一一月にはそれも可能にした。

大統領のニューファンドランド滞在中、ルーズベルト政権は戦争準備に向け、もうひとつの決定的ステップを踏むことになる。それは九月一六日以降、米軍が大西洋上の連合国船舶を、アイスランドまで武装護衛できるようにする、というものだった。タカ派の軍事アドバイザーは、独ソ戦勃発以来、船団護衛の必要性を、声高に主張してきていた。そうなれば、アメリカの参戦は時間の問題だった（海軍作戦部長のハロルド・スタークも、もし大規模の武装護衛が始まれば、「きっと、ほぼ確実に我々が戦争に巻き込まれるだろう」と認めていた）[10]。チャーチルは、アメリカの欧州参戦の確約こそ得ることはできなかったが、それでも、慎重なルーズベルトから、とりあえず可能な限りのコミットメントを確保できたという感があった。アメリカが戦況を一変するのも、それほど遠くないことが、すでに感じとれた。その一方で、太平洋に関しては、時間を稼ぐことのほうが大事だという方向で、両首脳は同意した。もし日本が、さらに拡張主義的政策を推し進めた場合、戦争も考えられるが、当面は外交的解決を最優先とし、そのためならばインドシナで、今一度、日本の面子が保てるような収束方法をとることも、止むを得ないという了解だった。

首脳会談の最終日、ルーズベルトは、「選抜訓練徴兵法」が下院で通過したことを知らされた。わずか一票差での勝利だった。この決議がアメリカの戦争動員に不可欠であることが、そう遠くない将来、証明されることになる。
とうとう八月一七日に、野村大使はルーズベルトと面会することができた。プラセンシア湾から戻ったばかりの大統領は、日曜日にもかかわらず、痺れを切らして待っていた大使の訪問を受けることにしたのだった。野村はポケットから訓令を取り出し、「両国間に、平和的な関係が保たれることを望んでいる」と、大統領とハルの前で必死の面持ちで読み上げた。[11] さらに野村は「近衛公は、真剣に、切実に、そのような関係の保全を考えており、そのために大統領と中間地点で合流し、和平の精神のもとに話し合いをしたいと願っている」旨伝えた。

これに対しての大統領の所見は、近衛側の漠然とした要請同様、大まかな範疇に留まった。「もし日本政府が、武力や武力の脅威によって、近隣諸国を制圧するさらなるステップを取った場合、米国政府は、直ちにアメリカの安全保障のために必要なすべての措置をとり、アメリカの正当な権利や国益、またアメリカ国民を守る手立てをとることを、強要されることになる」。

ただこのような厳しい見解にもかかわらず、ルーズベルトは、近衛との首脳会談の考えを全面却下したわけではなかった。日本が開催地として提示してきたハワイは、病身の自分には遠すぎるので、アラスカのジュノーあたりはどうかと述べた。大統領は、チャーチルとの会談で証明したように、国家の一大事を、偉大なステーツマンが個人レベルで決断するタイプの国政術を得意としており、会談のアイディア自体には前向きに見えた。それゆえに近衛側も、いまだ悲惨な戦争が回避できるかもしれないと、首脳会談実現に望みを持ったのである。

＊

リヒャルト・ゾルゲは、日本軍の北進動向に関する情報入手に余念がなかった。「演習」という名の動員はこのところ顕著に減速し、八月中旬の期限を過ぎても、まだ完了していなかった。実際、陸軍内では八月九日に、少なくとも年内の対ソ連戦はないということで、合意していたのである。いまだにソ連における決定的なドイツ軍の勝利はなく、シベリアの冬が刻一刻と近づいていた。八月の後半ともなると、東京のドイツ大使館でさえ、日本参戦の可能性は低いと考えるようになっていた。

兵士Uは出動命令を待っていた。それは八月中旬にやって来た。Uの部隊は隠密裏に、真夏にもかかわらず窓を閉め切った汽車で大阪港まで運ばれ、八月二四日には釜山経由で、中国に向けて、出航した。「輸送船とは名だけの貨物船の船倉を上下二段に仕切り改装」した船に乗せられ、「畳一枚に一人寝るだけが大変」な混み様での移動だった。[12] 九月初旬、満州北部に到着した。仲間のほとんどは新米の兵士で、Uなどは古参と見なされ、後輩を監督する役に回された。しかし過酷な訓練を強いられても満足な食事は出ず、慢性の飢餓状態に苦しんだ。絶望的な気分で「仕方なく外へ出た時、悪いと思いながら畠のコウリヤンに巻き付いている豌豆を、又馬鈴薯を取ってきて腹を膨らます」ことが常だった。また「コウリヤンは背丈以上大きく満州人の女は兵隊を見るとサーット中へ逃げて出てこない、日本の兵隊は余程悪い事をしたらしい」と観察した。このように気の滅入る日々だったが、それでも、戦争の気配がないのは救いだった。

本土にしたところで、物資は豊富ではなかった。だがエリート層は、まだまだ何とかなっていた。八月二五日頃のこと、尾崎は職場である虎ノ門の満鉄ビル最上階にあるレストラン「アジア」で、西園寺と食事をしていた。一九三六年に完成した満鉄ビルは、日本の満州近代化プロジェクトの成功を誇示するかのようにそびえ立つ、最先端の鉄筋コンクリート建築だった（その後、一九五二年に米政府が購入し、アメリカ大使館別館になった）。[13] 食事中、会話の話題が陸軍の北進計画に及んだ。そこで、「決まったらしいね」と尾崎が言った。いかにも軍部首脳会議が開催されたことや、その結論も知っているような口ぶりだった。近衛嘱託で事情に明るかった西園寺が答えた。「やらないほうにね」。

このやりとりを経て、尾崎が、日本の対ソ戦が正式になくなったことを報告すると、ゾルゲの顔に喜びと安堵が見て取れたという。西園寺が、そうとは露知らず、何気なく明かした内部情報は、ソ連にとって、非常に重要なものだった。スターリンは、日本が中国北部へ大動員をしていることを懸念し、日本が参戦しないという確証を、切望していた。因果関係をはっきりと証明することは不可能だが、もしゾルゲからの確実な情報がなければ、猜疑心の強いスターリンが、西部戦線に極東軍を大規模移動させることは、なかったと考えられる。アメリカからの支援が願ったようにすぐに入ってこない状況で、ソ連がドイツ相手に踏ん張ることができたのも、この戦線移動があってこそのことだった。西園寺自身が、壮大なる諜報作戦に一役買っていたことを知るのは、それから随分経ってからのことだった。

当時の西園寺の心掛かりといえば、近衛・ルーズベルト首脳会談の実現に終始していた。英米との戦争が始まれば、日本が勝てないことは自明だった。「朝飯会」仲間で、エール大学に学んだ同盟通信の松本重治も西園寺と同感だった。近衛は八月六日、いわゆる身内の気安さからか、滅多に見せない本心を見せて、「なんともいえない沈痛な顔で」松本にこう嘆いたという。[14]「中国との関係で、自分は大きなミステークをおかした。祖先に対して、実に申しわけないことをした。こうした過ちの上塗りをするようなことのないように、日米開戦だけはなんとか回避したい。できれば日中関係もうまく直したい。そこで、日米開戦回避と支那事変処理という二つの目的のため、単身、ルーズベルトに会いに行く決心をした。自分は捨て身でやるから、君も手伝ってほしい」。

「捨て身」の首脳会談開催を念頭に、一九四一年八月二六日の連絡会議で、近衛首相からルーズベルト大統領に宛てたメッセージが、承認される運びとなった。「近衛メッセージ」と呼ばれるその文書の主旨は、以下の通りである。

現下世界動乱ニ当リ国際平和ノ鍵ヲ握ル最後ノ二国即チ日米両国ガ此ノ儘《まま》最悪ノ関係ニ進ムコトハ夫《そ》レ自体極メテ不幸ナル事タルノミナラズ世界文明ノ没落ヲ意味スルモノナリ……而《しか》シテ七月中断シタル予備的非公式商議ハ其ノ精神及内容概ネ妥当ナルモ今後引続キ商議ヲ進メ然《しか》ル後両首脳者間ニ於テ之ヲ確認セントスル従来考ヘラレタルガ如キ遣リ口ハ急激ナル進展ヲナシツツアリ或ハ不測ノ事態ヲ惹起スルノ処ナシトセザル現在ノ時局ニ適合セズ先ヅ両首脳者直接会見シテ必ズシモ従来ノ事務的商議ニ拘泥スルコトナク大所高所ヨリ日米両国間ニ存在スル太平洋全般ニ亘ル重要問題ヲ討議シ時局救済ノ可能性アリヤ否ヤヲ検討スルコトガ喫緊ノ必要事ニシテ細目ノ如キハ首脳者会談後必要ニ応ジ事務局ニ交渉セシメテ可ナリ
本大臣ガ今次提議ヲナセル趣旨爰《ここ》ニ存ス貴大統領ニ於テモ充分此ノ点ヲ諒解セラレ『レシプロケート』セラレンコトヲ切望ス[15]

野村はこのメッセージを八月二八日、ホワイトハウスに届けた。ルーズベルトは、その「トーンと精神」を称え、再度、ジュノーを首脳会談の開催候補地として口にした。[16] 野村とすれば、開催場所がどこであろうと、一気に会談実現の約束を取り付けられさえすれば万々歳だった。そして、少なからず脈があると感じた。なぜならハルが記録したところでは、ルーズベルトは野村にはっきりと、総理のメッセージは、「一歩前進」したと評し、「とても希望を持って」「近衛公と三、四日話し合うことに、非常に興味を持っている」と伝えたからだ。[17]

野村は、大統領との面会をアレンジしてくれたことに感謝の気持ちを表したいと、その晩、ハル長官を自宅であるマンション・ホテルに訪ねた。大使は、ジュノーでも他の場所でも異存はなく、日本としてはとにかく早い時期に会談を開催したい旨、強調した。そして日本からの代表団は、「二〇人ほどで構成され、そのうち五人ずつが外務省、陸軍、海軍、在米日本大使館から来るだろう」とし、また九月二一日から二五日あたりの開催が、適当だとも付け加えた。[18] そのために、ジュノーであれば近衛首相は、ルーズベルト大統領よりも五日早く日本を発ち、両首脳がほぼ同時に到着できるようにしたいということだった。

しかし、野村の熱意はすぐにそがれてしまった。ハルは実は首脳会談に、まったく乗り気でなかったのだ。そして「基本的な見解に関する難しい問題が遅延を引き起こし、最終的に日本が日米対話の内容とまったく反する行動をとった」過去について言及した。[19] もちろんそれは、日本のインドシナ半島での行動を指していた。長官としては、日本が事前に、より急を要する日米間の問題に関し明確な答えを示さなければ、首脳会談の開催はあり得ないと述べた。すなわち、枢軸同盟離脱の可能性、中国北部や内モンゴルでの日本軍のあり方、そして国際通商における無差別原則の適用に対する考え方について、日本の歩み寄りの確約をまず第一に求めたのだった。

これは野村にとって想定外の展開だった。どうにか頭を整理し、日本としてみれば中国関連の問題が最も難しく、その解決は会談での話し合いに持ち込まれたほうがよいと思う、と述べるのが、精一杯だった。これに対しハルは、中国問題についてはそもそも日本からアメリカに周旋の要望があったからこそ関与しているのだ、ともっともな見解を示し、「アメリカと日本は、中国五億人の貿易立国としての潜在的可能性を最大限に活用するために、協力していけるはずだ」と、諭すように述べた。[20] そして「首脳会談開催に先立って、既存の重要な問題について原則的合意」をしなければならないと繰り返し、会談はあくまでも「すでに合意した原則を、批准する役割を果たすことになるだろう」とした。[21] そのほうが当事者たちにとっても余計な負担が少なく、よいではないか、というのだった。わずか数分前には実現間近のように思われたジュノー会談は、野村大使の頭の中で、はるか遠い夢に成り果てていた。

一方の近衛首相は、首脳会談の開催に楽観的なままでいた。八月二九日には、会議前に到達すべき原則合意を示す「対米申し入れ書」を起草すべく、箱根の「富士屋ホテル」で側近たちと合流した。その間、最近ワシントンから帰国したばかりの井川忠雄や、行き当たりばったりの方法で、日米交渉を開始させたドラウト神父も応援に立ち寄った。八月最後の三日間、洗練されたフランス料理で名高い高級ホテルに集った者たちは、昼夜を分かたず案を練った。スケジュールには、気分転換のゴルフも組み込まれてはいたが。

「対米申し入れ書」の、最重要点は二つだった。ひとつはまず、日本が「原則として」中国からの撤兵に同意するということだった。[22]それは、日本が初めて断定的に撤兵にコミットすることを表明する、画期的なものだった。次に、アメリカとドイツが交戦する場合、日本は三国同盟の解釈において、独自の判断でその義務履行を決める、とした。これには日本が自動的にドイツ側に加わって参戦するようなことはないという含みがあり、ワシントンを安心させる狙いがあった。起草者たちは危うい綱渡りを強いられていた。アメリカ側を首脳会談の席まで誘導しつつ、日本の軍事指導者たちが、事前に許容できる範囲内での譲歩を、うまくこの「申し入れ書」に盛り込まなければならなかった。近衛は積極的に自分の意見を述べ、滞在が終わるころには、皆、文中でその微妙なバランスを達成できたと感じていた。

草案は、アメリカ側に伝達される前に、九月三日の連絡会議で合意されなければならなかった。西園寺は、根回しの必要性を感じ、海軍、陸軍とも掛け合い、事前承認を得た。必要なレールは敷かれ、草案の将来は、近衛の出方ひとつにかかっていた。ただそのためには、首相が一番苦手なことをしなければならなかった。公の場で反対する者に対峙し、自分の意見を曲げずに、提案を押し通すということだった。なにしろ最終的に必要なのは、ルーズベルトからの招待状を確保することだけだった。そこには、「ジュノーで会いましょう」と書かれているはずだった。

9 勝ち目なく、避けられぬ戦争

一九四一年八月二七日の朝、総力戦研究所の研究生グループが、首相官邸に集まっていた。外は、降ったり止んだりの雨模様で、あまり夏らしくない日だった。シャンデリアで照らされた部屋で、平均年齢三三歳の彼らは、閣僚メンバーと向き合っていた。朝の九時から夕方六時まで、そして翌日も同じように、研究の結果を発表した。六週間にわたり、各省からのデータを綿密に検討し、さらにあらゆる外交的、戦略的場面を慎重に研究した結果、揺るぎない結論に行き着いていた。それは、もしアメリカと戦争すれば、日本は「必ず」負けるということだった。戦争の勃発当初に、日本が優位に立つことは考えられるが、その場合は長期戦に持ち込まれ、資源は細り、やがて底をつくだろう、というのが、日本必敗のシナリオだった。

研究生たちは、総力戦研究所に入所する前に一〇年ほど専門的な実地経験を積んだ、キャリア半ばの人々だった。同研究所は、イギリスの国防大学、インペリアル・ディフェンス・カレッジを大まかなモデルとして、一九四一年四月に開設されたばかりの研究機関だった。目的は一年間の集中プログラムを通して、日本の将来を担うリーダーを養成することだった。

だがその高い志は、実現し難かった。各省のトップが送り込まれたために、確かに研究生たちは、正真正銘のエリートが揃っていた。そして研究所の建物は、首相官邸近くの一等地にあった。しかし用意された建物を見ただけで、研究生たちの心は沈んだ。官庁街の印象的な赤レンガの建物とは雲泥の差の、バラック立ての二階家が、校舎として充てがわれたのだった。エリート官僚たちが、さもしい学生生活に引き戻されたことを不運に感じるのも無理はなかった。

研究生たちは、初代所長となった飯村穣《じょう》中将を慕ってはいた。フランス語やロシア語に堪能なこの小太りの所長は、トルコの陸軍学校で講義をしたり、多くの戦略関連文書を日本語に訳したり、飛び抜けた語学の才能を持っていた。また人を惹きつける魅力があり、ゾルゲのスパイ仲間である尾崎秀実なども、研究所での特別講演を頼まれると引き受けていた。とはいえ、ほとんどの研究生が、突然の生活の変化に動揺していた。高いレベルの研究を行う気配はまったくなく、不準備が明らかな内容の講義を聴き、体育の授業にまで強制参加させられた。

そのため、一九四一年六月二〇日から始まった視察旅行は、研究生たちに大いなる息抜きとなった。一行は名古屋経由の列車で伊勢神宮を参拝した後、伊勢湾に停泊していた連合艦隊司令長官、山本五十六率いる海軍旗艦「長門」を訪問した。視察が特別に許可され、最新技術搭載の「長門」と「日向」に分乗させてもらった。野戦模擬演習中の魚雷攻撃では、すべてが美しく、滑らかに進行するように見えた。ここで研究生たちは、埋め込み式照明システムを搭載する魚雷が、驚くほどの精度で標的に命中する様子を目の当たりにし、深い感銘を受けたのだった。

艦隊の演習後、山本司令長官は、首都からの訪問者たちに感想を求めた。朝鮮総督府から送り込まれた研究生、日笠博雄が、長身のため艦上で目立ったためか、直々に指名を受けた。朝鮮半島と日本を隔てる海峡を常日頃から生命線として意識し、海上ルートを空から守ることの重要性を痛感していた日笠は、丁寧に、しかし物怖じせずに山本に意見した。「潜水艦対策や砲撃戦は見事でしたが、航空機に対する備えが弱いような気がしたのですが[1]……」。

これは、かなり痛いところをつく観察だった。批判を受け慣れない軍人だったら、若い民間人が見当違いなことを言うなと、立腹したであろう。しかし山本は、一本取られたと認め、すでに貴重品になっていたウイスキーを日笠に与えた。山本は、研究生が目の前のことだけでなく、その先まで見越したことに感心し、さらには相手に都合の悪いことでも率直に意見したことを喜んでいる様子だった。海軍の船は、確かに圧巻の技術を搭載しているかもしれない。ただそれは、決して「難攻不落」を意味しない点、山本自身が重々承知するところだったのだ。

研究生たちは、大隅半島に位置する志布志湾に到着するまで、艦隊に留まった（半島の向こう側には、真珠湾と似た形状の、錦江湾があった）。この移動中に、ドイツの奇襲攻撃による、独ソ開戦のニュースが入ってきた。欧州戦争の新局面と、それに続く南部仏印占領の決定が、突然、それまで焦点の定まらなかった研究生活に、緊急性や確固たる目的意識を与えることになる。

帰京後の研究生たちを待ち受けていたのは、「第一回総力戦机上演習第二期演習状況及課題」と題された、机上で対同盟国戦争をシミュレートするプロジェクトだった。各自が日本をモデルとした仮想国の閣僚ポストを割り当てられ、仮想敵国（つまりアメリカ）との総力戦で、国を導くことを要求された。この課題が提示されたのは、七月一二日、まさにそう遠くない場所で、松岡外相が政治キャリア最後となる連絡会議に出席していた日だった。

この総力戦のために、仮想内閣は、軍事、戦略、外交、イデオロギー、経済など、多岐にわたる分野を総括する政策決定を求められた。指導教官からのガイドラインでは、「今後二年間に予想せらるる重大なる内外情勢の変化」に応じ、「成るべく月別、または数月別（年別）の対策を示す」研究をするよう指示された[2]。つまり各々の仮想閣僚が、出身組織から持ち寄った実際のデータを分析し、できるだけ正確に、実際に起こりえる成り行きを想定することを期待されていたのだ。「机上」の戦争というには、あまりにも現実味を帯びた企画だった。

仮想戦争は最初から指導教官側によって、日米間の宣戦布告寸前をスタートラインとして設定されていた。米政府は日本に禁輸措置を科して、経済分離作戦に出ていた。そのため、日本は力ずくで東南アジアにおいて資源調達しなければならない、というのが、あらかじめ与えられたシナリオだった。しかしこの事前の想定が、そもそも無謀だから受け入れられない、と研究生たちは指導教官に再考を願い入れた。南方（蘭印）に打って出れば、英米との戦争は避けられず、それは外交の機会を自ら放棄することに等しい、それは馬鹿げている、というのが研究生側の言い分だった。おそらく油田の確保まではうまくいくとしても、フィリピンに拠点を置く敵陣は、輸送船舶を総攻撃してくるため、石油の持ち運びを不可能にするだろう。そうなれば、そもそも油田を武力で制覇する意味がない。やがて国はより大きな戦争に突入し、最初から戦えないはずの大規模な戦争を強いられることになる。大半の仮想閣僚は、机上戦が始まる前から、そのような戦争には勝ち目がなく、戦うべきではない、という考えだった。

＊

研究生たちが、机上演習の結果を近衛内閣に報告している間、東條陸相はメモをとる手を休めることがなかった。そしてついに、戦争は勝ち得ないというはっきりとした結論が発表されると、東條は、心中に秘めていた最悪の予想が確認されたかのように、蒼白の面持ちとなった。とは言うものの、報告自体に実は驚くべき要素はないはずだった。陸軍省内では、ニューヨークに派遣された主計大佐新庄健吉から送られた報告を視野に、つい最近、日本の重工業産業力が、アメリカの二〇分の一にしか及ばないと結論づけたばかりだった。しかしそのようなデータを知らなくても、切迫する資源状況を理解するには、東京都心の建物を見回すだけで事足りた。その年の四月以来、鋳鉄フェンスや門の類が次々と解体され、撤収されていたのだ。美しい明治建築の代表格であった東京府庁舎の門は、その中でも長らえたほうだった。しかしそれもとうとう六月二三日、撤去される運びとなった。かつての公権力のシンボルは、今となっては軍備に再利用されるための、八六〇キロの屑鉄に過ぎなかった。

もちろん赤レンガの建物は、そのまま残っていた。しかし、それを囲う木製のフェンスは、惨めなものだった。首都東京は、わずか数年前に一九四〇年オリンピックの開催権を獲得した、アジア屈指の大都市とは思えない様相を帯びてきた。皮肉なことに、総力戦研究所のバラック校舎も、急速に変貌していく風景の中で、さほど寂れた感じがしなくなっていた。

二日間にわたる報告の最後、それでも東條は、否定的な考えに屈することを拒んだ。そして、研究生たちの努力を讃えるとともに、報告には致命的な欠陥があると指摘した。「これはあくまでも机上の演習でありまして、実際の戦争というものは、君たちの考えているようなものではないのであります」とぶった。[3] なぜならば、「日露戦争でわが大日本帝国は勝てるとは思わなかった。しかし、勝ったのであります。あの当時も列強による三国干渉で、止むにやまれず帝国は立ち上がったのでありまして、勝てる戦争だからと思ってやったのではなかった。戦というものは、計画通りにいかない。意外裡なことが勝利に繋がっていく。したがって君たちの考えていることは、机上の空論とはいわないとしても、あくまでも、その意外裡の要素というものをば考慮したものではないのであります」。そして、「なお、この机上演習の経過を、諸君は軽はずみに口外してはならぬということでありますッ」という、強い言葉で締めくくった。

東條は、いったいどのような「意外裡なこと」を期待したのだろうか。日本で突然油田が発見されて、つい最近までその原油の九割を、アメリカからの輸入で賄ってきたことを忘れさせてくれることだろうか。または人造石油開発が、飛躍的に進展することを夢見たのだろうか。それとも台風のような自然災害が、いかにも一三世紀の日本を蒙古襲来から救ったように、有利に働くことを期待したのだろうか。はたまた、どのような戦争でも考慮されなければならない士気と忍耐力において、日本軍がことさら長け、どんな資源の差でも補えると信じていたのだろうか。模擬内閣で海相を担当した志村正研究生は、そうは考えなかった。志村は「総力戦」について卒業論文を書き、海軍大学校を首席で卒業した、研究生の中でも開戦反対の筆頭だった。ある日、研究所の講義で、陸軍中佐の堀場一雄指導教官が、「大和魂こそアメリカにはないものでわが国最大の資源」だと豪語すると、志村が異議を唱えた。[4]「日本には大和魂があるが、アメリカにもヤンキー魂があります。一方だけ算定して他方を無視するのはまちがいです」というのが、その反論だった。

確かに、大和魂だけに頼るのには限界があった。八月中旬、東京の下水処理システムは、深刻な問題を抱えていた。燃料不足が、その直接の原因だった。というのも、東京市内の一〇〇万以上の世帯が、一日平均屎尿量三万九七五〇石（七〇〇万リットル以上）を排出するのだが、その汲み取りがどうしても間に合わないのだ。水洗トイレはまだ珍しく、排泄物のほとんどは、堆肥化のために農村地域に送られていた。平時には自動車で輸送が行われていたが、燃料が欠如する現在では、三〇〇人を超す汲み取り人が、船舶輸送やリヤカー輸送という手段で不足を補うようになっていた。しかし需要が供給をはるかに上回っていることは、明らかだった。東京市厚生局の清掃部や各区の出張所に、汲み取り停滞に関する苦情が相次ぎ、なかには「役所相手では生ぬるいと大久保市長の奥さん宛に泣きごとを並べて来たりする者もある」と、八月一六日の『国民新聞』が伝えている。しかし、決定的な解決法は見つからないままだった。

いずれにせよ、大久保留次郎東京市長の妻は、不満を持つ市民がアプローチするのに最善の人物ではなかったであろう。内務省出身の大久保は、悪名高い特別高等警察に籍を置き、一九二〇年代、共産主義者およびその疑いがある者の一斉大量検挙で指揮をとった人物だった。荷風は大久保にまつわる不穏な噂を、前年末の日記に記している。「東京市長になる者は大抵よからぬ政治屋なり。大久保留次郎は

『中央公論』（本年九月頃とか）に出でたる経済界の論文或会社の信用に関するとて、その会社より損害賠償の訴訟をなさむとするを、大久保聞き込み直接中央公論社に至りおれが中にはいつて無事に収めるからとて金五千円を貰受けたりといふ」[5]。東京郊外の公立小学校の校長の月給が、一四五円の時代の話である。

*

九月三日、野村大使は近衛要請の首脳会談に関し、アメリカの公式見解を受け取った。大統領は今ではハル国務長官と同調し、事前に問題解決に向け二国間の諒解がない限り、会談の開催には合意できないと述べた。ただ会談そのものについては、いまだ前向きの様子だった。果たしてこれが、和平に消極的なことを隠し、意図的に時間稼ぎをしたものかは、定かではない（プラセンシア湾で、ルーズベルトがチャーチルに「日本を三ヶ月は、あやすことができると思う」と言ったことから、英米陰謀説の一環として、そう主張する向きもあるが、確証はない）。確かなのは、ルーズベルトが近衛に、「あなたと協力し、これらの原則を有効化するための努力をすることを、強く望んでいる」と述べたことである[6]。これは、ルーズベルト特有のリップサービスだったのかもしれないが、近衛はその言葉を、あまりにも無批判に鵜呑みにした節がある。

二人の首脳が導いた国は根本的に異なっていたが、実は近衛とルーズベルトには、性格上、境遇上の共通点がかなりあった。両者とも表立った個人的対立を嫌い、しばしばあからさまに正反対の意見を言ってくる助言者たちに囲まれていた。近衛の周りでは、それはマルクス主義者であったり、超国家主義者であったりした。ルーズベルトの周りには、ヨーロッパ嫌悪主義者や介入主義者などがいた。超エリート階級に生まれついた二人は、聞き上手ではあったが、閣僚会議の席においてさえも、滅多に自らの真意を明らかにすることがなかった。しかし同時に、両者の最も基本的な世界観（近衛の場合は日本優越主義ならびに、現存の世界秩序が日本に不当だとする、修正主義。ルーズベルトの場合は、ウッドロー・ウィルソンの思想を継承するリベラル国際協調主義）は、各々の生涯を通じて、驚くほど一貫していた。

このような類似点にもかかわらず、ルーズベルトが、はるかに優れた政治家だった所以は、常に何が政治的に実現可能かを判断し、用心深く、しかし断固として目標遂行する強い意志を持っていたことだった（複数のアドバイザーが矛盾する助言をしてくると、時にはその矛盾する意見を政策化してしまい、後戻りすることを余儀なくされることも、あるにはあったが）。近衛が内政上、非常に微妙な状況と向きあっていたことは誰も否定できない。だがルーズベルトにも、困難な状況は山ほどあった。議会を説得し、世論を考慮し、様々な官僚的制約を通り抜けねばならなかった。近衛には、ルーズベルトのような耐久力や、諸問題の優先順位を見抜く力が欠けていた。そればかりか、自分の判断ミスや失敗も、周りに責任転嫁することが当たり前になっていた。そして見紛いようのない、やんごとなき社会的地位が、それを常に（少なくとも日本の敗戦までは）可能にした。『ニューヨーク・タイムズ』特派員オットー・トリシュースは、一九四一年八月三日の記事で、近衛の持久力不足や、それでも尽きることのない奇妙な魅力について、適切な分析をしている。「日本第二の高貴な家の出である」ため、「個人的野心など超越しており、首相の座は近衛にとって上り詰めた結果の地位ではなく、かえって、降格なのである」。慢性的に、親身に支持してくれる者さえも失望させてきたにもかかわらず、支持者に事欠かなかったのは、誰かが護り、助言し、同情しなければならない、という稀有な雰囲気を発していたためであった。あたかも二人目の天皇のように。

近衛は、ジュノー会談を実現するためには、国内で強硬論を唱える人々に、少なくとも表向きの譲歩はしなければならないと感じていた。それは、言ってしまえば、軍部との暗黙了解を意味するバーターだった。統帥側は戦争準備の必要を唱え、タフな開戦論を声高に続けていくことを黙認するが、その見返りとして、近衛はルーズベルトと海外で会談し、避戦のための大幅譲歩を一任される。そして近衛首相以下、皆が首脳会談開催にまで漕ぎ着けさえすれば、一大戦争への行進を止められると、信じて疑わない嫌いがあった。その楽観的な外交予想において、普段の言説は勇ましく、好戦的な陸軍中堅参謀でさえも、考えは同じだったのだ。大本営陸軍部戦争指導班の『大本営機密戦争日誌』で、八月二九日の項に、こう記されている。

「米武官ヨリ、米大統領宛近衛総理返電ヲ、米大統領上機嫌ニテ受理セリトノ電アリ。『ハワイ《ママ》』ニ置ケル両巨頭ノ会談遂ニ実現スルヤ。実現セバ恐ラク決裂ハナカルベク、一時ノ妥協調整ニ依ル交渉成立スベシ。果シテ然ラバ遂ニ対米屈伏ノ第一歩ナリ。帝国国策ノ全面的後退ヲ辿ルベシ。サレバトテ戦争ヲ欲セズ。百年戦争ハ避ケ度《たく》。茲《ここ》ニ於テガ帝国ガ力程モナキ大東亜新秩序建設ニ乗リ出セルガ抑々ノ誤リナラズヤ。支那事変発足ガ不可ナリシナラズヤ[7]」。

戦争計画を立てる役回りの軍人でさえ、あるいはそのような軍人だったからこそ、強がりやはったりだけでは、日本を勝利に導けないことを承知していたのだ。陸軍省のタカ派、佐藤賢了軍務課長は、ワシントンが首脳会談に先立つ事前諒解にこだわることについて、こう述べた。「『アメリカ』モ間抜ケダワイ、無条件ニ会エバ万事彼ラノ都合通リイクノニ[8]」。

佐藤の下にいた石井秋穂は、首脳会談実現を決め込んだ日本側の、ジュノー行きの随員として内密に選ばれていた。その頃のことを、当時の記録を省み、こう述べている。「私の知るところでは朝日、毎日などの大新聞の首脳らも運命的に実現するとの観測を持っていたようであった。私に内示されたところでは、いよいよ九月二十一日から二十五日までの間、ジュノーで会うことになる筈だから、さあといったらその日のうちでも出発し得るよう準備せよということであった。十月になるとジュノー行きは波が荒れるので是非九月中に実現するという訳であった。こういう空気に押されて私自身、八月二十六日の大本営・政府連絡会議で近衛メッセージと日本政府のステートメントとが通過したことを確認して交渉実現の公算九十八パーセントなりと記した」[9]。

このような雰囲気の中で、八月下旬から九月にかけて、半分以上見せかけの戦争準備が、首脳会談の成功を視野に、同時進行で進められたのだった。近衛首相を筆頭に、関係者は概ねこのアプローチに内在する大きな危険性に、あえて目をつむっていた。それどころか、外交と軍備の並行準備は、用意周到を期する（そして指導層内での対立を避ける）ための最善の妥協策だと疑わず、その矛盾を正当化したのだった。

前述のように、九月三日はルーズベルトが野村大使に、このままでは首脳会談の開催が難しい旨、伝えた日だった。その日の東京では、連絡会議が開かれていた。この席で政府と大本営は、八月下旬から練られてきた「帝国国策遂行要領」に合意した。その内容は、七月二日の御前会議で通った「情勢ノ推移ニ伴フ帝国国策要領」を修正するもので、アメリカとの交渉を継続しながら、一〇月上旬までの期限を定め、もしもそれまでに外交が実を結ばない場合は開戦する、という制約条件が盛り込まれていた。

それまで主に軍令部と参謀本部が、開戦をも辞さないという強硬意見を牽引してきたわけだが、今回の決議ではさらに、敵国が力をつけてしまう前の年内開戦を、具体的に強く主張したのだった。天候を考慮しても、南洋でモンスーンの季節が到来する前、また大陸北部に厳しい冬が訪れ、ソ連からの攻撃が考えられない時期にやってしまうのが、戦略的にもかなっていると説明された。永野軍令部総長の言葉によれば「帝国ハ各般ノ方面ニ於テ特ニ物ガ減リツツアリ、即チヤセツツアリ。之ニ反シ敵側ハ段々強クナリツツアリ」[10]。それならば、まだ何とか戦えるうちに、戦を仕掛けたほうがよいではないか。そのためにも、いつまでもだらだらと外交をやっているわけにはいかない、だから対米交渉に期限を設けろ、ということなのだった。

九月三日の決定は、文面上は、いかにも盲目的な戦争準備の開始を示唆していた。だがより洗練された読み方は、虚勢のマントとしての「帝国国策遂行要領」だろう。見てきたように参謀本部でさえも、米首脳会談が大洋を隔てたジュノーで開催された暁には、天皇の裁可により、仏印や中国からの撤退をも含む譲歩を受け入れざるを得なくなる、と予想していた。せめてその前に、対米戦に向けた、より着実な戦争準備計画を提案し、通過させることが望まれた。それは軍部の指導者たちにとって、組織の威信を賭けた、土壇場の牽制行為だった。

だからと言って軍関係の指導者たちが、総じてこの「要領」に、ましてや外交交渉期限の設定に、心から賛同していたわけでもなかった。表現上の議論が、一部の指導者の不安を掻き立てていた。及川海相は、外交交渉の失敗とは何を意味するのか、厳密な定義を避けようとした。その点については後々また議論すればよいではないか、と言って決断を後回しにすることを提案したのだ。これには杉山参謀総長が、近衛とルーズベルトが会談をしている限りは、タイへの軍事展開を含め、派手な動きはとらないよう努力する、心配はいらぬ、と反論した。ただ「成ルベク仏印ニハ兵ヲ出サヌ様ニシテ準備ハスルガ絶対トハ行カヌ」とし、特に仏印への軍需品の輸送は、戦備の観点から譲れないとした。これには東條陸相が警戒の色を表した。そんなことをしては、日本が戦争を仕掛けようとしている「企図ハ分ルダラウ」敵に悟られてしまうではないか、ということだった。杉山の答えは、「ソレハ已ムナシ」だった。根底には、所詮ここで何が議論されようと、外交的解決が、すぐにすべての状況を一変するだろうという目論見があった。そしてその希望的観測を露見するかのように、日米首脳会談開催に向けての準備が、同じ連絡会議で話し合われたのだった。

まさにこの時、近衛と側近が、箱根で入念に仕上げた「対米申し入れ書」が議題に上るはずだった。

しかし、中国からの原則的撤兵合意に言及したその文書について、近衛はまったく触れなかった。外務省が独自の提案をしたため、そちらを優先させたとのことだった。「申し入れ書」の立役者のひとりだった西園寺公一は、会議直後、なぜそういうことになったのか、と近衛に説明を求めた。すると首相は、内閣書記官長の「富田君が事前に了解をとりつけておいてくれればよかったのだが」と、答えになっていない答えを口にすると、執務室に姿を消してしまったという。[11] 外務省案でも、十分ルーズベルトは乗ってくるだろう、だったらなぜ事を荒立てるのだ、とでも言いたげな消極的な態度だった。

近衛はまたしても、最も親身になって支えてくれた人々を失望させた。身を挺する覚悟だ、ぜひ手伝ってくれと頼み、自分の案を盛り込んだ文書さえも自身が招集した連絡会議の席で提案できないような人間に、平和の前途が、委ねられていたのだった。日米首脳外交が大きくつまずくその一方で、タイムテーブル付きの戦争準備は、着々と前進することになった。

問題の、側近による「対米申し入れ書」に取って代わった、ジュノー会談向けの外務省案は、翌日、ワシントンの野村大使に送電された。そこには、南太平洋の平和的な緊張緩和、無差別通商促進を目的とする協定の締結、地域資源入手のための日米協力、そして日本資産の凍結解除などが、提示されていた。また日中間で和平が結ばれた後に、日本は中国から速やかに撤退すると述べていた。「撤兵原則」、つまり無条件に撤兵することを打ち出した側近案とのインパクトの違いが、まさにそこにあった。外務省案は九月六日、ルーズベルト政権に渡されることとなる。

九月五日の午後、近衛は天皇と会談した。それは二日前に連絡会議で承認された、一〇月初旬の外交期限付きの「帝国国策遂行要領」について、説明するためだった。すでにその翌日、御前会議での承認が予定されていたため、実質上、決議の事後報告だった。天皇はこの報告に大いに動揺した。どう読んでみても「要領」が、戦争動員計画にしか見えなかったからだった。天皇の印象では、以下の三点が、重要度の高い順に述べられていた。

日本はアメリカ、イギリス、オランダとの戦争をも辞さず、そのための戦争準備をする。その準備を整える一方で、日本は添付文書（下記参照）に沿って、アメリカやイギリスとの外交努力を続ける。

もし一〇月の初旬までに、外交努力が実を結ばなかった場合、日本はアメリカ、イギリス、オランダとの戦争を、一〇月の終わりに開始する。

二番目のポイントで触れられている添付文書には、日本の既存外交ルートでの外交要求と譲歩し得る範囲が示されていて、これは首脳会談実現に向けての事前交渉とは、関係のない文書だった。示された条件には、アメリカによる日中和平への不介入、援蔣ビルマロードの閉鎖、そしてその見返りとして日本からは、仏印を基地としての現時点以上の南進展開を控える約束、といったものが含まれていた。さらにソ連が中立を保つのであれば、日本は北進しないことを確約するという。要するに、日本は仏印から撤兵する準備はさらさらなく、三国同盟離脱の考えもないという姿勢を、繰り返したものだった。外交の持ち札がどんどん少なくなっていることと反比例して、日本の頑なさが増していた。ただ、また思い出さなければならないのは、この時点で、近衛をはじめ多くの指導者が、このような強気の諸条件を凌駕する譲歩をジュノー会談で約束し、戦争を回避できるつもりでいたことだった。

天皇は、そうは言っても、新案が十分危険なものだという認識だった。明らかに、外交よりも戦争に重きが置かれていることを察知し、危惧したのだった。そして近衛に、外交がより明確に日本の優先事項となるよう、せめて項目の順番を逆にすることができぬかと質した。「それは不可能です」と言って、近衛が承知しなかったと、天皇は回想している。[12] 前記したが、首相は、ルーズベルトとの首脳会談をアウェーゲームで成功させるためには、ホームゲームで軍部の顔を最大限に立てておく必要があると、感じていた。納得できない天皇は、日本の戦争準備が一気に加速したことに対する驚きを述べ、なぜそのことを知らされていなかったかを追及した。近衛は直接的な返答を避け、戦略に関しての質問は、そのプロが受けるべきだとし、説明はそちらに任せるとした。あたかも今回の御前会議の最重要議題が、首相である自分の政治判断とは関係のない、別物であるかのように振る舞っていた。

直ちに統帥の長、永野と杉山が呼ばれた。七月末、永野は皇居に参内し、最新戦略計画の説明をしていた。その際、永野は戦争遂行を主張しながらも、日本の勝利については明言できないとしていた。天皇は大いなる戸惑いを覚え、及川海相に、永野を軍令部総長のポストから外すことを打診したが、何も起こらなかった。そのわずか五週間後、永野はさらに開戦に近づいた戦略案を携えて、御前に舞い戻ってきたのだった。

非常に稀なことだったが、天皇は、臨界点まで来ると示すことのある鋭さで、統帥部トップに質問をぶつけた。近衛は傍らで沈黙を貫いた。天皇は、戦争と外交というものは、並行して追求できるものではない、現時点の日本は何よりも外交を優先的に考えねばならない、と率直に述べた。そして、仮に戦争に打って出れば、いったいどれだけそれは続くと推定しているのか、統帥部の見解を示すよう求めた。近衛の記録によるやりとりは以下の通りであった。[13] 杉山が、「南洋方面だけは三ヶ月位にて片付けるつもりであります」と言った。そこで天皇はすかさず、「汝は支那事変勃発当時の陸相なり。其時陸相として『事変は一ヶ月位にて片付く』と申せしことを記憶す。然るに四ヵ年の長きにわたり未だ片付かんではないか」と返した。これに対し杉山は、「支那は奥地が開けて居り予定通り作戦し得ざりし事情」があると苦しい説明をすると、また天皇が「支那の奥地が広いといふなら、太平洋はなほ広いではないか。如何なる確信あつて三月と申すか」と矛盾を指摘した。これには杉山も頭を垂れ、それ以上どう弁明することもできなかった。

同僚の惨めな様子が見るに堪えなかったのか、永野が助け舟を出した。陸海軍の組織的なライバル関係はあったものの、二人の軍部リーダーは良好な関係を保っていた。それは、性格的に永野がより強いことが、はっきりしていたからだった。永野は言った。「統帥部として大局より申上げます。今日日米の関係を病人に例へれば、手術をするかしないかの瀬戸際に来て居ります。手術をしないでこの儘にしておけばだんだん衰弱してしまふ虞があります。手術をすれば非常な危険があるが助かる望みもないではない。その場合、思ひ切つて手術をするかどうかといふ段階であるかと考へられます。統帥部としてはあくまで外交交渉の成立を希望しますが、不成立の場合は思切つて手術をしなければならんと存じます。此の意味でのこの議案に賛成致して居るのであります」。

天皇がかように大胆な戦争を、現実の選択肢として突きつけられ、受け止めるのには、かなりの思考調整が必要だった。そもそも永野はつい最近、対米戦勝利に対して自信がないと言ったばかりだった。そこで天皇は、五週間前と同じ質問を繰り返した。「勝つか。絶対に勝つといえるか[14]」。永野は答えた。「絶対とは申されません。事は単に人の力だけでなく、天の力もあり、算があればやらねばなりません」。そして、統帥部としては何も戦争を望んでいるわけではなく、それでも日本の危機に直面して、準備を余儀なくされているのだと言い張るのだった。

これを受けて、天皇は最後にこう質した。「統帥部は今日の處外交に重点をおく主旨と解するが其通りか」。これには両総長共自信を持って、その通りですと答えた。

四〇歳の天皇は、開戦論の危なっかしさをすぐに察知し、さらに自分よりもかなり年長の軍人が、それを正当化するという非常な無責任、そして御前会議決定が後々及ぼすであろう壊滅的な影響までも、正確に予見しているようだった。それは天皇が、基本的には政策決定プロセスの部外者であり、一定の距離感と冷静さを持って物事を把握できていたことを証明していた。しかし天皇は、平和を求め、戦争を回避するべきだと願う一方で、日本帝国陸海軍の大元帥でもあった。日本の存続を、万全の軍備を通じて可能にせねばと統帥部に諭されれば、その責任をも全うせねばならないというジレンマが、どうしても頭をもたげた。そしてこの場合、最終的には、当面は外交を重視する意向を直接確認し、公式には戦争計画を黙認することを選んだのだった。

統帥部との会談に同席していた近衛は、そこでもまた、順番の取替えは「絶対に不可能です」と繰返したが、それでも遅ればせながら、議案の重さにようやく目を覚ましたようだった。[15] そして翌朝、御前会議のために皇居に戻るころには、さらなる疑念の高まりを感じていた。そして天皇の威光をもってして、どうにか御前会議の席で、総意の方向を変えられないかと、木戸内府に頼み込んだのだった。

御前会議は午前一〇時、速やかに開始された。首相、外相、内相、蔵相、陸海相、参謀総長、次長、軍令部総長、次長、陸海軍軍務局長、内閣書記官長、企画院総裁が出席した。そして、天皇に代わって質問するのは再び、枢密院議長の原嘉道だった。

前日の天皇とのやりとりを再現するかのように、原は統帥部のトップ二人に、戦略と外交、どちらが日本の対外政策に優先順位を持っているのかを問いただした。しかし杉山も永野も、どちらも答えず、気まずい沈黙が続いた。天皇は、金屏風の前の上座で、言葉を発せずに座っているのが通例だった。しかしこの時、天皇が突然口を開き、出席者を驚かせた。「ただいまの原樞相《すうしょう》の質問は誠に尤《もっと》もと思ふ。之に対して統帥部が何ら答へないのは甚だ遺憾である」と述べ、軍服の胸ポケットから紙片を取り出した。[16] そこには、尊敬する祖父、明治天皇の御製が記されていた。前日にあった、納得のいかない統帥部両総長とのやりとり、そして会議前の、近衛からの介入要請を受けて、会議に持ち込んだものだった。天皇は朗読した。

四方の海　みな同胞と思ふ世に　などあだ波の　立ちさわぐらむ

この三一音節からなる御製は、日露戦争開戦時に詠まれた、平和の渇望と解釈されていた。これを朗読することで、天皇は今回、御前会議に上がっている議案に対する根本的な不信と、開戦はどうしても避けてほしいという願いを表現したのであった。少なくともそれが、この間接的な意思表示の意図したところであったと思われる。結果としては、御製の朗読は、奇妙で自己憐憫に満ちた、あくまでも受動的な抵抗に留まった。天皇は、日本国家のメタファーだった。そこで描かれるのは、外の国から追い込まれ、望まない戦闘行動をとるところまで圧力を感じている、本来は平和のみ愛する国家、日本だった。それは「君臨すれども統治せず」を理想と掲げた、天皇の内なる葛藤をも反映していた。

つまるところ、慣習的義務は遂行され、議案は御前会議で決議の運びとなった。もしもこの場で天皇が、より強く、より明確に早期開戦準備反対の意を表したり、決議の御前承認を拒否したりしたら、どうなっていたか。そう考えずにはいられない岐路が、この御前会議だった。どうせ反論を述べるのであれば、御製の朗読という、幅広い解釈を許してしまう行為ではなく、はっきりと、戦争は選択肢ではない、と言えなかったのだろうか。その日の朝、近衛の要請を天皇に伝える際、木戸が直接的な言動は極力控えるべきだと助言したことは、大いに考えられる。日本にどのような未来が待ち受けていたとしても、皇室が批判にさらされることは、避けたい意向だったからだ。木戸にしても、天皇にしても、皇室の立場上、過度の政治的調停と捉えられる行動はとらないほうがよいと信じ、公の場では、あくまでも遠まわしの意思表示に終始した。また天皇の性格も、明確な異議を唱え難くしたであろう。歴史的先例として、天皇が拒否権を発動したことがなかったことも手伝い、開戦準備を鶴の一声で停止させるような介入行動は期待できなかった（拒否権については、明治憲法によって明らかな認可こそなかったが、論理上可能だと当時の天皇自身が考えていたことが、戦後の述懐からもわかっている)。かくして、天地間の危険な綱渡りは続くのだった。

一〇月初旬の外交交渉期限が、御前会議での承認を得たその晩、近衛はグルー大使を知人宅に呼び、秘密裏の会食をした。「朝飯会」の常連で、英語に堪能な牛場友彦を伴ってのことだった。大使のほうも、日本語を話す、大阪生まれの大使館員ユージン・ドゥーマンを同席させた。近衛の愛人芸者が、配膳を担当した。

この徹底した秘密主義には、八月一五日に、第二次近衛内閣の閣僚でもあった平沼騏一郎が、自宅で、国粋主義者による襲撃を受けたことが影響していた。平沼は頭を含めて六度撃たれたものの、奇跡的に命をとりとめ、やがて回復するのだが、そもそも平沼が暗殺の標的となったのは、日米開戦を阻止するために、グルーに急接近したためだとされていた。そのことは、近衛を通常以上に用心深くさせたのだった。

三時間の会食中、近衛は、いかに自分がルーズベルトとの直接会談を望んでいるかを伝えた。その努力は功を奏し、グルー大使はその後、大統領宛てに長文の報告書を作成し、近衛とのやり取りを要約した。その中で、首相が「自らの発言が、個人的に大統領に伝えてもらえることを、嬉しく思っている」「野村大将の外交ルートを通じてのアプローチを、増幅し、拡大する可能性があると信じている」と言ったことも特筆した。[17] 近衛が、ジュノーで抜本的な日米和解に到達する可能性は、皆無ではなかったであろう。しかし、時間はあまり残されていなかった。御前会議での承認を得て、開戦論者たちが大きな勢いをつけたばかりだったからだ。

または、より正確に言えば、「開戦論者」たちも、戦争実現の可能性について確信のないまま、己の好戦的レトリックの囚人になり、自らの首を絞めつつある感があった。外交期限を具体的に設定したことで、戦争に向けて、否応なしに駆動するエンジンが動き出していた。そのエンジンは、アメリカではなく近衛政府と大本営が、自発的に、十分な議論もせずに、政策に組み込んだものだった。

総力戦研究所の仮想内閣は、実際の政策決定責任者たちとは、対照的に振る舞った。こじれてしまった内政の事情とは関係なく、その結論は、戦争遂行能力の分析のみに基づいていた。研究生たちは、最高機密である日本の石油所有量の正確な値こそ知らされていなかったが、しかし、その他すべての分野において、第一級のデータを有していた。それ故アメリカと戦えば、日本にどうしても勝ち目のない戦争だということを、説得力をもって断言できた。近衛内閣は、研究生たちの冷静な予測を、知らなかったと弁解することはできない。一九四一年の夏の終わりに、模擬内閣によって、勝ち目がないと直接勧告された戦争は、わずか一〇日間のうちに、本物の政府によって、ほとんど避けられない戦争になったのだった。

10　最後の望み

「帝国国策遂行要領」が御前会議で承認されると、東條陸相は開戦準備の必要性についてますます声高に主張するようになっていた。その勢いを少しでも和らげようと、近衛は東久邇宮稔彦王に助けを求めた。東久邇宮はヨーロッパ、それも主にフランスで長く過ごし、リベラル思想（または、リバタリアン思想という見方もある）の持ち主と目されていた。そして開戦を真っ向から批判する、数少ない人物のひとりでもあった。皇族の陸軍大将からの警告ならば、東條も真摯に受け入れるのではと期待したのだ。陸相の皇室崇拝と服従の念は、あたかも朝敵として戦った先祖の罪を贖うかのように、絶対であったからだ。

ただ、またしても近衛のタイミングは不可解だった。東條と東久邇宮の面談は、先の御前会議が、一〇月初旬の外交期限を設定してしまった後に行われた。東條の生真面目で頑固な性格を考えれば、御前会議の決定を念頭に、好戦的姿勢を崩すことはまずなかった。陸相は、天皇が御製朗読をしたことを部下に伝えながら涙を流したと言われているが、その反面、天皇が戦争に絶対反対の意思表示をしたとは思わなかったようだ。それどころか、分が悪く、望まない戦いでも、堂々と向かい合わなければならないという、恐れ多い激励のジェスチャーと解釈したようだった。

東條は、御前会議で定められた日本のとるべき道を国家とともに歩む決意だった。それが、半ば強引で融通の利かないやり方と思われても関係なかった。「米国の日本に対する要求はせんじつめれば、日本が独伊枢軸から離脱して英米の方に入れということである」と、懐柔努力をする東久邇宮に告げると、さらに猜疑心を露わに付け加えた。[1]「もしそうしたら英米はドイツを撃滅した後に日本打倒に向かってくるに違いない」。

東條の言っているような西洋の脅威は、あくまでも、推測に基づくものだった。しかし、それに付随する不安は本物で、また特に珍しいものでもなかった。リベラル西洋世界が日中和平の仲介に興味を示すのは、自分たちがアジア地域における覇権国になりたいがためだと確信していた。ハル長官の掲げる、自由貿易や商業機会の平等化は、まさにそのようなアメリカの野望の表れで、最初から疑ってかからなければならないというのだった。東條はまた、日本軍の中国撤兵はこれまでの戦いで命を落とした英霊に申し訳なく、不可能な申し入れだとも主張した（「英霊」を持ち出すのは、ポピュリスト政治家として強硬姿勢を誇示する時の松岡洋右を、模倣するかのようだった）。

確かに撤兵という屈辱への恐れは、多くの軍人の心情を率直に反映していたが、東條は、普通の軍人ではなかった。曲がりなりにも政府の主要閣僚である、陸軍大臣の地位にいる人間だった。陸軍という組織への盲目的な忠誠心により、戦争回避が可能で、より賢明な選択であるという見方を、端から受け付けようとしなかったのは、問題だった。より正しく、高潔な目標に向かって、ひたむきに、まっしぐらに突き進むことこそが美徳であり、軍人としての自分の使命だという考えを、変えようとしなかった。結局そのような人間の、骨の髄まで染み込んだ思い込みや自己陶酔を、近衛が望んだように、東久邇宮の説得だけで、打ち砕くことは難しいのだった。

五三歳の東久邇宮の顔立ちは、平凡だが、穏やかで、人好きのするものだった。しかしいったん口を開けば、人々に注意を払わせるのに十分な声量を持つ雄弁家でもあった。その日、東條に伝えたのは昔、滞仏中にフィリップ・ペタン元帥とジョルジュ・クレマンソーから言われたことだった。両者ともアメリカが将来、日本を挑発することは必至だという見解を持っていた。それはアジアの覇権を狙う国家間において、地政学的に妥当な予見だった。しかし同様に明らかなのは、もしも日米が戦争をするのならば、資源的にみて、日本には勝ち目がないということだった。したがってその場合に日本がとるべき対処法は、辛抱強く耐え、国家の損失を最小限にするよう努めることだろう、というのだった。東久邇宮は、このような意見を引き合いに出して、天皇や近衛首相がルーズベルト大統領との和平を望むのだから、東條も陸相として、その願いを遵守する必要があるまいか。そしてもし譲歩できないということであったら辞職をするべきではないのか、と諭した。

ここまではっきりと言われた東條だったが、東久邇宮の言葉を吟味する様子はまったく見られなかった。近衛が卑怯にも第三者を介して、自分のことをトラブルメーカー扱いしたことに、かえって気分を害しているかのようだった。そして、ABCD包囲が続けば、日本は消滅する運命にあるのだと、強気で返答した。もし日本が今、日米開戦という賭けに出れば、勝つ可能性は、二つに一つではないか、と言うのだ（これは、戦争の結果は勝つか負けるかの一つである、という点においてのみの正論であった）。つまるところは、まったく抵抗しないまま滅びるよりもリスクを承知で戦いに挑むほうが、軍事国家として、より立派でよいではないか、ということなのだった。東條の説明は明らかに理性の限界を通り越していたが、感情的には戦争計画に終止符を打つ気はさらさらないことが、これではっきりとした。

九月八日と九日、杉山参謀総長は、陸軍の戦略を説明するという使命を帯びて、皇居に参内した。天皇はいずれの会談でも、英米との開戦後、満州国境地帯でソ連との軍事衝突が起こった場合、いったいどうするのかと問いただした。杉山は、冬の間なので、そのようなことは、まずないという想定であること、そしてもし何かが起これば、中国戦線の軍隊をそちらに向かわせることができることを伝えた。冬は永遠に続かないばかりか、中国での戦闘状況を思えば、軍事力をソ連との戦いに転送する余裕などないことは自明のはずだった（杉山の無責任な発言から一〇日のうちに、中国の南東中心領域を制圧するための長沙作戦で、日本軍は激しい抵抗にあうことになる)。天皇はここでまた、新たな戦争を開始することは、想像すらできないと抗議するべきであった。しかしその代わりに、杉山には「作戦構想ニ就テハヨク分ッタ」として、「動員ヲヤッテ宜シイ」と裁可した。[2] あたかも、陸軍の戦略構想を、政治的現実から剝離した、概念的な軍事ドリルとして捉えているかのようだった。おそらく天皇もまた近衛とルーズベルトの日米首脳会談に希望を繋いでいたのであろう。

九月中に五回、そして一〇月三日に、陸軍は暫定的な部隊構成や動員計画を発表した。インドネシアのスマトラ征服の鍵とされた落下傘部隊は、集中的な実地訓練をさらに強化した。この特別部隊は、前年秋に設置されたばかりだった。設備も整わず、残り少ない行楽を求めて遊びに来た大学生を装い、遊園地の落下塔で訓練を重ねる有り様だった。また独自のパラシュートを開発するために、米軍部隊の写真分析に頼っていた。苦労の甲斐あり、一九四一年二月下旬には、最初の着陸に成功していた。

海軍もまたこの時期、戦争準備を強化していった。海軍大学校で南洋攻略のための机上演習が、九月一一日から二〇日まで行われた。ハワイ襲撃の演習は、九月一六日に行われた。しかしその結果を受け、軍令部は作戦実行不可能という判断をし、計画を却下したのだった。

＊

日本軍が実地で、紙面で定められた開戦準備に追いつこうと躍起になっている頃、アメリカは、欧州戦参戦間際まで来ていた。その舞台はアイスランド沖だった。一九四〇年四月、ドイツがデンマークに侵攻すると、連合法によってデンマークと繋がっていたアイスランドの行く末が懸案となった。大西洋航路に近く、戦略的に非常に重要な地でもあった。そこでイギリスは五月に軍を派遣し、カナダからも援軍を送った。チャーチルは、アメリカがアイスランドの防衛を引き継ぐことを期待し、一九四一年の春までに、ルーズベルト政権は、アメリカが参戦した場合には、アイスランドを引き受けることに合意していた。だが独ソ開戦後、大統領の周囲の戦略アドバイザーたちがアイスランド海域への米軍派遣を主張し始めても、ルーズベルトは慎重姿勢を崩さなかった。一九四一年七月七日に、アイスランド政府の要請を受け四四〇〇名の海兵隊員を送ったのは、「選抜訓練徴兵法」の規定を配慮してのことだった。西半球以外で活動を許されていない召集兵ではなく、プロの兵士を送り込むことで世論を敵に回すことを避け、「我々の若者たち」を海外の戦地に送り出すことはしないという、大統領再選の際の公約を、死守したのだった。しかしこの点については、前述のとおり、大西洋会議中に新展開があり、アイスランドまでの、アメリカによる武装護衛が、米議会で許可されることになった。もちろん大西洋上における緊張の高まりは、日本にも無関係でなかった。ヒットラーをより大きな脅威と見なし、太平洋での戦争を食い止めたい意向であればこそ、アメリカは当初、日本への譲歩に前向きだったのだ。しかしアメリカがその年の春に歩み寄ってきて以来、日本は提供されるチャンスをみすみす逃してきたのであった。

一九四一年九月四日、アイスランド沖の海域が、米独間の非公式の戦場と化した。午前八時四〇分、郵便物と数人の軍事関係者を乗せた米駆逐艦「グリア」号は、アイスランドに接近中、ドイツ軍の潜水艦が近海に潜んでいるとの警告を英爆撃機から受信した。爆撃機は四回爆雷を落としたものの、的を外し、燃料切れのために、退散しなければならなかった。「グリア」は攻撃権限がなかったものの、基地に戻るのではなく、潜水艦を追跡に出た。発見から三時間後、ドイツの潜水艦は米艦の三三〇フィート以内に潜伏し、魚雷を放った。バッテリー切れで水面に出るため決死の行為だった可能性が高い。しかしその魚雷も命中せず、さらに「グリア」は八つの爆雷で応酬したが、潜水艦に大きな損害を与えるには至らなかった。独潜水艦からの二つ目の魚雷も当たらなかった。その後一二以上の爆雷が、「グリア」と、応援に駆けつけた別の英爆撃機によって放たれ、急接近状態は、約一〇時間続いたが、結局は両軍とも、無傷で切り抜けた。

「グリア」号事件は、アメリカがドイツ潜水艦相手に行った、最初の重要な小競り合いだった。欧州参戦を決意していたルーズベルトは、この一件を使い、世論を反独方向に、一気に持っていこうと試みた。九月一一日のラジオ演説でこの事件を国民に伝えたのだが、その報告は決して正確と言える内容ではなかった。まず英爆撃機が最初の爆雷を落としたことに触れなかった。それを言ってしまえば、ドイツの魚雷発射はいかにも自己防衛手段として解釈できるからだった。また大統領は、グリアの執拗な、そして権限外の潜水艦追跡についても言及しなかった（これらの詳細は翌月、上院委員会の調査の結果、明らかになる）。しかし、ルーズベルトの演説は、大統領のナチス政権に向けた、尽きることのない憎悪をはっきりと国民に知らしめた。その語調は、「これはナチス政府が星条旗に挑む、最初でもなく、最後でもない侵害行為だ。なぜなら攻撃、また攻撃が、続いているからだ」という風だった。[3]

ルーズベルトは、ドイツ軍からと思われる四回の米国船、一回のパナマ船への攻撃が、過去数ヶ月のうちにあったことにも触れた。そしてそれらは決して独立した事件ではなく、恐ろしい「大きな計画の一部」であり、「国際的な無法」行為であると警告した。ナチスにとっては「海洋の自由の廃止と、自分たちだけの絶対的な海洋支配」が攻撃のモチベーションだと主張し、さらに続けた。「このナチスの海洋支配への野望は、ただいま西半球中で行われている、もうひとつのナチスの陰謀と、対を成している。そしてセットで、同じ目的を遂行しているに過ぎない。ヒットラーの親衛隊だけでなく、我々の中にもいる、騙されている馬鹿者たちが、足場を固めて、橋渡しをして、ナチズムが新世界へ侵攻することに、尽力している。そして、海洋の支配を確立するのと同時に、こちらに攻め込んでくる気でいる。奴の新世界における陰謀、策略、たくらみ、妨害行為は、すべて、アメリカ政府によく知られている。……今回の『グリア』号への攻撃も、局地的な北大西洋での作戦ではない。これは、単純な二国間の闘争ではない。力と、恐怖と、殺人で、恒久的な世界征服を目論む政権がとった、意識的なワンステップなのだ」。

国民に向かってルーズベルトは、外交メモのやりとりや「他の通常の外交所作」は、ナチス相手にまったく通じないのだと説明した。戦争資源の供給ラインを保護し、アメリカの公海における航行の自由を死守するため、独潜水艦（ルーズベルトの言葉によれば、「大西洋のガラガラヘビ」）や襲撃機を確認したら、米船は迷わずに撃つ必要があると力説した。「もしもガラガラヘビが襲ってこようとしたら、すぐに叩き潰すのが普通だろう。攻撃されるまで、待つようなことはしないだろう」と譬えた。ここに、アメリカによる「積極的防御」の時代が到来したのである。それが何を意味するのかというと、アメリカの自己防衛に不可欠な海域でドイツの潜水艦を攻撃することができる、ということだった。さらに、どこからどこまでが自己防衛に不可欠なのかという点は、アメリカ政府によって定義されるのだった。これを機会にルーズベルトは、プラセンティア湾で承認し、あと五日のうちに発効する予定の、大西洋における米軍による同盟国船舶の護衛計画についても米国民に発表した。

ルーズベルトは、持ち前の高度な雄弁術を発揮した。この「炉辺談話」放送後の世論調査では、国民の六二パーセントが「見つけ次第撃つ」新方針を支持しているとした。しかし、駐米英国大使ハリファックス卿がチャーチルに的確に分析し報告したのは、アメリカ社会に内在する、より大きな矛盾だった。それによれば大半のアメリカ人は、自国がヨーロッパの戦争に参加することに反対しながら大統領の新大西洋政策に賛成し、ヒットラーを倒すことを望んでいるのだった。

ワシントンの戦略立案に携わる者にとって、参戦の可能性はますます現実問題となっていた。陸軍参謀総長のジョージ・マーシャル将軍の命を受け、アルバート・ウェデマイヤー中佐率いるチームが一九四一年七月より、戦争計画の作成にとりかかっていた。それは後に「ヴィクトリー・プログラム（勝利計画）」と呼ばれる計画書だった。九月二五日までに完成したその計画は、アメリカが、欧州戦に参戦した後の軍事や産業動員の必要規模を予想し、枢軸国を倒すための戦略的なガイドラインを示していた。それは数ヶ月のうちに、対日戦線において大変役に立つことが証明されるのだが、それでもぎりぎりまで、立案者たちがアメリカの主要敵国と見立てていたのはあくまでもドイツだった。日本に対しては、慎重姿勢保持の考えが基本だったのである。

日本政府はこの時期、いつかアメリカが日本との「外交メモのやりとり」を放棄する日が来るかもしれないこと、そしてそのような事態を防ぐために何をすべきかを自問するべきだった。その代わりに、なし崩しの政策に導かれ、日本は日本で独自の「積極的防御」方法をとる道を、模索していた。

＊

ゾルゲの報告から、日本の攻撃を心配する必要がないことを確信したスターリンは、九月のうちに、ソビエト極東軍の二〇師団を、モスクワに移動させた。スターリンは、やっとこれでドイツとの戦いに集中できるのだった。最終的に極東軍は半分の規模まで縮小され、ソビエト西部戦線の戦況は、着実に改善していった。

つまりこれは日本にとって、さらに対米政策を再検討する必要が迫っていることを意味していた。日本にファシスト国家の仲間入りをさせた同盟は、ドイツの軍事的優勢という前提において、結ばれたものだった。日本の戦略計画は、欧州戦線の流動的な状況にかかわらず、引き続きドイツ優勢という仮定に頼りきっていた。実際には陸軍参謀本部では、ソ連の予想外の粘り強さに気づき始めていた。そしてそもそも日本の指導層は、ファシスト・イデオロギーに心酔していたわけではなかった。反面、枢軸同盟から身を引くことを提唱する気概もなかった。同盟締結時、そして「バルバロッサ作戦」後、いとも簡単に、無批判に、ドイツの無敵ぶりを誤信した手前、すぐにそれを投げ出すことはどうにも格好が悪いという判断もあったであろう。しかし同盟に長く留まれば留まるほど、その代償は大きくなっていった。日本はファシスト国家として西側同盟国に煙たがられ、警戒を強められ、アメリカとの外交的和解への道はますます塞がっていくのであった。

九月一〇日、野村大使は、ハル長官をワードマンパークホテル内の新宅に訪ねた。第一次世界大戦の終結を記念して建てられた一〇〇〇の部屋数を誇る建物は、あたかも無敵の要塞のようであった。この日、野村は首脳会談開催の可能性をハルがどう見ているのか、さらに反応を探るつもりであった。ハルは、外務省による日本の申し入れが『諒解案』の精神と対象範囲を、より狭めた内容にしたものだ」と厳しい批判をした。以前からの日米間の話し合いは「太平洋全域を包括する、広範で、自由主義の理解に踏み込んだ」ものであったのに、これではまったくの後退ではないか、とも不満を述べた。

「より狭まった内容」はハルにとり、心配していた近衛のリーダーシップの頼りなさを証明するのに十分だった。ジュノーで首脳会談が開かれたとしても、近衛が、果たしてアメリカにとって意味のある譲歩を提供できるのか、さらにその疑念は深まるのだった。野村大使はこのミーティングで、日本が確固とした譲歩をすることを事前に示さない限り、首脳会談の実現は到底無理だという事実を改めて、より明確に突きつけられたのだった。東京への報告では、首脳会談開催は厳しい状況だとし、今や中国からの撤退がアメリカ側にとっていかに重要になっているかも意見した。

日中戦争ならびに中国における日本軍の存在は、春に始まった日米間の対話の、ごく初期段階から、問題視されてはいた。ただアメリカでの中国問題のウェイトは、このところ急増していくようだった。五月の時点では、ハルも、少なくともオフレコの談話で、日本の中国における軍事占領問題について、はるかに譲歩的な態度を見せていた。そして野村大使はその印象を東京に報告していた。「諒解案」の作成に加わった井川忠雄も、ハルが日本の中国軍事占領の名目を「反共」から「平和維持」に変えるべきでないかという提案をした、と記録している。[4] そうすれば、共産主義の脅威に直面しているわけではない海南島の占領も続けられ、日本にも都合よく理にかなうではないか、という含みがあった。

一九四一年夏以降の日米関係は、もっぱら下り坂だった。独ソ開戦、日本による南部仏印進駐、ルーズベルトの中立化案却下、三国同盟の継続、そして対日アメリカ世論の硬化と続き、ルーズベルト政権が、こと中国問題において、日本に譲歩を示すことは難しくなっていた。やはり間近の歴史の記憶は強烈であり、中国にチェコスロバキアと同様の運命を背負わせてはならない、という意見が台頭していた(蔣介石の妻、宋美齢とその一族が非常に強力なアメリカにおけるコネクションを持っており、アメリカ世論における蔣や国民党の好印象を培うことにも一役買っていた)。中国の重要性は一〇月に、サムナー・ウェルズが日本側に伝えたコメントに如実に表れていた。日米和平を中国問題抜きでは語るのは、「あたかもシェークスピア劇『ハムレット』を、主役のハムレット抜きで上演できないか、と言っているようなもの」だという。[5] もしも近衛が、側近がまとめた文書通りに「日本は中国本土からの撤兵を原則とする」旨を譲歩項目の筆頭として提示していれば、事態はかなり変わっていたかもしれない。それが実現しなかったのは、近衛自身の責任だった。

ハルの頑なな反応を受けて、九月二〇日の連絡会議は今一度、首脳会談開催に向ける、新たな「日米国交調整ニ関スル了解案」をワシントンに伝えることを決定した。しかし、それは九月六日に手交された前案と比べ、さらに後退する内容だった。アメリカが日本と蔣介石政権との和平交渉を仲介することを求めながら、その内容に干渉することを禁じ、資産凍結の解除と通常貿易の復元を求め、その見返りに日本は仏領インドシナ以上の進軍はしない保証をする、というところは代わらなかった。新案で違っていたのは、中国との和平条件に詳細がつけられ、全体のトーンとしては、さらに強気になっていたことだった。それは開戦派の戦略立案者が、文書作成に携わっていたためだと思われる。またさらに「狭まった」申し入れ内容を見た野村大使は、新案が有害無益で、まったく交渉の助けにならないと判断した。そして自身の影響力の限界とともに、近衛の勇気の限界を痛感したのだった。

野村が特にまずいと感じたのは、やはり日中和平に関する条件だった。日本政府は、引き続き蔣介石の重慶国民党政府と汪兆銘の南京親日政府の合併を主張していた。アメリカがそれに同意する可能性は、皆無だった。野村はまた、日本の地域的特別権益を主張することは、ワシントンを警戒させるだけだと判断していた。よって、日本政府へ「先方ノ疑念ヲ払拭シ得ルヤ否ヤ疑アリ」と警告したが、またもや暖簾に腕押しだった。[6]

豊田外相でさえ、九月二〇日の「新案」は、ワシントンとの交渉に、説得力を持たないであろうことを認めていた。それを承知で、グルー大使に参考資料として示し、それは結局、野村の願いとは裏腹に、国務省に渡されることになった。

＊

近衛・ルーズベルト会談に向けての進展が、まったく感じられないまま、時は過ぎていった。西園寺公一は、近衛嘱託としていったい何ができるのか、自問していた。近衛の信頼に応えようと、それまでも奔走してきたつもりだった。直近では、例の消えた「対米申し入れ書」があった。ほんの数週間前、文書の作成に熱中し感じていた爽快感や達成感は、急速に薄れつつあった。長い付き合いで、近衛の移り気や優柔不断には免疫ができていたために、怒る気にもなれなかった。それでも近衛がいまだ日米首脳会談を切望していることを疑わず、できる限り助力する覚悟は変わらないのだった。

九月も後半に入る頃、西園寺は親友の尾崎秀実から電話を受けた。尾崎はちょうど、満州での二週間の講演旅行から戻ったところだった。国内の旅行も含めると、ジャーナリスト兼スパイにとって、多忙な夏だった。その晩、二人は料亭で久しぶりに食事をともにし、日米交渉について意見交換をした。尾崎は徹底的といえるほど、交渉の行く末に悲観的だった。アメリカは日本の現在のリーダーシップを信用していないという理由からで、日米首脳会談の開催を含め、どんなアプローチをしても、受け入れられる可能性は低いだろうという読みだった。これを受けて西園寺は、実は近衛からのたっての依頼で、画期的要素を含む「申し入れ」の新提案を作成したことを告げた。そしてその案が日の目を見て外交問題の解決に繋がることに、いまだ希望を捨てきれないと伝えた。

九月二四日、尾崎は西園寺を先日と同じ料亭に招いた。夏は長引いていて、二人はビールを飲んだ(一般市民と違い、まだそのような余裕がこの二人にはあった。東京の公式配給スケジュールによると、一九四一年四月の時点で、各家庭に許されたビール購入量は半年間につき、二本から四本だった)。個室でくつろいでいたものの、そこに秘密めいた雰囲気は微塵もなかった。そして西園寺は、ほかの側近仲間たちと富士山の麓で作成した「対米申し入れ書」の写しを尾崎に見せた。尾崎が特にそれを見たいと言ったわけではなかったのだが、親友として、また近衛政府の行方を心配する同志として、西園寺にとっては当然の行為だった。尾崎は渡された文書に目を通すと、用事があるからその晩の他の友人たちとの夕食には同席できないとし、暇を告げた。ゾルゲに報告するためだったのかもしれない。このやりとりも、後に西園寺が諜報活動容疑をかけられる理由のひとつとなった。

翌日、九月二五日は気温がまだ二〇度台の、日あたりのよい穏やかな始まりだった。しかしその後一転、雨が降り始め、肌寒くなっていった。そしてその日の連絡会議も、近衛の憂鬱を増大させる結果となった。杉山参謀本部総長と永野軍令部総長が、外交期限を一〇月初旬などという曖昧なものでなく、具体的な日付に変えろ、と断固として主張したのである。「対米政戦略ノ転機ハ遅クモ十月十五日ヲ以テ決セラルベキ必要」ということだった。[7]

ここまで来ると、近衛は静かなパニックに陥った。そして連絡会議後、宮中大本営で準備された午餐には参加せず、主要閣僚を引き連れて首相官邸に戻り、外交期限をどうにか延ばせないものか、検討しようとした。特に統帥部に同調する東條陸相には、一〇月一五日とは、本当にもう動かせない日付なのかと質した。東條はあくまでも、御前会議で正式に決定されていることで、一〇月初旬が、野村大使のワシントンでの任務の終わりなのだと返答した。

内面の感情を隠し通すのは、近衛の得意とするところだった。そのため真意を探るのが難しい人物であったはずだが、この日の連絡会議の様子ばかりは、普段とはまったく違っていた。戦争指導班の日誌には、こう書かれている。「昨日ノ連絡会議ニ於ケル統帥部ノ要望大ナル反響ナカリシガ如ク観察セルニ事実ハ然ラズ　近衛総理ハ心境ニ大ナル変化アリシガ如シ」[8]。やっと近衛にも、ルーズベルト政権が首脳会談に乗り気ではないという事実、そしてそれが内政にどういう意味を持つのかがわかり始めていた。恐れとともにその後の行動を導いたのは、自己保存という近衛の最強本能だった。

九月二六日の夕刻、近衛は木戸内府との面談で辞任を口にした。学習院で一学年しか違わなかった二人は、旧知の仲だった。木戸の日記にはこうある。「近衛首相と四時より五時十五分頃懇談す。軍部に於て十月十五日を期し是が非でも戦争開始と云ふことなれば、自分には自信なく、進退を考ふる外なしとて苦衷を述べられし故、切に慎重なる考慮を希望す」[9]。つまり九月六日の御前会議を開催したのは、他でもなく内閣総理大臣の近衛自身であり、その決議を受け入れられないからといって、今さら逃げるように辞めることは無責任である、と戒めたのである。

木戸の言葉を受けて、近衛もすぐに辞めるわけにはいかなくなった。が、その代わりに、四方を山と海に囲まれる古都鎌倉の別荘に引きこもってしまった。そして一〇月二日まで、表舞台に姿を見せることはなかった。

首相不在の東京では、豊田外相が近衛・ルーズベルト会談のためのロビー活動を引き続き行っていた。かと言って、野村大使が助言したように、日本のますます狭まる条件を根本的にゼロベースから再検討して、首脳会談開催に持ち込もうとしたわけではなかった。前述のとおり、豊田はグルー大使に、自分の目にも不十分な案を参考資料と称して手渡していた。その前提には、大使が大統領の友人として、個人的かつ多大な影響力を持っているという考えがあった。グルーとの結束を強めれば、あわよくば、大統領に有効な口利きをしてもらえるかもしれないという期待があったのだ。しかし外交チャンネルを増やし、あたかもそれがワシントンにおける正式ルートよりも強力で、別個の物であるかのように振る舞うことは混乱を招き、野村の駐米大使としての立場を弱めることに繋がり得た。

九月二七日、豊田外相はグルーと会談し、いかに日本国内のリーダーシップの仕組みが複雑か、そのため首脳会談開催前の特定条件提示が難しいかの説明を試みた。それは苦しい言い訳の列挙だった。国内の反対意見に立ち向かい、交渉し、国の将来を担う政策として決定するのはグルー大使ではなく、近衛以下、豊田も含む閣僚の責任のはずだった。それでも豊田は、首脳会談の開催にさえ漕ぎ着ければ近衛首相は、現在日本が提示しているよりも、もっと大きな譲歩をできるはずだ、と繰り返すのだった。

九月二九日、グルー大使は、一一のポイントから成る報告書をルーズベルトに送った。その中で日本政府からは、首脳会談開催前に「今まで述べた以上に、将来可能な約束や、コミットメントを定義することは、不可能だ」と「何度も、強調して伝えられている」と述べた。[10] なぜならば、「松岡前外相が七月に引退後、それまでの日米交渉の詳細を、駐日ドイツ大使にすべて伝えてしまった。いまだ松岡の支持者は外務省内に多くおり、彼らがドイツや日本の過激派に、現内閣を危険にさらす情報をも、漏らすかもしれないと危惧されている」からだという。それでも「日本政府内では、すでに特定の基本原則について、合意がなされている」。だが現時点で、「日本の将来的政策や目標について、提案したり、定義することは難しい。……それらはまだ抽象的かつ不確かであり、幅広い解釈ができるため、日本政府が確約できるコミットメントを、明らかにするどころか、さらなる混乱を招きかねない」というのだ。

このような込み入った、当事者以外にはとってつけたようにしか聞こえない理由だが、グルーは近衛の意図を信頼し、とりあえず首脳会談に同意するよう、本国政府に助言した。そして二重否定を使った婉曲な言い回しで、ルーズベルト政権があえてリスクをとった場合に期待できる成果についても言及した。「予備段階の会話で保証されるよりも、さらに明確で、満足できる関与条件を、近衛公が、大統領に直接提示できる可能性が、無くもないと思われる[11]」。

さらにグルーは、アメリカが日本政府に対して漸進的なアプローチを追求すべきであると提言した。残された道は「現在のアメリカの努力に沿って、日本の思想や見解の再生を、建設的な調停を通じて、試みることだろう」というのだ。グルー大使の説得に限って言えば、豊田の外交努力は大きく実ったことになる。

外交政策の岐路において厳しい選択を迫られたリーダーが、一番記憶に新しい危機の教訓を探るのは、しばしばあることだ。米政権には、グルーの勧める「建設的な調停」が、「宥和政策」とよく似た響きをしていると感じた者もいただろう。どんなに日本の状況が一九三八年秋の第三帝国と異なっていても、ミュンヘン会談は遠からぬ過去で、西側諸国にとって、あまりにも強烈かつ苦い出来事だった。豊田外相は、近衛内閣があたかも松岡の支持者や親独派の敵に包囲されているかのようにグルーに説明した。しかし現状の問題を、もはや影響力のない前任者のせいにして責任逃れするのには限界があった。松岡がいてもいなくても、日本という国がナチス政権と同列で捉えられるのは、同盟が現存する限り自然の成り行きだった。枢軸同盟国だという事実は、それを脱退しない限り変わらないのだ。グルーはそのような反応も予想してか、注意深く、自分が主張する対日アプローチは「俗に言う、宥和政策ではない」とまで明記している。[12]

悲しいかな、ワシントンが今一度、近衛を信頼したいと思わせるような強い理由は、どこにもなかった。近衛も豊田も、ジュノーで大統領に直接会うことができさえすれば、アメリカが満足するどころか、びっくりするような譲歩ができる、と抽象的に示唆して続けてきた。だが、ルーズベルト政権は疑心暗鬼のままだった。

近衛が日本国外でいくらか知られるようになったのは、一九一九年パリ講和会議前夜、「英米本位の平和にもの申す」という前述の小論文が、英訳され紹介された時だった。そして一九三七年、日中戦争が勃発し、中国の主要都市や工業地帯、国民党の首都であった南京などを含む地域で、日本の攻撃が激化した際に首相をしていたのも、他ならぬ近衛だった。汪兆銘の傀儡政権を正式に承認したのも、ドイツとイタリアとの同盟を追求したのも、また、今となってはいっさいの責任を負わされている松岡に、特に期待をして外相として任命したのも近衛首相だった。紛れもない、言い逃れのできない経歴がまだあった。三国同盟の成立直後、近衛自身が公式の記者会見で「私はアメリカが、日本の真意を理解し、積極的に世界の新秩序建設に協力したほうが賢明ではないか、と考える。しかし、アメリカが日独伊の真意を故意に見誤り、三国に対して条約を敵対行為を表すものと考え、さらに挑発行為を続けるならば、我々にとって戦争以外の道は残されないであろう」と、松岡張りに強弁していた。だが不思議なことに本人は、このような言説や行為の数々が西側の自分に対する信頼を損ねてきたとは、思わなかったようだ。自分の地位は不可侵だという、特権意識のなせる業だろうか。ことルーズベルト政権の対近衛認識に関しては完全に勘違いをして、首脳会談開催がここまで難航するとは思っていなかった節は否めない。

＊

近衛の憂鬱を深めた九月二五日の連絡会議はまた、及川海相の最大の恐怖、つまり対米大海戦への恐怖も掻き立てていた。六月末の松岡失脚劇の最中、普段は寡黙で注意深い及川が「海軍ハ対英米戦ニハ自信」あり、と虚勢を張ったことがあった[13]。その時点で及川の頭を占めていたのは、松岡の対ソ北進論を制して、南部仏印進駐計画を押し通すということだった。明らかな及川の強がりに、「英米トヤルノハ辞セズト云フノニ『ソ』ガ入ツタトテドウシテ困ルノカ」と、松岡は切り返した。皮肉が通じなかったのか、及川は「『ソ』ガ入レバ一国フエルデハナイカ　何《いず》レニシテモアマリ先走ツタ事ヲ云フナ」と、真っ当に答えたのだった。このような子どもの喧嘩のようなやり取りがあったわずか三ヶ月後に、日本は、これらすべての国々を敵にまわす戦争の可能性に直面しているのだった。

そんな頼りない及川も、杉山と永野が外交期限を具体的な日付で表そうとした九月二五日の連絡会議では、さすがに反対意見を述べている。戦争準備への勢いをストップできなければ、せめてそれを減速させたいという必死の思いが窺われた。しかし最もタカ派の出席者、塚田参謀本部次長が、及川の言動に不満を露わにした。日本優越主義の狂信的な信者ともいえる塚田は、自分たちが準備している戦争はどうしても必要な戦いで、それは合理的、戦略的思考に基づいてするものではなく、歴史に運命づけられた戦争なのだ、と主張していた。軍事大国日本の崇高な運命を享受せず、とやかく言う者は海相とて、いや海相だからこそ許せなかった。軍人、民間人を問わず、その時代の多くの日本人が、国家の政策を神がかり的な信心と重ねて受け入れることに、ある程度順応して育ってきていた。しかし塚田のそれは、本来ならば徹底して合理的であるべき上級戦略参謀としては危険なレベルにあった（「時ハ今ダ、神州ノ正気ハ此場合ニ光ヲ放ツ」というような文句を公言するタイプの人間だった[14]）。塚田は及川海相の意見を統帥権への干渉行為だとし、部下には海相が早くその気になって、軍部が開戦に向けて足並みを揃えられることを願っている、と語った。しかし裏を返せば、さすがの塚田も、海軍が乗り気でなければ、日本がアメリカと戦うのは到底不可能だということを認めざるを得ないのだった。

　陸軍内でも、塚田のようなひたむきな開戦要求に異論を唱える者はいた。特に資源割り当てや参謀本部との協議で、方針決定を行う重要な役割を担っていた陸軍省軍務局には、新たな戦争に躊躇する動きがあった。九月二九日、局員たちは武藤章軍務局長の執務室に集まり、将来の可能性についていくつかのシナリオを検討した。話の流れは、もう聞き慣れたものだった。公に、陸軍がワシントンの要求（特に中国からの撤退）を受け入れることはできない。しかし対米戦争となれば、それはさらに嘆かわしい、ということだった。「見通しとしては結局戦争ということかも知れぬ。だがねー、戦争は一歩を誤ると社《しゃ》稷《しょく》を危うからしめる。俺はどうしても戦争の決断はできない。俺は戦争は嫌だ。殊に先般の御前会議で陛下はあの通りおっしゃったからなあ。とにかくわれわれは外交にベストを尽くさねば相済まぬ」というのが、武藤局長の率直な思いだった。[15] 一九三七年の日中戦争勃発時、武藤は強硬派の筆頭だった。だが今では、それが日本の失策だったということを認めていた。また新しい失策を犯せば、それは日本国家を確実に崩壊させるであろうことを過去四年の苦しい戦いを通して痛感していた。

　同じ日、山本五十六は永野軍令部総長に警告を発した。山本はそれまで一〇ヶ月間にわたり、アメリカ相手の壊滅的な戦争計画を練っていた。しかし詰まるところ、いくら日本が短期の緒戦で勝利しようと、長期戦で勝ち越すことは困難であるとわかっていた。当時海軍次官だった澤本頼雄《よりお》の記録によれば、山本は具体的な数字を羅列して、こう意見している。「十一月半ばに至らば南進作戦の戦闘力は整備すべし。邀撃作戦の準備はまだ出来ざるも之は致し方無かるべし。戦闘機一〇〇〇機、中攻一〇〇〇機を必要とすることは、予て所信を述べたる通りなるが、今艦隊には戦闘機三〇〇機あるのみ。内地防禦用に二〇〇機は必要なるべく、スペアも二〇〇機位を要す。図上演習の結果によれば、南方作戦は四ヶ月にて一通り片附くべく、此の間の消耗は六五〇機なり。其他戦闘に依らざる相当多数の破損あるべく、充分の補充を得ざれば継続し難し。但現状の兵力にて戦へとならば、初期戦闘に相当なる戦いをなし得べし」[16]。

山本のギャンブラー魂は、自分が「相当なる戦をなし得」る唯一の人間であるということを世に証明したく、疼いていたであろう。しかしその反面、戦略家としての理性が、開戦反対を明言させた。そしてこう続けた。「次に一大将として第三者の立場として一言せば、日米戦は長期戦となること明なり。日本が有利なる戦を続け居る限り米国は戦を止めざるべきを以て戦争数年に亙り、資材は蕩尽せられ、艦船兵器は傷き、補充は大困難を来し、遂に拮抗し得ざるに至るべし。のみならず戦争の結果として国民生活は非常に窮乏を来し、内地人はと兎も角として、朝鮮、満洲、臺灣《たいわん》は不平を生じ、反乱常なく、収拾困難を来すこと想像に難からず」。そしてたどり着いた結論は、有名な一言だった。「かかる成算小なる戦争は為すべきにあらず」。

艦隊のトップ司令官であり作戦首謀者でもある人間が、ここまで対米戦を悲観していたのだ。それは統帥部が強行している開戦準備が、いかに戦略的現実から切り離された行動であるかという事実を何よりも如実に物語っていた。「好戦的な軍部」という一枚岩は存在せず、各々の信念や迷いは多種多様だった。ルーズベルトとの首脳会談に漕ぎ着ける以外で、近衛に残る唯一の希望は、このような意見の相違を利用することだった。一〇月一日の夕方、及川海相が近衛の鎌倉別邸まで呼ばれた。近衛は海相に、新たな外交締め切りの期日限定についてどう思っているのか聞いてきた。及川は答えた。

「総理は絶対避戦主義なりと言はるるも、それ丈《だけ》にては陸軍を引張って行けませぬ。又此《こ》の儘《まま》緊張状態を続けて行けば、資源の消耗大にして到底永続し行けず、速かに国交を調整して自給し得る様為さざるべからず。それには米国案を鵜呑みにする丈の覚悟にて進まなければならぬ。総理が覚悟を決めて邁進せらるるならば、海軍は充分援助すべく、陸軍もついて来るものと信じます[17]」。すると近衛は「それなら安心した。自分の考もそこにある」として喜んだという。

また澤本次官の記録によると、東京に戻った及川は翌一〇月二日に永野総長と面談し、首相との密談の報告をした。そして永野の賛同も得たという。ということは、永野の連絡会議における常日頃の強硬路線は、額面通りに受け取ってはいけない性質のものだということだった。及川は、海軍大将でもある豊田外相とも会い、アメリカとの外交解決が最優先だということで意見の一致を見た。特に「米国の回答に対しては取扱いを慎重にし」「妥協成立に専念するよう」にと及川が要望すると、外相は「全然同感である旨」述べたと記録されている。このような及川の地ならしもあり、近衛はやっと隠遁先から東京に戻る気になった。

＊

一〇月二日午後九時のワシントンで、野村大使がまたハル長官の自宅に呼ばれていた。そして日本がハルの四原則を受け取るよう促す声明を手交された。四原則とは前述のとおり、①領土保全と国家主権の尊重、②内政不干渉原則の支持、③商業機会の均等を含む平等主義の支持、④太平洋地域における現状の維持（ただし、平和的手段による現状変更は可）であるが、ハルが今回、より具体的に求めたのは「中国と仏領インドシナからの撤退に関して、日本の意図を明確に」することと、また枢軸同盟に関しても「日本政府がその立場について、より明快な説明ができるよう、さらなる研究を」することだった。[18] 首脳会談の開催に関しては、事前に「本質的な点について、心からの理解」がなければ望みがないということが、再度強調された。[19] 野村は、またしても「太平洋に平和をもたらすには、ツギハギ的処置では間に合わない」と、釘を刺されたのだった。「どのような会談にしろ、成功が約束されていなければ」アメリカの反対世論を抑制することができない、というのがハルの一貫した主張だった。

野村は、渡された文書について何か言うことがあるかと聞かれると、まず本国政府は失望すると思う、と述べた。というのも、ハルの四原則は、日本国家に、根本的な思考変化を求めるものであり、短期間で達成するのは難しい内容だったからだ。

実際、正義の国を自負するアメリカも、長い時間をかけて現在の状況まで来たのだし、それでもまだ不完全だ、というのが多くの日本人の真っ当な意見だった。たとえば、日本との不平等条約は一九一一年に失効したばかりであり、イギリスやほかの旧帝国主義大国との連帯や有色人種への差別的扱いを鑑みれば、アメリカが上から目線で他国に説教することは、偽善行為ととられて何ら不思議でなかった。ただそのような長い歴史に根ざす感情を抜きにしても、中国から日本軍をすべて撤退することには実質的な困難が予想できた。内モンゴルや中国北部がソ連と隣り合わせということもあり、日本が撤退する兆しが見えれば、すぐにボルシェビキが侵攻してくるだろうという意見が日本陸軍の中にあった。その不安は四年後、正しかったことが証明される。

野村の描いた最も現実的な外交危機の対処法は、東京が望み、グルー大使も進言しているように、何が何でも首脳会談を開催し、諸般の問題をその場でクリアするということだった。そしてハルに再度、日本政府が真剣かつ切実に会談を要請していることを伝えた。また国内状況の難しさから、首脳会談前の合意達成というものは無理であろうとも繰り返した。ただ近衛内閣は「比較的強い立場」にあり、反動主義者たちが政府を乗っ取るようなこともないだろうと強調した。野村は、近衛の政府内での非対決姿勢をもっともらしい理由で正当化することに疲れ、苦心していた。ひとつ言葉を間違えれば、近衛のリーダーとしての素質に対するアメリカの不信感をますます増長させることになってしまうからだ。逆説的だが、あからさまに反対意見に立ち向かわないことこそが近衛政権の長続きの鍵であったのだが、それは何とも説明し難い点だった。

＊

一〇月四日に連絡会議が開かれた。議論は精彩を欠いていた。ハルとの会談について、野村から来た最新報告は、まだ完全に翻訳されていなかったため、それが細かく話し合われることはなかった。そこで出席者たちは、一般的な意見を述べるに留まった。またしても杉山参謀本部長は、外交を捨てる最終決定を遅らせてはならないと警告を発した。「而シテ時間ヲ延バサレテハ統帥部トシテハ困ル。引キ延バサレテハ南モ北モ中途半パトナル。本日ハ決定スルコトナク研究ノ結果決定スベシ」[20]。永野軍令部総長が続いた。「最早『ヂスカッション』ヲナスベキ時アラズ。早クヤッテモライタイモノダ」。

永野はその二日前、鎌倉の近衛別邸から戻った及川との会談で、英米との軍事対立は回避するのが望ましい旨、同意したばかりだった。永野の二枚舌は常習的ではあったが、日本の指導者すべてがある程度、このように時と場合によって矛盾したことを言うことに慣れ過ぎていた。嘘をついているなどという意識はさらさらなく、意見の切り替えを行っているようだった。俗に言う「本音と建前」や「公と私」の人格の使い分けは、むしろ社会的に気まずい状況を避けるために必要な美徳とまで見なされる傾向があった。一例を挙げれば、統帥部として、日本の戦略的利益を代表する公の場において、永野はチンピラ親分のような凄みで、軍人代表として意見した。政府の閣僚として、勇気を振り絞って及川海相が戦争に反対してみても、連絡会議の席で永野軍令部総長の支持を得られなければ、その説得力も激減した。及川海相は、永野の立場や建前を理解していただけでなく、性格的に気弱だったこともあり、永野に面と向かって真意を問いただすようなこともなかった。連絡会議は、悲劇的な茶番と化していた。建前のための建前の上に見当違いの優先事項が掲げられ、国家の運命を見定めるという一大事は二の次になっていた。

この日の及川海相の発言は記録されていない。おそらく、特筆すべきような発言はなかったと思われる。一九四六年一月に行われた、前述の秘密裏の海軍反省座談会で、及川は海軍ではなく、総理が政府の政策を戦争から遠ざける方向に向ける努力をすべきだったと発言している。当時、近衛が戦争回避の責任をすべて海軍に押し付けようとしているという疑念が、及川のガードをより固くさせ、連絡会議などでの発言もより慎重になり、寡黙にさせていたと考えられる。一にも二にも、及川は組織に献身的だが、それを超えた世界には無知で、偏狭な海軍軍人だった。戦争回避の責任を一手に負わされることを恐れるあまり、はっきりと反対意見を主張しないのは臆病さゆえだとは、すべてが終わってからも認めなかった。そして、このような勘違いをしていたのは、何も及川ひとりではなかった。指導者の誰もが、責任転換ゲームで自分だけ取り残されないよう必死になっていた。

座談会では、澤本次官が及川に助け舟を出している。海相が、一九四一年秋に直面していた状況が、一九四六年に想像するよりもはるかにデリケートでいかに難しかったかを及川に代わり説明した。それによると「当時の空気は現在とは全く異なり、『海軍は戦えない』などと言い得る情勢にあらざりき」[21]。そんなことをすれば「海軍存在の意義を失う」ことになったというのが、その主張だった。戦争もできない臆病な海軍は、「艦隊の士気に影響」を及ぼし、「陸海軍の物資争奪」において説得力がなくなる。そうなれば「陸軍は『戦えざる海軍に物資をやる必要なし』」と言ってきただろう、というのである。また、統帥部としての意向は、何としても陸海軍が分裂することを避けることで「表面のみにても、一致せざるべからずという空気ありき」としている。また及川自身も「近衛さんに下駄をはかされるなという言葉あり。当時、海軍にて非常に警戒せしものにして、軍令部よりも、軍務［局］よりも注意せられたり」と、いかに近衛首相が卑劣に戦争回避の重責を海軍に押し付けようとしていたかを、力説している。

この座談会に出席していた自称ラジカル・リベラルの井上成美は、山本五十六や米内光政と近かったが、一九四一年当時は、政策決定の中枢から遠ざけられていた。井上は元海軍トップの発言を、中途半端な言い訳としか受け取らなかった。「陸海軍相争うも、全陸海軍を失うより可なり。なぜ男らしく処置せざりしや。如何にも残念なり」とし、「近衛さんがやられるべきなるが故にやらざりしか。近衛さんはやる気あるしや。また出来ると思われしや」と問うと、及川は「首相が押さえ得ざるものを、海軍が押さえ得るや」と返し、この問答はさらに情けないものになった。

井上は、戦争への行進を止めるのは及川海相の権限範囲内であったと強く感じていた。「内閣を引けば可なり。伝家の宝刀なり。また作戦計画と戦争計画は別なり」。つまり及川が辞職して、海軍をあげて現役大将の中から選出されるべき次期海相を出すのを拒むことも考えられたというのだ。サボタージュは戦争準備のタイムテーブルを遅らせ、開戦を不可能にしたかもしれなかった。それでもなお状況が打開できなければ「総長をかえれば可なり」と井上は指摘した。及川海相が一九四一年の秋、軍令部総長任命権を行使せず、天皇もはっきりと望んでいた永野更迭にまったく動かなかった責任は大きかった。ただし及川だけでなく、実は内心開戦に反対だったとする権力中枢にいる海軍首脳の誰ひとりとして、我が身を挺し、その波に抗おうとすることをしなかった。その事実は、戦後に何を言ったところで変わらないのだった。

一〇月四日の連絡会議に、大きな進展はなかった。そして時間の経過とともに、戦争に異議を唱えるのに必要な勇気も倍増されていった。一〇月五日、永野軍令部総長は欠席したが、海軍省と軍令部トップの合同会議で、ある合意がなされた。それは野村大使からの報告を視野に、「首相の堅き決意の下に明六日首相陸相会談、交渉の余地ありとして時機の遷延、条件の緩和につき談合することとす」という内容だった。つまり近衛が東條と直接面談し、避戦に向けて協力することを確認しなければならない、ということだった。[22] これを記録した澤本次官は、もともと首相、陸相、海相、外相が、合同で会談の場を設けるべきだと提案していたが、及川はこの考えに極めて消極的だった。近衛に「下駄をはかされる」ことを極端に恐れ、自分が戦争反対論を唱える唯一の閣僚となるのを避けたいがため、首相が陸相と二人だけで直接会談するよう、促す方向に定まったのだ。海軍はあくまでも外野にいる構えだった。

及川の不安は理解できなくもなかった。近衛が自分の意見を公にしなかったための誤解ではあったが、陸軍参謀本部は、首相がついに開戦派にまわったと信じていた。そのため、血の気立ったタカ派の陸軍中堅幕僚の憎悪の矛先は、及川海相に集中し始めていたのも事実だった。一〇月五日、戦争指導班の『大本営機密戦争日誌』にはこう書かれている。「情報ニ依レバ総理ハ開戦ヲ決意セルガ如シト。夜、主要大臣ト個別ニ会談シアリトイフ。俄然部内色メキ心中駘蕩《たいとう》タルモノアリ。敵ハ海相ノミ[23]」。

同日夕刻、戦争回避を念頭に、近衛は東條との会見を試みた。場所は富士の景観を誇る、近衛の私邸、荻外荘だった。しかし近衛の縄張り内で行われたこの政治的駆け引きも、始めから終わりまで、東條主導の内容となった。陸相は、「米国ノ態度ハ同盟離脱、四原則無条件実行、駐兵拒否。右ハ日本ハ譲ルベカラズ」とそれまでの姿勢を崩さず、近衛の説得努力を徹底牽制した。[24]

「駐兵ガ焦点。撤兵ヲ趣旨トシ、資源保護等ノ名デ若干駐兵シテハ如何」と近衛が返すと、「ソレハ謀略ナリ」と東條が戒めた。たまらなくなった近衛は、戦術を変えた。「御前会議ノ空気モアリ」と、天皇の御製朗読に触れ、陸相としてはアメリカを巻き込むことなく、イギリスとだけ戦争できると思うか、と尋ねた。海軍の一部では、対米戦を恐れる本心から「英米可分」「不可分」の議論が浮上していた。東條はこの考えを一蹴した。「コレ研究ノ結晶ナリ。海軍ノ戦略上不可能、今ハ不可分ヲ基礎トス」。この期に及んでアメリカを恐れるあまり、イギリスとだけの戦争を望むのか、何を気弱なことを、とでも言いたげだった。

翌日一〇月六日、陸海軍はそれぞれ個別の会議を開いたが、その場でも日本の現状を正々堂々と突き詰めるような議論は見受けられなかった。トップレベルでは、杉山参謀本部総長が東條陸相との会談で、アメリカの要求の何れをも受け付けることはできないとし、また一〇月一五日の外交締め切りを死守すべきとの考えで合意した。つまり九月六日の御前会議での「決定ヲ変更セントスルヤ」という意思の確認だった。

海軍でも海軍省と軍令部の間で、同様のトップレベル会議が開かれ、海相と次官、軍令部総長ならびに軍令部次長が話し合った。この席で永野総長は、前回欠席した会議での合意、つまり海軍は「首相の堅き決意の下に」戦争回避の努力をするつもりであることを知らされた。陸軍が撤兵問題に固執するがために、海軍が負け戦を強いられることは受け入れ難く、この場で海軍首脳の開戦反対コンセンサスが固まるはずだった。これは確実に陸軍を激怒させると思われた。澤本次官の述懐によると、及川海相は、半分は自分を奮い立たせるため、半分は永野を納得させるために、「いよいよとならば陸軍と喧嘩する心算なり」と伝えると、永野は「それはどうかな」と応じたという。これで一気に反乱の士気が削がれて、「大臣の決心鈍りたり」と記録されている。[25]

確かに及川の性格の弱さは、それまでの経緯からも明らかだった。海相の座まで上り詰めたのは、敵を作らなかったことや、前任者の吉田善吾が倒れたため、年功序列で任命された部分が大きかった。永野の漠然とした反対意見を耳にしただけで気後れしてしまったのは、最初から陸軍と対峙する勇気が足りなかったからだ。さらに周りにいた者たちが、団結して及川の援護にまわらなかったのも問題だった。

陸海軍の部局長レベルでは、同じく一〇月六日の午後に、合同会議が開かれ、同日の陸軍の戦争指導班『大本営機密戦争日誌』に、こう記された。「果然陸海軍意見対立ス。陸軍ハ（対米外交交渉に）目途ナシ、海軍ハ目途アリト。海軍ハ駐兵ニ関シ考慮セバ目途アリト云フニアリ。軍令部ノ決心如何、軍令部総長ハ一昨日連絡会議席上『ジスカッション』ノ余地ナシト強硬発言セルニ、右目途アリノ海軍正式意見ハ之レ如何。分ラヌモノハ海軍ナリ。海軍トハソモソモ如何ナルモノナリヤ、遺憾ニ堪ヘズ。海軍第一部長、南方戦争ニ自信ナシト云フ。船舶ノ損耗ニ就キ戦争第一年ニ一四〇万トン撃沈セラレ自信ナシト云フ。……洵《まこと》ニ言語同断《ママ》、海軍ノ無責任、不信、マサニ国家ヲ亡ボスモノハ海軍ナリ」[26]。

これをして陸軍全体の意見の集約であったとは言えない。だが明らかなことは、陸海軍間で、和戦につき深刻な緊張が存在していたことだった。この合同会議で、軍令部の福留繁第一部長が、具体的に戦争の最初の一年で日本の船舶が一四〇万トン撃沈されることが予想され、そんな戦いに勝つ自信はないと発言したことからも、またそれに対する感情的な陸軍参謀の反応からも、軋轢の深さが感じ取れる。

翌日一〇月七日は閣僚会議が開かれ、その席での東條の発言が、田中新一中将による業務日誌に記録されている。「耳の痛いことだが」と切り出し、日本の経済、外交が異常な状況にあることを指摘した東條は、「国内は今や英、米、独の巣窟」と化している、と述べたという[27]。そして今こそ戦争を覚悟する時機がきたと主張したのだった。その後、東條は及川と一対一の会談を行った。陸海相が向き合うことになったのだ。東條は案の定、陸軍としてはハルの四原則を受け入れる準備がないこと、そして中国からの早急で完全な撤退はできないことを強調した。

これに対し及川海相は、今こそ陸軍が強硬姿勢を再考すべき時ではないかと問うた。そして一〇月二日のアメリカの返答は、紙面で見るほど融通が利かない内容ではないのではないか、まだ外交的和解に希望があるのではないか、と述べた。これには東條が、九月六日の御前会議の決議を持ち出し、反論した。海軍はその大事な席で決まったことに今さら異議を唱えるつもりか、という訳だった。及川は、そんなつもりはまったくなく、戦争決意についても異論なし、と強がった。おそらく戦う「決意」はすぐには開戦には結びつかない、というのが及川の言い分であったのだろう。しかし東條に、海戦での勝利の自信はあるのかとさらに問いただされると、あくまでもオフレコで、緒戦の作戦以外、二年、三年と戦いが長引けば、果たしてどうなるかはわからない、と言葉を濁すのだった。海軍が戦争回避に判然とせず、曖昧な態度を示し続ける限り、陸海相会談とは言っても堂々巡りの意見交換にしかなり得ないのだった。

しかしこのやりとりがなされた後、突如として東條が、意外なほど融和的態度を見せた。及川に、「九月六日の決定は、政府統帥部の共同責任で決定されたものである。かりに海軍に自信がないというならば考え直さねばならない。もちろん重大な責任において変更すべきものは変更しなければならない」と述べたのだ[28]。御前会議の決定は、突き詰めれば戦争準備に同意した閣僚全体の共同責任であるという理由から、思い切った内閣総辞職を示唆したものと思われる。ぎこちなく、回り道をしながらではあったが、ここでやっと陸海相が、戦争回避という両者が求める核心に迫りつつあるように見えた。九月初めに、あまりにも性急に、議論なしで政策に組み込まれた開戦スケジュールは、そもそも無茶なものだという理解がそこにはあった。

しかし、互いが薄氷を踏むように歩み寄る希薄な合意が、東條と及川の間で成立しつつある一方で、永野軍令部総長は、勇ましい好戦論を止める気配がなかった。その日、永野は陸軍のカウンターパート、杉山参謀本部長と面談していた。東條・及川の面談とは対照的に、本音が少しでも聞こえてくる気配はまったくなく、内容は永野の勇ましい開戦ありきの言説に終始した。それでも時折、戦争の展望について、押さえきれない疑念を隠すことができなかった。これが、永野と杉山のやり取りの一部である[29]。

永野「(外交)交渉(成功)の見込みはないと思う。しかし交渉の目途があると外務側でみるなら交渉をやってもよい。……十月十五日は和戦決意の時だという考えはかえないのだから、交渉がずるずると延びて戦機を失うことは相成らぬ。交渉はやったができなかった、あとは統帥部にたのむといわれては手のつけようがなくなる。そんな無責任なことは引受けられぬ」

杉山「海軍側では戦争に自信がないということだが……」

永野「戦争に自信がないって、そんなことはない。戦争にきっと勝てるとは今までも言っていない。これは陛下にも申上げてあるのだが、今なら算がある。先のことは勝敗は物心の総力で決せられる。……海軍大臣のようにむずかしいと言っていては、軍備不要論も起きてこよう。……和戦決定の期日は、海軍だけのことを考えれば少し位のびても差支えはない。……陸軍はどんどんやって行くように見えるがどうか」

杉山「いやそうでない。慎重にやっている。殊に企画秘匿を第一として作戦準備をやっている」

永野「九月六日のご決定で『戦を辞せざる決意の下に十月下旬を目途とし戦争準備をする』ようおきめになったのは、語弊や美文ではないぞ。南部仏印に兵力を入れるのももう遠慮はできないぞ」

杉山「全然同感である」

その晩、東條は再び荻外荘に近衛を訪ねた。これは前述のように、及川海相が首相に開戦、避戦の決意を一任するとして、出席を頑なに拒んだ例の会談だった。二晩前と同様、近衛は、日本が中国からの撤退に原則同意できないものかと切り出した。実際の撤兵のタイミングは、現場の状況によるところが大きいから、ここではひとまず外交の成功のために、名を捨てて実をとる方向で、紙面上での同意をしたらよいのではいか、という含みがあった。東條が、絶対にできないと返すと、近衛は、撤兵問題が和解への大きな障害になっているとし、改めてこう指摘した。「四原則については支那における機会均等は認むべきであり、ただ日支間の地理的特殊関係を米国に認めさせればよいと考えている。三国条約については文書として残すことは問題であるが、大統領と会見すれば何とか折合いがつくものと思っている。残るは駐兵問題ひとつだけである。駐兵を緩和するよう何とか看板をかえることはできないか。外がみなまとまり、駐兵だけが残ったらどうするか。撤兵を原則として駐兵の実質だけをとる方法があるのではないか[30]」。

東條は、問題は近衛が言うほど簡単なものではないと応酬した。まずアメリカが中国における日本の特別利権に同意することは、希望的観測だとした。またそのような大々的な撤兵を陸軍が自発的にすることは、日米首脳会談の開催さえ危ぶまれている現在の状況では断固としてできない、とした。これに対して近衛は、「軍人はとかく戦争をたやすく考えるようだ」と述べたが、東條は動じなかった[31]。「対米交渉に見込があればおやりになるが宜しい。但し期限は統帥部要望の十月十五日である。十五日には和戦の決定をとらなければならない」と、冷酷に突き放したのだ。

そして、軍人は戦争をたやすく考えると思うのは首相の勝手だが、国家存続の危機には、目を閉じて高所から飛び降りなければならないこともあるとし、これが前述の「人間たまに清水の舞台から目をつぶつて飛び降りることも必要だ」という、よく知られた文句に続いたのだった。近衛自身の戦後の述懐によると、これには「個人としてはさういう場合も一生に一度や二度はあるかもしれないが、二六〇〇年の国体と一億の國民のことを考へるならば責任のある地位にあるものとして出来ることではない」と返したという[32]。

東條とて、虚勢と強弁で覆われた仮面の下には、疑念が確かにあった。翌日、及川海相は前日の近衛会談の感触を探るために、陸相を訪ねた。東條は悲壮な面持ちで、犠牲になった兵士の霊を思えば撤兵は耐え難く、しかし「日米戦ともならば更に数万の人員を失うことを思えば、撤兵も考えざるべからざるも、決し兼ねる所なり」と語ったという。[33]

大陸に没した兵士たちの霊に執着する東條だったが、皮肉なことに、中国前線にいる指揮官からは、対米開戦を避けるよう促す声が届いていた。一〇月初めには、支那派遣軍総司令官の畑俊六が東京に将校を送り、この際アメリカの要求を受け入れ、日中戦争解決に尽力すべきだとの提言を行った。すでに日本は戦争資源を使い尽くしているではないか、というのだ。陸相の東條こそ、日中戦争がどれだけ国家に負担になっているかを十分認識していたはずだった。ただその後の言動が繰り返し示すところだが、東條の優先順位では死者の魂が、常に生きている者よりも上にくる傾向があった。

ハル長官は戦後、東條を「かなり愚か」で「狭量で堅苦しく、短絡的思考」の持ち主と手厳しく評価している。[34] しかし実際は、もう少し複雑だった。撤兵は職業軍人として、最大級の屈辱と敗北を意味した。確かに東條の性格は顕著に柔軟性を欠いていたが、ただの頑固者というわけではなく、軍人や日本国民としてこうあるべきという強固な信念が、ハルの四原則を受け入れさせることを拒ませていた。さらに問題を難しくしたのは、東條並びに軍人の多くが、国際条約の暫定的性格をよく理解していなかったことだった。国家間で結ばれる条約や協定では、実践における詳細を詰めることが後回しになることは普通だった。しかし、もしその点をはっきりと理解していたとしても、道義性や綿密さを徳とする帝国軍人的な衝動が、外交上の意図的な曖昧さを受け入れることをより困難にさせたと考えられる。

*

一〇月一二日は、近衛の五〇歳の誕生日だったが、お祝いムードは到底期待できなかった。すぐにでも辞職をしたい願望に囚われながら、首相は今一度、外交期限の引き延ばしができないかを試みるべく、内密で会議の場を設けた。出席者は首相以下、外相、陸相、海相に、企画院総裁の鈴木貞一だった。この最重要閣僚限定の会議には、統帥部や中堅幕僚の横槍が入る隙間のないため、戦争回避の意思決定を成功させるチャンスも大きくなるはずだった。

午後二時、荻外荘の折衷スタイルにしつらえられた美しい応接室で、会議が始められた。近衛は、外交をとるのか、戦争をとるのかの二者択一を迫られると「ドチラカデヤレト言ハレレバ、外交デヤルト言ハザルヲ得ズ。戦争ニ私ハ自信ナイ。自信アル人ニヤッテ貰ハネバナラヌ」と述べた。[35] 及川は、意見をはっきり述べることは避け、その代わりに開戦するも、戦争回避するも、海軍は首相の一任に委ねる所存だとした。「外交デ進ムカ戦争ノ手段ニヨルカノ岐路ニ立ツ、期日ハ切迫シテ居ル、其決ハ総理ガ判断シテナスベキモノナリ、若《も》シ外交デヤリ戦争ヲヤメルナラバソレデモヨロシ」。

「海軍は戦えぬ」とは絶対に言わないと、及川は心に決めていた。だが、そもそも戦争に関する重要な決断を首相だけに託そうとする時点で間違っていた。憲法下では、そのような重大決定は、内閣を挙げて成されるべきことだった。特にこの場合、英米との決戦が海軍の力頼みだったことは明らかで、海相である及川が軍事力の事実に基づく避戦論を展開していれば、説得力は大きかったはずだった。そして井上成美が五年後に、前述の反省会で指摘したように、及川には閣僚としての権限と責任があり、戦争に本気で反対するのであれば、切り札として辞職という道が残されていた。しかし、それまでの経緯から見ても、及川が自分個人だけでなく、海軍という組織の名誉を気にかけるあまり反対論に打って出なかったことは、ことさら驚くべきことではなかった。

さらに及川海相が曖昧な態度をとり続けたのには、首相との間に、すでに明確な了解があると疑わなかったことにもある。会談の前夜、と言うより当日午前〇時を過ぎてから、海相公邸に突如二人の客が訪ねてきた。近衛の使いとしてやって来た富田内閣書記官長と、海軍省の岡敬純軍務局長だった。富田はその日に予定されている会談で、海軍がはっきりと戦争を望まないことを海相として述べてほしい、戦争回避を首相の責任にしないでほしい、と頼みにきたのだった。

寝巻き姿で現れた及川は、だが、首を縦に振らなかった。戦争回避の決断とは、本質的に「政治的」な問題であるから、そこは首相の責任だというのが、同席した岡も含め、海軍が絶対に譲ろうとしなかった一線だった。しかしそこには、首相が主導で戦争計画に見切りをつけるのならば、海軍はおとなしくその決断に従う、その決断をサポートする、という含みもあるのだった。

富田によると、及川はこう述べた。「あなたの言われる所は能く解ります。併し軍として戦争できる、できぬなどと言うことはできない。戦争をする、せぬは政治家、政府の決定することです。戦争をすると決定されたなら如何に不利でも戦うという軍の立て前だと思います。そこで明日の会議では海軍大臣としては、外交交渉を継続するかどうかを総理大臣の決定に委すということを表明しますから、それで近衛公は交渉継続ということに裁断してもらいたいと思います」[36]。及川は、ここまではっきりと近衛側に、会談における自分の台詞まで伝えていたのだ。

かくして運命のボールは会議開催以前に、及川から近衛に投げ返されていた。海相はこれで首相に、白紙委任状を渡したつもりでいた。そして一気に戦争回避の方向に、話し合いが雪崩れ込むことを期待していた。鎌倉での秘密裏の話し合いで、及川は近衛に、アメリカからの要求を「鵜呑みにする丈の覚悟」でいなければならないと提言していた。それは外交解決のために避けられないことだった。確かに近衛は、戦争に歯止めをかけたい気持ちがあったに違いないが、それを口にする勇気がなかった。鏡写しのように、首相である自分でなく、海軍の責任において、戦争をストップさせるべきだと思っていた。そもそもその他力本願の考えが、富田を荻外荘会談の直前、海相の下に使いにやらせたのだった。あわよくば、事前に及川から海軍の直接介入の確約を得たいと思っていたのだ。プライド高く、自分の手をあくまでも汚さない、第三者を通しての裏取引の失敗は、さらに大きな茶番劇を演出していた。

頼みの綱だと思っていた及川海相に任せることができないとわかると、近衛はますます固く口を閉ざした。先の御前会議の決定をあまりにも急いで、軽はずみに支持した自分自身の責任についても、まったく触れなかった。唯一、豊田外相だけが、九月の決定を反省する様子を見せ、「遠慮ナイ話ヲ許サレルナレバ御前会議御決定ハ軽率ダッタ、前々日ニ書類ヲモラッテヤッタ」と後悔の念を示しただけだった。

東條陸相はと言えば、明らかに近衛に腹を立てていた。「コレハ意外ダ、戦争ニ私ハ自信ナイ、自信アル人ニヤッテ貰ハネバナラヌ」という近衛の発言を受けて、「戦争ニ自信ガナイトハ何デスカ、ソレハ『国策遂行要領』ヲ決定スル時ニ論スベキ問題デセウ」と、大袈裟に呆れてみせた。政府が九月六日の決定に従わなければならないのは自明だ、なぜなら、それは御前ですでに決定されたことだからだ、という、これまた堂々巡りの主張が繰り返されるのだった。そしてこの場では、一瞬たりとも及川海相に見せた内面の葛藤を表に出すことなく、力強く開戦準備を吠え立てた。この小さな会議でさえ近衛や及川が本心を見せない以上、東條も公の顔、つまり「建て前」だけで押し通すつもりだった。

この「荻外荘会談」は、それが達成した成果においてではなく、達成し得なかったことの重大さにおいて、歴史に記憶されることになる。外交期限の一〇月一五日は、わずか三日後に迫っていた。

11 軍人、出てる

一九四一年一月一一日、政府は「国家総動員法」を補足する形で、新聞などメディアに対する規制を強化した。軍事、外交、財政政策などに触れる事項は、もはや公にすることを禁じられ、資源不足に関するニュースの報じられ方には事細かに指示が与えられた。戦略的に重要となり得る気象情報や、従軍兵士の妻による姦通などの問題、その他ありとあらゆる社会問題で、国家総動員に支障を生じると判断された情報は概ね規制された。この新法がさらに状況を厳しくしたのは確かだったが、もうすでにしばらく前から、日本に報道の自由たるものは存在していなかった。

前述のとおり、満州事変以降から大手新聞社は国策に取り入り、露骨に愛国的熱狂を煽り立て、激しい売り上げ部数拡大合戦を繰り広げてきた経緯があった。当初、軍人とジャーナリストは積極的に、互いを利用しあった。関東軍の進軍とともに、より多くの記者たちが前線に派遣されるようになり、その傾向はさらに増した。戦地における客観報道姿勢など、なかったも同然だった。ニュースとして入ってくるのは日本の勝利ばかりで、士気や世論に都合の良いことだけが選択的に報じられた。そしてその安易なパターンは日中戦争勃発後も継承された。一九四一年にもなると、マスメディアが軍部との「危険な関係」から身を引くのは到底不可能になっていた。

NHKラジオは国策支援のための最大のマウスピースを自任しており、新聞よりもさらに声高にエールを送っていた。一九三八年五月、中国江蘇省の東部沿岸、徐州市の機密上特定できないという場所から、初の戦場生放送を謳った「実況中継」が行われた。日本国民をラジオに釘付けにしたこの放送で、アナウンサーは、目の前に展開される「この世の地獄、否、勝利の地獄」をさほどの臨場感もなく伝えた（それもそのはずで、実際には敵軍はすでに後退しており、戦闘もほとんど行われていなかった）。「徐州陥落、徐州陥落、しかし銃後の皆様、歓声のどよめきはまだ早い、勝利の喜びはまだ早い、一大殲滅戦は今後にあります」と呼びかけ、「日本の皆様、今夜は徹夜で我国日本の大勝利を祈願してください」と必勝祈願を促した。放送効果はめざましく、靖国神社には真夜中の祈りを唱えるために長蛇の列ができた。これはあたかも、一九四一年一二月八日に行われた、より重大なラジオ放送に備えるためのドレスリハーサルのようであった。

かと言って、すべてのメディアがＮＨＫや大手新聞のように、あからさまに権力に迎合してきたわけではなかった。政治論評だけでなく、文学作品も掲載する総合誌は、特に今回の報道規制強化の標的にされた。出版社は執筆者のブラックリストを渡され、掲載予定の号に関しては、内容の詳細が事前承認されなければ出版が許されなかった。子ども向け雑誌とて例外ではなかった。幼い読者たちは一九四一年秋、田河水泡の人気連載漫画『のらくろ』の、突然やってきた終焉に、意気消沈した。軍国主義批判どうこう以前に、野良犬を日本の兵士と見立てられるのはけしからんという理由から、連載中止の運びとなったのだった。

印刷用紙の確保という現実問題が出版業界の困難をさらに決定的なものとし、多くの雑誌が廃刊の憂き目を見た（写真をふんだんに盛り込んだグラフィック誌を発行していた西園寺公一も、紙不足から、その年の初めには出版継続を諦めていた）。しかし不思議なことに、ある特定一部の人々には紙不足もさして問題でないようだった。荷風はある日、いくつかの新しい雑誌が広告されているのを見て驚いた。「洋紙節約のため新刊雑誌は出ぬはずなるに奇怪千万といふべし」と思ったが、タイトルを見てみると、なるほどファシズムを想起させる響きの物が多かった。[1]

宝塚歌劇団は、アメリカンスタイルのレビューを含む演目で人気を博してきたが、今ではより愛国的なテーマのショーの上演を要求されていた。一九四一年秋の目玉作品は、『大空の母』というミュージカルだった。それはパイロットの妻や母など、銃後で平和を守る女性が主役の歌劇だった。

ただそのような時世でも、より長い時間をかけて培ってきたアメリカ文化への愛着や思慕は、そう簡単には消え去らず、うまく検閲の目をすり抜ける場合もあった。一〇月初旬、恒例のアメリカンフットボール関東六大学リーグ戦が東京で開催された。ハリウッド映画の上映も、前ほど多くはないが続けられた。

*

リヒャルト・ゾルゲは、銀座のデリカテッセン「ローマイヤ」の常連だった。地下はダイニングルームになっていて、酒も飲めた。一〇月四日に、ゾルゲが四六歳の誕生日を祝うために選んだのが、その店だった。店主のアウグスト・ローマイヤーは、第一次世界大戦中に日本軍と青島《チンタオ》で戦い、捕虜として連れてこられた元ドイツ兵だった。ソーセージづくりの知識があったため、大戦後も日本に留まり、当時はまだ珍しかった加工肉製品を販売し、成功した。大戦がなければ、ウェストファーレンの農家の息子だったローマイヤーが、日本に来ることなどなかったであろう。同じく、大戦での壮絶な経験がなければ、博士号を持つブルジョワ出身のベルリンっ子だったゾルゲが、共産主義に心酔し、ソ連のスパイになることもなかっただろう。今、多くの人々の運命を変え得る大戦争が、再びゾルゲの心に重くのしかかっていた。

ゾルゲと愛人の石井花子は、探偵につけられていることに気づいた。「ローマイヤ」のバーで、カクテルを飲んでいる時だった。治安維持と称し、外国人ジャーナリストが尾行されるのは、さほど珍しいことではなかったのだが、しかしその誕生日の夜、ゾルゲは明らかに慎重になっていた。そして花子を奥のテーブルに誘うと、もうすぐ日本はアメリカを電撃戦で攻撃するだろうと囁いた。

驚いた花子は、野村大使は立派な人で、うまく交渉をするだろうと反論した。翻訳小説を好んで読む文学少女時代を引きずり、ロマンチストの面もあったので、こと政治問題に関して疎いのは否めなかった。しかしそれでも花子の意見は、自分たちには何も為す術がない、でもきっとすべてはうまく行くだろうと信じ込む、日本国民の大多数の希望的観測を反映していたに過ぎない。

アメリカは物量面で圧倒的に優れており、日本は絶対に勝てないということを、別の日にもゾルゲは口にしたことがあった。アメリカは「モノイイデキマス」と拙い日本語で表現した。[2] 日米間の緊張の高まりは、ゾルゲにとっては吉報だった。日本がソ連を攻撃する可能性が、もはやないことを保証したからだ。長い極東での使命が、最善の形で終結したという思いがあった。その日、ゾルゲはモスクワに向けて「一〇月中旬までにアメリカにして妥協を肯んぜざれば、日本は同国を攻撃し、さらにマレー諸国、シンガポール、スマトラを攻撃せん」と報告していた。[3] 日本の戦略思考において、もはやソ連は直接の敵として数えられていなかった。ゾルゲもそろそろソ連か、あるいはドイツに戻ることができないか、モスクワに打診するつもりだった。

夕食後、ゾルゲはオット大使を含む「友人たち」と、誕生日を引き続き祝うため、ドイツ大使館へ向かった。花子は、ゾルゲの後ろ姿が夜の闇に消えていく様子を見守った。それがゾルゲを見た最後だった。

*

近衛にとって、状況はさらなる悪化の一途を辿っていた。中国での戦争を終わらせるどころか、日本をさらに新しく、さらに絶望的な戦争の瀬戸際に導いてしまった。東條陸相に公然と指導力の欠如を糾弾されている今、首相の頭の中にあるのは、もはやどうやって早く辞職するかだけだった。

それでも荻外荘会談から二日後、つまり外交期限の切れる前日、閣議を控えた近衛は再度、東條と話し合うことにした。辞職を心に決めた今、失うものは何もなかった。そのためか、珍しく歯に衣着せぬ口ぶりで率直にこう述べた。「余は支那事変に重大責任があり、此事変が四年に亘つて未だに決着を見ない今日、更に前途の見通しのつかない大戦争に入ることは何としても同意し難い。この際、一時屈して撤兵の形式を彼（アメリカ政府）に与へ、日米戦争の危機を救ふべきである。又此機会に支那事変に結末をつけることは国力の上から考へても、国民思想の上から考へても必要であると考へる。国家の進展はもとより望む所であるが、大いに伸びる為には時に屈して国力を培養する必要もある」[4]。

東條は、それでも撤兵は「軍の士気維持の上から到底同意し難い」とし、「総理の論は悲観に過ると思ふ。それは自国の弱点を知り過るくらゐ知っているからだが、米国には米国の弱点がある筈ではないですか」と返した。そして、中国撤兵に関する意見の違いを、「これは性格の相違ですなあ」と、感慨深げにまとめたのだった。

続く閣議では、突然東條がメモを取り出し、芝居がかったスタイルで演説をぶった。「御座ル」が使われた、古風で勿体ぶった言い回しが印象的なそのスピーチは、あたかも陸相の柔軟性の欠如と、近衛を首相の座から引きずりおろそうという決意の固さを物語っているかのようだった。それは、次のような内容だった。

「国交調整ハ四月カラ六ヶ月間継続シ此間外相ハ相当ニ努力苦心セラレタ事ハ敬意ヲ表スルトコロナリ《マ》　然シモウドンヅマリト思フ　此以上外交ヲ続ケル為ニハ成功ノ確信ヲ要ス……陸軍ノ行動ハ九月四《マ》日御前会議ニ於テ各閣僚ガ十分ニ夫々審議シ研究シタ結果御決定ニナッタコトヲ基礎トシテヰル　其御

決定ニハ『外交交渉ニヨリ十月上旬頃ニ至ルモ尚我要求ヲ貫徹シ得ル目途ナキ場合ニ於テハ直チニ対米英蘭開戦ヲ決意ス』トアル　而シテ本日ハ十月十四日デ御座ル　十月上旬ト言フノニ既ニ十四日デ御座ル……陸軍ハ十月下旬ヲ目標トシ数十万ノ兵力ヲ動員シ支那満洲カラモ動カシツツアル、船モ二百万屯モ徴傭《ちょうよう》シテ皆様ニ御迷惑モカケテ居ルガ之ヲ以テ比兵ヲ移動シテ居ル、斯《か》ク此席デ話シテオル　今デモ兵ハ動イテオル、外交打開ノ方法ガアルナレバ之ヲ止メテ宜シイ止メナケレバナラナイ　此ノ処ヲヨク御了解願ヒ度《た》イ[5]」。

閣議が終わると、東條は皇居に向かった。木戸内府に会うためだった。着々と近衛を追い詰めてきたが、これはついに倒閣を確実とするための、最後のひと押しだった。東條は及川海相を筆頭に、海軍が明らかに戦争に気後れをしているのにもかかわらず意地を張り、はっきりと九月六日の決定に関する心変わりを認めないことに憤然としていることを伝えた。そして戦争を回避するためにも、次期首相には、問題の御前会議決定から、帝国の政策を遠ざけることのできる人物が必要だとした。これに対し木戸は、陸軍と海軍が口論を止め、行動をともにすることの重要性を説いた。すると東條は、たった今披露したばかりの、芝居がかった強気の演説とは裏腹にこう述べた。「従来ノ事ニ対スル責任問題ノコトナドハ打チ切ツテ既ニ定マツタ国策ガ其儘ヤレルカヤレヌカヲ考ヘルヨリ外ハナイ[6]」。ここまで来てしまったからには、そもそもその決定が実現可能だったのか、向き合わなければならないと率直に認めたのだった。

木戸との面談を終えると、東條は陸軍参謀本部に杉山本部長を訪ねた。そこでもまた、海軍が開戦への態度を判然としないことに不満を漏らした。「海軍大臣ハ自信ガナイトハ言ハヌガ何カ自信ノナイ様ナ口ノキキ方ヲスル　判然言ハヌノデ物ガ定マラヌ　海軍ガ踏ミ切レナイノナラソレヲ基礎トシテ別ノヤリ方ヲ考ヘネバナラヌ[7]」。

つまりこういうことだった。海軍は、戦争を躊躇している事実をわざわざ明言することはないかのように振る舞っている。対して陸軍は、外交解決によって大陸からの撤兵というあからさまな屈辱の大部分を背負わされる身であるため、海軍が「戦えない」とはっきり認めないことを、卑劣極まりないと感じている……。

その晩、東條は陸軍出身の鈴木貞一《ていいち》企画院総裁に近衛を訪ねさせた。進退を促すためだった。海軍の戦争への気後れぶりを考慮すれば、九月六日の御前会議での決定はなかったことにしなければならない、そしてその決定に関わった内閣は、重い責任をしっかりと受け止め辞職しなければならない、というのが東條の伝言で、次期首相には東久邇宮稔彦王を推薦するとした。皮肉にも、つい先日、東條の外交に対する非協力的態度を戒め、近衛に代わって陸相辞任を仄めかした人物にほかならなかった。このことから、東條が新展開を、自身の閣僚としての責任問題も含め享受していることがうかがえた。皇室の一員であるとともに、陸軍軍人でもある東久邇宮ほどの人でなければ、もはや戦争に向けて廻り始めた車輪を逆行させることはできないだろうという判断であった。

東條の提案は木戸内府を愕然とさせた。皇室の藩屏《はんぺい》としての使命に生きる木戸にとって、これはとんでもない話だった。一九四〇年の暮れに最後の元老、西園寺公望が亡くなると、木戸の持つ次期首相任命への影響力は確実なものになっていた。内府の頭の中では、まず皇室保全ありきで、日本の国益は二番目だった。なぜなら循環論法で、皇室の存続と繁栄こそが日本の国益である、という信念があったからだ。この政治危機の渦中に皇后の叔父を放り込むなど、問題外だった。

口ひげとメガネの小柄な木戸は、常に完璧に濃色のスーツを着こなし、黒子のように、廷臣としての役割を見事に演じていた。木戸自身が、近代における皇室同様、明治維新の落とし子だった。祖父は長州藩士で明治元老の木戸孝允で、天皇の名の下に中央集権に尽力した人物だった。よく「紳士をつくるのには三代かかる」と言われるが、孫の木戸侯爵は、いわば正当な第三世代紳士だった。そして、祖父がその確立に携わった国家制度を、我こそが熟知しているという自負を持っていた。

かつて西園寺公望は、木戸をかなりの右傾の人物だと評していた。それは一九四〇年、近衛の新秩序運動を支持したことにも反映されていた。近衛や西園寺のように、千年にわたって血統を遡ることのできる支配層出身でないということは、コンプレックスだったのかもしれない。そしてその分、近代皇室の守護人としての意気込みには事欠かなかった。

政権混乱の中、近衛側近たちの「朝飯会」は、まだ活動を続けていた。一〇月一五日、麻布の「大和田」で、うなぎの蒲焼きを目当てにメンバーたちが集まっていた。ただいつもは幹事役を買って出るような入れ込みようの尾崎秀実が、その日はなかなか到着しなかった。もう待てないから始めよう、ということで、皆が箸をつけ出したところに近衛秘書官の岸道三が駆け込み、こう告げた。「おい大変なことだ。尾崎が捕まった。何でもスパイ事件らしいぞ」[8]。

*

警察は画家の宮城与徳が逮捕されるまで、ゾルゲの国際スパイリングの存在にまったく気づいていなかった。沖縄出身の宮城は、思春期をカリフォルニアで過ごし、美術学校在学中にマルクス・レーニン主義の教義に感化された。アメリカ共産党に入党すると、党はやがて宮城を日本に送り込んだ。ゾルゲ・グループの周辺で活動していたが、別の地下活動の嫌疑で、一〇月一〇日に逮捕されたばかりだった。取調室のあった二階から飛び降り自殺を試みたが不成功に終わり、その後、堰を切ったように、尾崎の逮捕に繋がるゾルゲの諜報活動も含め自白を始めた。

近衛首相周辺の世間に名の通ったインテリが、スパイであるという嫌疑をかけられたことは衝撃的なことだった。近衛に、世間の批判を撥ね返すことは無理だったであろう。そして翌日一〇月一六日、尾崎逮捕のニュースに後押しをされるようなタイミングで近衛は辞任した。

しかし実際には、尾崎の逮捕以前に近衛の決心はついていた（そもそも検閲のために、尾崎逮捕については、一九四二年まで、一般公表が控えられた）。近衛辞職の真の理由は、九月六日の決定にほかならなかった。どのように近衛やその支持者が辞職を正当化しようと、一国の指導者として、時間をたっぷりとかけて大失敗したことに変わりなかった。気高い血筋も知性も、効果的リーダーシップの保証でなかったことを、身をもって証明した。政策が決められる議論の場で、自分の意見をはっきりと述べず、自身の手を汚すことを極端に嫌い、事なかれ主義に走り、対立を避け続けた成れの果てが、外交交渉と開戦準備の期限付きの同時進行だった。最後には、日米首脳会談で何もかもがうまく行くという幻想にすがりつきながら、自覚なしに崖っぷちに国を誘導してきたが、ハッと正気に戻ると、その行進を止める大仕事を任されるのはまっぴらごめんとばかりに、すり抜けて逃げることになった。首相として、日本の危機が最高潮に高まった過去四年のうちの三年近く、政府を主導したが、その間、中国との戦争はますます泥沼化し、あり得ない英米戦争が、いたって合法的に、いくつもの会議を経た上で、最終的に天皇の承認を得た国策として、のし上がっていた。

政権交代が秘密裏に計画されているなか、帝国の若者たちは国家の緊急事態を、より実質的な切迫感をもって示されていた。厚生省人口局は、日中戦争支援のため「結婚報国」の機運を高めようと、一〇月九日、五〇名ほどの官僚、学者、医師、そして教育者を集結させた。この「結婚奨励協議会」では、午後いっぱいかけて、その活動目標が論じられた。最終的に、男性の平均結婚年齢を三年、女性のそれを四年引き下げ、一組につき、五人以上の子どもを持つよう奨励するということで合意した。それは婚礼にまつわるしきたりや祝い事を簡素化し、家系図や資産力に基づく縁組にこだわるような封建的概念を排除することで、コストダウンを狙った「産めよ、増やせよ」計画だった。

その日話し合われた議題のうちで最も憂慮すべきとされた問題は、女性の晩婚化が進んでいるということだった。一〇月一〇日、『大阪朝日』はこの会合についての報告を、「これで行け『結婚進軍』」という見出しで掲載している。医師の竹内茂代は、賛同趣旨を、こう述べている。「親は娘を嫁に出して苦労させることばかり心配している傾向が多い、姑のいない家、生活の楽な家を狙いたがるが人物のしっかりした相手ならたとい相手の家庭や財産に少々難があっても進んで嫁にやるようにしてほしい、また女学校を出て三、四年は家において生花裁縫、家事の見習をさせる向が多い、それよりも女学校にいるうちみっちり花嫁修行をさせ卒業後は早く結婚させるようにしたいものです、学校での教育、ことに家事の時間に高い西洋料理を作らせるよりまず安くて簡単、栄養に富む安い野菜料理を作らせよう《ママ》教育者も反省しなければいけません」。

権威の言葉を借りるまでもなく、求愛や結婚を取り囲む社会背景や制度が、不穏な時代に、急激な変化を遂げていたことは明らかだった。一〇月初めのある日、荷風はそのような急変の一片について、コメントしている。雑談相手の老人が、日露戦争のころは慰問袋を前線に送ることを強制されたようなことはなかったと述懐した。それどころか「慰問袋といふ名称もなかりしなり」だった。[9] ところが今日では、隣組が構成された結果として実質的に強制されている。そして中国の戦地に送られる袋には、必ず激励の手紙を同封することも求められていた。慰問袋がデパートの売り上げトップになるのも、うなずけることだった。それは銃後と前線を結ぶ、もっとも直接的なリンク、かつ愛国心の揺るぎないシンボルになっていた（九月に発表された大日本画劇第四回紙芝居コンクールでは『七つの石』という作品が一等入選していた。これは、慰問袋に入っていた皇居前広場の小石を握りながら、戦死する兵士の話だった）。

荷風は、戦地に送る手紙を書くことが女学校でも奨励されているとも耳にした。そして親も知らないうちに、見ず知らずの兵士と文通を始める例もあり、それが問題化することもあるという。「女学校にては若き女生徒に慰問状をかかせ住所姓名をも記入せしむる由。これにつき良家の父兄は娘の将来につき憂慮するもの尠《すくな》からずといふ。未婚妙齢の女子をその親の知らぬ間に出征の兵士と手紙の往復写真の交換をなすものあり、また甚しきは戦地より帰還し除隊となりし兵士の中には慰問状の住処《ママ》姓名をたより良家の女子を訪問し、銀座通にて会合するものさへあるに至りたればなり」。ただ良家の子女や女学生だけでなく、兵士とて、戦時特有の誘惑の罠に陥る危険があるのだった。「待合の女中銘酒屋の女カフェーの女給らは帰還後の兵士を客にせむとて、それとなく慰問状を利用して誘惑する者もありといふ」。荷風は、社会の周辺や底辺に生きる人間に強い畏敬の念を抱く傾向があったが、その話を聞いて、彼女たちの生命力の強さに感心した。「これは商売にかけて抜目なきものといふべし」。

＊

一〇月一七日正午、東條陸相は電話で皇居に召喚された。これは恐るべき呼び出しだった。東條は近衛内閣の終焉に加担したことについて、天皇から叱責されるものだと想像した。腹心の佐藤賢了陸軍省軍務課長も、「大臣、あなたが一四日の閣議で『支那撤兵』を持ち出すなら陸相を辞めるといって近衛さんをおいつめたのでお上からお叱りを蒙るのですよ。『支那駐兵』に関するいっさいの書類をお持ちになったほうがいいでしょう」と助言した。[10] これに対し東條は「陛下がこうだといえば自分はそれまでだ」と、いっさい自己弁明しないという心積もりを明らかにした。

陸軍大臣として東條は、自分も去りゆく近衛内閣の閣僚であることを忘れてはいなかった。九月六日の御前会議の決定が名誉をもって覆されるには、それを導いた政権が完全に解体されなければならないと感じていた。東條はすでに陸相官邸の所持品をまとめ、郊外の家に戻る準備を始めていた。

重いが覚悟の決まった心で、東條は午後五時、参内した。天皇が自分を次期首相として指名すると、啞然として言葉を失った。慣例で「暫時ご猶予をいただきます」と言うはずだったが、虚を衝かれて真っ白になった頭からは、その一言さえ、絞り出せなかった。天皇は、気まずい沈黙を察して「暫時猶予を与える」と述べ、その場を取り繕った。[11] もちろん、あくまでも形式上のことで、これが東條が首相となった瞬間だった。

事は急ピッチで進んでいた。その前日、近衛内閣が総辞職したばかりだった。そして重臣会議が開かれ、次期首相候補が協議された。この会議は、明治の元老亡き後の空白を埋めるために開催されるようになったもので、定例化されてからまだ一〇年ほどだった。出席者のほとんどが首相経験者だった。東條を首相に任命すべしという木戸の発表を受けると、重臣たちは驚いた。

もっとも木戸によると、誰も公然とはこの人選に反対しなかったという。東條は九月六日の決定の不可侵性を誰よりも主張していた人物だったので、この際いっそのことその張本人に、困難な決議撤回の仕事を任せようというのだった。しかし行き着くところ、東條の職務と組織上の忠誠心は陸軍とともにあった。戦争を避けるために、好戦的な意見を公にしてきた軍人を次期首相にするという企ては、いささか入り組みすぎていた。その上、問題の御前会議決定は、内閣と統帥部の共同責任で行われたものだった。よって、もしも政府が九月六日の責任をとらなければならないのだったら、御前会議に席を連ねた参謀本部総長、ならびに軍令部総長にも同等の責任があるはずだった。しかし木戸は、杉山、永野のいずれをも辞職に追い込むつもりはないのだった。

木戸の記録では、満場一致ということになっていた東條への大命降下だったが、それに反して実際は、重臣の中にも反論があった。陸軍出身の東久邇宮や宇垣一成《かずしげ》を推薦する者がいたのだ。しかし、木戸は東條首相を強く推し、それは天皇自身の意向ともとられた。実際天皇は「虎穴に入らずんば虎児を得ずと云ふことだね」と言い、木戸の東條首相任命を肯定し、内府を感激させている。[12] 虎穴はいわば統帥部で、そこには中堅のタカ派幕僚を主に開戦論者で溢れかえっていた。虎の子は日米間緊張の平和的解決のメタファーだった。天皇は、この大胆な選択に納得しているということだった。

木戸は大命降下の直後、及川も皇居に召喚し、謁見の間の待合室で東條新首相と面談した。「只今、陛下より陸海軍協力云々の御言葉がありましたことと察知いたしますが、尚、国策の大本を決定せられますに就《つい》ては、九月六日の御前会議の決定にとらはるゝ処なく、内外の情勢を更に広く深く検討し、慎重なる考究を加ふることを要すとの思召であります。命に依り其旨申上置きます」と述べた。[13] 九月六日決定の白紙還元が、あくまでも東條の任命理由だということを、改めて前海相臨席の場において確認したのだった。

皇居を後にすると、東條は車を明治神宮に差し向けた。参拝を済ませると、今度は日露戦争でツァーリのバルチック艦隊を破った英雄、東郷平八郎提督を祀る東郷神社に向かった。そして最終的に行き着いたのは、帝国の戦争に散った兵士の英霊を祀る靖国神社だった。この一時間にわたる都心の神社巡りが済むと、やっと陸相官邸に戻った。大命降下のニュースは、すでに官邸スタッフにも伝わっていたため、祝福の言葉が東條を迎え入れた。だが東條に、浮かれた様子は少しもなかった。いかにも、目前の大仕事の重圧を実感しているようだった。その晩、東條は独特の道義主義を用いて、執務室を民間スペースだと宣言し、陸軍関係者は入ってはならないと命じた。そして内閣のポストを埋めるために受話器を手に取り、電話で直接候補者に打診を始めた。自分自身が陸相ポストに留まり、首相と兼任するつもりだったので、そこは問題なかった。外相には、ベテラン外交官の東郷茂徳に就任要請した。

東郷は、六〇歳になるダンディな紳士だった。頭髪は白くなりだしていたが豊かだった。妻はドイツ人で、かつてはドイツ文学の学者になることを考えていたが、ナチズムは嫌っていた。一九三七年から一九三八年にドイツ大使を務めたが、ヨアヒム・フォン・リッベントロップ外相との冷ややかな関係も一因で、長続きしなかった。親英米とも親枢軸とも言い難く、日本の愛国主義者という形容が一番ふさわしかった。もしかするとその強固な愛国心は、ある種の反動だったのかもしれない。東郷は、一六世紀の終わりに朝鮮半島から強制的に連れられてきた鹿児島の陶工の末裔で、生まれた時の苗字は朴だった。父親は実業家として成功し、茂徳が五歳の時に東郷姓を得た（誤解されがちだが、東洋のネルソンと呼ばれ、東郷神社に祀られる東郷平八郎とは関係なかった）。

東郷は前任の豊田外相よりも、はるかに合理的かつ賢明な人選だった。外交官としての経験とスキルをうまく利用できる立場にいた。だが東郷は迷っていた。真夜中前に東條に会いに行き、本気で戦争回避の覚悟があるのか、そのための困難な譲歩をする準備ができているのか問いただした。硬派の軍人は、洗練された外交官の尋問にこう反応した。「交渉が成立せしめ得るものなれば成立せしめたいのは自分も同感で」「諸問題につき再検討を加えることになんら依存はない」[14]。御前会議決定の再考とは、具体的には、対米交渉成功を狙って、撤兵や動員に関する譲歩を陸軍から得ることを意味していた。この晩の誓約によって、東條・東郷のタッグチームが成立した。

蔵相と海相のトップ候補も同様に、東條から戦争回避のコミットメントを要求した。賀屋興宣《おきのり》は、その約束に満足して蔵相就任に同意し、避戦派の嶋田繁太郎も、かなりの説得を必要としたが、最終的に海相就任要請を引き受けた。

＊

同じく一〇月一七日、ぐっすりと眠っていたリヒャルト・ゾルゲは、扉を叩く音で起こされた。朝六時ごろだった。「ゾルゲさん、警視庁の斎藤ですが、この間のことで」[15]。少し前にオートバイ事故を起こした際に交通課の警官と知り合いになっており、その声だった。

ゾルゲが扉を開けると、今度は違うドイツ語の声が聞こえた。「私は検事だ。この拘引状によっておまえを逮捕する」。そしてまたたく間に一〇人ほどの警官たちに取り囲まれ、手錠をはめられた。ヴーケリッチとクラウゼンも、その日のうちに逮捕された。ゾルゲや同僚が、日本を離れる準備を始めた矢先の出来事だった。

尾崎に続く外国人スパイの逮捕をしても、西園寺公一は現実を受け止められずにいた。尾崎の潔白を信じ、今回の不幸な出来事は近衛内閣の失墜と深い因果関係があるのではと推測した。人の良い親友は、何らかの政治的陰謀の罠にはめられたのではないか、と考えたのだった。

西園寺はさらに、東條首相就任のニュースにただならぬ動揺を覚えた。戦争回避を任せるのに、もっとも不適切な人選だという思いが振り払えず、就任早々、直接訪ねに行った。「三点だけ言わせてもらいます」と切り出し、「国内で満州式の憲兵政治をやらないこと」「中国との戦争の解決を急ぐこと」「日米交渉を成功させること」を願い入れた。[16] すっかり落ち着き払った東條は、冷ややかに、慇懃に、こう切り返した。「ご忠告を感謝します。以後、秘書の赤松から連絡をさせます」。もはや大命降下直後の驚きは消え去っていた。戊辰戦争の朝敵の子孫が天皇の信任を得たということに、すっかり陶酔しているようだった。

西園寺の祖父、西園寺公望が亡くなって、まだ一年も経っていなかった。「最後の元老」は日本国民に、計り知れない畏敬の念を抱かせる存在だった。しかし、今となっては元老のかつての秘蔵っ子だった近衛まで、後継者として完全に失敗し、辞職に追いやられていた。その取り巻きだった元老の孫もまた、一緒に地に落ちた。以前、東條は近衛に、西園寺公一や松本重治、そして今では逮捕された尾崎のような「朝飯会」のメンバーが、政府の政治判断に介入してくるのはおかしいではないかと、不満を申し立てたことがあった。その時、珍しく近衛ははっきりと側近連中を擁護した。「陸軍省でも他の役所でも人材は揃っているのでしょう。しかし、総理大臣には手も足もないのです。大事な仕事をしようとするとき、信頼する友人たちに手伝ってもらうしか方法がないのです」と近衛に言われると、東條は引き下がらなければならなかった。[17]しかしその立場は、今や完全に逆転していた。

首相就任後まもなくの東條に、新しい習慣ができた。朝の散歩中に、調査の触れ込みで、一般家庭から出るゴミの内容をチェックすることだった。これは、市民に十分栄養が行き届いていることを見極めたり（たとえば魚の骨などは、東條的には「良い」ゴミだった）、配給システムが公平に物資を配給していることを確認するためだと宣伝された。一国の首相がそのような細かいことに気を配るのは、立派なことだと感心する人もいたかもしれない。しかし大勢が、そのような行動を奇異に感じているようだった。新首相の渾名が、そのことを如実に物語っていた。その渾名とは「ゴミ箱宰相」だった。

12　巻き戻される時計

一〇月二三日から三〇日まで、東條新首相は九月六日の御前会議決定を再検討するべく、連絡会議を招集した。それまで突き詰めて議論することのなかった根本的な問題を、徹底的に話し合わなければならなかった。果たして日本に全面戦争を遂行する余力があるのか、また戦争の場合、日本経済はどうなるのかなどが、議題に上ることになっていた。それまでと違い、連絡会議には蔵相や企画院総裁も出席を求められた。戦争になった場合の実質的影響や諸問題が、やっと前に押し出されてきた感があった。ただ、最もけたたましく開戦を求めるメンバーは、近衛内閣時代と変わらず、統帥部の首脳、次官レベルで、そのまま幅を利かせていた。

それでも以前と比べれば、本当の会議らしくなりそうな気配だった。具体的には、ヨーロッパや中国の戦況、日米交渉の状況、そして三国同盟の将来が、話し合われる予定になっていた。一〇月二三日は、東條政権下での初めての連絡会議だったが、その席で、さっそく東郷外相はドイツ必勝説に、懐疑的な意見を呈した。「英ハ独『ソ』戦間ニ余裕ヲ得タリ、来年ハ五分五分、サ来年ハ英ノ勝利ト考ヘアリ独ハ和平ヲ早期ニ望ミアリ」[1]。つまり、ドイツの欧州制覇を期待して、それをベースに「日本ノ政策ヲ立ツルハ危険ナリ」という意見だった。

永野軍令部総長は一〇月四日の連絡会議の席上で、「最早『ジスカッション』ヲナスベキ時ニアラズ」と、恐ろしくも印象に残る発言をしていたが、その考えを再度強調した。「十月ノ（締め切り）ガ今トナツタノデ研究会議モ簡明ニヤラレ度　一時間ニ四百屯ノ油ヲ滅耗シツツアリ、事ハ急ナリ　急速ニドチも、いつものように、永野に同調した。「既ニ一ヶ月延引セラル　研究ニ四日モ五日モカケルノハ不可ラカニ定メラレ度」と述べ、開戦決意が延期されていることに、不満を露わにした。[2] 杉山参謀本部総長も、いつものように、永野に同調した。「既ニ一ヶ月延引セラル　研究ニ四日モ五日モカケルノハ不可早クヤレ」。

強硬姿勢を崩そうとしない統帥部に比べ、東條の立場は、はるかに複雑なものになっていた。首相、陸相（これは、現役の軍務についていることも意味した）、内相としての三職を兼務し、その異なる役割の要求に、押されたり引っ張られたりするのだった。「統帥部ノ急グベキコトニ就テノ力説ハヨク承知シアリ」と、開戦決意を迫る意見に理解を示しながらも「政府トシテハ海軍、大蔵、外務等新大臣モアリ十分ニ検討シテ責任ヲトレル様ニシ度イ」と苦しい説得に努めた。近衛の優柔不断を、芝居がかった演出で糾弾していた、つい最近までの強い調子とは、かなりの違いだった。

賀屋蔵相は、資源が消耗するから議論をせずにすぐ決断しろという統帥部の強引な要求に、真っ向から立ち向かった。トップ閣僚としては比較的若い五二歳だったが、立ち居振る舞いには貫禄があり、もう少し年長に見えた。東郷外相のように、オールバックに整えられたたっぷりの毛髪、四角い顔、豊かな口ひげなどが特徴で、避戦派の筆頭である二人は、奇妙な対を成していた。東郷はスリムでエレガントだが、賀屋は肥満し、チック症の傾向があり、言ってみれば東郷のカリカチュアだった。

だが賀屋は、決して軽視できる人物ではなかった。大蔵省官僚として、国家予算決算など専門知識を豊富に備えていた。父は国学者、母は愛国婦人会の重鎮だったが、本人は国際条約や国際協調主義との関わりが深かった。一九二九年には、ロンドンで翌年に開催される軍縮会議の準備会議に送り込まれていた。その際、海軍から派遣されていた山本五十六と大口論をしたこともあった（当時の山本は、まだ軍縮を快く思っていなかったのだ）。しかし一九三〇年代になると、賀屋と山本の政治信条が逆転した。野心家の賀屋は、第一次近衛内閣で蔵相を経験し、日中戦争勃発後は戦争経済確立のために一役買った。そしてまた近衛の新秩序運動を、中央集権の立場から支援した。反対に山本は、リベラル国際主義に順応していった。海軍の航空力強化をもって軍縮を受け入れ、政治的には近衛の全体主義への歩み寄りに危険を感じ、堂々と批判していた。

政治的に右傾していたとはいえ、一九四一年秋、賀屋は蔵相という立場から、数字的に納得のいかない戦争を承認するつもりはなかった。「自分ノ納得ユク様ニ教ヘテ貰《もら》ヒ度《た》イ」と切り出し、「戦争遂行シテ物資ガ如何ニナルカ、米トノ交渉不成立ノ場合ハ如何ニナルカ等ヲ研究スレバヨロシカルベク予算ハ物資ノ需給関係サヘ定マレバ之ニテ決セラルベク予算其《その》モノハ大シタ問題デナイト思フ」と所見を述べた。そもそも戦争を遂行し、継続していくだけの物資がどれだけ必要になり、入手できるのか、そこをはっきりさせなければ開戦は考えられないという、極めて真っ当な言い分だった。

賀屋の質問は、簡潔で、的を射ていた分、非常に答えにくくもあった。というのも、これまでの好戦的な主張は、客観的な事実よりも、先に述べたヨーロッパにおけるドイツの優勢や、開戦後、東南アジアから、十分な物資を安全に輸送できるという、日本にとって虫のいい仮定ばかりに基づいて行われてきたものだったからだ。その中のひとつでもうまく行かなければ、いったいどうするつもりなのか、いまだ判然としないまま、とりあえずその議論は後日の会議に持ち越されることとなった。

一〇月二三日は、東條が首相として初の連絡会議を召集したことを除いても、象徴的な日だった。同日、日米英ソの四国間で、オットセイの収穫制限をする保護条約が、日本の破棄通告を経て失効したのだ。確かに、自国民の安全を保証することさえができない国家が、鰭脚《ききゃく》類動物の運命を気にしている場合ではなかった。日本が良識ある国際的モデル国家となることを熱望していた時代の名残りさえも、すっかり消えつつあった。

＊

続く一〇月二四日と二五日の連絡会議では、海軍の展望に注意が向けられた。軍令部はお決まりの、面と向かって「戦えない」とは言わない、限定的開戦論に終始した。アメリカと戦争が始まれば、短期の緒戦は勝つことができると主張し、その後のことは何とも言えない、と言葉を濁すのだった。最終的な勝ち負けは、国際情勢や、さらには日本国民の心理的な強さにかかってくるからだ、というのが相変わらずその理由だったが、いずれにせよ日本にとって長期戦は不利であり、早い時点で講和による戦争終結を目指さなければならないという大前提は、否定しようがなかった。それは所詮、大いに矛盾する話だった。日本が始めようとしている戦争は、外交で満足のいく結果を出せないがために、仕方なくする戦争のはずだ。しかしいったん開戦となれば、外交をもってして和平に持ち込むより、理にかなう終結方法がないというのである。破棄したはずの外交オプションを復活させるのには、アメリカが乗り気でないと、どうにもならない。短期の緒戦で打ちのめされたことで、やっと日本に一目を置くようになったアメリカが、早々に講和を頼み込んでくる、というのが日本に都合の良いシナリオだった。しかしアメリカが日本に屈することを徹底的に拒んだ場合、どうなるのか。それはまさに、山本五十六が永野軍令部総長に警告済みの、予想できる展開だった。ヒットラーの仕掛けたバトル・オブ・ブリテンのように、日本の不意の攻撃がアメリカを、さらに毅然とした態度で日本に立ち向かわせることは、十分考えられた。

開戦の主張は、自己欺瞞と粉飾決算の要素にも満ちていた。不都合な数字は、脇へ押しのけられた。その最たる例が、船舶損失の予想量だった。特に海戦重視の戦いにおいて、船舶の損失は直ちに、国の戦闘力と護送力に影響を与えることは言うまでもない。四方を海に囲まれた日本なら、なおさらの話だ。

しかし見積もり段階では、大いなる想像力をもって現実が歪曲された。一〇月末の連絡会議で必要だということで、陸軍省資材班長の中原茂敏が、数字の準備を任せられた。その時に突きつけられた海軍側の船舶損失予想量は、造船力の低さと相まって、中原を驚かせた。それは戦いを続けることはおろか、開戦さえできないのではないかと思わせるようなもので、「これじゃ初めから戦争できんじゃないか」と言わざるを得なかった。[3] 翌日、海軍は新たな推定量を持ってきた。新しい数字は、統帥部の首脳を満足させ、その後の連絡会議で繰り広げられる開戦強硬論の基盤となった。具体的には、最初の三年で予測される年間損失量が平均七〇万トンで、三年経過後はそれまでの損失を完全に補うことができるという超楽観的予測だった（ちなみに実際の開戦三年後の損失は、造船能力を四〇〇万トン上回った）。

統帥部が、突如として登場した数字の信憑性を問題視する様子はなかった。それどころか永野軍令部総長は、海軍力増強の好機とばかりに、その数字を連絡会議で徹底的に利用することに、躍起になった。「南方要域確保のため海軍としては、爆撃機一〇〇〇機、戦闘機一〇〇〇機、ほかに海軍要地防衛のため、一〇〇〇機を常続的に必要とする。この戦力を常時維持するため補給が必要である。南方地域における航空兵力の展開は二〇〇〇機は可能である。これに対し敵としては十分な展開地域を持ち得ない不利がある」と主張した。[4] いくら海軍が大きくなろうと、負け戦を仕掛ければ、確実に海軍の存在自体が危うくなるとは考えなかったのだろうか。

永野は、より踏み入った見地から、日本の損失補充能力について語ろうとしなかった。たとえば、高レベルの訓練を受けたパイロットを、迅速に補充することは不可能だった。それまで海軍は、人材や機材不足からくる必要に迫られて、少数の精鋭パイロットを育成することに重きを置いてきた。対照的に、より多くの資源を誇るアメリカは、短期間で平均戦闘レベルに達するパイロットを訓練し、多数の戦闘機を生産できた。長引けば長引くほど、どちらに戦況が有利になるかは明白だった。

賀屋蔵相は、予期される資源の格差について永野のように無頓着に振る舞えず、一〇月二七日の連絡会議で突き詰めた議論をしようと努力した。これを受けて鈴木企画院総裁が、開戦の場合の国家需要物資の見通しを述べるよう促された。鈴木はまず、日本の物資欠如の窮状を認め、こう述べた。「日本ニハ国防国家態勢整ハズ、物的関係ノ永年計画ナク年度年度毎ニ国ノ供給力ト各方面ノ所要量ヲニラミ年々配分シアルガ現状也（昭和）十七年ノ為ノ所要資源供給力ハ十六年度ノ九割ヲ見込ミ有リテ供給力カラセバ『ストック』全部ヲ尽スコトトナル」[5]。

鈴木は、このように日本が戦争を継続することが非常に難しいことに触れながらも、開戦反対という決定的な一声を発することはなかった。実際、鈴木は自分の手元にある数字を有効利用し、圧倒的な戦争回避論を展開できる立場にあった。前年、企画院は日米の産業生産能力を比較済みだった。その研究では、アメリカは日本の五〇〇倍の石油、一二倍の銑鉄、九倍の鋼塊と銅、そして七倍のアルミニウム産出量があるという結果が出ていた。石炭、水銀、鉛などの産業分野も含めると、アメリカの工業生産能力は日本の七四倍以上という数字になった（前述したが、陸軍も独自の調査をしており、こちらでは比較的楽観的に、日米差は一対二〇ほどと推定されていた。しかしいずれにせよ、日米産業力の差は歴然としていた）。このような日本に不利な数字は、政府や軍部の要員にだけに許された極秘情報などではなく、たとえば製鉄会社に勤める若い研究者も入手できるようなレベルのものだった。そして鈴木は、これよりもさらに最新かつ詳細な数字を携えていたはずだった。しかし、それを連絡会議の場で提示することはなかった。

戦後、九三歳になった鈴木は、当時の心境を説明しようと、インタビューでこう述べた。「とにかく、僕は憂鬱だったんだよ。やるかやらんかといえば、もうやることに決まっていたようなものだった。やるためにつじつまを合わせるようになっていたんだ。僕の腹の中では戦をやるという気はないんだから」[6]。

鈴木は東條内閣発足当初、九月六日の御前会議決定白紙撤回のための、重要人物と目されていた。企画院総裁のポストに留まり、開戦を阻止してほしいと特に近衛から頼まれていた。しかし、自力で政策転換を達成することはできないと感じると、さっさと見切りをつけ、あえて主流と見届けた意見に流される道を選んだのだった。そもそも鈴木は海軍がまともには戦えない旨、明言すべきだと確信していた節がある。それは陸軍出身者としての性だった。前出の高齢時のインタビューでこうも語っている。「実際にアメリカとやるのは海軍なんだ。海軍が決心しないとやれない、陸軍は自分でやるんじゃないから腹がいたまない、それで勝手なことをいっていたんです。海軍は自分がやるんだから、最終的な決断は海軍がすべきだったんだ。ところが海軍は、できないとはっきりいわんのだ」[7]。

賀屋は、日本が内需のための資源をどう確保するのか、説明を期待していた。だが鈴木の回答は、上滑りな内容だった。「船三〇〇万屯常続使用ヲ許スナレバ現在程度ノ物的国力ノ維持可能ナルモ三〇〇万屯ノ船舶維持ノ為ニハ、十七年四〇万屯、十八年六〇万屯ノ造船ヲ必要トス、然ルニ若シ島田海相ノ言ノ如ク造船能力ガ半減スルニ於テハ、第三年ニハ総動員民需ノ為一九〇万屯トナリ国力ノ維持ニ不安アリ」[8]。

そもそもここに引用された数字が、すでに希望的観測に則っていた。戦争となれば、軍需と民需の輸送のために必要不可欠な海上輸送ルートの安全を、誰も保証できなかった。海軍軍令部はどのようにして船舶損失を最小限に留めるつもりなのか、どのような護送システムを確立するつもりなのか、本来なら付随すべき具体案は示されなかった。

賀屋の質問の重さや東條の本来の意図にもかかわらず、連絡会議では、肝心の議論そのものに、ほとんど進展が見られなかった。一〇月二七日、陸軍参謀本部では、その日の会議の様子をこうまとめている。①総理ノ決意ハ不変ナル如シ、②海相ハ依然判然トセズ発言ハ大体（戦争に）消極的ノコト多シ、③海軍全般ニ物資取得ノ宣伝ヲヤル節アリ、④外相ハ率直簡明ニシテ相当自信モアリ大体議論モ一貫シアルモノト見ラル。[9]

嶋田海相は、戦争を避けるために最善を尽くすということを条件に、東條内閣に加わった閣僚のひとりだった。前任者の及川よりも、はるかにはっきりと、戦争反対の姿勢を貫くことが予想されていた。しかし一〇月二七日に、前軍令部総長伏見宮博恭王との会見をした頃から、嶋田の戦争回避の決意が、大きく揺らぎ始めていた。日露戦争も経験した六六歳の皇族軍人は、嶋田に「速に開戦せざれば戦機を失す。此戦争は長期戦となるべく、我より和平を希求するとも米は応ぜざるべし。結局、如何にして最小限の犠牲にて和平を行い得べきかが問題なり」と意見したという。早期開戦を促すだけで、どのように日本にとって都合のよい和平がもたらされるか、その「問題」の部分は海軍の知ったことではないかのような話しぶりだった。その年の春に現役引退をしたものの、長老的存在で、組織内の影響力も維持し、影将軍のような存在だった伏見宮の意向を却下することは容易ではなかった（永野軍令部総長が、天皇の要望にもかかわらず更迭されなかったのは、伏見宮の庇護下にあったためと思われる）。

陸軍参謀本部戦争指導班の『大本営機密戦争日誌』には、さらにこう記された。「議事いっこうに進捗せず。……作戦的好機を逸しつつあり、統帥部としては焦慮に堪へず。まず決心して然る後国力的能否に関し検討し、出来るやうに国家の方向をさだむべき時期にあるにもかかはらず、決心を確立することなく、できるかできぬかで小田原評定をなしあるが現状なり」[10]。

七月、その年最初の御前会議で「対英米戦ヲ辞セズ」とした見せ掛けの決意が、日本の外交方針の不可侵かつ最優先事項として君臨していた。九月の御前会議で、外交期限という物理的要素が加わったその「決意」は、さらにその重要性、緊急性を増した。すでに弾みがついてしまった開戦準備に対抗するのは、至難の業となっていた。

＊

一〇月二八日の連絡会議で特筆すべきは、翌年三月まで、開戦を延期することができないかという問題が、浮上したことだった。外務省だけでなく統帥部でさえも、実際は欧州戦線の今後を見守ったほうが、日本にとって有利であることを理解していた。アメリカはヨーロッパに気を取られているので、時間が経過すれば日本の戦略的、外交的機会も改善するだろうということが言われた。そしてそこには、アメリカの欧州参戦が間近だろうという大方の予測があった。ドイツの継続的な優位を過信するよりも、欧州戦における勝者がわかってから日本の動向を決めたほうがよいという、もっともな考えだった。

しかし、情勢を見極める合理性を公に認めているにもかかわらず、それでもまだ統帥部は早期開戦を唱えるのだった。もはや開戦を悠長に議論している場合ではない、時間のロスは戦争資源のロスに直結するという、結論ありきの主張だった。そして統帥部は、揺るぎない意見として「開戦ハ十一月ナルヲ要ス　即本十月三十一日迄ニハ開戦ヲ決意スルヲ要ス」と述べ、これ以上の時間の経過は「物ノ関係上致命的ナリ」と言い放った。[11] これを受けて東條は、開戦延期の議論を突き進めることを放棄しただけでなく、両総長に「再審議ノ進度遅クシ相済マヌ」と謝罪する始末だった。より理性的と思われた延期オプションは結局、棚上げされたのだ。

一〇月二九日と三〇日の連絡会議では、まさに「物」の観点から、開戦が話し合われた。賀屋外相は、「戦争ヲヤッタ場合ト、ヤラヌ場合ノ物資需給関係ハ何レガヨイノカ、数量的ニ知リ度イ」といった要請を繰り返しており、鈴木企画院総裁が再度の説明を求められた。開戦一年目の終わりに、内需に残された石油需給量は二五五万トン、二年目の終わりに一五万トン、三年目の終わりに七〇万トンになるだろうと推定した。日本は「辛フジテ自給態勢ヲ保有シ得ベシ」としたが、その予想にもかかわらず、結論としては、戦争は困難だが可能であるというのが、鈴木の最新の立場だった。[12]

戦争計画の合理性を見極めようとする賀屋の度重なる試みは、サボタージュされた。惰性、自己保存、組織の都合、そして不合理な信念のすべてが、徹底的な議論の遂行を妨げていた。賀屋の次は、東郷外相の出番だった。一〇月三〇日、ここに来てやっと、本来ならば主役であるはずの対米外交の見通しが、議題に上ったのだ。

賀屋が早期開戦の危険性を、物資の観点から説得できないのであれば、東郷は外交の立場から、それを証明せねばならなかった。とはいえもちろん、物資にしろ外交にしろ、非常に密接に関連している問題ではあった。まず皮切りに東郷は、外交が最優先事項であるべきという持論を明確にし、外交の成功のためならば、仏印や中国大陸からの撤退という譲歩もやむを得ないとした。平和に代わるものはない、という考えだった。

出席者のほとんどが、アメリカから求められている譲歩は屈辱的で、日本を三等国のレベルへと貶めるものだと、この意見に激しく反応した。それでも東郷は「撤兵スルモ経済ハヤレル否寧《むし》ロ早ク撤兵スル方可ナリ」と、中国からの撤兵を強く求めた。この態度はさらに参謀本部を刺激し、結果、「論議沸騰」した。そこで東條首相から苦しい歩み寄りが提案された。それは中国の大部分からの撤兵に条件つきで同意したらどうか、というものだった。具体的には、「永久ニ近イ言ヒ表ハシ方」により、時間をかけて同意を形骸化する、という意味である。近衛首相に対しては、名を捨て実を取るような撤兵に、断固反対の態度を貫いた東條だったが、結局、似たような提案を自らがしているのだった。[13]

これが続く議論を、奇想天外な方向へと導いた。中国からの撤兵に際し、日本が要求すべき時間枠を巡り、「九十九年」「五十年」「三十年」「二十五年」と、あたかも値切り合戦のようなやり取りが巻き起こったのだ。そして、参謀本部の甚だ気に入らないところではあったが、大体「二十五年」が妥当な線だということで落ち着いた。その間に、中国北部、内モンゴル、海南島からの撤兵を完了し、その他の地域からの退去は、日中条約が締結できた場合、二年以内に完了させるという考えだった。仏印からの撤退は、地域の平和確立と日中戦争の終結が実現し次第、行われるとした。

その他に、一〇月三〇日の会議で確認されたのは、三国同盟継続の意思だった。ハルの四原則に関しては、それを外交交渉の公式条件として受け入れることに、抵抗があった。「今迄米側ニ述べシコトハ已ムナシ」としながらも、行動は言葉よりも重いというのが、大方の意見のようだった。[14]たとえば、自由貿易や通商無差別のような政策転換は、一晩では成し得ない。それは世界観に関わることで、流行を追い求め、古い服を脱ぎ捨てるように簡単なことではない、というのが、その言い分だった。外交交渉では言葉が行動よりも重要、もしくは言葉が行動よりも先に来るべきものだという代えがたい事実を、理解していないがための頑なさだった。

東郷外相は、それでも日本政府が四原則を「主義上同意」つまり原則として受け入れる旨、アメリカ側に伝える必要性を強調した。それは、いかに日本が本気で外交に取り組んでいるかを示すことに繋がると信じていた。東條は、ここでも統帥と東郷の歩み寄りを提案した。通商無差別原則を、日本の中国大陸での行動だけでなく「全世界ニ適用セラルルニ於テハ」受け入れられる、とアメリカ側に打診したらどうか、ということだった。[15]これは、それまで日本が主張してきた大陸における地域的特別権益を、捨て去ることを意味した。

ここに、「甲案」として知られることになる、日米外交交渉瀬戸際のアウトラインが定まった。それには期限付きの撤兵合意や三国同盟の継続などが含まれ、ハルの四原則の受け入れに関しては、そのまま全部に合意することは避けるという態度だった。しかしネックになる通商無差別原則が、全世界で適用される場合には、日本もそれに合意をするということになった。この場で見せた東郷外相の粘り強さは、軍部からの譲歩が不可能ではないことを明らかにした。前内閣は、あまりにも安易に統帥部に譲歩し続けていたのだ。ただこの程度の条件では、到底、対米外交交渉成功に漕ぎ着ける見込みがないことは、東郷も承知していた。効果的な外交と、開戦準備が、完全に並行して追求できるとも、思わなかった。さらには、自分の強い味方になると期待していた海軍から、何の援軍がないことにも戸惑っていた。「当初から陸軍の強硬態度は予期したところではあるが、海軍は穏健な態度を採るものと予想を有して諸方策を按じ来ったのである。然るに連絡会議席上に於ける駐兵問題その他に関する海軍の態度が甚だ強硬であるので、自分は意外の感に撃たれた」と、驚きの念を回想している。[16]

東郷が、海軍のサポートを得られなかったのには、前述の嶋田海相と伏見宮博恭王の会談が大きく作用していた。嶋田は、早期開戦を肯定する方向で決意を固めたのだった。一〇月三〇日、海相が澤本次官に伝えたところによると、「現状を以てすれば、米国は何時立って先制の利を占むるやも知れず。さうなれば日本の作戦は根本的に破れ勝味はなくなる。此の際海軍大臣一人が戦争に反対した為に時機を失したとなっては申訳がない。無論自決御詫びはするが、そんなものは何の役にも立たぬ。適時決心すべきである」というのが、嶋田の出した結論だった。[17]東郷はその心変わりを知らず、海軍省と接触して助力を請うたが、効果がなかった。

皮肉なことに永野軍令部総長だけは、外交蘇生のための東郷外相の努力に同情しているかの様子を見せた。中国における通商無差別原則を認めぬ、という陸軍の頑なな主張によって議論が行き詰まると、突如として永野が言い放った。「通商無差別ナドヤツタラドウダ　太ツ腹ヲ見セテハドウカ」[18]。この発言は、戦争回避を自分が明言せずに責任を外交に託そうとする、苦しい方便でもあった。二日後の永野の言動は、そのような解釈に真実味を与えることになる。それでも海軍が、そして永野自身が、開戦に怖気づいていることを悟られてはならなかった。

一〇月三〇日の会議が終わる頃には、賀屋蔵相と東郷外相は疲れ果てていた。この一週間、ほぼ毎日、連絡会議が開かれていた。その間、東條は官僚的リーダーならではの効率の良さを発揮し、当初挙げられた議題をすべて予定通りカバーした。しかし、話し合いの場に出されたからといって、諸問題が慎重に検討されたとは到底言い難かった。

国家の運命が、一一月一日に決定されることになった。

13　崖っぷち

一一月一日午前七時半、東條首相は杉山参謀本部総長と面会した。開戦を強硬に主張する杉山の説得を試みようとしたのだった。東條の心中で、ますます開戦への疑問が募っていた。首相は、直後に開催される連絡会議で焦点となるのは避戦、早期開戦、外交交渉継続の三つの選択肢だと述べた。外交交渉上の譲歩は必要最低限に抑えるつもりのこと、そして戦争準備を放棄するわけではないことを強調しつつも、自分は「第三案ヲ採リ度イト思フ」と述べた。[1]

その前夜に東條は、嶋田海相、東郷外相、賀屋蔵相、鈴木企画院総裁という顔ぶれで会談を催していた。そこで「海軍、大蔵、企総、トモニ第三案」を希望していることを、すでに確認済みだとした。東郷外相に関しては、もちろん避戦が第一希望ではあろうが、外交交渉継続がメインの第三案に流れることも考えられた。となればこの際、杉山も第三案を受け入れるべきだ、と東條は示唆したのだ。そして天皇をも引き合いに出し、「正々堂々トヤルコトヲオ好ミ」であるから、開戦決意をしてから、その後に「偽騙外交ヲヤルコト」はとてもお許しにならないだろう、と説得に出た。

今となっては想像するのも難しいが、杉山総長の最大の危惧は、海軍が開戦にはっきりとコミットしないまま拡大し、結局戦わずして逃げおおせるのではないか、ということだった。現に海軍は、資源がなければ戦争準備もできないとして、鉄やアルミやニッケルなどの割り当て増量を要求していた。杉山はここで譲歩するわけにはいかないと、東條にこう返した。「若シ外交ウマクユケバ準備シタ兵ヲ下ケルコトトナルガ之ハ困ル、内地カラ二十万支那カラモヤルベキ作戦ヲヤメテ兵ヲ送ツテオル、兵ヲ南洋迄出シテ戦争シナイデ退ケタラ士気ニ関ス」。準備段階で高揚した士気を維持するために、新たな戦争を始めなければならない、というこの論理は、実に奇妙な一大戦争開戦の正当化だった。さらに杉山は、続く連絡会議では、①日米国交調整を諦める、②開戦決意を固める、③戦争開始を一二月初旬に定める、④作戦を整える、⑤「外交ハ戦争有利ニナル様ニ行フ」の諸点を、断固として要求するつもりであることを、明言した。

東條は、「統帥部ノ主張ハ止メハシナイ」と言いつつも諦めきれず、開戦を「オ上ニ御納得シテイタダクノニハ容易デナイト思フ」と述べた。言うまでもなく「オ上」のほうは、東條が開戦強硬派を抱き込むことを大いに期待していた。そもそもそれこそが、東條内閣に課された使命なのだった。誰が責任を持ち最終的な判断を下すのか、当事者たちにさえわからないのが、日本権力構造の落とし穴だった。

*

ごく最近の近衛・東條会談を彷彿とさせる東條と杉山の会談は物別れに終わり、九時には連絡会議がスタートした。これが一七時間続く、歴史に残るマラソン会議だった。

最初に上った議題は、実際に開戦した場合の、海軍、陸軍、企画院間での物資配分だった。まずは一九四二年、海軍に一一〇万トン、陸軍に七九万トン、民需に二六一万トンの鉄が配分されることが、提案された。この海軍重視の流れを警戒した杉山陸相は、嶋田海相に向かって「鉄ヲ貰エバ嶋田サン決意シマスカ」と臆面もなく尋ねた。[2] これに対して嶋田は無言でうなずいたという。数時間の議論の後、配分計画の合意がなされた。

その後会議は、開戦すべきか否か、という問題の核心に迫るかの気配を見せた。東條が早朝に杉山に説明した通り、三つの選択肢、つまり避戦、開戦、（戦争準備をしつつの）外交が、順番に検討されることになっていた。賀屋蔵相が矢を放った。「此儘戦争セズニ推移シ三年後ニ米艦隊ガ攻勢ヲトッテ来ル場合海軍トシテ戦争ノ勝算アリヤ、否ヤヲ再三質問セリ」[3]。賀屋は苛立ちを隠せなかった。会議の初日から聞いている、そもそも今急いで戦争を始める必要があるのかという直球質問に、いまだ満足する答えを得ていなかったのだ。

日本が戦争を起こさなければ、数年後に必ず米艦隊が日本を襲ってくるのだろうか。それが統帥部の大前提のようだが、実際のところはどうなのか。そう大いなる疑問を呈する賀屋に向かって、永野は米艦隊がやってくる可能性は「不明ダ、五分五分ト思ヘ」と、限りなく無意味な返答をした。賀屋は負けじと、アメリカは日本を襲って「来ヌト思フ」と意見し、「来タ場合ニ海ノ上ノ戦争ハ勝ツカドウカ」と、海軍に痛い質問をした。それでも永野は「今戦争ヤラズニ三年後ニヤルヨリモ今ヤル方ガ戦争ハヤリヤスイト言ヘル、ソレハ必要ナ地盤ガトッテアルカラダ」と、東南アジアの物資確保に、少なくとも表面上は自信を見せたのだった。

そこで賀屋は再び、「勝算ガ戦争第三年ニアルノナラ戦争ヤルノモ宜シイガ永野ノ説明ニヨレバ此点不明瞭ダ、然《しか》モ自分ハ米ガ戦争シカケテ来ル公算ハ少イト判断スルカラ結論トシテ今戦争スルノガ良イトハ思ハヌ」と論理立てて、粘り強く反論した。起こらぬ可能性が高い戦争を、なぜわざわざ大慌てで始めるのか。物資が底を尽きてしまう前に戦機を先取りして今始めれば、少しは勝算がある、と統帥が言うが、だからと言って勝つ保証はまったくないという。早期開戦主張の弱点を鋭く突くやりとりだった。

前述のように、東條は杉山との早朝会談で、賀屋蔵相が外交と戦争準備を同時に進めることを希望していると述べた。しかし蔵相の本心は第一の避戦、臥薪嘗胆であるということが、これで明らかになった。ここで東郷外相がすかさず援軍を出した。「私モ米艦隊ガ攻勢ニ来ルトハ思ハヌ、今戦争スル必要ハナイト思フ」。これに対し永野は、「『来ラザルヲ恃《たの》ム勿《なか》レ』ト言フコトモアル　先ハ不明、安心ハ出来ヌ、三年タテバ南ノ防備ガ強クナル　敵艦モ増エル」と抽象的にかわした。

永野が披露した孫子の『兵法』からの引用は、都合の良い誤読だった。「来ラザルヲ恃ム勿レ」とは、可能性が低いからといって、敵が来ないと決めつけず、いつでも戦が始められるよう備えておくことの重要性を説いている。故意に勝ち目のない戦争を自ら求めることは提唱していないし、中でも屈辱感や立腹という激情を理由に戦争を起こすのは、愚かしいことだと警告している。理想は、武力に頼らずに敵を屈服させ、政治的目標を達成することだとされている。それでも、いざ戦わなければならないという場合は、敵の力を十分理解したうえで起動せよ、としている。永野のあやふやな発言を受けて賀屋は、「然ラバ何時戦争シタラ勝テルカ」と問いただした。勝てる保証は、何時開戦してもない、と言い続けてきたはずの永野は、この質問に込められた皮肉を無視したのか、理解しなかったのか、強く答えるのだった。「今！　戦機ハアトニハ来ヌ」。

東條は前夜の主要閣僚との話し合いで、もうひとつの思い違いをしていた。それは鈴木企画院総裁が、外交にまだ希望を持っていると信じていたことだ。だが鈴木は長い物に巻かれ、すっかり開戦賛成の方向に動いていた。「賀屋ハ物ノ観点カラ不安ヲモッテ居リ戦争ヤレバ（昭和）十六、十七年ハ物的ニハ不利ノ様ニ考ヘテル様ダガ心配ハナイ」と宣言すると、「十八年ニハ物ノ関係ハ戦争シタ方ガヨクナル、一方統帥部ノ戦略関係ハ時日ヲ経過セバダンダン悪クナルト言フノダカラ此際ハ戦争シタ方ガヨイコトトナル」と意見した。ほんの数日前に、日本の「国防国家態勢」は整っておらず、物資の「永年計画ナク整ハズ」その日暮らしの状況であることを説明したその張本人が、開戦を主張し始めたのである。

戦争をすべきか否かの議論に決着を見ず、「未ダ疑アリ」とする賀屋だったが、質問は打ち切られ、第二の「開戦」という選択肢に議論が雪崩込んだ。そこでは特に外交交渉期限の設定が、問題となった。

伊藤整一軍令部次長は「海軍トシテハ十一月二十日迄外交ヲヤッテモヨイ」としたが、陸軍の塚田参謀本部次長は、それでもまだ寛容すぎるとし、「陸軍トシテハ十一月十三日迄ハヨロシイガソレ以上ハ困ル」と主張した。[4] この話の流れに抗おうと、東郷は踏ん張った。「外交ニハ期日ヲ必要トス　外相トシテ出来サウナ見込ガ無ケレバ外交ハヤレヌ」そして外交を追求するのであれば、「戦争ハ当然ヤメネバナラヌ」と、主張した。また、もし開戦となった場合、見せかけではない真の外交に残された時間がどれだけあるのかと参謀本部総長と次長に質問を投げかけたため、東條首相が、三番目のオプションである外交交渉を重視し、継続しながらの戦争準備を含めて議論したらどうかと提案し、以下のような応酬に続いた。

塚田「外交ハ作戦ヲ妨害セザルコト、外交ノ状況ニ左右セラレ期日ヲ変更セヌコト其期日ハ十一月十三日……」

東郷「十一月十三日ハ余リ酷イデハナイカ、海軍ハ十一月二十日ト言フデハナイカ」

塚田「作戦準備ガ作戦行動其モノダ　飛行機ヤ水上水中艦船等ハ衝突ヲ起スゾ　従テ外交打切リノ時機ハ此作戦準備ノ中デ殆ンド作戦行動ト見做スベキ活潑ナル準備ノ前日マデナルヲ要ス之ガ十一月十三日ナノダ」

塚田は、先制攻撃準備で軍隊が発動すれば、それがたとえ開戦前でも敵との間に衝突を起こす可能性が高くなる。よって、準備段階にあってもすでに「戦略行動」または戦争そのものが始まったと理解するべきだ、と言うのであった。これはさすがに軍人の耳にも、あまりにも強引な主張だったため、永野が「小衝突ハ局部的衝突デ戦争デハナイ」と諭した。東條と東郷はともに、外交とは誠意をもって、立派に行わなければならない、そして外交をやるからには、それが成功した暁には、戦争発起も中止して当然だとの見解を示した。塚田は不承不承にこれに同意したが、そのかわりに外交の期日条件も受け入れて貰わなければ困る、あくまでも一一月一三日までしか待てない、と言い張るのだった。

日も落ちて暗い夜を迎える頃になると、会議室の空気はさらに澱み、息苦しいものとなっていった。長い沈黙の間には屋外からコオロギの奏でる声が聞こえ、それを遮るように、議論とはほど遠い口喧嘩のようなやりとりがたまに起こる、といった宙吊りの状態が続いた。外交期限の問題では、同意に至ることができず、二〇分間の休憩をはさむことになった。参謀本部は第一部長の田中新一を呼び、会議の内容を協議した。同様に海軍軍令部も、福留繁第一部長を招致した。そして統帥部としては、とうとう一一月三〇日を外交期限として要求することで話がまとまった。

*

この休憩時間中、東郷をアシストしていた外務省アメリカ局長の山本熊一《くまいち》が、廊下で永野軍令部長に鉢合わせした。永野は、山本の背中を叩くと「どうだ山本君、外交交渉で解決することを外務省側で引き受けてもらえないものか、海軍側は外務に信頼して万事お任せしてもよいがの」と言葉を投げた。[5]驚いた山本は、それまで東郷が述べてきた、既存の条件下での外交交渉の難しさを繰り返すのがやっとだった。

この唐突な提案は、早期開戦を強硬に要求する見せかけにかかわらず、永野が内心、大いにためらっていたことを暴露した。それまでのいくつかの会議でも、永野が外交にチャンスを与えようとするかのような発言はあった。対米戦を一秒毎に現実的シナリオとして受け入れなければならなくなった今、内なるためらいは増すばかりだった。特に永野の不安を掻き立てたのは、自らが最近承認したばかりの攻撃計画に、絶対の自信が持てないことだった。それは山本五十六が練ってきた、真珠湾攻撃計画だった。危険すぎるとしていったんは却下された戦略が、軍令部によってやっと承認されたのは、黒島亀人《かめと》という奇人参謀の説得に依るところが大きかった。

一八九三年、広島で貧しい石工の家に生まれた黒島は、若くして父親を亡くして親戚に育てられ、孤独な少年時代を送った。苦学の末、夜間学校を卒業し、廻り道はあったが海軍兵学校、海軍大学校を経たエリートとなった。日露戦争後の海軍の一大飛躍期を目撃した孤児にとって、それは夢のような出世物語だった。境遇や教育の特異さからか、型にはまった考え方をしない傾向があり、戦略研究の分野では、やがて海軍の中でも、面白いことを発案する人間だという認識をされるようになっていった。

嶋田海相は第二艦隊司令長官時代、首席参謀をしていた黒島を知った。山本五十六とは同期だった関係で一九三九年一〇月、山本が戦略研究のための人材を探している時、黒島を推薦したのだった。大抜擢をされた黒島は、あらゆる点で変わっていた。長身でやつれた顔と、禿げ頭が特徴のこの男は、どこか禁欲的な雰囲気を発していて、そのため同僚から「ガンジー」という渾名をつけられた。しかし不衛生で、その乱れた生活習慣は、本家のマハトマを震えさせたに違いない。滅多に入浴せぬ愛煙家で、行く先々でタバコの灰を落として歩いた。集中するためには、何日間も線香を焚いた暗い部屋に閉じこもり、いよいよインスピレーションが舞い下りると、まるで何かに憑かれたかのように、計画を書き始めた。

そのような奇行ぶりは、本来であれば、海軍でのキャリアを妨げると考えるのが普通だった。だが山本は気にする様子もなく、かえって黒島に期待をかけるかのように見えた。突飛なアイディアを出せる戦略家が必要だったからだ。山本は一世一代の太平洋戦略を練っていく中で、技術的にも軍事的にも、否定的な意見を聞くことに飽き飽きしていた。黒島は、何が何でも不可能を可能にしてやるという決心を、山本と共有していた。

具体的な技術面の詳細は、前出の大西瀧治郎や源田實が案を練り、ついにハワイ攻撃作戦の最終計画が完成した。作戦は、型にはまらないという形容詞では表現できないほど、より大きなリスクを伴うギャンブルだった。技術面での最大のハードルは、真珠湾の浅瀬における航空魚雷攻撃だった。しかし一九四一年の秋までに魚雷自体の改善が進み、入水時に沈む深さを大幅に縮めることに成功した。これで魚雷が海底に食い込み、不発に終わる可能性が低くなったのだ。それとあわせて、九月から始まったパイロットの低高度飛行訓練も、目覚ましい成果を上げていた。訓練場には、真珠湾に似た形状から、錦江湾が選ばれていた。ただ航空隊のリーダー二名を除いて、パイロットの誰もが、この厳しい実地訓練の真の目的を知らされていなかった。

山本から真珠湾攻撃計画が提示された時、軍令部は断固として反対した。一〇隻中六隻の空母を含む海軍軍事力（もっとも、空母はさらに建設中だったが）を使っての作戦は、一目でリスク過多だったからだ。空からの防備を必要とする東南アジアでは、航空力や人材がハワイに集中することで、制海権も制空権も同時に失うことになるのではと危惧された。前記のように、九月に海軍大学校で机上演習が行われたが、それは作戦の無謀さを印象づける結果となった。

ただ山本は譲らなかった。黒島が東京に出向き、軍令部を相手に、熱心に計画承認を促した。それでも駄目だとなると、最終的に黒島は脅しに出た。ハワイ計画を実行できなければ、山本と支援者たちは皆、辞職の覚悟だと伝えたのだ。一〇月二〇日、永野がついに折れて、計画を承認する運びとなった。黒島の強引さは、永野をも圧倒したのだ。それはちょうど、東條内閣が成立する頃だった。この計画承認をめぐる一件は、永野総長以下、海軍がいかに山本の稀有な発想力に依存していたかということを明らかにした。半信半疑以上の強い不安を感じていたのにもかかわらず、ハワイ作戦にゴーサインを出したのは、他に頼れる戦略家がいなかったということだった。連絡会議で、勇ましく早期開戦を主張する姿とは裏腹に、外務省に助けを求めたということも、永野の心の迷いを証明していた。そして永野とは対照的に、開戦回避という条件で東條内閣に参加したはずの嶋田海相は、今や完全に戦争への決心をしていた。

＊

「十二月一日ニハナラヌカ、一日デモヨイカラ永ク外交ヲヤラセルコトハ出来ヌカ」[6]。会議が再開されると、東條は統帥側に切り出した。ここまでくると、もはや第一の「避戦」という選択肢は存在しないかのような口ぶりになっていた。「絶対ニイケナイ十一月卅日《みそか》以上ハ絶対イカン、イカン」と塚田は強く反応した。今度は嶋田海相が聞いた。「塚田君、十一月三十日ハ何時迄ダ　夜十二時迄ハ良イダラウ」。答えは「夜十二時迄ハヨロシイ」だった。

対米交渉はなし崩し的に、またもや期限付きとなっていた。そして、議論は交渉上の具体的な条件に移行した。東郷は前述の「甲案」が、アメリカ側を納得させるのに、不十分であると痛感していた。そこで一一月一日の朝、「乙案」として、外務省からより現実的な代案を提示した。戦争回避を望む外交のベテラン幣原喜重郎や、元駐英大使の吉田茂の助力を得て作成したもので、日米両国が南太平洋に軍事進出することを控えること、蘭領インドネシアからの資源の調達については、互いに協力すること、そしてアメリカは日本資産の凍結を解除し、石油の供給を保証すること、などの項目を連ねたものだった。会議の開始からすでに一三時間が経過し、午後一〇時になって、やっとこの「乙案」が議題に上った。

この案の備考には、実は大きな軍事的譲歩が組み込まれていた。それは南部仏印に駐屯する日本軍を、すぐにでもインドシナ半島の北半分に移動させる準備があることを明らかにしたものだった（アジア・太平洋地域での平和が確証されれば、後々、インドシナ半島全体からの完全な撤退も行うと誓約していた)。そして必要に応じて、無差別貿易と三国同盟についても、さらなる検討を行うと明記していた。つまり乙案は、難題である日中戦争解決には直接触れず、早急に日米関係を南部仏印進駐以前の状況に修復することを試みようとするものだった。

驚くまでもなく、陸軍利益を代弁する塚田と杉山は、猛烈に南部仏印からの即撤退に反対した。そして塚田と東郷の間に、またもや押し問答が起こった。東郷も、「従来ノ交渉ノヤリ方ガマズイカラ、条件ノ場面ヲ狭クシテ南ノ方ノ事ヲ片ヅケ」なければならない、と譲らなかった。南の問題を清算することは、日中戦争解決を自力で解決するためにも、必要不可欠なステップだというのだ。仏印からの撤兵が、苦肉の暫定措置であることに変わりはなかったが、外交に与えられた期限を考えれば、日本がすぐにアメリカに提示できる、具体的かつ唯一の譲歩的行動とも言えた。

塚田は「南部仏印ノ兵力ヲ徹スルハ絶対ニ不可ナリ」と、突き放した。「仏印カラ兵ヲ徹スレバ完全ニ米ノ思フ通リニナラザルヲ得ズシテ何時デモ米ノ妨害ヲ受ケル、然モ米ハ援蔣ハ中止セズ資金凍結ダケデハ通商ハモトノ通リ殆ンド出来ナイ、特ニ油ハ入ツテ来ナイ。此様ニシテ半年後トモナレバ戦機ハ既ニ去ツテ居ル、帝国トシテハ支那ガ思フ様ニナラナケレバナラナイ故ニ乙案ハ不可、甲案デヤレ」と、断固として折れなかった。

議論が平行線のままだったため、またもや妥協案が示唆された。それは乙案に、第四の条件として、アメリカが日中間の和平努力に干渉しないこと、とする項目を追記することだった。しかしせっかく南に焦点を狭めて、より簡素化された具体案に、わざわざまた中国問題を導入することは、乙案の存在意義そのものを無にしてしまう行為だった。それでも塚田は、南部仏印からの即時撤兵が引っ掛かり、乙案自体の破棄を要求し続けた。「ダカラ甲案デヤレ」と、杉山とともに、「声ヲ大ニシテ東郷ト激論シ」とある。しかし東郷の態度もまた毅然としていて「自説ヲ固辞」したため、緊張はより一層高まった。そこでまた、一〇分間の休憩が挟まれることになった。

この休憩中、陸軍関係者は内輪で、乙案で提示されている屈辱的な条件にどう対処するべきかを協議した。その中で、「支那ヲ条件ニ加ヘタル以上ハ乙案ニヨル外交ハ成立セズト判断セラル」と、シニカルな推測が頭を持ち上げた。つまり第四条件の加筆で、乙案を骨抜きにできれば、外交交渉はほぼ確実に失敗するから、実際には仏印からの撤退はまずないだろう、ということだった。乙案の承認を渋ることで東郷が辞職し、政変に至ったりすれば、戦争動員のタイミングにも影響が出てくる。むしろそちらを心配すべきでは、ということだった。外交が結局は挫折するだろうという理由で、とうとうタカ派筆頭の塚田次長も折れ、乙案を受け入れる方向で、意見が調整された。

最終的に、歴史上最長の連絡会議は暫定合意のみで終わった。戦略始動日は一二月一日とされた。もしも一二月一日零時までに、アメリカと外交的解決が達成できるのであれば、軍事行動はすべて取り止めとする。東郷には甲案と乙案が託され、外交を一任されたものの、僅かしか時間は残されていなかった。そして東郷も賀屋も、戦争阻止という合理的な選択肢がまったく受け入れられなかったことに、困惑していた。

会議が終了した時には、すでに日付が変わっていた。一一月二日、時刻は午前一時三〇分だった。これで東條召集の、一連の再検討会議が終わったわけだが、東郷外相は、まだ暫定決議を受け入れたわけではなかった。賀屋蔵相も、また他の大臣も同じく、出席者として決議を拒否することができた。明治憲法下では、閣僚の責任は天皇に直属するため、首相に閣僚を更迭する権限はなかった（実際には、首相から促されれば辞めることが多かったが、第二次近衛内閣の松岡外相のような例外もあった）。たとえば閣僚が決議をサボタージュし、辞職をも拒めば、倒閣の可能性もあったであろう。また手っ取り早い手段としては、東郷が単独で辞職することも考えられた。これは決議の否決に直結しないが、参謀本部が危惧したように、効果的な時間稼ぎにはなったであろう。一九四一年一一月初旬、東郷がこのどちらかの道を選んでいたならば、即時開戦計画に多大なるダメージを与えることができたはずだった。そして実際、東郷はマラソン連絡会議の後、辞職を考えた。それが、それまでの勇敢な抵抗を継続するための最も簡潔な方法であるように思われた。

東郷は、四つの異なる内閣で首相や外相を経験した広田弘毅に、助言を求めた。慎重を極める広田は、東郷が辞任すれば、外相のポストが戦争賛成の後任で埋められる可能性があると警告した。なので、むしろそのまま外相の座に留まって、外交の成功に努めるほうが意義があると説得した。そうすれば東郷も、自力で、死にものぐるいで勝ち取った南部仏印即時撤退という、軍部からのいまだかつてない譲歩を無駄にせず、対米交渉に活かせるというのだった。

一一月二日の正午、東郷は東條に、前夜の決定を受け入れる旨伝えた。賀屋もすでに賛成していた。この決断を受けて首相は、外交交渉を全面的にサポートすると約束した。もしアメリカが甲乙どちらかの案に興味を示すのならば、提示されてきた譲歩以上の条件も、軍部から引き出す努力を惜しまないとまで言った。そして、どんなに軍事発動の準備が進んでいたとしても、外交の画期的な展開があれば、それをすぐさま中止させることを保証した。東郷は、もしも外交的解決ができなければ、自分はその時にこそ辞職するつもりだと明かした。少し前までは断固反対だったはずの戦争を、条件付きではあるが、徐々に受け入れ始めていた。

その日の午後五時、永野、杉山両総長は皇居に参内し、天皇に詳細な発動プランを披露した。それは戦略機密として、連絡会議でも明らかにされなかったものだった。山本のハワイ作戦を含む戦略が明かされ、攻撃の日付も一二月八日（現地時間で一二月七日）と報告された。その日曜日、天候は良く、月が夜明けまで光を放ち、攻撃を支援する、理想的な日和となることが予想されていた。

天皇は目に見えて悲しげだった。そして自らは外交解決を望んでいると、改めて言明した。しかし総長たちに向けられた具体的な質問は、技術的な性質のものに終始した。天皇も、東郷や賀屋と同じく、戸惑いながらも差し迫る戦争を受け入れる方向に、自らの思考を調整しているように見えた。

一一月四日、軍事参議院参議会が開かれた。御前に、朝香宮鳩彦王《やすひこおう》や東久邇宮稔彦王を含む、軍事顧問が集められた。厳しい期限付きの外交と、それとは関係なく、着々と進む発動準備の二本立ての決定に、効果的な反論をする者はいなかった。この席で東條首相は、あたかも一二月一日零時までの外交成功にもう見込みはなく、戦争が確実となったかのように発言し、振る舞った。心中大いに迷い、東郷外相には外交を全面的にサポートすると伝えたのにもかかわらず、東條は、勇敢な帝国軍人の役回りを演じ切った。「昔日ノ小日本ニ」逆戻りしないよう、「二年後ノ見透シ不明ナルガ為ニ」何も行動を起こさないよりは、あえて「難局ヲ打開シ」「将来ノ光明ヲ求メ」たほうがよい、と言い放った[7]。

一一月五日、明治宮殿の優美な東一の間で、その年三度目の御前会議が開かれた。連絡会議において、ほぼ孤軍奮闘で避戦論を展開していた東郷とて、この場で異議を唱えることはしなかった。それどころか、反植民地主義の大義と日本の開戦を重ね合わせ、いかに日本がアジアの盟主として壮大な使命を任されているか演説した。目前に迫った戦争が、日本の利己的な国家主義だけでなく、アジア全域の生き残りを賭けた戦争であると理想化することで、開戦の可能性を正当化している向きがあった。また四月以来の日米交渉での失敗は、傲慢な相手の責任であり、日本はあくまでも被害者だという主張が、以下のようになされた。

「経済的ニ有利ナル米国ノ立場ヲ利用シツツ、殆ド参戦同様ノ援英政策ヲ実施スルト共ニ、前述ノ如ク強硬ナル対日圧迫政策ヲ執ルニ至リマシタ。偶々本年四月中旬ノ日米国交ノ一般的調整ニ関シ非公式話合ガ開始セラレマシタガ帝国政府ハ東亜ノ安定ト世界平和ノ招来ヲ顧念シ最モ真摯且《かつ》公正ナル態度ヲ以テ交渉ヲ継続シマシタ」[8]。閣僚の中で最大の勇気を奮い、合理的思考を披露した東郷でさえも、御前劇場では、ほかの首脳陣と同じように、求められた役回りをそつなく演じるのだった。何よりも日本は辛抱強く外交解決に向けて頑張ってきたが、その努力は無駄になりつつあり、「此ノ儘デハ急速ニ妥結ノ見込ハ先ヅナキモノト断セザルヲ得ナイ」というのだ。それまでの発言や経緯を見ても、この説明が、東郷の真意を忠実に反映していたとは考え難い。それでも東郷が、以前のような確信に満ちた勇気を失いつつあるということは明らかだった。

　東郷を含め、国家の運命を担う指導者たちが、日本は不可抗力で、現在の崖っぷちギリギリの状態まで、自分たちの誤判断からではなく、外の力によって追いやられたと力説していた。そこには、いかなる悲惨な未来が日本を待ち受けていたとしても、戦争決意をした指導者である自分たち個々の責任ではない、という免責条項的な含みがあった。しかし、それでも日本は決して無力ではなく、自ら戦争を仕掛ける選択肢がまだ残されており、勇敢さゆえに開戦を選ぶのだ、とも主張するのだった。そこに開戦責任回避を前提として下される、開戦決意の大いなる矛盾が凝縮されていた。

14 ノーラストワード

「友人の間には、最後の言葉というものはない（"There is no last word between friends."）」。ルーズベルト大統領は、真の上流階級出身者ならではの、気負わぬ魅力を惜しみなく全開にして、二人の日本人訪問者にこう言った。[1] それは一九四一年一一月一七日の遅い朝だった。日本人のひとりは、その年の春から、ホワイトハウスにもう何度も足を運んでいる野村大使だった。だがもうひとりは見かけない顔だった。来栖三郎である。来栖の背丈は長身のアメリカ人と並んでも遜色のない野村と比べるとかなり低かったが、どこかしら静かな威厳を持ち、都会的で洗練された雰囲気を漂わせていた。五五歳で、頭髪はわずかに白くなってきていたがいまだ豊かで、口ひげをたくわえた顔には、銀縁眼鏡が馴染んでいた。仕立ての良いスーツをまとい、ジャーナリストに向けて挨拶代わりに帽子を傾ける仕草など、小洒落た身のこなし全般が板についていた。しかしその一見非の打ちどころのない態度のために、いかにも冷たく、近づきがたい人物だと誤解されることもあった。このベテラン外交官が特使としてワシントンに到着してから、わずか二日だった。

来栖の特命は一一月三日の夜半に始まった。その日は陸軍航技少尉である息子の休みで、一緒に上野の展覧会を冷やかしたため、疲れて熟睡していた。そこに警察署の巡査がやってきて、外相官邸にすぐに向かうよう要請した。電話の故障で、直接伝言しにきたのだという。何のことかと慌てて官邸に出向くと、階上の大応接間が、いまだ煌々とした明かりで照らされ、東郷外相が次官、アメリカ局長、アメリカ第一課長などとともに、険しい顔で待ち構えていた。

東郷は、それまでの日米交渉の経緯を一通り説明し、戦争を避けるためには、状況が直ちに大幅に改善される必要があると述べた。そのために、野村大使をサポートできる、国際交渉で実績のある人材をワシントンに送り込みたいというのだ。来栖の交渉力はお墨付きだった。たとえば、マニラに日本初の総領事として派遣されていた一九一九年、フィリピンの新法案によって、日本人の開墾した農地が没収の危機にさらされたが、外交的立ち回りでそれを防いでいた。体調不良を理由に、現在では半分隠居のような生活を送っていたが、アメリカでも十分な外交経験があった。そこで外相は、来栖に白羽の矢を立てたのである。

東條が近衛から政権を引き継いだ時、野村は日本に戻ることを希望した。それが初めての要請ではなかったが、にべもなく却下された。外相経験こそあっても、海軍出身で外務省の部外者として目されていた野村が、和平交渉のためにどれだけ気を遣い、孤軍奮闘していたかは、想像を絶するものがある。東京では、具体的に戦争動員のための期日が御前会議で承認され、再検討され、さらに再度、承認されていたが、野村はそれを知らされていなかった。一一月末日の新期限がもう動かしがたいものとなった今、野村大使の後任をワシントンに派遣している余裕などなかった。時間内でできることといえば、手一杯の大使をアシストするために、助っ人を送ることぐらいだった。

来栖特使の公式派遣理由は、野村の英語力が重要な交渉に臨むにはもの足りないということだった。真実は、東郷が外交官としての野村を、評価していなかったからだ。「由来野村大使の交渉振りについては、松岡のみならず海軍部内に於ては不満の声が高かったとの聞き込みがあった」と東郷は戦後の述懐で不信感を露わにし、「この危急のさい更迭も出来ないが遠慮も出来ないので、協定形式など同大使の不得手の方面には綿密に過ぎるくらいに電報し、一面従来の不満に顧みてやや強硬に過ぎるくらいの用語を使用したものである」と語った。[2] それでも、細かく語気の強い訓令だけでは、どうしても不十分だと感じていた。

一一月三日の夜半、突然外相公邸まで招集された際に、来栖は、今後数週間にわたる交渉で、アメリカに提示されるべき、甲・乙案についての説明を受けた。午前二時頃に帰宅すると、今すぐにでもワシントンに向けて出発しなければならない、と仰天する家族に伝えた。

来栖はその後、出発までの二〇時間ほどを費やして、春から日米間で行われてきた「非公式会話」の内容を把握することに努めた。一連の関連文書に目を通し、事情に精通した外務省職員から説明を受ける中で、実際「会話」が、最初の頃はなかなかうまくいっていると思われていたこともわかってきた。明らかなターニングポイントは、七月の南部仏印進駐だった。外務省アメリカ局長の山本熊一が、もし来栖が交渉成功に一縷の望みを見出すことができるのなら、開戦を避けられるよう、あらゆる努力をして軍部を説得するつもりだと言い、勇気づけた。山本は山本で、連絡会議の休憩時間中に耳にした、永野軍令部総長の歩み寄る言動から、軍部の譲歩も可能であるという思いがあったのであろう。

その日の晩、来栖は東條首相と会談した。これが二人の初対面だった。軍服ではなく、袴姿の東條は、ある程度リラックスして見えた。来栖の特使派遣についてはすでに奏上し、天皇の了解を得たと伝えると「交渉成立の見込みは、成功三分失敗七分くらいの公算とみられる」と推測し、そのため「くれぐれも妥結に努力してくれ」るよう述べた。[3]日本に有利な点として、アメリカはまだ戦争準備が足らず、米世論は明らかに戦争参加に反対している。そしてアメリカとて東南アジアのゴムや錫などの天然資源も必要だろうから、日本との戦争を望んではいないだろう、というのだった。

ただ「妥結に努力してくれ」、アメリカも日本とは戦争をしたくないはずだ、と言う一方で、「撤兵の問題だけは断じて譲歩することは出来ない」、そのような譲歩がなされた日には、「自分は靖国神社の方を向いて寝られない」と言い連ね、来栖を暗い気持ちにさせた。これは言うまでもなく、第三次近衛内閣の対米交渉をつまずかせた際にも多用された、東條の決め台詞だった。実際の東條が、この時点でそこまで非妥協的であったかは、疑問の余地が残る。東郷外相が連絡会議で、軍部からそれまでにない譲歩を勝ち取ることができたのも、首相として意見調整役を努めた東條の存在が大きかった。甲案は、期限付きとは言え中国からの撤退を約束しているし、乙案は、参謀本部の真意にかかわらず、仏印と中国からの全面撤退の予備段階として、南部仏印からの迅速な撤退を提案していた。確かに東條は英霊への絶対的な献身を口にし続けたが、おそらく頭では、対米交渉上での撤兵問題の重要性を、より深く理解していたはずだった。もちろんそこに至るまでの道のりが、長すぎた感は否めなかったが。

東條がこの期に及んで英霊を引き合いに出すことは、あまりにも交渉に関して楽観的に思えた。そこで来栖は、あえて困難な任務を引き受けたのは天皇をはじめ日本国民のために全力を尽くすため、つまり、まだ生きている人々のためであって、死者の霊のためではない旨、はっきりと伝えた。そして、「今回の使命達成はすこぶる困難と思うが、もし幸いにして妥協成立した場合、首相は必然的に来るべき国内各方面の強烈なる反対を排しても、あくまでわれわれの作り上げた妥協を支持遂行」するつもりですか、と問いただすと、東條は力強く「必ずこれを遂行すべし」と答えたという。このやりとりで来栖は、状況の驚くべき複雑さを直ちに把握した。軍人としての東條は、軍部、特に陸軍にとって屈辱的な撤兵という対米譲歩カードを、あからさまにひけらかすことができなかった。そして戦争になった場合の勝利の可能性も、「緒戦においては必ず破れるようなことはない」と答えるのみで、長期展望については、固く口を閉ざしたままだった。それは実質的には、日本は長期戦には勝てないことを認め、外交に希望があれば、撤兵も含め、できる限り戦争回避の方向でサポートをするつもりだということを暗に示唆しているのだった。こう解釈することで、来栖にも光明が見えてきた。

しかし会談終了前に、突然爆弾が落とされた。東條が、対米外交交渉が一一月末までに成功しなければば打ち切りになると、事もなげに口にしたのだ。来栖の述懐にこうある。「かくのごとくにしてまさに会談を終わらんとする時に、首相は、諸般の関係上、交渉は十一月いっぱいに終了しなければならないと付言し、野村大使にだけこれを伝えてほしいと訓令した」。初耳だった。来栖が遅ればせながら気づいた、今回の特命の最大の障害は、靖国神社の英霊や交渉条件ではなく、数週間しか残されていない、時間そのものだった。

＊

疑う余地のない知性と経験にもかかわらず、来栖の特使派遣は、国際広報の意味で、この上なく不幸な選択であった。来栖は前年の三国同盟の締結と、切っても切れない存在だった。日独友好の気運も絶頂だった一九四〇年秋、ヒットラーの横で記念写真に収まっていたのは、他でもない来栖駐独大使だった。来栖は、実際には同盟締結に強く反対していたが、その立場上、条約に署名することを余儀なくされた。そもそも来栖は、ベルリンに行くことを望んでおらず、一九三六年から一九三九年にかけて滞在した前任地ブリュッセルの後は、引退する心構えでいた。駐白大使としての任期は、第一次近衛内閣下での、日中戦争の勃発ならびにその激化と重なっていた。その間、ベルギー政府とフランス政府の仲介で、何とか日中和平を促すことができないかと尽力した。その時の経験からも、日本には明確な戦争計画がなく、さらに致命的なことには、有能な指導者がいないことを痛感していた。戦後の回想では、「そもそも日華事変を事後の経過からみると、あたかも日本が底止《ママ》すべからざる侵略計画を持って進んでいったようにみえるが、事実は陸海軍内部または陸海軍間の無統制、面子拘泥、責任回避のために、常に既成事実に引きずられて無成算に戦局を拡大していったもの」と解説している。[4] さらに近衛政権は、「かの『蔣介石を相手にせず』云々の方針」を、「参謀本部および軍令部ともに強く反対」していたにもかかわらず決行し、日中戦争を泥沼化させたのだった。

ベルギー時代、来栖と家族は、熱狂する群衆とともに、ブリュッセルの空港で「神風号」の飛行士たちを歓迎した。一九三七年四月当時、わずか数年のうちにここまで日本の外交的立場が悪くなることは、想像できなかっただろう。結局一九三九年、来栖は日本外交がさらに迷走するのを防がなければと、ベルリン大使の任命を受けた。彼の地でも、いまだ抜け道を見出せない日中戦争の解決が最重要課題と認識し、ドイツの第三者による和平仲介の道を模索した。しかしタイミング悪く、第二次近衛内閣は汪兆銘の新政府を承認し、蔣介石との和平は絶望的となった。

ベルリンでの来栖は実質的に、日独間の外交チャンネルから外されることとなった。ヒットラー政権は、来栖大使を通じて日本を同盟に引き入れることは不可能だと判断し、特使を東京に送るという強硬手段をとって、松岡外相との直接交渉の道を突き進んだのだった。そして、またたく間に三国同盟の合意に結びつけた。とはいえ、日本大使として同盟に署名し、ヒットラーと並んで立つ来栖大使の姿は世界中に配信され、それは来栖の外交キャリア上の痛恨の汚点となった。

強く帰国を要請した結果、来栖は一九四一年の二月に、やっとベルリンを去ることを許された。日本に戻ってからは世捨て人のような生活を送り、東條内閣を含む政府内のポストへの就任要請も断り続けた。しかしワシントンへの緊急ミッションだけは、どうしても拒否できなかった。日米間の緊張緩和は来栖の本望だった。来栖の父親は、日本の近代化とともに横浜をコスモポリタンな港町として発展させた実業家で、商業自由主義は、その血筋に脈々と受け継がれていた。来栖はサバサバとした、実際的で肝の据わった「浜っ子」の典型だった。感傷に浸るタイプではなかった。東條首相から、だまし討ちのように、交渉に残された時間がごく僅かであることを知らされた際も、「すでに一旦受諾してしまったのであり」「今更いかんともし難く」「あくまで最善を尽すのほかないと」すぐに腹を決めたのだった。[5]

来栖はさらに、日米関係の改善に個人的な利害を持っていた。妻がニューヨーク生まれのイギリス系アメリカ人だったのだ（両親はイギリス人で、父親は聖公会の牧師だった）。自分の家族にとって、最も大切な二ヶ国が戦争することを望むわけがなかった。しかし今回の外交使命が今までになく非常な困難を伴うことは、明らかだった。開戦を心待ちにする幕僚参謀の中には、来栖を乗せた飛行機が墜落すればよいなどと公言する者もいた。そのような邪悪な願いを背に、来栖は一一月七日の早朝、中継地の台湾に向けて出発した。

＊

来栖がどんなに急いでも、ワシントンは遠かった。一一月半ばまで野村大使は、孤独な外交努力を続けなければならなかった。東郷外相は、野村に甲・乙案の概要を送った。「本交渉ハ最後ノ試ミニシテ我対案ハ名実共ニ最終案ナリト御承知アリタク之ヲ」「妥結ニ至ラザルニ於テハ遺憾」ながら、「両国関係ハ遂ニ破綻ニ直面スルノ已《や》ムナキ」[6]とし、実際の外交期限は一二月一日の零時だったが、野村への訓電では一一月二五日だと伝えられた。また、東郷が乙案の中で軍部から勝ち取った「南部仏印からの即時撤退」も、野村には知らされなかった。東郷は、最後の切り札として、それをアメリカに提示することが得策だと考え、超極秘扱いにしたのだった。

野村は、とにかく突き進むしかなかった。一一月七日にハルと会談し、甲案を提示した。長官はすでに諜報源からその内容を知っていたが、とりあえず、検討のために少し時間がほしいと返答した。一一月一〇日、野村はルーズベルトと会談した。大統領は甲案には直接触れずに、「モーダス・ビベンディ(modus vivendi)」つまり「生きる方法」というラテン語のフレーズを使って、日米両国が目指すゴールを形容した。大統領は、「日米や、太平洋の国々の関係を議論し始めて、たった半年しか経っていない」

とし、さらなる忍耐が必要だと述べた。[7] モーダス・ビベンディという呼び名が示すところのいわゆる暫定協定は、「たんなる方便や、一時的な合意ではなく、実際の人間の存在を考慮した物」でなければならないという。野村はこの会談を終えて、大統領は現在、日本との意見の相違に関し、決定打的な政策転換や打開策ではなく、当面の取り決めを検討しているものだと推測した。

アメリカからすれば、欧州戦線の行く末を優先して見守るなか、さらに遠い戦場で戦うことを避けようとするのは、至極当然のことだった。ワシントンをして、対日政策を急ぐ要素は何もなかった。しかし野村は、外交期限特定の訓令を受け、切羽詰まっていた。東京が自主的に決めた締め切りの前に、何とか日米合意を形にできぬかと、ルーズベルト政権の、甲案に対する反応を探るのに必死だった。一一月一〇日に大統領からの回答を直接得ようとしたのに続き、一二日には、ハルからも回答を求めた。一三日には若杉要《かなめ》公使が、国務省極東部担当のジョゼフ・バランタインを訪ね、日本国民は、「せっかちになると同時に、絶望的になっている」と述べ、再度ホワイトハウスからの回答を催促した。[8] これは、必ずしも真実に基づく発言ではなかった。あたかも市井の日本人が、情報の開示されたオープンな民主主義国家の下に生活しているかのような説明だが、実際にはどれほど対米交渉が崖っぷちにいるかを理解している国民はいなかったのだ。

また若杉はバランタインに、本国政府が日米間の話し合いが公式な交渉だと理解している旨、伝えた。しかしバランタインは、アメリカ政府の見解として、日米間の会話が「いまだ非公式の、予備的議論の段階にある」と返した。外交決裂以前にアメリカ側は、日米間に正式な外交交渉さえ存在しておらず、もしこれから日本と本格交渉に入るとすれば、それは中国や他の関係する政府とも相談したうえで、始まることだというのだ。

一一月一四日、大いに悩める野村は、東郷外相に電報を打った。「本使ハ国情許スナラバ一、二ヶ月ノ遅速ヲ争フヨリモ今少シ世界戦ノ全局ニ於テ前途ノ見透シ判明スル時迄辛棒スルコト得策ナリト愚考ス」[9]。この極めて合理的な提言は、開戦を前提に外交期限を設定した東京の実情からすると、確かに的外れな内容だった。そして野村の議論が常識的に考えて真っ当だったからこそ、東郷は苛立った。

一一月一五日、野村は若杉を伴い、ハルの自宅を訪ねた。そこで大使は、長官からオーラルステートメントと通商問題に関する日米共同声明の非公式草案を手渡された。ハルは日本側が申し入れた無差別原則を、日中間だけではなく全世界に適用すべきだという点を受け入れなかった。日本がアメリカに「自主管轄権以外の地での差別的慣行についての責任を負わせたり、または関係諸国の同意協力を得てやっと満たすことのできる条件を」関係のない国に強要することはできない、というのが却下の理由だった[10]。ただこれでハルは、部分的ではあるが、甲案が提示する問題に直接触れる回答をしたのだった。若杉は、その他の諸問題に関しても、アメリカの素早い返答を期待する旨伝えた。

このわずかな進展を受けて、野村は日米間の「非公式の会話」が、今ようやく公式なものになったと、理解できるのではないかと述べた。この点に固執するのは、交渉が公式なものだという同意さえあれば、東京に向けて、外交にいまだ十分な希望があることをアピールできるという目論見からだった。しかしハルの回答は否定的だった。そして若杉に向けて、しっかりとメモをとるように促したうえでこう述べた。「もし我々が、太平洋地域の平和に向けて合意に至るとすれば、それは前もって入念な話し合いを済ませた後でのみできることだ」。そのうえで「中国、イギリス、オランダ」の関係諸国とも相談し、一応の了解を得てからのみ、日米は「正式な交渉」に入ることになる。なぜならば、関係諸国の運命を「左右する問題を、相談なしに日米が勝手に正式交渉しているなどということが」新聞などで報道されたらどうなるかわかるだろう、ということだった。しかしハルは、会談の終わりに、日本の希望を繋ぐ発言をすることも忘れなかった。日本の平和的意図が、通商機会均等や三国同盟のあり方などを通じて明確になれば、日米両国は交渉のテーブルに「着席し、兄弟のように中国の日本軍駐留問題について、何らかの合意に達することができるだろう」と付け加えたのだ。

＊

一一月一六日、東郷外相は、先日野村大使から寄せられた外交期限反対の電報に答えた。「貴見ノ如ク世界戦争全局ノ見透シ判明スル迄隠忍自制スルコトハ諸般ノ事情ヨリ遺憾乍《なが》ラ不可能ニシテ」「交渉ノ急速妥結ヲ必要トスルコトハ絶対ニ変更ヲ許サザルモノナルニ付」了承するよう、野村の提言を却下する内容だった。[11]

この前日、来栖特使がやっとワシントンに到着していた。東郷外相は出発前の来栖に、甲案がうまく行かなかった場合の乙案の提示方法について、入念な指示を与えてあった。乙案の異なるバージョンは、それぞれ微妙にニュアンスの違う提案をしていた。そのうちのひとつは、一一月五日の御前会議の決定に沿っていた。すなわち①東アジアと南太平洋における現状以上の武力進出をしない、②蘭領インドネシアの平和的資源確保のため日米が協調する、③日系資産凍結以前の日米通商関係を復帰させる、④日中和平に関しアメリカは干渉しないことを約束する、という内容だった。このバージョンでは、「備考」として、仏印からの撤兵や無差別通商に関し譲歩の余地もあること、また三国同盟の解釈を探求する準備があることが述べられていた。[12]

二つ目のバージョンでは、最初の四項目は同じことを提案していたが、前バージョンでは「備考」として扱われていた三項目が格上げされ、⑤として各々自立した項目になっていた。そして、これらの新項目にも、さらなる条件や「備考」が付け加えられていた。その中で最も重要なものは、やはり撤兵に関する条件明記だった。それは、「本取極成立セバ」南部仏印から直ちに軍を北部へ移す用意があるということを述べたものだった。
最後のバージョンは、東郷がワシントンに最大の好インパクトを与えられると信じたものだった。それは⑤の項目内に（つまり、前記のような「備考」ではなく）、南部仏印からの即時撤退を謳ったものだった。

来栖に託された使命は、野村の英語力をカバーするというより、東郷外相の指示に応じて異なるバージョンを、交渉の成り行きによって使い分け、乙案の最適、最大の交渉力を引き出すことにあった。野村と来栖が時間的余裕の次に必要としていたのは、戦争阻止への希望をどうにか繋げるために、臨機応変に大きな外交枠組みの中で交渉する自由だったが、東郷外交にそのような自由は皆無だった。

来栖は日本を発つ直前、米大使館に立ち寄っていた。太平洋を渡るための米クリッパー機に、来栖が乗れるよう特別手配してくれた礼をグルー大使に直接述べたかったからだ。希望いっぱいに、グルーは、「何か新しい解決案を持ってゆくのか」と聞いた。[13] グルー自身が、近衛とルーズベルトの首脳会談開催をワシントンに掛け合ったのは、そう遠くない過去だった。その際、大使は、近衛は紙の上でこそ約束できないが、直接会えればアメリカが驚くべき譲歩をするに違いないと、大統領の説得に努めた経緯があった。近衛が果たせなかった類の譲歩を来栖が行うのではないか、という期待があったのだ。そうではないと来栖が答えると、グルーは「すこぶる失望した様子」だった。大使夫人が涙ながらに見送るなか、グルーは来栖の健闘を祈り、別れを惜しんだ。

果たしてこの大使夫妻のように、米政権は自分を親切に迎え入れるだろうか、と来栖は考えた。渋々とはいえ、三国同盟に署名したのは他ならぬ自分であるうえに、大臣級のポストが後ろ盾にあるわけでもなかった。一外交官が直接首都に出向いたとて、その程度のことで、日本の指導層が戦争回避を切望しているということを印象づけられるのか。そしていずれの形式にしろ、乙案だけで、外交交渉継続を達成するのに果たして十分なのだろうか。

一一月一七日、来栖は野村とともに、ハルの案内でホワイトハウスに向かった。国務省長官の執務室から、三人で歩いた。来栖にとって、初めてのルーズベルトとの会談だった。

その場の雰囲気は、リラックスしているとは言えなかったが、必ずしも緊張したものでもなく、来栖はアメリカ側にまだ「会話」継続の意欲があることを認め、多少なりとも勇気づけられた。ルーズベルトには、自分が特使として派遣された理由は、交渉に余計な圧力をかけるためではなく、両国間に存在する共通点を新たな目で見極めるための、さらなる努力の一環に過ぎないと説明した。そしてアメリカにも、日本国民の「現在の心境(frame of mind)」をもって物事を見てもらえればありがたい、と要請した[14]。その時にルーズベルトが、例のフレーズ「友人の間には、最後の言葉というものはない」を引用したのだった。

この文句は、当時の日本人外交官にとって、特別な響きを持つものだった。ほぼ三〇年前、駐米大使珍田捨巳《すてみ》に、国務長官のウィリアム・ジェニングス・ブライアンが向けた言葉だった。珍田大使の任期中、歴史に残る出来事といえば、何と言っても日本がポトマック川のほとりに植えられる桜の木を贈ったことだった。しかしそれ以外にも、一九一三年、カリフォルニア州が「外国人土地法」を通過させるという一大事があった。急増する日本人移民が主たるターゲットとなったこの法律は、市民権取得の権利のない者が、土地を所有することを阻んだ(一八七〇年の「帰化法」は、アメリカで生まれていないアジア系すべての人々が、市民権を獲得できないと定めていた)。珍田大使は、ウィルソン大統領に抗議したものの、日本にとって満足いく結果を得られなかった。そしてカリフォルニア州法に続いて、アジア系移民の排除を含む一九二四年の連邦「移民法」のような、排他的措置を強化する動きが、アメリカ全体でますます拡大していった。

多くの日本人にとって、アメリカの法的排他措置は、非白人に向けての白人優越主義や根強い人種差別の紛れもない証だった。結果として、それが日本人移民の目を北米ではなく、アジアに向けさせ、特に中国大陸における日本の拡張帝国主義の口実として使われることにもなった。ただ日米外交の様々な緊張や挫折にもかかわらず、日本政府はブライアンの外交マントラに救いを見出し続け、その都度、根気強く、公式外交関係の悪化を避けてきた。来栖は、ルーズベルトが日本外交に意味深いその名文句を引用したことに深い感銘を受けた。

来栖の目には、ルーズベルトが日本の外交努力に予想以上の好反応を示しているように映った。特に日中問題に関して大統領が、即時の撤兵を実現することの心情的、実質的困難も理解できると述べたことは心強く思った。そしてさらにルーズベルトは、果たしてそのような外交用語が存在するかはわからないが、自分が日中間の「紹介者（introducer）」として、一役買えるかもしれないと申し出たのだ。[15] アメリカ側は、日中和平協定の具体的条項に関して「仲介」も「干渉」もしないが、とりあえず日本が要求するように、当事者たちを同じ交渉テーブルにつかせる努力を惜しまない、いうことだった。

そこまでは、この会談もかなり順調といえた。来栖は、ルーズベルトの最たる関心事は実は日本の中国撤退問題よりも三国同盟の未来だということを感じ取り、いよいよ話題がそちらに移ると、公式な同盟離脱は日本にとって難しいが、もしアメリカとの一般的外交理解に到達できれば、その事実そのものが、三国同盟を「アウトシャイン（outshine）」、つまり骨抜きにするだろうから心配はいらないと説明した。[16] ヒットラーとナチス政権、そしてそのイデオロギーを、根本から信用していなかったルーズベルト政権にしてみれば、そのような考え方は言い訳としか聞こえなかっただろう。特にそれが三国同盟に署名した張本人の主張だとなれば、なおさらだった。歯に衣着せぬ発言を常とするハル長官は、来栖のこの発言に猛烈に反発し、嫌悪感を露わにした。

だが全体的に見て、来栖は大統領との最初の面談が成功したと感じていた。野村も来栖の外交術や語学力に、背中を押される気分だった。そして東京には、アメリカの交渉に向ける前向きさが報告された。しかし実際には、ホワイトハウスは、大使や特使の楽観的な印象を共有していなかった。ハルはこの会談をまとめた覚書の中で、不快感を隠そうとしなかった。やはり、三国同盟が主原因で、アメリカが日本の同盟離脱以下の譲歩を受け入れる気はないと明記した。そして来栖に関する印象は、非常に否定的だった。来栖の外交努力については「三国同盟を擁護しようと、もっともらしく試みた」と、懐疑的に批判を込めて触れている。[17]

グルー駐日大使は、常に日本指導層の観点を理解することに努め、それを本国政府に伝えようと尽力してきた。ハル長官もまた、それまで多大な忍耐力で、日本との交渉に挑んでいたことは確かだったが、それでも東京からのグルー大使の報告に耳を傾けるより、対日強硬派で知られる国務長官特別顧問のスタンリー・ホーンベックの意見を重視する傾向があった。ハルは前回の会談中、野村に「この国や、平和な国々の人々を、日本が平和的意図をもって前進していると納得させる」ことは、非常に困難であると述べていた。[18]なぜならば、日本は結局「この二〇〇〇年の間に地球上に出現した最も目に余る侵略者と、同盟で結ばれているから」だった。もしもアメリカ政府が、「ドイツとの関係を清算せぬままの日本と、外交同意に到達すれば」ハルは自分がアメリカ国民から「リンチの憂き目にあうだろう」とまで言ったのだ。

ナチスやその同盟国に対するハルの態度を考えれば、国務長官が、来栖の特使派遣を端から猜疑の眼差しで迎え入れたことも、不思議ではなかった。さらにはルーズベルトとの会談直後、三国同盟の未来を含む議論を継続しようとハルが申し出たところ、来栖が断ってしまったこともマイナス要因となった。これは後々、来栖自身が大いに後悔した点だった。いったいなぜハルの誘いを断ったかという明確な説明こそ残さなかったが、東郷外相からの訓令を待つ身で、これ以上の議論は準備不足と感じたことが予想できる。また長旅の疲労も、来栖を躊躇させた理由だったかもしれない。いかなる理由であっても、ハルの来栖に対する印象は最悪のものとなってしまった。その日の会談を、ハルはこうまとめた。「大体において、日本の大使と来栖大使によって提案されたことに、新しいものはなかった。来栖大使は、事あるごとに、二国間に重大な相違があってはならない、現状を改善する方法を見つけなければならない、と嘆願した。そして東條首相については、陸軍軍人であるにもかかわらず、平和的国交調整を切望していると述べた。……野村大使、来栖大使ともが、日米間の三つの主要な問題（貿易均等機会、中国からの撤退、三国同盟の将来）に関する発言を促したが、大統領はそれを頻繁に受け流した。会談中、これらの問題解決をするための努力は、行われなかった[19]」。

さらに一九四八年の回想で、ハルは来栖の印象を述べている。「最初から、ペテン師だと感じていた[20]」。

＊

ワシントンには、日本の政治家がメディアを駆使して、ますます好戦的な公共演説をしていることが伝わってきていた。そのことも来栖の特命を、より困難なものにした。来栖の到着と重なった、東條首相の一一月一七日の政策演説は、ことさら有害だった。それは「議会」に向けて行われ、初めて録画された鳴り物入りのスピーチだった（先述の通り、実際には日本の議会制度は、第二次近衛内閣下の大政翼賛会結成以来、機能していなかった）。音声はＮＨＫラジオで放送され、翌日には一般向けに、ニュース映画として公開された。近衛同様、ナチスのプロパガンダ手法に関心が高かったとされる東條は、視覚、聴覚メディアを活用しての国民総動員を試みていたのだった。

東條はそこで、日本の非常時について言及していた。詳細の欠如した、危機感を煽る言説に、日本人の耳はもう慣れっこになっていた。大まかに日本の外交が難航していることが指摘され、日本は引き続き、その平和的意図を理解しようとしない国々から迫害されている、とされた。東條は中国戦線で戦う兵士たちに感謝の意を表し、蔣介石の政権崩壊は近いと国民をなだめ、六月からのソ連の不安定な状況に照らし合わせて、日本は北の国境を守るために特定の措置をとっている、とも述べた。南洋については、「英米蘭諸国の軍事的並びに経済的合作の強化に伴ひ、蘭印との経済交渉は不調に終り、延《ひ》いて南太平洋に於ける帝国の地位に重大なる脅威を及ぼさんとするの形勢となりましたので、帝国はヴィシー政府と日・仏印共同防衛に関する取極めを為し、之に基き七月末南部佛印の兵力を増派せらるることとなりました」と説明した。[21] しかしこの「自衛的措置」は、英米から「猜疑と危惧との念を以て」迎えられ、それらの国々は、「資産凍結を行ひ、事実上全面的禁輸に依り、帝国を目標として経済封鎖を実施致しますると共に、其の軍事的脅威を急速度に増加して参つたのであります」。そして、このような「経済封鎖は、武力戦に比しまして優るとも劣らざる敵性行為であることは言を俟たない」、まさに日本は喧嘩をけしかけられているのだ、という論旨だった。

首相は、厳しい状況にもかかわらず、日本政府がまだ平和的解決を諦めずに最善を尽くそうとしていると国民に伝えたが、それが決して簡単なことではないことも強調した。そのため、「事態が如何様に発展致しませうとも」国家は一丸となり、日本の明るい未来のため、そしてアジアや全世界のために前進しなければならないとし、国民の動員努力に感謝を述べ、「護国の英霊に敬弔の誠を捧げ」ながら、演説を結んだ。

東條のパフォーマンスは、特別軍事予算の増加を含む新政策が、形式的に議会承認されることに先立って行われたものだった。『ニューヨーク・タイムス』特派員オットー・トリシュースは、一一月一八日付けの記事でこの演説を報告し、その内容は「しばしば訳者を困惑させる、日本語の超絶的な複雑さ」に特徴づけられていると説明した。ただ強気の演説は、日本国民の警戒心を煽り立てるのには、あまりにも新鮮味に欠け、使いふるされた感があった。勇ましい言葉が多用されて幾年月、その効果は薄れていた。もっとも、東條の肉声を日本全国に広めるという意味で、スピーチに効果はあった。「次第であります」「ものであります」という、独特のもったいぶった言い回しが印象的で、小学生はこぞって、東條の物真似を始めた。

世論への影響という点では、この演説のインパクトは、アメリカにおいてのほうが大きかった。東條の言葉は、とても平和を切望する首相の発言とは考え難かったからだ。和平を望むとする一方で、東條以下の日本の指導者たちは、総動員の可能性に執心し、好戦的な物言いを公共の電波で流していたのだ。トリシュースは、その日の東條首相と東郷外相による国会演説が、「日米決戦が間近に迫っていることを明らかにした」と受け止めた。

翌一一月一九日の記事でトリシュースは、ベテラン政治家で元農相の島田俊雄による演説も引用している。島田によると、日本の強硬策は「太平洋の癌」を治療するために必要で、その癌とは、実際は世界覇権を狙い、ヨーロッパ情勢に干渉し、イギリスを支援するアメリカの指導者たちの中にあるものだとした。演説の原文ではこうなっている。「果していわゆる癌なるものが太平洋にありとするならばこの癌たるや実は太平洋上にあるのではなくして米国の現在の指導者達の心のうちにあることを知らねばならぬ、癌に対しては断乎として一大メスを入れるの必要がある、それはわれわれの責任である」「そして、癌細胞を、するどいメスで切り去ることが、日本に課された使命なのであった。そのためには、無私の聖戦に挑むしか、相手をわからせる方法がない[22]」。

ワシントンから見た日本は、もうすでに開戦を決心したかのような口ぶりだった。東京に残るアメリカ人はほとんどいなかった。そう遠くない昔、日中戦争の激化や外交的緊張の高まりにもかかわらず、東京在住のアメリカ人は増加傾向が続き、一九四〇年六月には、ピークの一〇〇〇人以上に達していた。しかし、その後一年半にも満たない一九四一年一一月には、過去三〇年で最低の二〇〇人の米国籍所有者が滞在するのみだった。

ワシントンでの来栖は、三国同盟で汚された自分の公的イメージだけでなく、メディアを通じて日毎に強固となる好戦的な日本のイメージそのものを克服しなければならなかったのだ。

*

対独敵対行為の激化にもかかわらず、アメリカは、欧州戦線から、いまだに一定の距離を置いていた。「グリア」号の事件後、一〇月一七日には、米駆逐艦「カーニー」がアイスランド沖でUボートからの魚雷攻撃を受け、一一人が死亡した。いかに戦争が間近に迫っているか強調したものの、それでもルーズベルトは、宣戦布告決議を議会で要求するまでには至らなかった。一〇月三一日には、これもまたアイスランド近くで、護衛船として活動していた米駆逐艦「ルーベン・ジェームス」がUボートの攻撃を受けた。船は沈没し、今度は一一五人が死亡した。しかしこの時も、ルーズベルトから議会への開戦要請はなかった。実際、「ルーベン・ジェームス」沈没後のルーズベルトの対応は、驚くほど抑制されたものだった。大統領は今まで以上に、国内の孤立主義路線や反戦世論、戦争動員のための準備不足などの諸問題を意識し、注意深くなっているようだった。

「ルーベン・ジェームス」事件をきっかけに、上院では、「中立法」を廃止する決議が、一一月七日までに通っていた。続いて下院でも、一一月一三日に可決された。アメリカ商船は、武装することが可能になり、どのような貨物を積んでいても、戦闘地域に向かうことが許されることになった。しかし両院とも、ぎりぎりでの可決だった（上院が五〇対三七、下院が二一二対一九四で通過した）。この結果から見て、ルーズベルトは、欧州参戦について、まだまだ慎重さが要求されると判断していた。

ルーズベルトが欧州参戦の機をうかがう中、事態は太平洋上でもヒートアップしていた。仏印の日本軍は、着々と増員されていた。これに対応してイギリスとアメリカは、マラヤとフィリピンの防御強化で備えた。

兵士Uはまたしても、日本の新しい動員計画の影響を直接に受ける形となった。Uにとって二度目となった一九四一年夏からの徴兵は、本来、対ソ連攻撃の可能性に備えてなされたものだった。しかし結局、ソ連との戦闘はなかった。代わりにUは満州北部で、若い兵士の訓練指導をさせられていた。誰だかわからない敵を想像し、集中特訓を行うと同時に、常に飢餓や南京虫と戦っていた。そんな生活が秋まで続いた。そして一〇月下旬、Uの部隊はハルビンに送られた。今度の仕事は、軍用の防空壕構築だった。四〇日間、建設作業に従事し続けたため、シャベルを踏み込む足を痛め、それ以来、生涯片足を引きずるようになってしまった。一一月中旬、突然部隊は撤退命令を受け、Uもハルビン在住の親戚に別れを言うことすらできぬまま、列車に詰め込まれた。それでも、仮の招集が終わり、やっと帰国できると勘違いしたUや仲間たちは、明るい気持ちで出発し、すし詰め状態で三日間続いた旅の間中、陽気でいられた。

しかし、心弾む旅路も港町の大連に到着するまでのことだった。そこで兵士たちは、冬服を夏物と交換するよう命じられ、さらには蚊よけネットでできたマスクや手袋まで配布された。どこに連れていかれるのかはわからなかったが、それが日本の我が家でないことだけは明らかだった。そこで、いくつかの部隊が合流し、大きな船に乗り込んだ。船中では、海藻で嵩増しした米が出され、再び空腹と戦うことになった。日毎に気温が上昇するのが、はっきりと体感できた。船が最終的に停止したのは、噂だと台湾海峡ということだった。デッキに上ると、錚々たる日本海軍艦隊が、目に飛び込んできた。給油が完了すると、すべての船が一緒に動き出した。海軍の護衛は、戦闘機や軍艦も含んでいたため壮観で、Uは心強く思った。やがてますます暑くなり、喉の渇きが激しくなっていく。しかし、最終目的地は謎のままだった。

この南下動員はもちろん、日本の開戦計画の一側面に過ぎなかった。一一月七日に海軍軍令部は、最初の戦争動員命令を出していた。一一月一〇日、海軍士官一〇名が、真珠湾空撃の援軍として、特殊海中攻撃任務に選ばれた。その「特殊」な任務とは、五つの特殊潜航艇にそれぞれ二名ずつが魚雷とともに乗り組み、有人魚雷となることだった。攻撃範囲は狭く限られていたため、一度真珠湾の湾内に入ってしまえば、生還確率は極めて低いと考えられた。山本五十六は、乗組員の死を前提とした戦略を嫌ったため、数ヶ月にわたり、繰り返しその計画を却下してきた。しかし、発案者の熱意に負け、生還の可能性を研究し、その可能性を最大限にするよう努力するという条件で、とうとう計画を許可したのだった。

結果的に自爆ミッションとなったこの作戦は、勝ち目のない戦争を正当化する理論そのものと酷似していた。成功するチャンスがごく僅かでもあるのならば、それは生命を賭しても、打って出る価値のあるギャンブルだ、ということだった。

一一月一八日、最後の訓練を終えて、ハワイを最終目的地とする六空母の群れが、日本列島北端の単冠《ひとかっぷ》湾に向けて、移動を開始した。空母が最北のルートをとるのは、他の船によって発見されるのを避けるためだった。五四歳の南雲忠一中将が、この第一航空艦隊司令長官だった。航空戦略に詳しいわけではなく、旧式の艦隊司令官だった南雲は、経験よりも年功序列に基づいて大役を受けたが、その重責を考えれば、羨まれる立場ではなかった。

＊

同日のワシントンでは、野村と来栖がハルと面談していた。長官は、日本がファシスト同盟の離脱を拒んでいる事実を前日同様、厳しく責めた。なぜヒットラーとの同盟に固執するのか、さっぱり理解できない、ドイツは友情や義理といった見地からしても、ひどい実績しかないではないか、日本が三国同盟を守る限り、アメリカとしても「日本との満足できる合意のために何ができるのか」甚だ疑問である、と、繰り返すのだった。[23] アメリカが、日米合意のために「出来る努力というのは限界がある。そしてある一定の線を越えるくらいならば、我々は踏みとどまって、その結果を受けて立つほうが良いと思っている」とも言った。ナチス・ドイツに関して、妥協するつもりはないのだった。来栖は前述の、日米合意が成されれば三国同盟を「アウトシャイン」するだろうという骨抜き論を繰り返した。そして「大きな船は、方向修正するのに、徐々に、ゆっくりと回らなければならない。一気に方向転換するのは不可能だ」という変えがたい事実を、どうか理解してほしいと訴えるのだった。

来栖の嘆願を、今度は野村がフォローした。それは、大使のワシントンでの交渉期間中、最も特筆すべき瞬間だった。七月以前、つまりアメリカの資産凍結が行われる以前に、両国が戻れることを念頭に、日本が直ちに南部仏印から撤兵してはどうかと、提案したのだった。おそらく野村は来栖から、東郷外相が勝ち取っていた南部仏印撤兵の切り札について、知らされていたのであろう。

しかしハル長官が、この野村の提案によって、特に心を動かされた様子はなかった。そして日本が南から撤兵した部隊を、「ほかの好ましくない地域へ」都合よくそらすつもりなのではないかとの疑念を口にした。つまるところは、米政府が禁輸措置を解除するためには、「日本が平和への道を、確実に踏み出し」「征服という目的を放棄した」という確証を得ることが大前提なのだと強調した。だが野村は、踏みとどまった。日本国民は中国での戦争に疲れきっている、そして米政府は、日本が切実に平和への第一歩を踏み出す意図であることを、ぜひ信じてほしい、と返した。

野村は「デタント」つまり、とりあえずの緊張緩和を目指したのだった。完全な、理想にかなう二国間の合意をすぐに達成しようとすることは、時間のロスにしか繋がらない。むしろ、ルーズベルトが「モーダス・ビベンディ」と形容した、共生可能な環境を作ることに、日本が真剣に反応しているということを示さなければならないと考えたのだ。会談が終わるまでにはハルも、イギリスやオランダと日本の新提案について相談することを、約束するまでに譲歩した。これはハルの前言によれば、日米間の「入念な話し合い」が、ついに「正式交渉」に進展した、確実なサインだった。野村も来栖も、救われる思いだった。

＊

会談直後、大使たちは、ホワイトハウスが、交渉継続に前向きな姿勢を見せ始めたと感じている旨、東郷外相に報告した。また、相手が一度にすべての提案条件を呑み込まないからといって、無謀な、取り返しのつかない行為に出るのは、愚かだということも訴えた。そしてルーズベルトとハルの両者が、ますます日本とドイツの同盟関係を問題視し、日本の同盟離脱を望んでいる点も強調した。日本が直ちに三国同盟を捨てずとも、少なくとも、その方向に向かっていることを示す明確なジェスチャーを（おそらく欧州参戦を目前に控える）アメリカ側に示さなければならないと感じていたのだ。そのためにも野村大使が提案したように、南部仏印撤退の線に沿って、とりあえず交渉を継続していくことが賢明だと懇願した。そして自分たちとしては、ルーズベルトがワシントンを留守にする一一月二二日よりも前に、何らかの合意に達することを切望しているとして、電信を結んだ。

その後の二日間、野村や来栖にとって、交渉を取り巻く状況が一気に好転したかのように思えた。非公式ルートで、ルーズベルト政権が真剣に野村の提案を検討しているという情報が入ってきた。一一月一九日の朝には、「日米諒解案」の立案に関与したウォルシュ神父が、大使館に来栖を訪ねてきた。ルーズベルトの郵政長官で、敬虔なカトリック信者のフランク・ウォーカーと親しい神父は、その筋から、内部情報にも明るいと主張していた。そして、アメリカは野村の提案を受け入れるだろうと予言し、もうすぐ来栖の使命は成功裏に終わるのだ、と祝福した。

勢いづいた野村と来栖は、その夜、ハルを自宅に訪れた。ハルは確かに楽観的だった。この件に関する日米合意は、「日本のリーダーの足場を固めさせ、世論を平和に導くことができるかもしれない」が、同時に、日本国内の世論の転換は、「ある程度時間がかかるだろう」という一定の理解をも示した。[24] 両国の交渉人たちが、やっと同じ外交言語を習得し、共通の目標に向けた最初の一歩を公に踏み出すかのように見えた。

*

その希望に満ちた雰囲気は、東郷から野村に宛てた電報の到着とともに、一瞬にして消滅した。翌一一月二〇日のことだった。外相は、司令塔である自分の詳細な指示から逸脱して、野村大使が交渉のイニシアチブをとったことに激怒していた。甲案に対するアメリカ側の回答も受けていないのに、乙案を提示するとは何事かということだった。そして野村大使には、乙案の諸条件から、南部仏印撤退を切り離して、あたかも独立した提案であるかのように示す権限はなかったと鋭く非難した。

東郷の激昂は、野村大使の行動を、素人外交官の厚かましさと評価したことが、まずその根底にあった。ワシントンでの交渉の主役は、あくまでも東京にいる自分であって、大使や特使は結局は、東郷外交の導管に過ぎないと考えていた。よって今回の野村の行動は、東郷のプライドを著しく刺激した。そして野村のことを、「交渉困難となるや否や、東京では各種の方面から充分に考えた上に訓令してあることを、大公使の任務が専ら訓令を忠実に実行するにあることを忘れ」「実行不能の案を電報し、事態を遷延かつ紛糾せしむる」在外交渉者の悪しき典型だと、執拗に切り捨てた。[25] 東郷としては、軍部が一方的な撤退に賛成しないことを予想し、そのもどかしさをワシントンの大使にぶちまけた部分もあるだろう。外相が様々なプレッシャーに直面し、疲労困憊し、不満が溜まっていたことも確かだろう。しかしいかなる理由にしても、東郷は好感触を得ている野村のイニシアチブを既成事実として評価し、そのサポートにまわることをしなかった。むしろ、それを徹底的に積極的に阻む方向に出たのだった。東條から外交支援を取り付けていたのにもかかわらず、軍部の説得を試みることもないまま、野村の提案撤回を断固として要求したのだった。

「貴電私案ノ如キ程度ノ案ヲ以テ情勢緩和ノ手ヲ打チタル上更ニ話合ヲ進ムルガ如キ余裕ハ絶無ナリ」というのが、東郷からワシントン交渉チームへの勧告だった。[26] そして「貴大使ガ当方ト事前ノ打合セナク」「私案ヲ提示セラレタルハ国内ノ機敏ナル事情ニ顧ミ遺憾トスル所」であるとし、直ちに「最終案」として、乙案をワシントンに提示せよ、と命令した。それは日本がインドシナ半島を越える地域に侵攻せず、日米両国は蘭印からの資源確保のため協調し、南部仏印進駐以前の通商関係を復元するとともに、日中和平交渉へのアメリカの不介入の確約をもって、日本は南部仏印から撤退するということだった。つまりここに、一大懸案の中国問題が、南部仏印撤退の付随条件として正式に再導入されたのだ。

とにかく、行き詰まってしまった外交を、僅かでも良い方向に動かさなければならないという思いから出た野村の試みは、無残にも大失敗に終わった。ルーズベルト政権を説得したり、軍部を説得したりする以前の問題で、思い切りつまずいたのだった。

東郷の訓電は、「右ニテ米側ノ応諾ヲ得ザル限リ交渉決裂スルモ致シ方ナキ次第」と、結ばれていた。

15 ハル・ノート

外交とは、その性質上、忍耐が必要な技巧であることに疑いの余地はない。しかし、日本が自発的に決めた極秘の日米交渉期限が、ひたすら「待つ」という行為を、より難しくしたことは確かだった。それは、来栖のようなベテランの外交官にとっても同じだった。いてもたってもいられず、一一月二一日、ハル長官を自宅に訪ねた。その前日には、打開策となり得るかと思われた南部仏印撤兵案が撤回され、乙案が提出されていた。しかし、東郷の訓令とは関係なく、野村大使に続き、今度は自分がイニシアチブをとる番だという強い思いが来栖にはあった。

来栖がハルに面会し提示したのは、手紙の草稿だった。そこには、アメリカが欧州戦に参戦した場合、日本は三国同盟から独立して行動することを誓う、ということが書かれていた。これは個人的提案として示されたものの、基本的には、日本政府の既存の考えを反映させたものだった。実際、ワシントンの交渉チームは、一一月二〇日の東郷外相からの訓電で、三国同盟に関する日本政府の立場をどう説明するかの指示を受けていて、来栖はその一節を書き写したのだ。ただし東郷外相からは、交渉が成立するまでワシントン側に内容を漏らさぬよう、釘をさされていた。

というのも東郷は、三国同盟脱退を約束するような日本の発言が、アメリカ政府の手に渡ることにナーバスになっていた。日米間で外交合意に至らなかった場合、日本に同盟脱退の意図があったことをアメリカが世界に宣伝すれば、枢軸国の連携にくさびを打ち込まれることになる。ただ直接交渉にあたっている来栖としては、ことこの件に関し、日本の立場をより明確にすることこそが、交渉を好転させる大きな鍵であると感じていた。日米和平が最優先で、いずれ同盟を脱退するつもりだというジェスチャーをぜひとも示したかったのだ。さらに来栖は、三国同盟に署名した張本人が、日本が実質的に同盟を破棄したと言えば、その説得力も増すと考えた。来栖の用意した無署名の書面には、「自分が三国条約の調印者として、三国条約中にはなんらの秘密協定も存在」しないこと、「米国が欧州戦に参加した場合に、米国は攻撃を受けて参加したものなりや否やを解釈するのは日本自身が自主的にやるのであって、他の締約国の解釈に拘束せられるものでない」ということが、書かれてあった。[1] もしハル長官がこの書面にて、日本と三国同盟との関係が明瞭化されると感じるのだったら、来栖がその場ですぐにサインして、正式な文書として手交するつもりだった。

来栖の持ってきた書面を読み終えたハルは、見せたい人がいるから預かってよいかと尋ねた。この申し出に励まされた来栖は、それは大統領ですかと訊いたが、長官は、それは違うとだけ返事をした。それでは閣議で提示するおつもりですかと問うと、それに対する答えも「ノー」だった。それ以上の情報は期待できそうになく、来栖はリスクを承知で、無署名のその手紙をハルの手元に残すことにした。

来栖の感触では、ハルとの三〇分ほどのミーティングは、いくらか希望の持てるものだった。その日のハルは珍しく、ルーズベルトが得意としたような、世間話までしたりした。「君が遠路きたのだから、本来なら食事に招くとか、ゴルフに案内するとかするのが普通なのだが、何分にも多忙であるし、自分は夙にゴルフはあまりに時間を要するので国務と両立せぬことを発見した」などと雑談し、友好的だった。普段より明るく、思いやりを見せる態度が印象深かった。ハルは、日米諒解が三国同盟を骨抜きにするという意味で来栖が使った「アウトシャイン」というフレーズを、妙案だと褒めた。また一九三三年ロンドン経済会議の日本代表団との協議の思い出まで、感慨深く回想したりもした。そして、現在の日本の政策については、「大東亜共栄圏」という気が利かない名称や方法論はいただけないが、地域秩序を確立しようとする試み自体、概念的には理解できるとまで口にした（しかしこれは実は理にかなっていて、ハルの四原則自体、より平和的な方法ではあるが、アジアにおける地域秩序を創造しようという試みなのだった）。

さらに印象的だったのは、ハルが野村大使の外交努力を認め、本国政府のタカ派からのプレッシャーに負けずに奔走していることを、心底感謝している様子だったことだ。ハルは、政治的障害物なしに自由に外交をできないという不満は、自分もよくよく承知していると嘆き、来栖に打ち解けてきたかのように見えた。

会談が終了し、別れ際に来栖はハルと握手を交わした。その時にやっと、ハルの高熱に気づいた。来栖は「健康に注意されるよう」と言い、唯一持っていた勝負札を残して退室した。

ハルがまとめた、その日の来栖との会談メモは、非常に短く、事務的で、必ずしも来栖の希望を肯定するものではなかった。「その書面に目を通してから、私は来栖氏に、これ以上の和平解決に関する提案はあるのかと尋ねた。彼は、ないと言った。私はこの手紙が、特別助けになるとは思わないと言い、却下した。事実上、これがこの会見で言われた、すべてのことだった[2]」。

翌日の一一月二二日、来栖と野村がハルを訪ねると、国務長官の風邪はすでに回復していた。乙案に対する明確な答えはなく、その代わり、今一度、日本の平和的意図への不信感が表明された。ハルは、日本の南部仏印進駐が、まさにアメリカが野村大使とそれを逆転できないか交渉している真っ最中に強行されたことを苦々しく語った。またそれ以前に、日本がアメリカより購入した石油は「民間消費のために使用されなかった」と指摘し、日本が約束を反故にしたことを非難した[3]。そしてこの頃しばしば聞こえてくる、指導者たちの反米的な声明についても懸念を表した。

そして「平和を唱えて二人の大使をバックアップする政治家がいない」ことを不思議だとし、日本では「政治家が今、表立って平和を求めていると言うことはできないのか」と尋ねた。「戦争という状況のために世界中が混乱しているが」、そんな中で日本は「戦わずして獲得し、維持できる平和が、なぜ欲しくないのか」とも述べた。[4]そして「平和的な動きが、ひと月、またはそれ以上の時間をかけて、徐々に始動させることができるのに」なぜ日本政府は「すべての希望条件を、たったひとつの提案に盛り込んで、押し付けてきたのか」、まったくもって不可解だとした。[5]つまり、諸条件を羅列した乙案よりも、野村が当初示したような個別の提案のほうが、アメリカ政府もその同盟国も対処しやすかったのに、と嘆いているのだった。

　ハルはまた、中国問題を絡めることで、交渉全体がまったく前進しなくなる危険性にも触れ、アメリカが効果的に日中和解の橋渡し役となることも阻むであろうとした。それはそもそも、野村と来栖が危惧していたところであった。十分予想できたとはいえ、日中和平を乙案に押し込んだことが、日米外交成功の可能性を大幅に減少させたことが、これで明らかになった。

　しかし、野村は諦めなかった。アメリカ側からの何らかの応答は、それがたとえどのようなものであっても、継続的な外交関係を意味すると割り切った。僅かでも和平のチャンスが残っている状態で、日本政府が外交を進んで放棄するとは思えなかった。米政府が直接、乙案の案件のひとつにでも対峙する姿勢を見せれば、東京の言ってきた外交期限も引き延ばされ、交渉を続けられるものと願っていた。その考えから野村はハルに、乙案の中にアメリカが受け入れられる条件、またはアメリカが日本に変更を望む条件はないかと単刀直入に尋ねた。しかし、それでもはっきりとした答えは得られなかった。ハルは、自分だけですべての重荷を背負うことは不可能だとし、オランダ、中国、イギリスなどの関係諸政府の代表と話し合う時間がほしいのだと言った。ハルをこれ以上追い込むことは得策ではないと判断した野村は、さらに待つことにした。

同じ日、東郷外相が、一一月二五日とされていた交渉期限が一一月二九日まで延ばされたと伝えてきた。しかし「此ノ上ノ変更ハ絶対不可能」とも念押ししてあった。その期限が過ぎれば、「情勢ハ自働《ママ》的ニ進展スルノ他ナキ」という。そして、今回余分に時間が与えられたのは、「四日中ニ日米間ノ話合ヲ完了シ二十九日迄ニ調印ヲ了スルノミナラズ公文交換等ニ依リ英蘭両国ノ確約ヲ取付ケ以テ一切ノ手続完了」をするためだという。[6] 電報には、その公式書類の草稿も添付されていた。もし交渉に希望が見えたとしても、外相として正式な手順を外すつもりはいっさいない、また時間の余裕もまったくないので、間に合わない場合は交渉不成立となるという、牽制を含む、冷徹な態度だった。

*

一一月二五日の晩、ハルは停戦案ともとれる暫定提案を、日本に示す準備をしていた。それは日本が即時南部仏印から撤退すること（これに関しては、すでに乙案内で提示されていた）、また北部仏印に駐屯する日本軍を二万五〇〇〇まで削減することを要求するものだった。その見返りとして、アメリカは日本資産の凍結を解除し、制限付きながらも日本との経済関係を回復させるということだった。このいわゆる「モーダス・ビベンディ」が有効な期間はまず三ヶ月とされたが、それもどちらかが希望すれば、引き延ばしも可能という内容だった。

ハルの道徳観には揺るぎないものがあり、それは堅苦しさや頑固さともとれた。しかしそれまでハルは、日本政府やその外交に対する自分の個人的意見はどうあろうとも、あくまでも忍耐強く、実利主義に徹する交渉者であった。そしてその晩ハルが準備していた提案書も、日本との実際的な妥協点を見出す努力の一環だった。アメリカにとっても、暫定案には、利点があった。フィリピンの防御を固めながら、ほぼ避けられないであろうヨーロッパ参戦に集中することを可能にするからだ。しかし翌朝までに、

「モーダス・ビベンディ」は、完全消滅していた。それにはいくつかの理由があった。ひとつには、中国とイギリスが、日米間の妥協に反対したことだった（オランダだけは賛成していた）。ハル自身の戦後の説明には、こうある。「日本が合意するかもしれないという僅かな可能性のために、モーダス・ビベンディを提案するのは、無駄に思えた。それが決行された場合のリスクを考えると、乗り気になれなかった。とくに中国国民の士気の低下はおろか、中国崩壊のリスクは、懸念すべきことだった」[7]。しかしタイミングから考えて、より直接的な理由は、ルーズベルトに報告された、日本軍の南下動員のニュースだった。特に台湾の南に日本の軍艦が集結しているという情報は、日本の首脳陣による公の好戦的言説と相まって、日本がいつ攻撃に出てもおかしくないという結論に、ルーズベルト政権を導いたのだった。

　もちろん、日米両国が東南アジア方面に向けて動員していることは、周知の事実だった。アメリカは、東郷が一一月二二日に送った外交期限を過ぎれば、事が「自働的ニ進展スル」という通信も、傍受情報で把握していた。一一月二五日、ルーズベルトは戦略会議で、日本は多分一二月一日に攻撃を仕掛けてくるだろう、「なぜなら日本人は、警告なしに攻撃してくるので悪名高いからだ」と述べたと言う。陸軍長官のヘンリー・スティムソンの日記に、その日話し合われた重要課題が記されている。それはどのようにして日本に「我々の身を過剰な危険に晒すことなく、最初の一弾を撃たせるか」ということだった[8]。ただルーズベルトの身辺で、日本の軍事攻撃を十分予想する動きがあったにしても、その攻撃のスケールや壊滅能力については、過小に予想される傾向が強かった。南方における日本軍増強のニュースにより、英米蘭の東南アジア影響圏が狙われているのだというもっともな予測がなされた。そして、日本からの攻撃が必至とみると、ワシントンの日本人交渉チームに対する見方も、俄然硬化したと考えられる。野村や来栖はよっぽどの愚か者か、または意図的に時間を稼ごうとする、いかさま師だった。

　第二次世界大戦勃発後間もなくの暗い日々、ルーズベルトは、やがてアメリカがドイツと戦う日が来ると、強く感じていた。今度はさらに、日本と対決しなければならない時が来たと、覚悟を決めたのだった。これは何も、ルーズベルトとチャーチルが、日本との戦争を踏み台として、アメリカを欧州戦線に持ってこようとした、いわゆる「裏口参戦」説を肯定するものではない。日本は独ソ戦で、同盟国ドイツの応援にまわらなかった。裏返せば、たとえ日本がアメリカと戦争をしたからといって、ドイツが日本のためにアメリカに宣戦布告するという保証などなかったのだ。

何が起こったかもしれない、ということを予想するのには限界がある。ただ、何が実際に起こったか、ということに関して言えば、野村と来栖が一一月二六日、夕刻、国務省に呼ばれたことだった。だが二人が受け取ったのは、「モーダス・ビベンディ」ではなく、ハルが同時に起草していた別の文書だった。この「日米協定基礎概要案（“Outline of Proposed Basis for Agreement Between the United States and Japan”）」は、「ハル・ノート」としてよりよく歴史に知られる文書だった。ハルは、注意深く読むよう二人に促した。

文書中、日米政府がとるべき手順を説明した部分が、ことさら重要だった。一〇項目から成るそのくだりは、不可侵合意が、アメリカ、日本、イギリス、中国、オランダ、ソ連、タイによって、多国間で結ばれるべきだと提案していた。同じく、仏印の領土保全や通商機会均等のための合意も、多国間で協議されることを前提としていた。

しかし多国間協定は、日本がまったく想定していない状況だった。政府は、それまでも明らかに、アメリカとの二国間協定を希望していた。大筋としては、肝心の日米合意に至った後に、それに賛同する形で、他の国とも二国間ベースの協定が結ばれればよいという考えだった。そもそも日本には、「ハル・ノート」が提案するような、国際スケールの平和合意にかける時間もなかったし、その準備もまったくなかったのだ。

野村と来栖はさらに、中国問題に関する米政府からの要求に目を通し、落胆した。要約すると、まず日本政府は、陸、海、空、警察部隊すべてを中国とインドシナから撤収する。日米両政府は、現在重慶に一時的に首都をおいている国民党政府以外の政権を、中国政府として認めない。そして日米両政府は一九〇一年、義和団の乱後に調印された北京議定書に基づく、国際集落や特別権益を含む治外法権の権利を放棄すること、とされていた。

この概要には、短期間では到底交渉成立が無理な項目が、びっしりと詰まっていた。そこにはアメリカによる、自由貿易と商業機会均等の原則に基づくアジアのための長期的ビジョンが描かれていて、その内容から見ても、最初からひとつの独立した提案として書かれたとは考えにくかった。それよりも、乙案に応える形で作成され、間際で放棄された「モーダス・ビベンディ」の補足文書として読むと、理にかなっていた。個別の文書として読めば、この「ノート」は、戦を戦わずして、米政府が日本に無条件降伏を要求しているかのように読めた。ハルは四日前の会談で、乙案に触れ、「すべての希望条件を、たったひとつの提案に盛り込んで、押し付けてきた」として、不満を述べていたが、今回手交されたアメリカ政府の見解は、それをまったく「アウトシャイン」する厳しい内容だった。

日本の代表は、会談を終わらせる前に、どうにか厳しい内容を和らげることができないかと試みた。だが不毛な努力だった。来栖は実際問題、日本政府が汪兆銘政権を見殺しにすることは、できないだろうと指摘すると、ハルは汪の政府は中国を統一する力がなかった、これ以上失墜した政権について議論するのは、時間の無駄だと応答した。来栖はそれでも、日本が突然その外交手法を変更するのは難しく、多国間協定の話も唐突だったことを抗議した。ハルはこの点についても、話し合う気はないことを明確にした。

野村は、「友人の間には、最後の言葉というものはない」のフレーズを引用し、もう一度大統領と面会できないか、と頼み込んだ。これを受けて、ハルは不本意を隠そうともせず、渋々、大統領会見をアレンジすることを約束した。来栖は暗澹たる気持ちで「この提案は、『終わり』を意味すると、解釈される可能性がある」と述べ、「モーダス・ビベンディ」で交渉することはできないのかと問うと、返ってきた答えは「ノー」だった。[9] ハルは、もう自分は最善を尽くしたのだと言った。

このように、日本軍の南洋方面での動きは、ワシントンの猜疑心を後押しして、対日政策の硬化を決定づけた。そしてその日のうちに「ハル・ノート」が手渡された。しかし、日本の軍事行動に関していえば、それよりもはるかに重要な動きが同日、南洋とは遠く離れた場所でスタートしていた。南雲中将の指揮下、旗艦「赤城」の率いる戦隊が、単冠湾を密かに離れた。乗組員には、つい最近、自分たちの使命の目的が何なのか、知らされたばかりだった。超極秘計画は、幾重ものヴェールに包まれ、東條首相でさえも、詳細を知らされていなかった。外交交渉期限までに日米合意に達することがあれば、船はUターンするという取り決めだったが、その可能性は、極めて低くなっていた。

16 清水の舞台

「ハル・ノート」には、「暫定かつ無拘束(tentative and without commitment)」と明記されており、特定の返答期限は定められていなかった。それでも一一月二七日正午頃に日本政府が受け取ると、それは最後通牒として解釈された。

東郷はその内容に、ショックを受けた。戦後の述懐で「公文に接した際の失望した気持ちは今に忘れない。『ハル』公文接到までは全力を尽くして闘いかつ活動したが、同公文接到後は働く熱を失った」そして「戦争を避けるために目をつむって鵜呑みにしようとしてみたが喉につかえて迚《とて》も通らなかった」とある。[1]「ノート」は、頑なに、断固として、それまで両国の行ってきた交渉努力を、あたかもそれがいっさい存在しなかったかのように否定しているように映った。一方でタカ派の幕僚たちにとり、この「最後通牒」到着は、願ってもないニュースだった。もう外交解決は無理だ、いよいよ開戦だ、という興奮とともに迎えられたのである。

政治信条の違いにかかわらず、日本の首脳陣は、概して「ハル・ノート」を挑発的で、侮辱的な文書だと受けとめた。無理難題の諸条件は、ドライな語調と相まって、日本がいまだに国際社会で虐待される被害者だという共通認識を強固なものとした。また「ノート」は、指導層の内輪もめに終止符を打ち、開戦責任をすべて相手側に担わせることも可能にした。一一月末の戦略会議で、ルーズベルト周辺で話された、どうやって日本に「最初の一弾を撃たせるか」という問題には、実は鏡写しの論理が成り立つ。開戦準備が着々と進む日本には、しかし、そのリスクの大きさゆえ、まだ迷いもあり、最後の一押しが必要だった。それは、日本が先制攻撃で始めようとしている戦争が、日本自身が望んだものではなく、いじめっ子軍団の首領格、アメリカに強制された、ぎりぎりの選択だったという主張を正当化するものでなければならなかった。つまり「ハル・ノート」は、戦争をほぼ決意した日本が、無自覚ながらアメリカに撃たせた「最初の一弾」だという解釈も、できるのだ。これで「ＡＢＣＤパワーが日本を迫害している」という、日本の受難ありきの主観的な物語に、一気に信憑性が増したのだ。

日本首脳部の「ハル・ノート」に対するそのような反応は、言うまでもなく選択的、部分的記憶の産物だった。ルーズベルトの中立化案に返答せぬまま、フランスには武力行使を仄めかし、南部仏印進駐を決行したのは、日本だった。「バルバロッサ作戦」による独ソ戦開始後、ドイツとの同盟関係解消のチャンスがあったにもかかわらず、アメリカの猜疑心を取り払う努力を怠ったのも日本だった。太平洋対岸にも届くけたたましさで、最近になってより一層好戦的な言動を披露していたのは、日本の首相である東條やその閣僚たちだった。そして何よりも、迫り来る外交交渉期限は、日本の政府と大本営が自主的に、正式な合意を経て定めたものだった。被害妄想は圧倒的な自己憐憫と相まって、強烈な負の感情を呼び起こした。

東郷外相の娘いせは、この頃、父親の肉体的な変化を察知したという。「ハル・ノート」の到着までは、本人も言ったように、エネルギーで溢れていたというのに、一一月二七日以降は、「暗く、重苦しく」見えたという。[2] 東郷にとってノートは日本政府への侮辱だけでなく、個人的な敗北をも意味したのだった。辞任を考えた東郷は、元外相の佐藤尚武《なおたけ》を含む外交関係者に相談を持ちかけた。佐藤は「ノート」に絶望せず、それに何とか対応して危機を回避する方法を見出すことが、外相としての腕の見せ所だとし、諦めぬよう励ました。

元老西園寺公望とともに日本の国際協調主義の担い手だった、八〇歳の牧野伸顕《のぶあき》伯爵は、「ハル・

ノート」を見ると溜め息をつき、「この書き方はずいぶん酷いな」と、その厳しさを認めた。[3]それでも、戦争が回避できないものと決めてはならないとし、義理の息子である吉田茂を通して、以下の意見を、東郷に伝えた。「和戦の決は最も慎重を要する。……今日もし日米開戦するに至り、一朝にして明治以来の大業を荒廃せしむるようなことあらば、当面の責任者のひとりたる外務大臣として、陛下および国民に対して申し訳ない……」。

吉田は東郷に、「ハル・ノート」を送った米側の真意がどうであれ、厳密な外交や法律的観点からすれば、日時期限を課さないその文書は、最後通牒とはなり得ないことを、ことさら強調した。そして辞職によって、開戦には政治的に反対の立場だということを明確にさせるべきだと薦めた。「君が辞職すれば閣議が停頓するばかりか、無分別な軍部も多少反省するだろう。それで死んだって男子の本懐ではないか」と、高い信条に生きたライオン宰相濱口雄幸の言葉を借りて、説得を試みた。そして、「ノート」が日本を破滅的な決断に導かぬよう、グルー大使がアメリカの立場を説明したいと熱望していることも伝え、東郷に直接大使と面会するよう促した。しかし東郷は外交交渉について、もう何もすることはないとし、大使との会談を拒んだ。

確かに「ハル・ノート」は東郷を意気消沈させ、失望させたが、「開戦」という選択肢に関して言えば、実際は一一月の頭に、御前会議での決議を認めた時点で、それは東郷が徐々に、しかし着実に近づいていった結論だったのかもしれない。そうでなければ、藁にもすがる思いで、野村提案を含む大使たちの交渉イニシアチブを支援していたはずだった。「ハル・ノート」は、東郷が「即開戦」という恐ろしい決断と、きっぱりと心理的折り合いをつけるのに、大きなきっかけを提供したと見るのが正しいだろう。

＊

一一月二七日、ルーズベルトは、野村大使と来栖特使をホワイトハウスの執務室に迎え入れた。ハルも同席した。外交家肌のルーズベルトは、日本が一二月一日にアメリカを攻撃する可能性を側近に警告していたにもかかわらず、不信感をおくびにも出さず、二人を歓迎した。客人たちが着席すると、ルーズベルトは煙草を差し出した。野村はそれをありがたく受け取った。大統領自らが火をつけようと、マッチをすってくれた。しかし、一九三二年、上海での反日テロの際に右目を失明していた野村の目は焦点が合わず、ルーズベルトはさらに腕を伸ばして、野村が火を見つける手助けをした。このようなやりとりだけを見ていれば、その場の雰囲気は、いかにも和やかだった。

ルーズベルトは多忙のため、田舎に行って休む時間がないといったような、他愛もない話で場をくつろがせた後に、ドイツについて語り始めた。日米両国は先の大戦で、同盟国として戦ったが、その折、他国の心理を理解できないことがドイツの敗因になっただろう、と指摘した。来栖は、またしてもこれが、日本の枢軸同盟続行に対する、間接的だが断固とした批判だと理解した。

野村が本題に切り込んだ。アメリカからの最新提案に代わるものがないことが、遺憾であると述べた。すると大統領は、すでに避けられなくなった結論を嘆くかのように応答した。米政府やルーズベルト自身が、「太平洋の平和を確立するために」奔走した、「日本の平和分子」の努力に感謝している。平和的解決を諦めたわけではない。しかし事態が「深刻」であるという「その事実は、認識されなければならない」というのだ。[4]

ルーズベルトはあたかも、日米外交の終焉を儀式的に記録するかのように、四月以来の野村大使との会話を振り返った。日本の南部仏印進駐に、米政権はいかにも「冷水を浴びせられた」ような気分だったとし、より最近の「平和解決や、その基礎となるべき原理を無視した、武力制覇に傾倒する日本の行動や言動」は、またしても冷水を浴びせられるのではないかという不安を、米政権内に掻き立てているとした。そのような日本のマスメディアでの主戦論に加え、大統領には、南洋での日本の動きが耳に入ってきていたし、中立国タイとの軍事協定締結を進めている噂も聞こえていた。「平和と秩序の原理に反対し続ける」日本の指導者にはことさら失望したと強調し、もしこのまま「不幸なことに、ヒットラー主義と侵略の道のりを歩むのであれば」日本は「究極的に敗者」となるだろう、と予言した。

野村はこの厳しい言葉を、大統領のノスタルジックな感情にアピールすることで和らげようとした。三〇年来のルーズベルトと自分の知己に触れ、どうにか外交危機を回避できないかと訴えた。しかし会談当初の和やかな雰囲気は、すでに感じられなかった。「ハル・ノート」に関して何も変えるつもりはないと、ハル自身がきっぱりと野村の要望を却下した。「平和分子に反対し、政府をコントロールする者たちが、心を決め、疑いの余地なく和平への方向に動かない限り」、日米間の交渉が「前進することは期待できない。そのことはこれまでの経緯で、疑問の余地なく明らかになった」という。

野村と来栖が去った後、普段は非常に用心深い米国務省が、日米間で行われている交渉の詳細を記者会見で発表した。その意図するところは、いかに米政権が、対日外交でやれることをすべてやり尽くしたかということを、世論に印象づけることだった。一一月二八日の『ニューヨーク・タイムズ』から。「日本との相違を解決するための努力は、昨日までに万策尽きたように見受けられる。次の外交的、または軍事的ステップは、すべて日本政府にかかっているようだ。ルーズベルト大統領は、ハル国務長官とともに、日本の代表と、四五分間の会談を行った。……彼らは、現在、ハル長官の提示した、極東における基本政策に関する、日本政府の答えを待っている状態だ。会談は、日本軍が、さらなる援軍をインドシナに送り込んでいるという報告を受けて、開催された。ハル長官のノートは、水曜日の夜に日本側に手交され、東京の消息筋によれば、それは冷静に受け取られたという。ということは、日本政府は、日本側からの要求に対する返答として、そのようなものを受け取ることを、十分予想していたと考えられる」。アメリカ政府は、開戦か戦争回避かは、すべて日本の決断にかかっているということを公言したのだった。

「ハル・ノート」が、日本側に「冷静に」受け取られたという見方は、明らかに間違っていた。相手の状況判断ということに関しては、日米双方の側にミスがあったといえる。ただそのような間違いを誘発し、拡大し、修正の難しい段階にまで持っていったのは、幾月にもわたって繰り広げられた、日本政府の、不安定で柔軟性に欠ける外交アプローチだった。第一に、日本による北部仏印進駐と、三国同盟締結後の勢力均衡を謳う枢軸外交が、日米間の緊張悪化に拍車をかけたことを思い出さなければならない。ルーズベルトは、確かに日本の戦闘能力や戦略力を、過小評価していたかもしれない。それと引き換えに、日本とナチス政権の繋がりを、必要以上に恐れていたかもしれない。しかし最終的に、戦争を回避する道を選ぶことは、長期戦を戦えるアメリカではなく、劣勢が明らかな日本が下さなければならない決断だった。それがいかに屈辱的で、不可能で、自己去勢行為に等しいことのように思えても、それが最終的に国家の存続と繁栄に繋がるという考えに、政策と世論を持っていくことが、先見ある指導者の務めであるはずだった。あたかも、避戦という選択肢が存在しないように匂わせる戦略的タイムテーブルと、官僚的なルールは、日本の指導者たちが自身に課したもので、米政府の作ったものではなかった。それは自分たちが、どれだけ外の力によって不当に戦争に追い詰められた、と納得させようとも、まったく変えられない事実だった。自分たちを被害者だと言い聞かせ、日本は常に平和を願い、アメリカに対して、譲歩の姿勢を取り続けてきたと主張しても、事実は違った。南部仏印撤兵を含む軍事的譲歩ひとつをとっても、甲案、乙案に含まれた項目は、ごく最近になって、発動タイムテーブルが決議された事後に、東郷外相が決死の努力の末に、勝ち取ったものだった。だが今では「ハル・ノート」が、指導者たちの心をひとつにし、恐ろしい戦争に向けて、清水の舞台から飛び降りる覚悟を決めさせるまでに至ったのだ。彼らにあるものは、自己憐憫、怒り、そして何よりも、賭博師の大胆さだけだった。反対にアメリカには、たとえ欧州参戦になったとしても、日本との長期戦を戦いぬく実質的な底力があった。「やつらは、粉々に砕かれるだろう」というのが、チャーチルの、過不足ない日本の運命予測だった。[5]

もちろん、日本人の感じていた、不当に扱われたという感情のすべてが、想像の産物だったわけでは決してない。そしてそのような負の感情は、日本の近代史に根ざす、外の世界に向けられる本物の恐怖によって、強調されていた。しかし、アメリカとその同盟国との戦争を、日本が無私に戦う聖戦だとすることは、あまりにも安易すぎた。人種的、文明的対立に裏打ちされた世界観において、日本は「傲慢な西洋」を「弱いアジア」のために打ち砕く英雄だと主張した。反対に欧米諸国（すなわち白人人種国家とされるもの）すべてが、たとえ日本の同盟国だとしても日本、あるいはアジア全体の脅威となり得るのだった。

外交交渉期限が承認された一一月五日の御前会議で、枢密院議長の原嘉道は、天皇に代わり、以下のような発言をした。「日本ガ参戦シタ場合独英独米ノ関係ガ果タシテドウナルカ」懸念すべき点だという。[6] 要するに「白人」を信用できるのか、という問題だった。「『ヒトラー』モ日本人ヲ二流人種ダト云フテ居ル様ナ次第デ、独トシテハ米ニ対シテ直接戦ハ宣ジテ居ラヌ」。ヒットラーが、日本人を劣る民族だと発言していたことはわかっていた。そしてドイツがアメリカに宣戦布告をしていないことを考えれば、日米が開戦した場合、どうなるのかを危惧したのだ。日米戦になった途端に、ドイツが「人種的関係ヲ深ク考慮シ」西側同盟国に歩み寄り、「『アリアン』人種全体ヨリ包囲サレ」「日本丈《だけ》取リ残サレルコトニナルコトヲ恐レ」ているのだった。ここではまさに「アリアン」種が、白人全般という、広範で曖昧な定義をもって使われている。日本人の感情は、肌の色に、限りなく敏感に反応していたのだった。

しかし、人種偏見に対する屈辱感や神経過敏が、常に日本の指導者たちの判断力を鈍らせていたわけではなかった。前述のように一八九五年、日本はいわゆる三国干渉の憂き目を耐え忍んでいた。ロシア、ドイツ、フランスは、己の帝国主義的利権を守るため、「下関条約」の条項に干渉してきたが、世論に反して、内閣総理大臣の伊藤博文と外務大臣の陸奥宗光は、それにあえて逆らわなかった。列強と戦争になれば、日本に勝ち目がないことを受け入れた実際的な決断で、賠償と引き換えに、遼東半島から退く道を選んだのであった。より大きな、急速な、無駄のない近代化の目標を考えれば、賢明で慎重な方針だった。

しかし一九四一年一一月に、明治の指導者の力量と先見を持つ者はいなかった。このことは、一一月二九日、歴代の首相が「ハル・ノート」の到着を受けて、天皇と午餐に会した際にも明らかだった。概ねの出席者が、開戦を無謀な選択だと認識していたはずだった。しかし、だからと言って、はっきりと反対意見を述べるわけでもなく、まさに今遂行されようとしている計画は、自分たちの権限外で起こったことだという空気が、支配的だった。それでも一九四〇年、枢軸同盟に反対し、近衛のカムバックで失脚した短命内閣の首班、米内光政大将は、「ヂリ貧を避けんとしてドカ貧にならない様に充分のご注意を願ひたい」と発言した。[7] しかし、所詮この謎解きのような言い回しに、説得力があるわけはなかった。せいぜい米内が戦争回避を願っていることを印象づけるのが、関の山だった。

意外にも反対意見に最も近い発言をしたのは、近衛だった。「外交交渉決裂するも直ちに戦争に訴ふるを要するや、此の儘の状態、即ち臥薪嘗胆の状態にて推移する中又打開の途を見出すにあらざるか」と、レトリカルに疑問を呈したのだ。しかしこれはあまりにも遅い、あまりにもささやかな抵抗だった。それが九月の御前会議で、時限付きの戦争準備を推した張本人の口から出た言葉だと考えると、いまさらの感は増すのだった。また歴代の首相たちの間で、どうにか協力して、不安を隠し切れない天皇を助け、開戦にストップをかけようとする動きがあってもよかったと思えるが、そのような行動力や結束力は、どこにも見られなかった。

この午餐の後に開かれた連絡会議では、日本が戦争のための最終準備段階に突入したことが宣言された。ドイツとイタリアも、日本に続いて直ちに参戦することが期待された。ただ東郷外相は、この期に及んでも、攻撃の開始日を知らされていなかった。「外交ヲヤル様ナ時間ノ余裕ガアルノカ」と質す東郷外相に、永野軍令部総長は、「未ダ余裕ハアル」とした。そこで外相は、「〇日ヲ知ラセロ　之ヲ知ラセナケレバ外交ハ出来ナイ」と、攻撃のXデーを知らせるように迫った。そこで永野は「ソレデハ言フ」と、一二月八日の作戦決行に言明し、付け加えた。[8]「未ダ余裕ガアルカラ戦ニ勝ツノニ都合ノヨイ様ニ外交ヲヤツテクレ」。

東京の首脳部は、誰もが自己破壊的な運命論と、ギャンブラー熱に感染していくようだった。しかし、大洋で隔離されていた野村と来栖はいまだ諦めず、天皇の裁可に最後の望みを繋げようとしていた。もしもこの期に及んで政策転換できる人物がいるとするならば、それは天皇のほかに誰もいないと信じたからだ。ルーズベルトとハルは、これまで幾度となく、日本のリーダーたちがなぜ平和を公言しないのかと嘆いていた。日本の意図への不信がいかに根強いかを把握していた野村と来栖は、天皇が平和的声明を出すことで、状況を打開できるかもしれないと考えたのだ。

一一月二六日、「ハル・ノート」が提示される直前に、来栖は東郷外相に宛て、ある提案をしていた。それは、外交交渉崩壊を防ぐぎりぎりの手段として、天皇の介入を請うものだった。具体的には、ルーズベルトから天皇へ、太平洋の平和維持と日米協調を願う親電を送ってもらい、天皇がそれに応答できないか、と打診したのだ。そして、この平和を願うやりとりを基盤に、外交交渉を仕切り直すことができないか、と来栖は提言したのだった。

来栖はさらに長期的な緊張改善策として、日本が、仏領インドシナ、蘭領インドネシア、タイを包括する中立ゾーンを設立することを提案するべきだとした。それによって、アメリカの日本に対する猜疑心を鎮めるだけではなく、たとえばアメリカがオランダの要請によって、インドネシアを占拠したりすることも防げるという、日本にとって実利的な面もあった。野村と連名の東郷宛ての伝達は、「少クトモ木戸内大臣マデ御示ノ上至急折返シ御分ノ御回電切望ス」という嘆願で締めくくられていた。[9] だが東郷は、この案をすぐに却下した。木戸に相談することはしたが、内府も「かくのごとき措置をとるべき時機にあらず」という反応で、全面的に受け付けなかった。[10]

しかし皇室の真のインサイダーともいえる人物も、天皇の介入を強く望んでいたのだった。一一月三〇日、海軍軍令部に配属されてまだ日の浅い高松宮宣仁《のぶひと》親王が、兄である天皇を訪ねるため参内した。スポーツ好きでエネルギッシュな高松宮は、もともと、開戦派であると目されていた。しかしその前判は、天皇への直訴ともとれるその日の行動によって、見事に打ち消された。高松宮によれば、「どうも海軍は手一杯で、出来るなれば日米の戦争は避けたい様な気持」であるという。[11] さらには「今この機会を失すると、戦争は到底抑へ切れぬ、十二月一日から海軍は戦闘展開をするが、已にさうなつたら抑へることは出来ない」とも発言した。[12]

これに対し、天皇も率直に、日本の勝利への疑問を告白した。弟宮は、それならばなおさら、今すぐにでも開戦を防がなければならないと勇気づけた。しかし天皇は、それでも政府と統帥の合意の下に決定された計画を、自分が覆すわけにはいけないのだと述べた。憲法上で、天皇の拒否権の明確な記述がないことも、及び腰の理由だった。「私は立憲国の君主としては、政府と統帥部との一致した意見は認めなければならぬ、認めなければ、東条は辞職し、大きな『クーデタ』が起り、却て滅茶苦茶な戦争論が支配的になるであらうと思い、戦争を止める事に付ては、返事をしなかつた」と、このやりとりについて『昭和天皇独白録』で説明している。[13]

高松宮が去った後、木戸は東條を皇居へ呼んだ。不安を隠せない天皇が、作戦上の質問をできるようにという配慮からだった。だが東條は攻撃の詳細について言及せず、代わりに永野軍令部総長と嶋田海相に説明をさせるとした。今回の攻撃は何と言っても、海軍戦略が基礎を成しているからだというのが、その理由だった。

しかし呼び出された海軍の二人が繰り返すのは、海軍は準備ができている、そして大命降下を待っている、ということばかりだった。天皇はより具体的に、ドイツが日本に続いて参戦しなかった場合、どうするのかと聞いた（これはまさに原枢密院議長の言うところの、「アリアン」種が、寄ってたかって日本を打ちのめすのではないかという不安に、共鳴する質問だった）。嶋田海相は、「大御心を安んじ奉らん」という思いから、最初から、日本はドイツの援軍などあてにしていないと述べた[14]。それは、無責任な強がりだった。

元来、日本の対米戦というものは、常にドイツのヨーロッパでの勝利、または少なくとも優勢を大前提に立案されてきた。一一月一五日の連絡会議で承認された「対米英蘭蔣戦争終末促進ニ関スル腹案」でも、こう述べられている。「速ニ極東ニ於ケル米英蘭ノ根拠ヲ覆滅シテ自存自衛ヲ確立スルト共ニ更ニ積極的措置ニ依リ蔣政権ノ屈服ヲ促進シ独伊ト提携シテ先ヅ英ノ屈服ヲ図リ米ノ継戦意志ヲ喪失セシムルニ勉ム」[15]。どう見ても、ドイツの援軍をあてにしていないとは言えない文面だった。

忠義や道義を誓う下僕たちが、天皇に率直に意見する気配はまったくなかった。外交期限を目前にして、開戦への車輪が「自働的」に動き始めていたからだった。「太平洋の癌」は、思い切った戦争のみによって、取り除かれるのだ。

偶然にも同日、『報知新聞』が「癌に悩む人へ嘘のような朗報」と銘打った記事を掲載している。その報告によると、名古屋帝国大学の岡田清三郎教授が、癌のための決定的な治療法を発見したという。教授は「あらゆる癌に対し」毒をもって毒を制すの論理で、患者に癌エキスを静脈注射すると、全快するのだと主張した。本格的な実験は、奇しくも日米交渉の始まった、その年の四月頃から開始され、それ以来、「食道癌、胃癌等に悩む」患者から、「十数人の快癒者」が出たという。万一再発した場合でも、「その時は再び癌エキス注射によって治療可能の確信は持っている」と教授は豪語した。

言うまでもなく、「太平洋の癌」には、そのような夢のような治療法は見当たらないのだった。

＊

一九四一年一二月一日、五ヶ月の間で、四度目の御前会議が開かれた。外交交渉期限が正式に経過し、重々しい空気が漂っていた。会議は、アメリカ、イギリス、オランダとの戦争を開始することを承認するためのものだった。もちろん、新しいことは何も議論されなかった。そして天皇は、お決まりのやりとりのすべてを、黙って見守っていた。原枢密院議長は、タイ王国の中立について、またまるで未来を予見したかのように、首都が空襲にあった場合についてなど、いくつかの質問をした。「ハル・ノート」にも、疑問が残るようだった。原が指摘したのは、日本軍の中国からの撤退要求に、満州国が含まれているのか明言されていない点だった。もし含まれていないとしたら、「ノート」は実は日本の首脳部が思っているほどには、手厳しいものではないのではないか、という含みだった。果たして東郷外相は、この質問に答えられなかった。そのような細かい点を精査するには、もう遅すぎる、という態度だった。この会議も、それ以前に開かれたすべての御前会議同様、儀式的な役割しか果たさなかったのだ。

そして、ついに天皇は、議案を承認した。「十一月五日決定ノ『帝国国策遂行要領』ニ基ク対米交渉ハ遂ニ成立スルニ至ラズ　帝国ハ米英蘭ニ対シ開戦ス」[16]。

一二月二日、山本五十六は、瀬戸内海に錨を下ろしていた旗艦「長門」から、無線メッセージを発信した。それは南雲中将指揮下の第一航空艦隊に向けられたものだった。艦隊は、真珠湾への航路上、一八〇度子午線に沿う、国際日付変更線を越えるところだった。

「新高山登レ一二〇八」

一二月八日の、奇襲攻撃決行を伝えていた。

エピローグ
新たな始まり

一九四二年六月一八日の晩、スウェーデン船籍の客船「グリップスホルム」が、ニューヨーク市エリス島から出帆した。乗船していたのは、アメリカ各地での抑留所生活を経て合流した日本人たちだった。同じように日本政府は横浜から「浅間丸」を出し、それは上海を経て、南北米国籍の抑留民間人を乗船させた。交戦国間の外交官、市民交換が目的だった。

日本人グループの中には、野村と来栖もいた。一九四一年一二月七日、真珠湾攻撃が決行された日、この二人は、国を代表する外交官として、想像を絶する屈辱にさらされた。結果として、ワシントンの交渉チームは、「戦ニ勝ツノニ都合ノヨイ様ニ外交ヲヤッテクレ」とした永野総長の言葉そのままに、ハワイ・マレー戦略の成功のための、時間稼ぎをしたのだった。本国政府から、アメリカとの外交関係を終わらせる通告が到着したのは、攻撃の当日だった。

東京からの命令が、ぎりぎりの到着だったのは、機密保持のためだったが、さらにワシントンの日本大使館が、それを時間内に処理しきれなかったことも問題を複雑にした。後述するように、ホワイトハウスへの外交打ち切り伝達が遅れた点は、策略じみた想像や憶測も含め、よく語られてきているところだ。野村と来栖は、午後一時、つまり真珠湾奇襲攻撃開始のほんの少し前に、ハル国務長官に日本政府の「覚書」を手交するよう命令された。日本からの伝達は一四部から成っていて、様々な事情でタイプに要する時間もかかったため、実際に二人がハルのオフィスに案内された時には、時計の針は午後二時二〇分を廻っていた。その時点で二人は、まだ日本がアメリカを攻撃したことを、知らなかった。

ハル長官は日本側から渡された「覚書」を読み始めたが、わずか数頁を過ぎたところで、それを持つ手が震え始めた。だが野村も来栖も、ハルの怒りの深さを理解できなかった。文書をすべて読み終わると（解読された文書はすでに午前一〇時までにルーズベルトに届いていたので、これが初見ではなかったのだが）、ハルは野村の方を向いて、こう切り出した。「交渉九ヶ月を通じて自分は一度も虚言を述べなかった、自分は五〇年の公生涯を通じてかくのごとき歪曲と虚偽に充ちた文書をみたことがない」[1]。

日本の使者たちは困惑し、言葉を発することもできずに、退室した。それでもまだ自分たちが、並外れたスケールの二枚舌外交に従事していたことに気づかなかった。

その日は日曜日で、野村と来栖が到着した時の国務省は、静かだった。だが退去の時点では、ジャーナリストに取り囲まれ、それを掻き分けて進まなければならなかった。外交車が日本大使館に到着すると、重い鉄の扉が後ろで閉ざされた。警官が、大使館前でたむろしている怒り狂った暴徒たちを抑制しなければならなかったのだ。そうしてやっと、二人は日本の真珠湾攻撃を知ることになった。一方ハルは、面会の際にすでに攻撃を知らされていたことに二人は気づいたが、後の祭りだった。

ワシントンに出発する前、野村は海軍の同僚だった米内光政を訪ねた。伏見宮や豊田貞次郎などにも援護を保証されたこともあり、気乗りのしなかった駐米大使の任命をとうとう受けることにした旨を伝えると、米内は「ソウやって君を登せておいて後から梯子をはずしかねないのが近ごろの連中だから、十分気をつけるように」と忠告した。まさにその通りになったのだった。[2]

＊

日米開戦後の数ヶ月間、野村や来栖は、他の日本人とともに、出来合いの抑留施設になったリゾートホテルで時を過ごした。窮屈ではあったが、日本人移民や日系アメリカ人が抑留されていた収容所に比べれば、贅沢なものだった。バージニア州ホットスプリングスに滞在した後、ウェストバージニア州のホワイトサルファースプリングスのホテルに移された。そこでの来栖には、日米間の外交交渉で、いったい何が間違ってしまったのかを熟考する時間があった。

事態が深刻であることは、重々承知していた。だが野村と来栖は、自分たちに残された時間がどれだけ僅かで、どれだけ状況が切迫しているか、把握できなくなっていた。それがまさに、本国政府の意図したところでもあったのだ。一一月三〇日、外務省アメリカ局長の山本熊一は、ワシントンの交渉チームに電話をした。急ごしらえの隠語で会話をしたが、それでも山本の要請は伝わった。厳しい状況だが、何とかして戦争を避けるために、あらゆる努力を続けるよう、ということだった。そのような経緯もあり、野村と来栖は、東郷からの訓電にあった、一一月二九日の交渉期限は過ぎたものの、希望を捨てるのはまだ早いと判断し、駐米イギリス大使のハリファックス卿との面会を試みたり、財界の伝手を通じて、ルーズベルトの説得に乗り出したりなど、来栖の言うところの「若干の側面工作」を行い、無我夢中で和平の糸口を探り続けていたのだった。[3] 本国政府に対しては、一二月一日、政府がルーズベルト政権に二国間の緊急会議を、できればホノルルのような中間地点で開くよう要請できないかと提言した。野村は、日本が近衛か、石井菊次郎のような大物を送り、アメリカ側も、たとえば副大統領ヘンリー・A・ウォレスのような重要人物が出席できればよいと考えていた。

来栖が奇襲攻撃までの一〇日間、日本の権力中枢で何が起こっていたかを把握したのは、一九四二年の夏になってからだった。日本軍政下のシンガポール改め昭南島に、交換船が寄港した際、晩餐会が開かれた。その席で、臨席した参謀長が「しきりに開戦当時の模様」を話題にし、「十一月二十六日に至るまで、本国の軍首脳部が和戦いずれとも態度を決定しなかったために、出先としては刻々戦機を逸し、作戦計画上非常に困難をした」と語るのを、耳にしたのだった。[4]

これは来栖にとって、到底聞き流すことのできない内容だった。軍部中枢にとって、実は和戦の分岐点が一一月二六日だったということが、よくわかったからだ。つまり、ワシントンの野村と来栖に、外交努力を全力で続けろと命令したのは、意図的に相手の目をはぐらかすためだったということだった。確かに外交交渉中、戦争への決断が差し迫っているということを感じることはあった。特に「ハル・ノート」の到着後がそうだった。一一月二八日の東京からの通信では、東郷が「意外且ツ遺憾」とし、すぐに交渉を終了する必要があると示唆してきていた。[5]ただ外相は、両三日中に、「帝国政府見解」を追電するから、それまで待て、とも言ってきた。「見解」をホワイトハウスに届け、それをもって交渉打ち切りをすることになるだろう、ということだった。

しかし予告された「見解」は届かず、一二月三日、東郷外相自らが、「交渉促進ノ件」と題する電信で、さらなる外交努力の継続を指示したのだった。[6]乙案について東郷は、「此ノ際難局打開ノ最善ノ方策ト思考スル所以ヲ此ノ上トモ米側ニ御説示アリ度シ」と述べている。さらに、中国問題さえもが平和的に解決できると強調してきた。日本政府はルーズベルトに、日中和平交渉の「紹介」を要請しているだけであって、援蔣行為の停止などは、その交渉がまとまった後のことを指しているのだ、よって日米の立場には相違がない、と。日本の新しい柔軟性を示唆するような内容だった。これは、野村と来栖にさらなる希望を持たせる結果となった。そして一二月五日になっても二人はハルに、乙案の再考を要請していた。そもそも乙案は、まだ正式にルーズベルト政権から却下されていなかったのだ。そして同日、大統領から天皇への親電が発信された。しかし、そのような努力のすべてが、来栖の言うように「画餅に帰してしまったのである」[7]。

＊

日本の外交交渉打ち切りの通告が遅れ、真珠湾攻撃後になされたということは、戦後の日本国内外で、熱い議論を呼び起こしてきた。その議論が結論なくここまで続いてきた背後には、いくつかのもっともらしい、しかしいずれも決定的とは言えない理由がある。ひとつには、通告が遅れたことで、ルーズベルトの「不名誉に汚された日」議会演説が、より一層、説得力を持ったという変え難い事実がある。通告の遅れが、ドラマチックに日本の二枚舌外交の証拠として米国民に提示され、愛国心が大きく刺激された。そしてこのことは、アメリカが日本とだけでなく、日本の同盟国と戦わなければならないという世論形成に、勢いをつける結果となった。陰謀説でよく言われるところの、ルーズベルトとチャーチルは真珠湾攻撃が差し迫っていることを承知していたが、アメリカの欧州参戦を助けるために知らない振りをした、といった主張は、この事実の延長線上にある。そしてその「陰謀」のスケールの大きさから も、ある種の人々の想像力を掻き立て続けている。

この他にも、陰謀説には事欠かない。特に日本国内では、幕僚参謀が、日本が事前警告なしで攻撃を始められるよう、故意にワシントンへの通達を遅らせた、と考える人もいる。そして遅延に関係した大使館の外交官たちが戦後に咎めを受けず、場合によっては順調にキャリア街道を突き進んだことを指摘し、通告の遅れは、最初から仕立て上げられた、大使館も承知のシナリオだったと主張するのだ。実際には、そのように不特定要素ばかりが支配する、陰謀ドラマの入り込む余地はそれほどなかっただろう。外交交渉打ち切り通告の遅延は、東郷外相が統帥部の要請に譲歩し、攻撃計画を成功させることにより重きを置いた結果に引き起こされた、想定外ではあるが、想像には難くない出来事だったのではないか。山本五十六は、日本政府がアメリカに、開戦意図を通知する旨、事前に伝えるようにと、強く進言してきていた。天皇も、国際法の一般原則の遵守を一貫して希望していたとされる。そのような意向に沿って、一二月三日、外務省は、「ハーグ条約」によって規定される宣戦布告に沿った一文を含む最後通告を起草した。だが最終的に東郷外相は、肝心のその部分を削除することに決めた。軍事戦略の徹底的な機密保持のために、ワシントンへの電信も、あくまで通告文書を整えるまでの、推定所要時間を逆算した、期限ぎりぎりまで開始しなかった。

　ということは、たとえすべての準備が滞りなく進み、タイミングよく、外交打ち切りが真珠湾攻撃の開始直前に行われていたとしても、「奇襲」または「だまし討ち」の要素そのものは、日本の行動から拭い切れなかったのだ。通告の遅延は、確かに米国民の愛国心や対日憎悪を掻き立てただろう。しかしルーズベルトの議会演説でも明らかなように、一番の問題は、日本が「外交交渉打ち切り」どころか「宣戦布告」をしなかったことにあった。ルーズベルトは演説でこう述べている。「日本の航空部隊が攻撃を開始した一時間後、日本の大使と彼の同僚が、国務長官に、最近のアメリカからのメッセージに対する正式な返答を持ってきた。その返答には、これ以上外交交渉を継続するのが無駄だという見解が述べられてはいたが、戦争や武力攻撃の示唆は、まったく含まれていなかった」[8]。つまりルーズベルトは、日本が外交を、攻撃計画を包み込むマントとして、つまり騙しの道具として用いたことを力強く世論に訴えたのだった。

　真珠湾攻撃から三日後、ウェストポトマック公園の中で、最も立派で美しい日本桜四本が、切り倒された。日米間の、「最後の言葉」などない、永い友情のシンボルであるべきはずの桜の木が、米国民の激しい憎悪の対象になったのだった。アメリカが「リメンバー・パールハーバー」のキャッチフレーズのもとに団結し、対日戦争に本気で乗り出したことを反映する、象徴的な事件だった。

＊

一九四二年七月二〇日、「グリップスホルム」号は、ポルトガル領モザンビークのロレンソ・マルケスに入港した。リオデジャネイロで、さらに多くの日本人拘束者を乗船させていたため、船はぎゅうぎゅう詰めの状態だった。そのインド洋上の港で、戦闘状態にある国家間の民間人交換が行われた。日本人たちは静かに、効率よく二つの船に分かれて乗船した。港に停泊中、敵国民が接触することはなかった。しかしある時、野村と来栖が一緒にいると、かなり離れたところに、反対方向に向かって歩く、背の高いグルー大使の姿を認めた。グルーも二人に気がついた。来栖は前年の一一月初旬、東京出発前夜にあった、グルーとのやりとりを思い出し、感慨もひとしおだった。グルーとの、縮めることのできない物理的な距離が、彼らをすり抜けて行った平和を物語っていた。遠くに行き違う際、互いに帽子を上げて、挨拶を交わすのがやっとだった。

八月二〇日、来栖のホームタウンである横浜の港に、交換船が到着した。その頃までには、海上の勢力図が、急速に塗り替えられつつあった。六月四日から七日にかけて、日本近代史の中でも最も破壊的な海戦のひとつ、ミッドウェー海戦が戦われていたが、それは真珠湾攻撃を構想したのとほぼ同じチームで計画された。今一度、太平洋からアメリカの海軍力を排除することに賭けた戦略だったが、日本はそこで大敗を喫した。この時点ですでに日本は、外交機密だけでなく、軍事機密の暗号も同盟国側に解かれていた。帝国海軍は、世界の頂点に達したわずか半年後、その栄光の座から引きずりおろされたのだった。

だが日本の一般国民は、ミッドウェー海戦の顚末を知る由もなかった。巷には、まだ奇襲攻撃成功の残光が感じられ、野村と来栖は、宮中賜餐《しさん》や首相との昼食会など、一連の帰朝歓迎行事をもって迎えられた。いかにも外交危機の真っただ中で、国益のためとはいえ、真相を知らされずに板挟みになり、アメリカのパブリック・エネミーになった大使たちを宥めようとしている感があった。奇襲攻撃の直後、米国民の憎悪の標的になったのは、何も桜の木だけではなかったのだ。抑留されていたホテルの番小屋の羽目板には「来栖というのは、どの奴か知らないが、首をひねり上げてやりたい」と落書きしてあったという。[9]それは、来栖の冷静な戦後の述懐によれば、「けだし当時における米国一般民衆の自分に対する感情の一端を如実に示したもの」だった。ところが日本に戻ると一転、野村と来栖は、最後の最後までワシントンのいじめっ子と勇敢に交渉した、国民的英雄として扱われたのだった。

来栖は自身の外交人生を振り返り、「外交とは砂汀にものを描くようなものである」となぞらえた。[10]外交官として、どんなに多くの条約を締結させたとて、国家間の利害が衝突すれば、それはすぐに、跡形もなく、波に洗い流されてしまう。「橋一つでも永く世に残るものを作るために働きたい」と言って、ひとり息子の良は、外交ではなく工学の道に進んだ。しかし結局、一本の橋を完成させることさえかなわなかった。シカゴ生まれの、イギリス系アメリカ人の血を半分受けた帝国陸軍のエンジニアパイロットは、一九四五年二月、父の外交手腕だけでは避けることのできなかった戦争の犠牲となり、若くして命を落とした。

一九三七年四月、大使として駐在中のブリュッセルで来栖が歓迎した、「神風号」の飛行士たちも、散っていった。飯沼は真珠湾攻撃から間もなく、プノンペンで事故死した。来栖良同様、プロペラ機のプロペラに頭を打たれ、滑走路上で絶命したのだった。それから二年も経たず、塚越も東南アジアを偵察飛行中に、帰らぬ人となった。一九四四年一〇月、帝国海軍の神風特攻隊が、フィリピンのレイテ湾に向けて、最初の自爆攻撃を放った。指揮を執ったのは真珠湾攻撃の立役者のひとり、大西瀧治郎中将だった。かつてあれほど日本を熱狂させ、世界で賞賛された元祖「神風号」の記録飛行は、衝撃的な特攻作戦の登場により、その偉業とともに、人々の記憶の隅に追いやられていった。

ブリュッセル時代の来栖一家と懇意にしていた、ヴァイオリニストの諏訪根自子の戦争も、壮絶なものだった。諏訪は欧州戦争勃発後も、ナチス占領下のパリで、ボリス・カメンスキーのもと研鑽を積んでいた。音楽に身を捧げるかつての神童は、優れた芸術家とて免疫のない政治的ナイーブさも手伝い、ドイツにも旅をし、ハンス・クナッパーツブッシュ指揮のベルリン・フィルハーモニー管弦楽団との共演も果たした。ナチスの宣伝大臣ヨーゼフ・ゲッベルスは、一九四三年二月、諏訪にストラディバリウスの名器を贈呈した。諏訪は終戦時、ベルリンで米軍に拘束され、アメリカ経由で日本に帰ることになる。ほぼ一〇年を経た故郷日本は、廃墟と化していた。一九四五年一二月だった。

来栖と野村を乗せた交換船が戻った一九四二年の夏、東京は貧しかったが、それでもまだ廃墟ではなかった。待ち受けていた様々な歓迎行事をこなすことが、二人に課せられた新たな特命だった。天皇との拝謁では、「御苦労であった」とねぎらいの言葉をかけられただけだった。しかし宮中賜餐の席では、高松宮が外交交渉の失敗にひどく失望した旨、率直に述べたことが、ひときわ来栖の印象に残った。[11]

首相との昼食会では、開戦決定前夜の一九四一年一一月の下旬、土壇場で開戦をためらったことについて、東條が言及した。あくまでも、「ハル・ノート」に裏打ちされたワシントンの非協調姿勢のために、日本が戦争という苦渋の選択を迫られた、という話が繰り返された。そのうえで、ルーズベルトから天皇に宛てた親電が三日ほど早く到着していれば、開戦は避けられたかもしれない、とも言った。

ルーズベルトの平和を願うメッセージが、グルー大使に届いたのは、日本時間の一二月七日の遅くだった。瀬戸際の和平合意を警戒した陸軍参謀本部の干渉で、天皇にそれが届いたのは、さらに一〇時間経過してからだった。それはまさに、真珠湾攻撃が開始されようとする、三〇分前だった。ただ来栖は、東郷親電の交換を、すでに一一月二六日の時点で進言していた。早い時点で何も起こらなかったのは、東郷外相や木戸内府の賛同をまったく得られなかったからだ。

そのような経緯を知ってか知らずか、東條は、あくまでも日本の開戦決意はアメリカの柔軟性の欠如の結果だと強調するのだった。だが一九四一年の日米外交破綻を、日本指導層の奥深い問題抜きに語ることは不可能である。たまに反対意見を仄めかすことがあっても、結局は、誰も自らの身や組織を挺して、決定的に戦争に歯止めをかけることをしなかった結果が、開戦だった。

特に参謀本部や軍令部のトップは、幕僚参謀たちの好戦的なシュプレヒコールを抑制せずに、無批判にそれを国策提案として吸い上げる傾向が強かった。統帥部の軍人だからという理由で、政治的責任を負う必要がない立場を自認し、芝居がかった強気の発言をすることで、幻想の力や勇気に酔っている部分もあった。他の指導者たちがあからさまに悩み、二の足を踏む様子を目の当たりにすると、その陶酔感はさらに高まるのだった。そして連絡会議や御前会議での事務的、儀式的なステップを踏んでいくうちに、政策決定に対する責任感はますます薄まる一方だった。

一九四一年の四月から一二月にかけて、軍部、民間を含む日本の指導者たちは、一連の決定を下した。それらの多くは開戦に向けて、運命の経路を形作っているという認識のされぬままに、なし崩し的に合意されたものだった。しかし、ひとつ、またひとつと決断が決断を重ねていくうちに、日本政府の身動きできる余地が、確実に失われていった。そもそも西洋との勝ち目のない戦争は、絶対的必然ではなかった。それでも明治維新以来築いてきたすべてを失うかもしれないという最大のリスクを目の前に、指導者たちは、限りなく破壊的で自己壊滅的な短期的方針を、「自衛」「自存」という、もっともらしい名の下に選んだのだ。一方、長期的戦争目的として、「アジア人のためのアジア」を、日本のリーダーシップの下に築くというゴールが挙げられたが、その達成は困難だった。なぜならば、それに伴う現実的な実行計画が、存在しなかったからだ。ギャンブラーよろしく、思いっ切りの大胆さで始めた戦争だった。緒戦の儲けをすってしまう前に、走って逃げ切れると錯覚していたが、ゲームを途中で放棄するオプションは、実は最初から存在しなかった。実力の差を把握している手強い対戦相手が、それを許す可能性は皆無に等しかったのである。

確かに真珠湾奇襲攻撃は、少なくとも最初は、まばゆいばかりの大勝利に見えた。情報もあまり入らない状況で、多くの国民も、日本が国のため、アジアの明るい未来のため、名誉ある選択をしたと信じ、それを無私の勇断として歓迎した。大いに迷いの残っていた天皇でさえも、真珠湾の勝利の一報が届くと、非常に喜んだと言われている。しかし、頼みもしなかったのに、突然日本の軍政下に置かれた東南アジア諸国の人々のほとんどは、地域的、グループ的差異があるとはいえ、日本のリーダーシップの利己的なことを見抜いていた（もちろんだからと言って、日本の軍政のすべての面が利己的だというわけではないが、それでも、日本の最優先課題は戦争物資調達であり続け、それが日本の支配を特徴付けた）。崇高なアジア連帯の理想を掲げながら、現実には準備不足で、行き当たりばったりの日本の執政ぶりを見て、西洋の植民地主義よりも偽善的だと受け取られても無理なかった。そして場合によっては軍政が、植民地時代以上の、肯定し難い貧困や残虐行為に繋がることもあり、理想と現実のギャップは広がる一方だった。これがよく「真珠湾は戦術的勝利でも、戦略的な大失敗だった」と言われる一因だった。しかし本当に真珠湾は、戦術的な勝利だったのだろうか。一九四一年一二月七日の朝、真珠湾空襲部隊の総指揮官を努めた淵田美津雄爆撃隊長は、攻撃続行を助言した。最初の攻撃では一八三機が飛び、そのなかの九機が戻らなかった。第二グループからは一六七機中、二〇機が戻らなかった。それ以上の損失を危ぶんだ南雲中将は、そこで作戦を終了とし、引き返すことを決めた。

冒頭で述べたように、その結果、米軍の石油タンク、修理工場などを含む軍の施設が、ほとんどそのまま攻撃を受けずに残った。被害を受けた湾内の戦艦も、浅瀬だったために、その多くが比較的容易に回収され、米海軍の太平洋戦力回復を可能にした。そして日本軍は当然、湾にいなかった米空母や潜水艦に、決定的なダメージを与えることもできなかった。

潜水艦といえば、山本五十六が許可を渋った人間魚雷作戦はどうなったのだろうか。空撃に先立つ魚雷攻撃で、案の定、若い命は海に散ったが、その後、死をもって、日本の軍事プロパガンダとしての役割を全うすることになった。大本営ではなく新聞が、「九軍神」として彼らを神格化し、その無私で愛国的な自己犠牲の精神を讃えた（攻撃に加わったのは一〇名で、実はそのうちの一名は米軍に囚われ、捕虜第一号となっていたのだが、そのことを一般市民は知る由もなかった）。そして奇襲攻撃の一周年を祝う時期になると、九軍神は国家をあげての英雄崇拝の中心に据えられた。

日米開戦一周年のもうひとつのハイライトは、海軍省が製作した『ハワイ・マレー沖海戦』だった。一九四二年一二月三日に公開されたその映画は、絶対的な勤勉と努力で、帝国海軍のエリートパイロットに成長する、田舎少年が主人公だった。軍隊行進曲やワーグナーのサウンドトラックに盛り上げられて、ハワイ・マレー沖での戦闘と、それに次ぐ宣戦布告がドラマチックに描かれる。ただ日本の指導者たちが初期の栄光に便乗できるのも、もうそう長くはなかった。

＊

兵士Uは、戦いを強いられる生活が、プロパガンダ映画に描かれるものとはかけ離れていることを、身をもって経験していた。漂流者の運命は続いていた。一九四一年一二月八日、行き先の分からない船上で、Uの部隊は日本の宣戦布告を知らされた。インドシナ南東のカムラン湾を通過し、メコン河に入り、サイゴンと思しき大きな港町で補給を済ませた後、とうとう最終目的地のタイ王国南部、シンゴラ港に夜間の上陸を果たした。そこからイギリス相手に、マラヤの歴史的戦いに加わることになった。Uはその戦いで、生き残った。

一九四二年二月のシンガポール陥落後、Uはスマトラ島北部メダンの警備任務にあてられた。そこでの生活は、日本の征服者たちにとって、比較的楽なものだった。それでもその年の一二月に、年齢を理由に、やっと帰国を許されたことを知って、Uは飛び上がらんばかりに喜んだ。ところが帰路がまた、危険をはらんでいた。人員輸送船は、猛スピードでジグザグ航海をして、敵艦を避けなければならなかった。期待に胸いっぱいの帰還者を乗せた船が、とうとう広島沖に近づいた時、あたりは真っ暗だった。ポンポン船に分乗し、宇品港で上陸することになったが、空襲に備える暗夜の灯火管制で、無灯火の小船同士が衝突してしまった。Uは無事だったが、冬の海に放り込まれ、命を落とす者もあった。長期従軍を経た後、祖国を目前にしての、無念の死だった。

＊

一九四四年の半ば、悪化する戦況を見越して、銃後総動員のための新政策が発表された。いまだに東條指揮下にあった政府は、一三都市からの集団児童疎開を実行したのだ。八歳から一二歳までの、約八〇万の子どもたちが田舎に疎開したが、多くの場合、寺や旅館の限られたスペースで、空腹やホームシックと戦わなければならなかった。大勢の子どもたちにとって、それは親から離れての初めての生活だった。疎開はその世代の多くの人たちにとって、忘れることのできない共通戦争体験となった。

新聞や雑誌は、薔薇色のレンズを通して、集団疎開を報道した。新鮮な田舎の空気の中で、いかに子どもたちが楽しんで生活しているかを語り、笑顔が一杯の写真が掲載された。だがそれは明らかに、栄養の足りていない顔だった。小さい男の子たちが風呂場で輪になって、前の子どもの背中を流し合う様子を伝える写真もあった。確かに楽しんでいるようには見えるが、どこに笑顔を見せるエネルギーがあるのかと不思議に思えるほどに、その裸の体は、すべてやせ細っている。

　与えられる僅かな物以外に、食料を調達する知恵や手段もなく、疎開児童たちは、何よりも空腹に苦しんだ。そんな彼らの最大の娯楽は、食べ物を絵に描くことだった。当時を回想する人はこう言う。「カステラ、おまんじゅう、お団子、ケーキ、キャラメル、おせんべい、かりん糖など。みんな夢中で書き《ママ》ました。自分の知っているお菓子を片っぱしから書いて、その下に名前を書きこみ、お互いに見せあって、そのおいしいことを話し合って楽しんだのです」[12]。不平不満を含む家族への手紙には、付き添い教師たちの検閲が入った。自己検閲は、このレベルでも実行されていたのだった。

　集団疎開の裏には、差し迫るアメリカによる本土上陸の脅威があった。日本の二四〇〇キロ南にあるサイパン上陸後は、その脅威が倍増された。サイパン島は、一九四四年七月七日に陥落し、民間人を含む五万五〇〇〇以上の日本国籍保持者が亡くなった（一九二〇年、国際連盟により日本の委任統治下におかれたサイパンでは、一九四三年に、三万人近い台湾人と朝鮮人を含む日本国籍保持者が住んでいた）。南雲中将以下、海軍指揮官は、日本兵が「太平洋の防波堤」となることを命じ、南雲は七月六日、島の陥落を前に自決の道を選び、先例を示した。そのような究極の犠牲が、結果として軍の保護のない民間人にも求められることになった。あまりにも多くの人々が、降伏でなく死を選んだ。時には、残る日本兵たちが捕虜となって日本の恥をさらさないよう、民間人にも強く自決を促した。総力戦において、国民も、「自働的に」お国のために戦う兵士となるのだった。

　生々しく、哀れな愛国的忠誠心の末路が、米海兵隊によってフィルムに残されている。死に行く人々のなかには、小さな赤ん坊や子どもを連れた若い母親もいる。火山岩の崖縁に向かいながらつまずく人々、黒い海水が広がる奈落の底を見下ろす人々の様子からは、瞬間的な躊躇や恐怖が感じとれる。しかし勇気を振り絞り「万歳」と叫びながら、空中に最後の一歩を踏み出す。民間人の自決は、その後もテニアン、グアム、沖縄で続いた。
もはや国民に、日本の徹底的な劣勢を秘密にすることは困難だった。サイパンの陥落は、東條内閣の終焉とともに、一九四四年七月一八日に発表された。その二日後、ドイツでは「ヴァルキューレ作戦」が決行された。ヒットラーの暗殺計画のうちでも一番成功に近かったこの作戦は、しかし失敗に終わり、命拾いをした統帥は、新たな狂気的エネルギーをもって、自殺の日まで、第三帝国をリードし続けることになった。

ヒットラーのいないドイツは、すぐに多くが違う国になったであろう。しかし、東條がトップにいない日本と、東條政府下の日本との相違点は、それほど明らかではなかった。日本を戦争へと導いた政治文化的、制度的とも言える同じ欠陥が、指導者の中に生き続けていた。いや、どちらかと言えば、この数年の資源と人命の犠牲の重みが、指導者の大決断をさらに難しくさせていた。全面的な敗北を避けるために、今一度、アメリカに真珠湾のような決定的打撃を与えることを望む向きもあった。また、ドイツかソ連のどちらかの仲介で、和平に持ち込めると信じる者もいた。さらに一部の狂信的軍国主義者には、結果がどうであれ、最後まで日本が国を挙げて戦い抜くことを望む者もいた。首脳部は、戦争が長引けば長引くほど、ますます状況が厳しくなっていくことを実感していたはずだった。にもかかわらず、日本が降伏するのは東條の辞職後、一三ヶ月が経って、アメリカによる主要都市の空爆破壊と二つの原子爆弾投下、ソ連の対日参戦を経てからのことだった。相手側の責任だという以外に、責任の所在が限りなくあやふやで、さらにはその相手が早急に講和を求めてくること以外に、確固とした終戦計画もなくスタートさせた無謀な戦争を自分たちから止めるのは、至難の業というわけだった。

その間、人々は命ある限り生活を続けていかなければならず、子どもたちの疎開も続けられた。一九四四年八月二二日、疎開船「対馬丸」に乗った、約七〇〇名の児童が、沖縄から鹿児島までの航海中、海に散った。米潜水艦は、もうそこまで迫っていたのだ。東京の低学年児童の集団疎開政策は、一九四五年一月に終了し、それをもって各家族は、縁故疎開など、個別の避難手段を模索するよう促された。帰還した幼い疎開児童たちの家族との再会は、しばしば残酷過ぎる短さで終わった。東京に戻った子どもたちの中には、三月一〇日、荷風が愛する住み処と書籍を焼失した大空襲に、ちょうど間に合うタイミングで戻ってきている者もいた。

ほぼすべての主要都市の破壊と、絶え間なくやってくる戦地からの戦死のニュースに、国民の士気は、底をついていた。病気、飢餓、焼夷弾などによる死から逃れることが、人々の最優先事項となっていた。赤ん坊を窒息するまでに固く抱きしめて、取り乱しながら防空壕を目指す母親、死にゆく人々がしがみついてくるのをよけながら、川に浮かぶ女学生、黒焦げの遺体の山の中に、行方不明の家族を必死で探そうとする人々。このような話があまりにも日常的に聞かれ、目撃されるようになっていた。御前会議の会場のあった明治宮殿も、一九四五年の五月には焼夷弾の餌食となっていた。終戦に至るまでの最後の二回の御前会議は、防空壕の中で行われた。

物資の面ではまだましだった田舎でも、生活は楽ではなかった。幼い子どもたちは、無邪気に木の根を掘り起こして、収穫を競った。それは主食の米の貴重な代替となった。バッタはタンパク質やカルシウムの源だった。学生は松の樹液を大量に集めさせられたが、それが思惑通り、飛行機の燃料として使われることはなかった。各世帯からは、バケツやお玉など、すべての金属製の物品が回収された。飛行機を作るため、ということだった。「戦争に負けているに違いない」。でなければ、政府は貧しい農民から、台所用品を奪ったりするものか、というのが、一少年の率直な感想だった。[13] しかし人為的な災害でなく、あたかも自然災害を経験しているかのように、国民はひたすら、ある種の諦観とともに、難局を耐え忍ぶのだった。

すべてが崩壊していく中、非常に少数の日本人（主に軍人だったが、幾人かの映画関係者や大学生などの民間人もいた）が、イギリス人が東南アジアに残していった映画を鑑賞する機会を得た。そのうちのひとつは、『風と共に去りぬ』だった。画質、映像技術、ストーリーラインの魅力など、すべての面で驚異的な四時間近い大作に、観た者は圧倒された。そして、このような映画を作る国を倒せるわけがないという結論に至るのは、ごく自然なことだった（他にも、ウォルト・ディズニーによる一九三七年の作品『白雪姫』が試写された。アニメ製作技術の違いも、あまりにも明白だった）。

＊

天皇の玉音放送で日本の完全な敗北が国民に知らされた二日後の一九四五年八月一七日、東久邇宮稔彦王が首相に任命された。皇室から、最初でおそらく最後の首相が、国を武装解除し、無条件降伏を受け入れ、連合国の占領軍に日本を受け渡し、さらに消沈しきった国民の再起を促す役割を担ったのだった。

東久邇宮は、その細身の体つきから想像できないが、力強く、かつ簡潔に訴える才能に長けていた。新首相は九月五日、傍聴席に米軍ＧＩを含む臨時国会で、施政方針演説を行った。その中で、日本がこの局面に至ったのは、政府の政策の誤りだけではなく、国民にも責任があるという考えを述べた。そして、軍官民を含む国民全体が徹底的に反省し、懺悔しなければならないという、いわゆる「一億総懺悔論」を展開した。このように懺悔を求められる国民は、つい最近まで、国を信じ、本土決戦の際には死ぬまで戦い抜け、一億玉砕せよ、と聞かされていたのと同じ人々だった。とはいえ、さっぱりと頭を切り替えることに、利点がなくもなかった。一九四五年の夏、日本の前には、途方に暮れるような大仕事が立ちはだかっていた。過去に執着する暇など、ないように思えた。

しかしこのような思考態度が、日本の指導者たちが負うべき「開戦」の責任問題を、うやむやにしたことも確かだった。東久邇宮は「敗戦の因って来る所は固より一にして止まりませぬ」とし、「前線も銃後も、軍も官も民も総て、国民悉く静かに反省する所がなければなりませぬ」と述べたものの、肝心の「開戦の因って来る所」が、ひとつでなければ、いったい何処と何処と何処にあったのかというような詳細には触れなかった。[14] そもそも戦争が、最初から無駄なものだったのでは、というような問いは、誰にとっても辛いものだった。それにはあまりにも、失ったものが多すぎた。しかしまた、この「原罪」を直視せずに、端から開戦責任論の成熟を拒否したことで、戦争犯罪や歴史解釈など、そこから派生する様々な問題と向き合うことも、ますますややこしく、難しくなっていった。

もちろん人間は、自分の生きてきた歴史を、簡単に忘れられるわけではない。そして実際には、戦争を経験した人々、その後に生まれた人々にかかわらず、日本の戦争の過去を、様々な角度から検討しようとする真剣な試みは行われ続けてきた。たとえば八四歳まで生きた兵士Uは、家族にも知られず、静かに、思慮深く、誰に宛てるともなく、従軍経験を書き残した。

行き着くところ、開戦はすべての国民の責任だった、国民すべてが懺悔しなければならない、としたことは、ほぼ「誰も悪くなかった」と主張するのに等しいのだった。一九四一年当時、大多数の国民の運命を決定する少数の日本人が、確かに存在していた。しかし彼らの開戦決定責任は、十分な検討もされないまま、(また後に続く、連合国による極東国際軍事裁判でも、その全容がつかみ切れぬまま)、それはさらに一億の国民によって、薄められたのである。言うまでもなく、東久邇宮内閣の立役者で、無任所大臣として公の場に再浮上した近衛文麿にとって、「国民総懺悔」は、もちろんこの上なく好都合な概念であり、歴史観だった。

冷戦以来、主流の保守政治家のほとんどは、そのように曖昧な歴史観を、批判の精神なく継承してきた。皮肉にも、昔日の敵アメリカによる冷戦重視の現状維持政策が、それを可能にしたのだ。一部の一般人、学者、ジャーナリストなどによる、率直な議論を促そうとする努力があるにもかかわらず、日本政府の公式な傾向が、きな臭い過去からは、できるだけ目を背けようというものであり続けてきたことは否めない。だが権力構造以前に、この問題があまり直視されてこなかった一因には、すでに荷風が真珠湾前夜に鋭く観察した「元来日本人には理想なく強きものに従ひその日その日を気楽に送ることを第一とするなり」という、大勢による政治的無関心があるのだった。[15]

一九五二年、『風と共に去りぬ』が、ついに日本でも一般公開され、大ヒットとなった。多くの人々が、衝動的で、活潑で、不屈の精神を持つ南部美人スカーレット・オハラに賛同し、勇気付けられた。スカーレットの最後の言葉、「結局、明日は別の日なのだから（“After all, tomorrow is another day.”）」は、戦後の廃墟から、より良い未来へ続く道を垣間見ようとする、日本人の心の願いと、共鳴したのだった。

スカーレットよろしく、日本はその道を邁進した。そして「あの戦争」と言われる過去と、その何とも信じがたい起源は、別の日、別の国となった。

主要参考文献

以下、脚注出典を補足する意味で、本書中の登場テーマに沿った参考資料を、あくまでも選抜的ではあるが、若干の解題も含めて、まとめてみる。

まず巻頭の題辞で触れたシェイクスピア劇『ジュリアス・シーザー』だが、古代ローマ指導者たちの野心、陰謀、英雄崇拝、愛国心に関する異なる解釈など、一九四一年の日本の指導層や民衆心理を連想させるモチーフに豊富で、一読の価値がある。日本語では福田恆存訳（新潮文庫、一九六八）や、小田島雄志訳（白水Uブックス、一九八三）などが代表的である。なお題辞の訳は著者による。

＊

プロローグ「たった一日。なんというその違い！」では、一九四一年一二月八日を焦点に、開戦までの経緯全般と、太平洋両岸における真珠湾攻撃の余波について、総括的に述べている。よって次に挙げる書名は、全章を通して重要な文献でもある。まず、政策決定に携わった当事者たちの回想、会議の議事録、外交資料、日記関係などからなる一次資料群を述べる（著者、編者による五〇音順）。

・石井秋穂『石井秋穂大佐回想録』（一九四六）並びに『昭和十六年後半期の最高国策の補正』（一九五七）防衛省戦史室蔵
・外務省『明治百年叢書　日米交渉史料』（原書房、一九七八）
・木戸幸一『木戸幸一日記（上・下）』（東京大学出版、一九八〇）
・新名丈夫編『海軍戦争検討会議記録』（毎日新聞社、一九七六）
・田中新一『田中新一中将業務日誌』（一九四六）防衛省戦史室蔵
・日本国際政治学会太平洋戦争原因研究部編『太平洋戦争への道――開戦外交史　資料編（新装版、別巻）』（朝日新聞社、一九八八）
・防衛庁防衛研修所戦史室『戦史叢書　大本営陸軍部大

東亜戦争開戦経緯（四）（五）』（朝雲新聞社、一九七四）

二次資料で大いに参考にしたのは、以下の作品である。

・入江昭『太平洋戦争の起源』篠原初枝訳（東京大学出版会、一九八七）

・大杉一雄『真珠湾への道――開戦・避戦九つの選択肢』（講談社、二〇〇三）

・五味川純平『御前会議』（文春文庫、一九八四）

・日本国際政治学会太平洋戦争原因研究部編『太平洋戦争への道』（前記資料編を除く、新装版全七巻）（朝日新聞社、一九八七）

大杉氏の力作は、二〇〇八年の講談社学術文庫版では『日米開戦への道――避戦への九つの選択肢（上・下）』となっている。

その他、プロローグで特に触れているのは、一九四一年一二月八日、真珠湾攻撃直後の知識人や文化人の反応だ。まず筆頭に永井荷風の日記を挙げたい。特に参考にしたのが、以下の二巻である。

・稲垣達郎、竹盛天雄、中島国彦編『荷風全集（二三）』（岩波書店、一九六三）

・永井荷風『摘録　断腸亭日乗（上・下）』（岩波文庫、一九八七）

真珠湾攻撃直後の国民の反応については、イデオロギーや文学史など、近代史を多岐の視点から述べた橋川文三、鹿野正直、平岡敏夫編『近代日本思想史の基礎知識――維新前夜から敗戦まで』（有斐閣、一九七一）の中にある、「一二月八日の思想」の章が、非常にわかりやすい。また橋川が解説をした昭和戦争文学全集編集委員会編『昭和戦争文学全集（一四）市民の日記』（集英社、一九六五）は、戦時の市井の暮らしを垣間見ることができる、貴重な総力戦の記録だ。

文中で具体的に触れている知識人たちに関しては、以下を特に参考にした。

・伊藤整『太平洋戦争日記（一）』（新潮社、一九八三）

・加藤淑子『斎藤茂吉の十五年戦争』（みすず書房、一九九〇）

・キーン、ドナルド『日本人の戦争――作家の日記を読む』（文春文庫、二〇一一）

・竹内好編、解説『現代日本思想大系（九）アジア主義』（筑摩書房、一九六三）

・松本健一『竹内好「日本のアジア主義」精読』（岩波現代文庫、二〇〇〇）

＊

第一章「戦争の噂」は、近衛文麿内閣と日米関係緊張化までの経緯を述べている。何と言っても、ここでの主役は近衛文麿であるので、まず近衛による一次資料で始める。

・近衛文麿、共同通信社『近衛日記』編集委員会編『近衛日記』（共同通信社、一九六八）

・近衛文麿『失われし政治』（朝日新聞社、一九四六）、「英米本位の平和を排す」『戦後日本外交論集』（中央公論社、一九九五）、『戦後欧米見聞録』（中公文庫、一九八一）、『近衛文麿手記　平和への努力』（日本電報通信社、一九四六）

以下の作品は、近衛像やその指導力の理解に重要な考察が述べられている。

・伊藤隆『近衛新体制――大政翼賛会への道』（中公新書、一九八三）

・犬養健『揚子江は今も流れている』（文藝春秋新社、一九六〇）

・犬養道子『ある歴史の娘』（中公文庫、一九九五）

・今井清一『開戦前夜の近衛内閣』（青木書店、一九九四）

・岡義武『近衛文麿』（岩波新書、二〇〇三）

・風見章『近衛内閣』（中公文庫、一九八二）

犬養健しかり、近衛の「側近」とされた人々の記録には、興味深いものが多いが、本書がもっとも参照したのは、西園寺公一の著書で、随筆録の『貴族の退場』（ちくま学芸文庫、一九九五）、回想録の『西園寺公一回顧録――過ぎ去りし、昭和』（アイペックプレス、一九九一）である。

日米開戦の伏線とも解釈できる、第一次近衛内閣下での日中戦争泥沼化については、大杉一雄による『日中戦争への道――満蒙華北問題と衝突への分岐点』（講談社学術文庫、二〇〇七）があり、前記の『真珠湾への道』と、併読されるべき作品である。

また、日中戦争勃発直前の「神風号」欧州記録飛行に関しては、深田祐介『美貌なれ昭和――諏訪根自子と神風号の男たち』（文春文庫、一九八五）が、外せないだろう。

＊

第二章「ドン・キホーテの帰還」は、松岡洋右外相下での枢軸外交と、日米外交交渉の発端が主題である。

・伊藤隆、塩崎弘明編『近代日本史料選書（五）井川忠雄日米交渉史料』（山川出版社、一九八二）

・岡村二一「日ソ不可侵条約と日本」『中央公論』（一九六四年八月）

・大橋忠一『太平洋戦争由来記――松岡外交の真相』（要書房、一九五二）

・加瀬俊一『戦争と外交（下）』（読売新聞社、一九七五）

・豊田譲『松岡洋右――悲劇の外交官（上・下）』（新潮

文庫、一九八三）
・松岡洋右伝記刊行会編『松岡洋右――その人と生涯』（講談社、一九七四）
・三輪公忠『松岡洋右』（中央公論社、一九七一年）

＊

第三章「事の始まり」と第四章「軍人のジレンマ」では、明治維新、文明開化、鹿鳴館時代、軍事国家としての日本の台頭を、連なる文脈で語った。以下の書は、明治の精神や、その後に受け継がれる日本の対外観を理解する鍵を提供してくれる。

・芥川龍之介『芥川龍之介全集（五）路上・舞踏会』（岩波書店、一九九六）
・久野明子『鹿鳴館の貴婦人 大山捨松――日本初の女子留学生』（中央公論社、一九八八）
・瀬沼茂樹編『現代日本記録全集（四）文明開化』（筑摩書房、一九六八）

また満洲事変前後からの軍国化や、陸海軍間の軋轢に関して、以下が非常に興味深い。

・岡田啓介著、岡田貞寛編『岡田啓介回顧録』（中公文庫、二〇〇一）
・源田實『真珠湾作戦回顧録』（文春文庫、一九九八）
・濱口雄幸著、池井優、黒沢文貴、波多野勝編『濱口雄幸日記・随感録』（みすず書房、一九九一）
・林久治郎『満洲事変と奉天総領事――林久治郎遺稿』（原書房、一九七八）
・半藤一利『指揮官と参謀』（文春文庫、一九九二）
・山本義正『父　山本五十六』（恒文社、二〇〇一）

＊

第五章「厄介払い」と第六章「南北問題」では、論点を再び一九四一年前半に戻し、バルバロッサ作戦による独ソ開戦と、それに続く、日本及び世界の反応をテーマにした。同盟国側の動きを知るのに興味深い作品は、何と言っても、チャーチル英首相による著書である。邦訳ではウィンストン・S・チャーチル『第二次世界大戦（一）（二）（三）』佐藤亮一訳（河出文庫、二〇〇一）、『第二次大戦回顧録抄』毎日新聞社訳（中公文庫、二〇〇一）がある。

また、松岡外相の動きや周囲の状況などで特に興味深いのは、戦後の昭和天皇による独白、寺崎英成、マリコ・テラサキ・ミラー編『昭和天皇独白録』（文春文庫、二〇〇一〇）だ。当時、松岡外相の秘書官だった加瀬俊一の前掲書も、引き続き参考になる。

独ソ開戦をきっかけに、世界勢力再編成の動きが進んだが、そこで浮上したのが、ドイツの同盟国としての日本の対ソ参戦問題で、ここに重要なサイドストーリーが登場する。いわゆる「尾崎・ゾルゲ事件」だ。これは戦後の現代史研究のスタートラインであり、また冷戦下の諜報史の序章でもあるため、よく書かれてきた事件だが、当事者たちの記録も含め、代表的なタイトルを挙げる。

・石井花子『人間ゾルゲ』（徳間文庫、一九八六）
・NHK取材班、下斗米伸夫『国際スパイゾルゲの真実』（角川書店、一九九二）
・尾崎秀実著、今井清一編『新編　愛情はふる星のごとく』（岩波現代文庫、二〇〇三）
・小尾俊人編『現代史資料（一）ゾルゲ事件一』、『現代史資料（二）ゾルゲ事件二』、『現代史資料（三）ゾルゲ事件三』（みすず書房、一九六二）
・ジョンソン、チャルマーズ『尾崎・ゾルゲ事件——その政治学的研究（一九六六年）』萩原実訳（フロンティア・ライブラリー、一九六六）

この時期の日本の「南北問題」つまり「南進」か、「北進」かという議論で、頭をもたげてくるのが、日本の戦略政策立案、検討、決定などにまつわるプロセスの解明だ。これに関しては名著、波多野澄雄『幕僚たちの真珠湾』（朝日新聞社、一九九一）が必読である。

＊

第七章「七月、静かなる危機」、第八章「『ジュノーで会いましょう』」、並びに第九章「勝ち目なく、避けられぬ戦争」では、南部仏印進駐にまつわる日米外交の緊張激化、松岡外相の失墜、一段と迷走する連絡会議のやりとりなどが中核となり、その周辺で、近衛側近たちによる首脳会談申し入れ画策や、ゾルゲ事件などのサイドストーリーもますます発展していく。重要参考文献にも、重複が増えてくるが、前掲の『太平洋戦争への道——開戦外交史　資料編（別巻）』内に掲載されている「杉山メモ」や、石井秋穂の回想と補正記録が一層重要になる。

また陸軍参謀本部内の記録として、軍事史学会編『大本営陸軍部戦争指導班 機密戦争日誌　全二巻』（錦正社、二〇〇八）、対米申入書に関しては、近衛側近の一人であった松本重治による『昭和史への一証言』（毎日新聞社、一九八六）が貴重な一次資料である。またルーズベルトと近衛の世界観の違いを考える際、未訳ではあるが、*Mental Maps in the Era of Two World Wars*, eds. Casey, Steven and Wright, Jonsthan (London, Palgrave Macmillan, 2008) 内の、スティーブン・ケーシーによる"Franklin D. Roosevelt"が、ルーズベルトの政治観を簡潔にまとめており、非常に参考になる。

第九章で初出の「日本必敗」を唱えた総力戦研究所については、猪瀬直樹『昭和16年夏の敗戦』(文春文庫、一九八六)に依るところが大きい。二〇〇二年には、小学館から『日本の近代 猪瀬直樹著作集(八) 日本人はなぜ戦争をしたか』と改題され、再版されている。

文献ではないが、国家間の戦争目的意識やイデオロギー、歴史に根ざす世界観、世相の違いなどを考えるにあたって、大いに刺激となった映画がある。文中でも触れたが、ルーズベルトとチャーチルの大西洋会議と時期を同じくして作られた『潜水艦轟沈す』(一九四一、原題 *49th Parallel*)だ。これは欧州参戦に消極的なアメリカ世論に向けられた力強い参戦への呼びかけとして、必見のプロパガンダ大作である。日本では戦後の『赤い靴』(一九四八、*The Red Shoes*)が最も知られているマイケル・パウエル、エメリック・プレスバーガーの名コンビによる作品だが、この他にも戦争期を通して、『老兵は死なず』(一九四三、*The Life and Death of Colonel Blimp*)、『カンタベリー物語』(一九四四、*A Canterbury Tale*)、『うずまき』(一九四五、*I Know Where I'm Going!*)、『天国への階段』(一九四六、*A Matter of Life and Death*)など、珠玉の名作群を送り出した。近年では、パウエルとプレスバーガーを崇拝するマーティン・スコセッシ監督が、二人の作品の保存、復元に熱心なため、これらはより一層、鑑賞価値が高まった映画となっている。

＊

第一〇章「最後の望み」、第一一章「軍人、出でる」では、第三次近衛内閣の終焉と、東條首相任命までの日々を追っている。トップ層でいかなる駆け引きが行われたか、またどのように日米外交交渉が停滞したかが、主要テーマである。前掲の新名丈夫編『海軍戦争検討会議記録』は、海軍内部での開戦に対する態度を知るのに一際有益である。近衛の視点から見た軍部を知る上では、富田健治『敗戦日本の内側――近衛公の思い出』(古今書院、一九六二)、またアメリカ大使が情報収集と、その解釈に苦心する様子は、グルー、ジョセフ・C『滞日十年』(ちくま学芸文庫、二〇一一)に詳しい。

＊

第一二章「巻き戻される時計」と第一三章「崖っぷち」は、近衛内閣を辞職に追いこんだ東條が、首相として、開戦までのタイムテーブルを白紙に還元し、再検討を行う過程を扱っている。連絡会議の様子や、御前会議の記録などは、引き続き、前掲の一次資料群に依る。東條内閣の外相に任命された東郷茂徳に関しては、自身による回想『時代の一面――大戦外交の手記』(中公文庫、一九八九)がある。また鈴木企画院総裁の答弁は、猪瀬前掲書の中にある、戦後のインタビューと照らし合わせて読むと興味深い。

＊

最終章となる第一四章「ノーラストワード」、第一五章「ハル・ノート」、並びに第一六章「清水の舞台」は、すでに大きく開戦に傾いた東京の首脳部から距離を置き、真珠湾攻撃まで続けられたワシントンでの瀬戸際外交交渉努力について述べている。野村吉三郎『米国に使いして』（岩波書店、一九四六）と来栖三郎『泡沫の三十五年——日米交渉秘史』（中公文庫、二〇〇七）は、もちろん重要だが、外交司令塔としての立場を頑なに崩さなかった東郷外相批評では、東郷茂彦『祖父東郷茂徳の生涯』（文藝春秋、一九九三）も貴重である。また「甲・乙案」を巡る、煩雑な取引に関しては、佐藤元英「東郷外相は日米開戦を阻止できた」『文藝春秋』（二〇〇九年三月）が大いに参考になった。この時期の真珠湾攻撃計画の準備の高まりに関しては、淵田美津雄『真珠湾攻撃総隊長の回想 淵田美津雄自叙伝』（講談社文庫、二〇一〇）が、現場での様子を如実に記録している。

＊

エピローグ「新たな始まり」では、開戦までに至る経緯が、戦後、どのように理解されてきたか（またはされてこなかったか）、そしてそのことが、日本人の集団意識や記憶をどう説明できるかを考えながら、本をまとめた。真珠湾攻撃直前、直後のアメリカの反応については、来栖の回想に依るところが大きい。また大使館による対米通告の遅延問題についての考察では、井口武夫『開戦神話——対米通告はなぜ遅れたのか』（中央公論新社、二〇〇八）に明るく、駐米大使館の様子に関しては、藤山楢一『一青年外交官の太平洋戦争——日米開戦のワシントン→ベルリン陥落』（新潮社、一九八九）での回想が味わい深い。また一等書記官として、野村と来栖をアシストした寺崎英成とその家族にスポットライトをあてた、柳田邦男『マリコ』（新潮文庫、一九八三）は、非常によく知られているところだ。

真珠湾攻撃一周年記念映画『ハワイ・マレー沖海戦』も、様々な意味で重要な作品である。戦後を代表する大女優、原節子は、戦前には一九三七年公開の日独合作映画『新しき土』を皮切りに、国策支援色の濃い作品に抜擢されてきたが、この映画でも主人公の姉として出演している。また円谷英二の優れた特撮技術からなる空爆シミュレーション場面は、実際の記録映画と間違えられて、アメリカの歴史ドキュメンタリー番組などで登場することもしばしばあり、一見の価値がある。

注

＊引用される日本語訳は、訳者の記載がない場合は、著者による。

プロローグ

1 正木ひろし「近きより」講談社編、編集委員＝原田勝正、尾崎秀樹、松下圭一、三國一朗『昭和　二万日の全記録（五）一億の新体制』（講談社、一九八九）、二七七頁。

2 稲垣達郎、竹盛天雄、中島国彦編『荷風全集（二三）』（岩波書店、一九六三）、八九頁。

3 『昭和（五）』二七六頁。

4 「贅澤征伐婦人隊の報告」『週間婦女新聞』（一九四〇年八月一一日）、七頁。以下、報告会での発言、同出典。

5 外丸繁「ラジオ店の前は人だかり」http://www.rose.sannet.ne.jp/nishiha/senso/19411208.htm#tomaru

6 永井荷風『摘録　断腸亭日乗（下）』（岩波文庫、一九八七）、一五九頁。以下『摘録（下）』。

7 加藤淑子『斎藤茂吉の十五年戦争』（みすず書房、一九九〇）一二四頁。強調は原典中。

8 伊藤整『太平洋戦争日記（一）』（新潮社、一九八三）一一頁。

9 竹内好「大東亜戦争と吾等の決意（宣言）」『中国文學』（一九四二年一月）、四八一―四八三頁。

10 Yaoki Iijima and Geneva Cobb Iijima, "Growing Up in Old Japan (self-published memoir, 2010), p.19.

11 鈴木俊「不安とやったという気持ち」http://www.rose.sannet.ne.jp/nishiha/senso/19411208.htm#suzuki

12 "Franklin Delano Roosevelt Day of Infamy Speech" http://www.ourdocuments.gov/doc.php?flash=true&doc=73&page=transcript
演説中、"a date which will live in infamy" は、「屈辱の日」または「恥辱の日」と訳されることが多い。だがルーズベルトは、アメリカが感じている屈辱ではなく、日本の奇襲攻撃が、不名誉で、破廉恥な行動だと糾弾する意味合いでこの表現を使っていると読める。そのためここでは、あえて「不名誉に汚された日」と訳した。

13 Winston S. Churchill, *The Grand Alliance*, vol. 3 of The Second

World War (London: Cassell, 1950) ,p.540.

14 「大詔を拝し奉りて」 http://cgi2.nhk.or.jp/shogenarchives/sp/movie.cgi?das_id=D0001400294_0000

15 近衛文麿『近衛文麿手記　平和への努力』（日本電報通信社、一九四六）、九四頁。以下、『近衛手記』。

16 細川護貞「近衛公の生涯」近衛文麿、共同通信社『近衛日記』編集委員会編『近衛日記』（共同通信社、一九六八）、一五〇頁。

17 伊藤整『太平洋戦争日記』三〇頁。

18 高橋愛子「開戦からの日記」昭和戦争文学全集編集委員会編『昭和戦争文学全集（一四）市民の日記』（集英社、一九六五）、三三二―三四頁。

19 永井荷風『摘録（下）』二五四―五五頁。

20 明治大帝威徳宣揚会編『明治天皇詔勅集―おほみ心』（明治大帝威徳宣揚会、一九二〇）、四二頁。

21 丸山眞男『現代政治の思想と行動』「第一部　現代日本政治の精神状況　三、軍国支配者の精神形態」（未來社、二〇〇六）、九一―九二頁。

22 防衛研修所戦史室『戦史叢書　大本営陸軍部大東亜戦争開戦経緯（五）』（朝雲新聞社、一九七四）、八八頁。

第1章

1 永井荷風『摘録（下）』一四〇頁。

2 同右、一四六頁。

3 Joseph C. Grew, *Turbulent Era: A Diplomatic Record of Forty Years, 1904-1945* (Cambridge, Mass.: Riverside Press, 2:1258.

4 Ibid., 1257.

5 「近衛内閣の出来栄え」『大阪朝日新聞』（一九三七年六月三日）。

6 池田純久『陸軍葬儀委員長』（日本出版協同株式会社、一九五三）、二八―二九頁。

7 「第一次近衛声明」 http://www.jacar.go.jp/topicsfromjacar/pdf/02_006_01_01_0008.pdf

8 山浦貫一「近衛周囲の變還」『改造』（一九三八年一一月）、一二〇頁。

9 近衛文麿「英米本位の平和を排す」『戦後日本外交論集』（中央公論社、一九九五）、五二頁。

10 細川護貞「近衛公の生涯」一二二頁。

11 近衛文麿『戦後欧米見聞録』（中公文庫、一九八一）、一三八頁。

12 「東亜新秩序建設の声明」 http://www.jacar.go.jp/topicsfromjacar/pdf/02_006_01_01_0008.pdf

13 西園寺公一『西園寺公一回顧録「過ぎ去りし、昭和」』（アイペックプレス、一九九一）、一六〇頁。

14 永井荷風『摘録（下）』一四五頁。

15 講談社編、編集委員＝原田勝正、尾崎秀樹、松下圭一、三國一朗『昭和　二万日の全記録（四）日中戦争への道』（講談社、一九八九）、二三七頁。

16 潮津吉次郎「日中戦争従軍記」
http://www.rose.sannet.ne.jp/nishiha/taikenki/ushiotsu/nicchu.htm
以下、従軍記録の出典、同右。

17 深田祐介『美貌なれ昭和―諏訪根自子と神風号の男たち』（文春文庫、一九八五）。

18 「諏訪根自子手記」『東京朝日新聞』（一九三七年五月二二日）。

19 講談社編、編集委員＝原田勝正、尾崎秀樹、松下圭一、三國一朗『昭和　二万日の全記録昭和（六）太平洋戦争』（講談社、一九九〇）三九頁。

20 高橋愛子「開戦からの日記」三三三―三四頁。

21 枢密院本会議議事概要（一九四〇年九月二六日）
http://d-arch.ide.go.jp/infolib5/meta_pub/search-G0000008KISHIDB?q=B1-176

22 「日独伊三国条約ニ関スル枢密院審査委員会議事概要」（一九四〇年九月二六日）
http://d-arch.ide.go.jp/infolib5/meta_pub/search-G0000008KISHIDB?q=B1-173

23 豊田譲『松岡洋右―悲劇の外交官（下）』（新潮文庫、一九八六）、三六二頁。

24 五味川純平『御前会議』（文春文庫、一九八四）、五三頁。

25 木戸幸一『木戸幸一日記（下）』（東京大学出版会、一九八〇）、八七〇頁。以下、『木戸幸一日記（下）』。

26 防衛研修所戦史室『戦史叢書　大本営陸軍部大東亜戦争開戦経緯（四）』（朝雲新聞社、一九七四）、一一〇頁。

第2章

1 西園寺公一『貴族の退場』（ちくま学芸文庫、一九九五）、八二頁。

2 加瀬俊一『戦争と外交（下）』（読売新聞社、一九七五）、一〇四頁。

3 豊田譲『松岡洋右（下）』四三三頁。

4 James L. McClain, *Japan: A Modern History* (New York: W.W. Norton, 2002), 419.

5 Stewart Brown, "Japan Stuns World, Withdraws from League," United Press (February 24, 1933).

6 同右。

7 豊田穣『松岡洋右（上）』（新潮文庫、一九八三）、五四八―四九頁。

8 同右、二四―二五頁。

9 松岡洋右伝記刊行会編『松岡洋右――その人と生涯』（講談社、一九七四）、四九四―九五頁。

10 西園寺公一『回顧録』一九〇―九一頁。

11 西園寺公一『貴族の退場』七〇―七一頁。

12 西園寺公一『回顧録』一九七頁。

13 大橋忠一『太平洋戦争由来記――松岡外交の真相』(要書房、一九五二)、九六頁。

14 同右九七頁。

15 『東京朝日新聞』(一九四一年四月二三日)

16 岡村二一「日ソ不可侵条約と日本」『中央公論』(一九六四年八月)、二〇九頁。

17 加瀬俊一『戦争と外交(下)』一〇五頁。

18 近衛文麿『近衛手記』四六頁。

19 "Memorandum by the Secretary of State," May 2, 1941, in U.S. *Department of State, Papers Relating to the Foreign Relations of the United States and Japan, 1931-1941* (Washington, D.C.: Government Printing Office, 1943), 2:411.

20 "Memorandum by the Secretary of State," April 16, 1941, in U.S. Department of State, *Papers*, 2:407.

21 松岡洋右伝記刊行会編『松岡洋右』九七〇頁。

22 「十九、五月中二日日本側対案」外務省『日米交渉資料』(原書房、一九七八)、一、五一頁。

23 「一八、五月十二日松岡大臣発野村大使宛電報第二〇六号」『日米交渉資料』一、四八頁。

24 豊田穣『松岡洋右(上)』一〇七―〇八頁。

25 "Memorandum by the Secretary of State," May 11, 1941, in U.S. Department of State, *Papers*, 2:416.

26 "Memorandum by the Secretary of State," April 16, 1941, in U.S. Department of State, *Papers*, 2:409.

27 近衛文麿『近衛手記』四六頁。

28 大橋忠一『太平洋戦争由来記』、一二二頁。

29 豊田穣『松岡洋右(下)』四〇〇頁。

第3章

1 ピエル・ロティ「江戸の舞踏会」瀬沼茂樹編『現代日本記録全集(四)文明開化』(筑摩書房、一九六八)、四四頁。

2 同右、四五頁。

3 大倉喜八郎「鹿鳴館時代の回顧」同右、三五頁。

4 『明治天皇御下賜軍人勅諭』http://dl.ndl.go.jp/info:ndljp/pid/1456687

5 Marius B. Jansen, "Monarchy and Modernization in Japan," Journal of Japanese Studies 36:4 (August 197), 614.

6 Geoffrey Best, "Peace Conferences and the Century of Total War," The 1899 Hague Conference and What Came After," International Affairs, 75:3 (1999), 619-20.

7 Laurence Binyon, "For the Fallen." http://www.greatwar.co.uk/poems/laurence-binyon-for-the-fallen.htm

第4章

1 『戦陣訓』

http://cgi2.NHK.or.jp/shogenarchives/sp/movie.cgi?das_id=D0001400143_00000

2 Franklin Delano Roosevelt, "Four Freedoms."
http://www.fdrlibrary.marist.edu/pdfs/fftext.pdf

3 増田眞郎「戦時下の盛岡中学」
http://morioka-times.com/topics/bungei/senjika/senji2.html
以下試験内容、同出典。

4 Jawaharlal Nehru, *An Autobiography: With Musings on Recent Events in India* (London: John Lane, 1939), 16.

5 山本義正『父　山本五十六』(恒文社、二〇〇一)、二一頁。

6 林久治郎『満州事変と奉天総領事——林久治郎遺稿』(原書房、一九七八)、一四五—四六頁。

7 岡田啓介著、岡田貞寛編『岡田啓介回顧録』(中公文庫、二〇〇一)、二一四頁。

8 半藤一利『指揮官と参謀』(文春文庫、一九九二)、一〇九頁。

9 同右、一三一頁。

10 "The Ambassador in Japan (Grew) to Secretary of State," January 27, 1941, 711:94, in U.S. Department of State, *Papers*, 2:133.

11 源田實『真珠湾作戦回顧録』(文春文庫、一九九八)、一三頁。

12 同右、一四頁。

13 同右、一六頁。

第5章

1 加瀬俊一『戦争と外交（下）』四五頁。

2 同右、四四頁。

3 猪瀬直樹『昭和16年夏の敗戦』(文春文庫、一九八六)、一八一頁。

4 寺崎英成、マリコ・テラサキ・ミラー編『昭和天皇独白録』(文春文庫、二〇一〇)、六七頁。以下、『昭和天皇独白録』。

5 「五月三日第二十一回連絡懇談会」稲葉正夫、小林龍夫、島田俊彦、角田順編『太平洋戦争への道——開戦外交史　資料編（別巻）』(朝日新聞社、一九八八)、四一二頁。以下、『資料編』。

6 「五月八日第二十二回連絡懇談会」『資料編』四一五頁。

7 "Memorandum by the Secretary of State," April 16, 1941, in U.S. Department of State, *Papers*, 2:406.

8 "Memorandum by the Secretary of State," April 16, 1941, in Ibid., 2:406.

9 "Informal Conversations Between the Governments of the United States and Japan, 1941," May 19, 1941, in Ibid., 2:328.

10 "Oral Statement Handed by the Secretary of State to the Japanese Ambassador (Nomura)," June 21, 1941, in Ibid.,

2:485-86.

11 西園寺公一『貴族の退場』一〇〇頁。

12 「六月三十日第三十六回連絡懇談会」『資料編』四六〇頁。

13 永井荷風『摘録（下）』一四二―四三頁。以下同日の日誌、同出典。

14 同右、一四五頁。

15 Winston S. Churchill, "The Fourth Climacteric." http://www.winstonchurchill.org/learn/speeches/speeches-of-winston-churchill/809-the-fourth-climacteric

16 "Memorandum of a Conversation" (June 22, 1941), in U.S. Department of State, *Papers*, 2:493.

第6章

1 NHK取材班、下斗米伸夫『国際スパイゾルゲの真実』（角川書店、一九九二）、三二一頁。

2 同右。

3 リヒャルト・ゾルゲ「ゾルゲの手記（二）」『現代史資料（一）ゾルゲ事件一』（みすず書房、一九六二）、一八〇頁。

4 尾崎秀実「尾崎秀実の手記（一）」『現代史資料（二）ゾルゲ事件二』（みすず書房、一九六二）、五頁。

5 リヒャルト・ゾルゲ「ゾルゲの手記（二）」一六〇頁。

6 尾崎秀実「尾崎秀実の手記（一）」八頁。

7 NHK取材班、下斗米伸夫『国際スパイゾルゲの真実』一六二頁。

8 尾崎秀実「尾崎秀実の手記（一）」一二―一三頁。

9 半藤一利『指揮官と参謀』一三二頁。

10 『NHKスペシャル　御前会議』（一九九一年八月一五日放送）より http://www1.odn.ne.jp/~ceg94520/mumyouan/mumyou03a.html

11 同右。http://www1.odn.ne.jp/~ceg94520/mumyouan/mumyou03b.html

12 「六月二十五日第三十二回連絡懇談会」『資料編』四四五頁。

13 同右、四四六頁。議事録、同出典。

14 「六月二十六日第三十三回連絡懇談会」同右、四五六頁。

15 猪瀬直樹『昭和16年夏の敗戦』一五八―五九頁。

16 「第三十三回連絡懇談会」『資料編』四五六頁。

17 「六月二十七日第三十四回連絡懇談会」同右、四五七頁。

18 同右。

19 「六月三十日第三十六回連絡懇談会」同右、四六〇頁。

20 同右。

21 同右。

22 『昭和天皇独白録』五六頁。
23 「情勢ノ推移ニ伴フ帝国国策要綱」『資料編』四六七頁。
24 「五月二十二日第二十五回連絡懇談会」同右、四一八頁。
25 五味川純平『御前会議』一〇一頁。
26 「昭和十六年七月二日御前会議」『資料編』四六四―六五頁。以下同会議でのやりとり、同出典。
27 大杉一雄『真珠湾への道』二七七頁。
28 「第四十三回訊問調書」『現代史資料（一）』二八七頁。
29 「第四十一回訊問調書」同右、二七五頁。
30 NHK取材班、下斗米伸夫編『国際スパイゾルゲの真実』三三二頁。下線、原点中。
31 「日米開戦に至るまでの用兵、戦備・第二回第二次特別座談会、昭和二一年一月二二日」新名丈夫編『海軍戦争検討会議記録』（毎日新聞、一九七六）、一六五―六六頁。以下この会でのやりとり、同出典。

第7章

1 Ian Kershaw, *Fateful Choices: The Decisions that Changed the World, 1940-1941* (New York: Penguin, 2007), 300.
2 「七月十日第三十八回連絡懇談会」『資料編』四七一頁。
3 「七月十二日第三十九回連絡懇談会」同右、四七二頁。以下松岡の発言、同出典。
4 以下、出席者発言、同右、四七二―七四頁。
5 立野信之『太陽はまた昇る（上）』（講談社、一九六四）、二九三頁。
6 石井秋穂「昭和十六年後半期の最高国策の補正」防衛省戦史室蔵（一九五七）、七〇頁。
7 『昭和（六）』七六頁。
8 永井荷風『摘録（下）』一四六―四七頁。
9 「七月二十六日情報交換要旨」『資料編』四八四頁。
10 「七月二十四日第四十一回連絡会議」同右、四八三頁。
11 軍事史学会『第骨居陸軍部戦争指導班　機密戦争日誌（上）』（錦正社、一九九八年）、一三七頁。以下『機密戦争日誌』。
12 『NHKスペシャル　御前会議』http://www1.odn.ne.jp/~ceg94520/mumyouan/mumyou03a.html
13 “Memorandum by the Acting Secretary of State” (July 24, 1941), in U.S. Department of State, *Papers*, 2:529.
14 “Memorandum by the Ambassador in Japan (Grew)” (July 27, 1941), in Ibid., 534.
15 Ibid., 536.
16 近衛文麿『近衛手記』七一頁。
17 『木戸幸一日記（下）』八九五―九六頁。

第8章

1 石井花子『人間ゾルゲ』（角川文庫、二〇〇三）、一二三頁。

2 「情勢ノ推移ニ伴フ帝国国策要綱」『資料編』四六七頁。

3 「近衛文麿書簡 有田八郎宛」（一九四一年八月三日）、国立国会図書館憲政資料室収集文書。

4 "Senators Begin Debate on Iraq," *The New York Times* (June 22, 2006).

5 石井秋穂『石井秋穂回想録』戦史室、一八七頁。

6 波多野澄雄『幕僚たちの真珠湾』（朝日新聞社、一九九一）、一一八頁。

7 永井荷風『摘録（下）』一四四頁。

8 "Correspondence from Roosevelt to Harry Hopkins (July 26, 1941)" http://docs.fdrlibrary.marist.edu/PSF/BOX3/T32D01.HTML

9 近衛文麿『近衛手記』七五頁。

10 Ian Kershaw, *Fateful Choices*, p.316.

11 "Memorandum by the Secretary of State" (August 17, 1941), in U.S. Department of State, *Papers* 2:554.

12 同右。

13 西園寺公一、『回顧録』二三一頁。

14 松本重治『昭和史への一証言』（毎日新聞社、一九八六）、一三四頁。

15 「三七、八月二十六日豊田大臣野村大使宛電報第五〇二号」『日米交渉資料』一、一九八頁。

16 "Memorandum by the Secretary of State" (August 28, 1941), in *Papers*, 2: 571.

17 Ibid., 572.

18 "Memorandum of a Conversation" (August 28, 1941), in Ibid., 576.

19 Ibid., 577.

20 Ibid., 578.

21 Ibid.

22 西園寺公一、『回顧録』二一〇頁。

第9章

1 猪瀬直樹『昭和16年夏の敗戦』七八頁。

2 同右、一一九頁。

3 同右、一九四頁。

4 同右、一二二頁。

5 永井荷風『摘録（下）』一一八頁。

6 "President Roosevelt's Reply to the Japanese Prime Minister (Prince Konoye), Handed to the Japanese Ambassador (Nomura) on September 3, 1941," *Papers*, 2:592.

7 『機密日誌（上）』一五一頁。

8 大杉一雄『真珠湾への道』三三一頁。

9 石井秋穂『昭和十六年後半期の最高国策の補正』一五頁。

10 「九月三日第五十回連絡会議」五〇七頁。以下、同出典。
11 西園寺公一『回顧録』二一一頁。
12 『昭和天皇独白録』七四頁。
13 近衛文麿『平和への努力』八六―八七頁。
14 半藤一利『指揮官と参謀』一二三頁。
15 『昭和天皇独白録』七四頁。
16 近衛文麿『近衛手記』八七頁。
17 "Memorandum by the Ambassador in Japan (Grew)" (September 6, 1941), in U.S. Department of State, *Papers*, 2:604.

第10章

1 大杉一雄『真珠湾への道』三四六頁。
2 五味川純平『御前会議』一七〇頁。
3 Franklin D. Roosevelt, "Fireside Chat 18: On The Greer Incident." http://millercenter.org/scripps/archive/speeches/detail/3323
4 大杉一雄『真珠湾への道』三四九頁。
5 "Memorandum by the Under Secretary of State (Welles) (October 13, 1941), in U.S. Department of State, *Papers*, 2:685.
6 「九〇、九月二十八日野村大使発豊田大臣宛電報第八六五号」『日米交渉資料』二、三二〇頁。
7 「九月二十五日第五十五回連絡会議」『資料編』五二八―二九頁。
8 『機密参謀日誌（上）』一五八頁。
9 『木戸幸一日記（下）』九〇九頁。
10 "The Ambassador in Japan (Grew) to the Secretary of State" (September 29, 1941), in U.S. Department of State, *Papers*, 2:649.
11 Ibid., 650.
12 Ibid., 647.
13 「六月二十五日第三十二回連絡懇談会」『資料編』四四六頁。
14 「十一月一日第六十六回連絡会議」同右、五五三頁。
15 五味川純平、『御前会議』一七七頁。
16 『戦史叢書　大東亜戦争開戦経緯（五）』八八頁。
17 同右、八七頁。以下、鎌倉会談関連、同出典。
18 "Oral Statement Handed by the Secretary of State to the Japanese Ambassador (Nomura)" (October 2, 1941), in U.S. Department of State, *Papers*, 2:660.
19 "Memorandum of a Conversation" (October 2, 1941), in Ibid., 655-56. 以下、会談でのやりとり、同出典。
20 「十月四日第五十七回連絡会議」『資料編』五三〇頁。
21 新名丈夫編『海軍戦争検討会議記録』一七七―八〇頁。
22 『戦史叢書　大東亜戦争開戦経緯（五）』九二頁。
23 五味川純平『御前会議』一八八頁。
24 同右、一八九頁。以下やりとり同出典。
25 新名丈夫編『海軍戦争検討会議記録』一八〇頁。
26 五味川純平『御前会議』一九〇―九一頁。
27 田中新一『田中新一業務日誌』防衛省防衛研究所、

九五二頁。
28 『戦史叢書　大東亜戦争開戦経緯（五）』一〇四頁。
29 五味川純平『御前会議』一九三―九五頁。
30 同右、一九八頁。
31 『戦史叢書　大東亜戦争開戦経緯（五）』一〇六頁。
32 近衛文麿『近衛手記　平和への努力』九四頁。
33 大杉一雄『真珠湾への道』三六五頁。
34 Cordell Hull, *The Memoirs of Cordell Hull* (New York: Macmillan, 1948), 2:1054.
35 「十月十二日五相会議」『資料編』五三一―三三頁、以下同会議、同出典。
36 富田健治『敗戦日本の内側　近衛公の思い出』（古今書院、一九六二）、一八五頁。

第11章

1 永井荷風『摘録（下）』一四六頁。
2 NHK取材班、下斗米伸夫『国際スパイゾルゲの真実』二二四頁。
3 同右。
4 近衛文麿『失はれし政治』一三〇―三三頁。この会談記録、同出典。
5 「十月十四日午前、閣議ニ於ケル陸軍大臣説明ノ要旨」『資料編』五三三―三四頁。
6 「十月十四日閣議ニ於テ陸軍大臣説明後宮中ニ於ケル木戸、東条会談要旨」『資料編』五三五頁。
7 同右。
8 西園寺公一『回顧録』二二〇頁。
9 永井荷風『摘録（下）』一五三―五四頁。以下同出典。
10 猪瀬直樹『昭和16年夏の敗戦』八五―八六頁。
11 同右、八七頁。
12 『木戸幸一日記（下）』九一八頁。
13 同右、九一七頁。
14 東郷茂徳『時代の一面　大戦外交の手記』（中公文庫、一九八九）、二三〇―三一頁。
15 NHK取材班、下斗米伸夫『国際スパイゾルゲの真実』二三二頁。
16 西園寺公一『回顧録』二一七頁。
17 同右、二〇三頁。

第12章

1 『戦史叢書　大東亜戦争開戦経緯（五）』一九二頁。
2 「十月二十三日第五十九回連絡会議」『資料編』五三七―三八頁。以下同会議より、同出典。
3 『NHKスペシャル　御前会議』
http://www.tante2.net/nhk-gozen-kaigi3.htm
4 『戦史叢書　大東亜戦争開戦経緯（五）』二〇八頁。
5 「十月二十七日第六十二回連絡会議」『資料編』五三九頁。
6 猪瀬直樹、『昭和16年夏の敗戦』一八四頁。
7 同右、一八三頁。

8 「十月二十七日第六十二回連絡会議」『資料編』五三九頁。
9 同右五四〇頁。
10 五味川、二五六頁。
11 「十月二十八日第六十三回連絡会議」『資料編』五四一頁。同会議、以下、同出典。
12 「十月三十日第六十五回連絡会議」同右、五四三頁。
13 同右、五四二頁。
14 同右。
15 同右。
16 東郷茂徳、『時代の一面』三一九頁。
17 『戦史叢書　大東亜戦争開戦経緯（五）』二三二頁。
18 「十月三十日第六十五回連絡会議」『資料編』五四二頁。

第13章

1 「十一月一日東条陸相ト杉山総長トノ会談要旨」『資料編』五四八—五四九頁。以下、同会議、同出典。
2 五味川純平『御前会議』二八四頁。
3 「十一月一日第六十六回連絡会議」『資料編』五五〇頁。以下、蔵相質問に続くやりとり、同出典。
4 同右、五五〇—五一頁。以下、期日に関するやりとり、同出典。
5 大杉一雄『真珠湾への道』四〇七頁。
6 「十一月一日第六十六回連絡会議」『資料編』五五一—五五二頁。以下会議でのやりとり、同出典。
7 「軍事参議院参議会審議録」同右、五六一頁。
8 「昭和十六年十一月五日御前会議」同右、五七三頁。

第14章

1 来栖三郎『泡沫の三十五年　日米交渉秘史』（中公文庫、二〇〇七）、八八頁。
2 東郷茂徳『時代の一面』三三〇—三一頁。
3 来栖三郎『泡沫の三十五年』二六—二七頁。以下東條とのやりとり、同出典。
4 同右、二二一—二二頁。
5 来栖三郎『泡沫の三十五年』二七頁。
6 「十一月四日東郷大臣発野村大使宛電報七二五号」『日米交渉資料』一、三八五頁。
7 "Memorandum by the Secretary of State" (November 10, 1941), in U.S. Department of State, *Papers*, 2: 718.
8 "Memorandum of a Conversation" (November 13, 1941), in Ibid., 2:730-31. 以下、若杉・バランタイン会談、同出典。
9 「十一月十四日野村大使発東郷大臣宛電報第一〇九〇号」（交渉見透ニ関スル件）、『日米交渉資料』一、四二八頁。
10 "Memorandum of a Conversation" (November 15, 1941), in U.S. Department of State, *Papers*, 2:732-34. 以下、会談のやりとり、同出典。

11 「十一月十六日東郷大臣発野村大使宛電報第七八一号」『日米交渉資料』一、四四四頁。

12 この件につき、重要な研究分析が、佐藤元英「東郷外相は日米開戦を阻止できた」『文藝春秋』(二〇〇九年三月)、三〇六―三一九頁。

13 来栖三郎『泡沫の三十五年』、二八頁。

14 同右、八八頁。

15 同右、八九頁。

16 同右、九〇頁。

17 "Memorandum by the Secretary of State" (November 17, 1941), in U.S. Department of State, *Papers*, 2:740.

18 "Memorandum of a Conversation" (November 14, 1941), in Ibid., 733.

19 "Memorandum by the Secretary of State" (November 17, 1941), in Ibid., 742-43.

20 Hull, *The Memoirs of Cordell Hull*, 2:1062.

21 「東条首相施政演説」 http://cgi2.nhk.or.jp/shogenarchives/jpnews/movie.cgi?das_id=D0001300461_00000&seg_number=002

22 『大阪毎日新聞』(一九四一年一一月一九日)。

23 "Memorandum of a Conversation" (November 18, 1941), in U.S. Department of State, *Papers*, 2:745-50. 以下、やりとり同出典。

24 "Memorandum of a Conversation" (November 19, 1941), in Ibid., 2:751.

25 東郷茂徳『時代の一面』三三八頁。

26 「四九、十一月二十日東郷大臣発野村大使宛電報第七九八号」『日米交渉資料』一、四六七頁。

第15章

1 来栖三郎『泡沫の三十五年』一〇四―一〇六頁。以下、ハル会談の模様、同出典

2 "Memorandum by the Secretary of State" (November 21, 1941), in U.S. Department of State, *Papers*, 2:756.

3 "Memorandum of a Conversation" (November 22, 1941), in Ibid., 757.

4 Ibid., 758.

5 Ibid., 761.

6 「五八、十一月二十二日東郷大臣発野村大使宛電報第八一二号」『日米交渉資料』一、四七八―七九頁。

7 Hull, *The Memoirs of Cordell Hull*, 2, 1081.

8 Kershaw, *Fateful Choices*, 558.

9 "Memorandum of a Conversation" (November 26, 1941), in U.S. Department of State, *Papers*, 2:766.

第16章

1 東郷茂徳『時代の一面』三七五頁。

2 東郷茂彦『祖父東郷茂徳の生涯』(文藝春秋、一九九三)、二七八頁。

3 大杉一雄『真珠湾への道』四六四頁。続く吉田茂の東郷とのやりとり、同出典。

4 "Memorandum by the Secretary of State" (November 27, 1941), in U.S. Department of State, *Papers*, 2:770-72. 会議でのやりとり、同出典。

5 Churchill, *The Grand Alliance*, 539.

6 「昭和十六年十一月五日御前会議」『資料編』五六九—七〇頁。

7 『木戸幸一日記（下）』九二七頁。以下、近衛発言、同出典。

8 「十一月二十九日第七十四回連絡会議」『資料編』五九二頁。

9 「六四、十一月二十六日野村大使発東郷大臣宛電報第一一八〇号」『日米交渉資料』一、四八三頁。

10 来栖三郎、『泡沫の三十五年』一二二頁。

11 『木戸幸一日記（下）』九二八頁。

12 『昭和天皇独白録』八九頁。

13 同右、八九—九〇頁。

14 大杉一雄、『真珠湾への道』四八三頁。

15 「十一月十五日第六九回連絡会議」『資料編』五八五頁。

16 「昭和十六年十二月一日御前会議」同右、五九六頁。

エピローグ

1 来栖三郎『泡沫の三十五年』一三二頁。

2 角田順、福田茂夫編『太平洋戦争への道——開戦外交史 日米開戦（七）』（朝日新聞社、一九八七）、一三二頁。

3 来栖三郎『泡沫の三十五年』一二〇—一二六頁。

4 同右、一六五頁。

5 同右、一一六頁。

6 「九五、十二月三日東郷大臣発野村大使宛電報第八七八号」『資料編』五二九—三〇頁。

7 来栖三郎『泡沫の三十五年』一二六頁。

8 "Franklin Delano Roosevelt Day of Infamy Speech" http://www.ourdocuments.gov/doc.php?flash=true&doc=73&page=transcript

9 来栖三郎『泡沫の三十五年』一三九頁。

10 同右、二一一頁。

11 同右、一六七頁。

12 『昭和（六）』三三七頁。

13 Iijima, "Growing up in Old Japan," 20.

14 東久邇宮稔彦「戦争集結ニ至ル経緯竝ニ施政方針演説」http://www.ioc.u-tokyo.ac.jp/~worldjpn/documents/texts/pm/19450905.SWJ.html

15 永井荷風『摘録（下）』一四三頁。

あとがき

なぜ日本は、圧倒的な国力の差を知りながら、アメリカならびに連合国との戦争を始めたのか。誰が、どのような理由で、いわゆる「捨て鉢の戦争」、「勝ち目のない戦争」に、日本を導いたのか。

二〇一三年末に、*Japan 1941: Countdown to Infamy* の原題で、アメリカのアルフレッド・A・クノップ社より出版された本書は、一九四一年四月から一二月までの日本の政策決定プロセスを追いながら、これらの根本的な疑問に迫る試みとして書かれた。つまり日本側から見た日米開戦の起源が主題なのだが、ここでは著者として、また同時に日本語版の翻訳者として、なぜそのような本を書くに至ったか、その経緯について、少し触れたい。

イギリス人登山家のジョージ・マロリーは、「なぜ山に登るのか」と聞かれて、「そこに山があるからだ」と返したという。エベレスト登頂を、拙著の執筆になぞらえるのはおこがましいことと承知の上だが、「なぜこの本を書いたのか」と問われれば、「そこに書かれるべき本があったから」というのが、私の率直な答えである。もちろんそのような本が、それまで書かれてこなかったというのでは決してない。特記するまでもなく、日本の開戦に関しては、様々なことが書かれてきており、先達の歴史研究の成果と偉業の数々が存在している。その基盤があったからこそ、微力ながらも自分で登らなければならないエベレストとしての本書執筆が、「そこにあった」というまでのことである。

いささか、抽象的過ぎたかもしれない。具体的には、この本を書きたいと思った大きな理由の一つに、学生時代からアメリカと関わってきた一日本人として、英語で、特に一般のアメリカ人読者に向けて、真珠湾までの八ヶ月を、日本の視点からわかりやすく説明したいという気持ちがあった。アメリカ人にとって、過去七〇年以上にわたり、真珠湾攻撃は、日本人の想像を絶するほど大きな歴史的、愛国的シンボルとしての役割を担ってきた。「パール・ハーバー」とは、多くのアメリカ人にとって、まさしく卑怯な「だまし討ち」の代名詞的概念であり、アメリカが望んでいないにもかかわらず、正義のための戦争を戦うことを余儀なくされた、一大ターニングポイントだと思われている。しかしその名が広く知られ、安易に使われる一方で、実際の真珠湾攻撃に関する知識といえば、甚だ希薄なことも否めない。歴史に明るい人でさえも、ルーズベルトやチャーチルが、日本に攻撃を仕向けたというような共謀説や、ごく狭い戦術的視点からの論議に固執しがちで、ましてや真珠湾に至る日本の内政問題についてなどは、そのわかりにくさも手伝ってか、あまり語られることはない。

何も日本だけではなく、歴史教育には問題が付き物で、アメリカも固有の課題を抱えている。西側世界が、グローバルテロリズムという見えない敵と対峙しなければならない近年では、さらに、「パール・ハーバー」が、アメリカ人全般の無知を体現するキーワードと成り果てた感がある。歴史家マーガレット・マクミランは、著書 *Dangerous Games: The Uses and Abuses of History* の中で、二〇〇一年九月一一日、同時多発テロ直後のニューヨークの街中で聞かれたやりとりを、こう記録している。一人の男が言う。「なんてことだ。これじゃあ、まったくパール・ハーバーと同じじゃないか」。もう一人の男が聞く。「パール・ハーバーって何だっけ?」「え、知ってるだろ。ベトナムが攻撃してきて、アメリカをベトナム戦争に巻き込んだ、例のあれだよ」。

マクミランが挙げたのは、いささか極端な例かもしれないが、このような逸話が象徴する歴史理解不足の背景に、日米開戦にまつわる一つの新しい見方を提供することが、本書の大きな狙いであった。アメリカの読者に向けて、「日本側から見た真珠湾」という切り口で書かれたのが本書なのである。しかし、翻訳の機会を得た今回、日本語での出版にどのような意義があるのかも考えさせられた。その中で感じたのは、実際には開戦の経緯を把握し、一定の歴史理解に根ざした意見を持っている日本人は、少数派なのではないかということだった。たとえば開戦までの四年間のうち、二年半以上にわたって、日本の首相を務めた近衛文麿のことを、その謎めいた人物像を含め、どれだけの人が知っているのだろうか。同じく、よく悪玉の筆頭にあげられる東條英機が、実は開戦直前に戦争を回避しようとしたことを、どれだけの人が把握しているだろうか。はたまた南部仏印進駐を決行しようとする日本に、ルーズベルト大統領がインドシナ半島中立化案を提示し、日本がそれを黙殺したことの意味を考えたことのある人が、どれだけいるのだろうか（本書中でも触れたが、それはアメリカによる対日禁輸問題だけでなく、インドシナ半島の将来にも影響する、歴史的岐路になり得たかもしれない、日米交渉上の一大事だった）。

軍部が政策決定権を乗っ取ったから、またはアメリカの対日経済制裁や禁輸政策が日本をギリギリまで追い込んだから、というような一元的で受け身の理由は、それがいくら事実を含んでいたとしても、歴史プロセスとしての開戦決意を説明するのにはまったく不十分だ。スナップ・ショット的な断片を提示することは、全体像を把握することとは異なるのだ。確かに日本は、独裁主義国家ではなかった。戦争への決断は、圧倒的決定権を持つ独裁者の下で発生したのではなく、いくつもの連絡会議や御前会議を経て下された、軍部と民間の指導者たちの間で行われた共同作業だったということを忘れてはならない。同時にそれは、指導層内に全権が存在せず、重大な政策決定責任があやふやになる傾向があった事実も明らかにしている。そして複数の人物や組織を跨ぐ政策決定過程は、当然ながら入り組み、複雑だったために、それを理解することはさらに難しくなる。

執筆中は、この何ともややこしい物語をどうやったら継ぎ目なく語れるか、という挑戦が、終始つきまとった。どこまでその意図が完遂されたかは当事者としては判断しかねるが、あくまでも構成のねらいとしては、結果はわかっていながらも、日本が開戦か避戦のどちらに転ぶのか、どちらでもあり得るかもしれない、というサスペンス要素を維持する作品に仕上げることだった。各章ごとに、その時々の最重要人物、グループ、政策課題などを絞り、開戦決意のクライマックスに至るまでに、徐々に、段階的に、統帥権の独立、陸海軍の対立、内閣、天皇の立場、日本外交の抱えていた問題など、多岐にわたって述べていくことに努めた。

そして全一六章を通して訴えたかったのは、日本の始めた戦争は、ほぼ勝ち目のない戦争であり、そのことを指導者たちも概ね正しく認識していたこと、また開戦決意は、熟考された軍部の侵略的構想に沿って描かれた直線道路ではなかったことだった。その曲がりくねった道のりで、そうとは意識せず、日本はいくつかの対米外交緊張緩和の機会をみすみす逃し、自らの外交的選択肢を狭めていった（長期的には満州事変、さらには泥沼化した日中戦争以降の対外政策があり、短期的には、特に一九四〇年秋以降に行われた枢軸外交や、海軍幕僚主導の南進政策があった）。そして、最終的な対米開戦の決意は、「万が一の勝利」の妄想によって正当化された、いわば博打打ち的政策として、この本は解釈している。

と、ここまでもっともらしく述べてきたが、本書執筆を促した大本の動機は、執筆に着手する二〇年も前の、高校時代に端を発しているような気がする。アメリカの高校に編入したばかりで、英語も拙い私に、歴史の授業中、クラスメートが悪意なく発した質問は、まさに「なぜあなたは私たちを、真珠湾で攻撃したのか（“Why did you attack us at Pearl Harbor?”）」というものだった。とっさのことに何も言葉が返せない焦りとともに、当時の私を襲ったのは、たとえそれが日本語でされた質問でも答えられなかったであろうという、自分自身の知識や意見不足に対する幻滅だった。思えば本書は、何よりも、その一七歳の自分に発せられた直球型の質問に対する、やっと出てきた答えなのかもしれない。と同時に、本書の中で、日本の読者に少しでも新しい、または興味深い、と感じてもらえる部分があれば、書いたこと、翻訳したことに、単なる自己満足以外の意義があったのかもしれないとも思っている。

そしてさらに欲ばったことを言えば、副題『現代日本の起源』が示唆するように、本書が、今日に生きる日本の読者ならではの歴史的考察を深めてもらうきっかけになれば、喜ばしいことである。一九四一年開戦前夜における政策決定にまつわる諸問題は、我々にとって他人事ではなく、敗戦を経ても克服することのできなかった、この国が継承し続ける負の遺産だとも言えるだろう。そのことは、ごく最近では、福島原発事故や新国立競技場建設問題までに至る道のり、及びその事後処理における一連の経緯が、明確にしている。より多くの人々に影響を及ぼす決断を下す立場の指導層で、当事者意識や責任意識が著しく欠如する様相は、あまりにも、七五年以上前のそれと酷似している。しかし忘れてならないのは、現代に生きる日本人には、信条にしろ表現にしろ、比べ物にならないほどの自由が許されている点だ。そしてその様々な自由に付随する責任は、何も指導する立場にある者だけでなく、我々ひとりひとりが享受すべきものであるということを、胸に留めておく必要がある。「一億総懺悔」ならぬ「一億総活躍」といった標語に踊らされず、その突き詰めたところに潜む危険性、ならびに可能性を十分に理解した上でのみ、様々な、時には大きく対立する意見やイニシアチブがオープンに検討、尊重され、より多くの人々が活躍できる社会が、訪れるのではないだろうか。

本書の執筆にあたっては、クノップ社の名編集者ジョナサン・シーガルを筆頭に、友人のエドワード・チャンセラー、クリストファー・W・A・スピルマン、夫のイアン・ブルマなどから、多大なる支援やアドバイスを受けた。また大杉一雄、猪瀬直樹の両氏からも、ご著書に関する話を直接聞くことができた。また二〇〇九年の初めに白石隆教授よりお招き頂いた政策研究大学院大学でのフェローシップは、本書の骨子を定め、このプロジェクトを離陸させるのに、大変有益だった。その後に招聘教授として滞在した、エルサレムのイスラエル国立ヘブライ大学では、ユーリ・パインズ教授やセミナーに出席する大学院生たちが、草稿の読者となり、刺激あるコメントを惜しみなく与えてくれた。これらの方々に、再度、感謝の気持を表したい。

この度の日本語翻訳版に関して言えば、たとえば明治維新、統帥権の独立問題、二・二六事件など、日本人読者にとって自明の事実を、いささか説明しすぎている部分があるかもしれない。また上梓から二年以上を経て、今の自分だったら、異なる書き方をしていたかもしれないと思う部分も、多少はある。しかし原書の構成や展開を崩すには忍びなく、また執筆当時の筆者の一解釈だという点では、ある意味、記録の一部であり、あえて大幅に削除したり、加筆することは避けたことを記しておく。そしてこの場を借りて、翻訳版出版にご尽力頂いた人文書院の赤瀬智彦氏に、御礼申し上げたい。また、原著から引き続き、ワイリー・エージェンシーの、ジン・アウ、トレーシー・ボーハン両氏が、この翻訳プロジェクトを実務面から全面的にサポートしてくれたことに謝意を表す。最後に、実際の翻訳作業中、応援団長として、また最初の読者として、多忙も省みず常に迅速かつ適切な助言を与えてくれた母、堀田公子に最大の感謝を述べたい。

堀田江理

り

る

れ

ろ

わ

み

む

め

も

や

ゆ

よ

ら

へ

ほ

ま

な

に

ね

の

せ

そ

た

き

く

け

索　引

［著者紹介］

堀田江理（ほった・えり）

東京出身。一九九四年、米プリンストン大学歴史学部卒業。二〇〇〇年に英オックスフォード大学より国際関係修士号（M.Phil.）、〇三年に同博士号（D.Phil.）を取得。四年間オックスフォード大学で教鞭をとった後、政策研究大学院大学、イスラエル国立ヘブライ大学などで研究、執筆活動を継続し、本書の原著 *Japan 1941: Countdown to Infamy* を上梓。このほか著書に、アジア主義思想と近代日本の対外政策決定過程の関係に迫る *Pan-Asianism and Japan's War 1941-1945* がある。

1941　決意なき開戦——現代日本の起源

二〇一六年六月五日　初版第一刷印刷
二〇一六年六月一五日　初版第一刷発行

著　者——堀田江理
発行者——渡辺博史
発行所——人文書院
〒六一二‐八四四七
京都市伏見区竹田西内畑町九
電話　〇七五（六〇三）一三四四
振替　〇一〇〇〇‐八‐一一〇三
装　丁——田端恵
印　刷——株式会社文化カラー印刷
製本所——大口製本印刷株式会社

ISBN978-4-409-52063-5　C0021